"돈없이 돈벌 수 있다"

> 전면개정판

돈없이 돈벌 수 있다

드림&윌 네트워크마케팅 연구소
Dream & Will NM Research Institute

"強한 者가 이기는 것이 아니라, 이긴 者가 強한 것이다."

"돈없이 돈벌 수 있다"

초 판 발 행 : 1998년 1월 11일
개정 증보판 1쇄 발행 : 1998년 12월 27일
　　　　 8쇄 발행 : 2001년 3월 3일
전면 개정판 1쇄 발행 : 2001년 5월 25일
　　　　 2쇄 발행 : 2001년 11월 20일
　　　　 3쇄 발행 : 2002년 9월 6일

엮은이 : 서웅찬
펴낸이 : 서웅찬
펴낸곳 : 도서출판 **꿈과의지**
등록번호 : 제 21-117 (1989. 10. 13)

137 - 071
서울특별시 서초구 서초1동 1628-14
전화 : 588-6441　FAX : 598-1371

값 : 10,000 원

• 잘못된 책은 구입처에서 교환해 드립니다.
ⓒ 서웅찬 1997
ISBN 89-8301-030-4

저자 연락처 : 017-320-6441

도산 · 폐업 · 감원에 무너지는 평생직장

잃어버린 꿈의 성취를 위한 최고의 기회를

이 한 권의 책이 확실하게 제공합니다.

개정증보판 발행에 붙여……

 방문판매법이 개정되고 다단계판매에 대한 전면 허용이 이루어졌던 95년 7월 이후, 다단계판매에 대한 인식의 전환과 함께 많은 업체들이 다단계판매 시장에 뛰어듦으로써, 국내 유통업계 판도를 뒤흔들 정도로 다단계판매 방식이 커다란 회오리를 불러 일으켰다. 수많은 사람들이 억만장자가 되겠다는 장밋빛 희망을 안고, 다니던 직장도 때려치우고 다단계판매 사업에 뛰어들었다. 그 중에서 어떤 사람들은 자신들이 원하는 꿈을 이루었지만, 대부분의 사람들은 좌절하며 중도에 포기해야 했다.
 96년 1월 초, 열흘간의 단식을 끝내고 회복식을 하고 있을 때 별로 연락이 없던 친구로부터 전화가 왔다. 그는 방문하여 처음 보는 화장품에 대한 설명과 실연(實演, demonstration)을 하면서 건성피부인 나에게 딱 맞는 화장품을 팔고는 얄팍한 사업소개서 한 권을 건네고 돌아갔다. 이러한 친구의 모든 행동이 알고보니 네트워크마케팅의 리크루팅 과정이었다.
 친구가 팔고 간 제품을 써보고 '그다지 비싸지도 않으면서 이렇게 좋은 제품이 있을 수 있을까!' 감탄하는 한편, 사업소개서를 아내와 함께 보면서 "세상에 돈 없이 백만장자가 될 수 있는 이렇게 멋진 사업이 있을까, 역시 미국놈들은 대단한 놈들이구나!' 하고 감탄하면서 사업구상에 들어갔다. 좀더 정확하고 믿을만한 정보를 얻어야겠다는 생각에 다음날 서점에 달려가 네트워크마케팅·다단계판매·MLM(멀티레벨마케팅)이 제목인 책과 암웨이·뉴스킨·썬라이더 등에 관한 책을 자세히 살펴보다 내용이 충실한 책 5권을 사가지고 와서 아내와 함께 밤새워 읽었다. 새벽이 밝아오기가 무섭게 정보를 준 친구에게 호출을 하였다. 그 친구는 자신이 던진 미끼를 덥석 문 대어(大魚)를 보고 엄청난 희열을 느꼈으리라.

　네트워크마케팅을 통하여 전세계를 무대로 한 전혀 새로운 삶을 살리라는 큰 꿈을 품고, 아내와 함께 네트워크마케팅 사업에 뛰어들었다. 하루에도 수십통의 전화를 하고, 저녁마다 술자리를 만들어 많은 사람들을 만나, 이 멋진 사업에 빨리 동참하여 백만장자의 대열에 들자고 열변을 토하면서 바쁘고 힘든 하루하루를 보냈지만 힘든 줄 몰랐다. 힘들기는커녕 승수의 법칙에 따라 기하급수적으로 늘어나는 다운라인들을 보며 가슴 벅찬 나날을 보냈다.

　3년 동안 네트워크마케팅에 전력투구하면서 많은 자료들을 모았다. 그동안의 경험을 바탕으로 네트워크마케팅에 관한 기존의 책들과는 좀 색다른 책을 펴낼 필요성을 절감하여, 열심히 모아왔던 자료들을 검토하고 정리하여 부족한 한 권의 책을 낸 지 수개월이 지났다. 광고 한 번 하지 않았는데 기대 이상으로 호응이 좋았다. 독자들로부터 격려와 질책의 말씀을 같이 들으면서 좀더 훌륭한 책을 만들어야 되겠다는 생각을 하게 되었고, 새로운 책을 만든다는 각오로 작업에 몰두하여 이렇게 개정증보판이 세상에 빛을 보게 되었다.

　아무쪼록 이 한 권의 졸저가 네트워크마케팅에 관하여 전혀 모르거나 어설프게 알고있는 사람들로 하여금 네트워크마케팅의 참모습을 정확하게 파악하는 데 도움을 줄 뿐 아니라, 더 나아가 네트워크마케팅을 통하여 자신의 '꿈'을 현실로 만드는, 세계에서 가장 위대한 네트워커가 되기를 비는 마음 간절하다.

　이 시대 가장 위대한 네트워커인 존 밀턴 포그와 리터 데이븐포트 그리고 매트 프리즈와 클레망 헤게트의 말을 인용하면서 머릿말을 맺을까 한다.

　독자 여러분의 앞날에 건강과 행복 그리고 자유와 성공이 깃들기를 기원하면서……

1998년 12월　　서초동 무암재에서
서 웅 찬 拜上

> "이 사업은 위대한 사업이다. 평범한 사람도 두드러진 삶을 살 수 있는 평등한 기회를 준다. 이만큼 독립·만족·수익·자유를 주는 사업은 어디에도 없다."
>
> ― 존 밀턴 포그(업라인 회장)

> "누구나 인생의 목표와 이 목표를 달성시킬 수 있는 재능을 부여받고 이 세상에 태어난다. 네트워크마케팅이 가져다 주는 혜택·인센티브·무한한 수익의 기회는 누구에게나 자신의 재능을 최대한 발휘할 수 있는 힘을 준다."
>
> ― 리터 데이븐포트(아르본 사장)

> "자신과 자기 소신과 꿈을 믿어라. 난관을 과감히 뚫고 나가라. 그건 할 수 없다는 사람들의 말을 무시하라."
>
> ― 매트 프리즈(엔비온 최고경영자)

> "이 업계의 문제점은 사람들에게 그릇된 생각을 하게 한다는 것입니다. 대부분은 6개월이 지나고 얼마를 벌 수 있을지에 대해 지나치게 큰 기대를 갖곤 하지만 6년이 지난 뒤 얼마를 벌 수 있을지는 거의 생각하지 않는 것 같습니다. 이런 자세가 초기 사업자들의 가장 큰 문제입니다. 네트워크마케팅 사업은 장기적인 안목으로 할수록 일반 회사원과는 다른 차원으로 수입이 늘어나는 것을 알게 될텐데 말입니다."
>
> ― 클레망 헤게트

전면개정판 발행에 즈음하여…

 돈이 없어 어린 시절의 꿈을 잃어버린 채 하루하루 급급하게 살아가고 있는 많은 사람들에게 꿈을 찾게 해주고 새로운 인생의 전환점을 만들어 준「돈없이 돈벌 수 있다」는 황당한(?) 제목의 책이 나온 지도 벌써 3년이 넘었습니다.
 그동안 본서에 보여주신 전국의 독자님들의 사랑에 깊이 감사드리며, 저자로서의 책임을 통감하여 쇄를 거듭할 때마다 신선한 자료를 보충하여 내용을 업그레이드 해왔지만, 국내 유통시장의 커다란 변화 즉, 인터넷과 전자상거래의 폭발적인 성장과 더불어 2000년 네트워크마케팅업계의 매출이 연 2조원을 상회하여 2001년 3조원대의 매출을 겨냥할만큼 성장하였고, 유니시티·니켄·메리케이·에이본·트루웰네스 등 대규모 외국 네트워크마케팅 회사들의 본격적인 한국 진출이 이루어지고 있으며, 가정주부 이외에 고용불안정을 겪는 30~50대 화이트칼라 직장인들이 부업 형식으로 참여하여 성공하는 모습을 보면서 '나도 한 번 해볼까?' 하는 심리가 형성되는 등 네트워크마케팅에 대한 일반 국민들의 인식의 변화에 따라 대폭적인 손질의 필요성을 느껴왔습니다.
 또한, 네트워크마케팅 회사로 가장하여 수많은 피해자를 양산함으로써 네트워크마케팅업계 전체의 이미지를 흐리게 하는 피라미드 회사에 대한 기사를 보강함으로써, 이 책을 본 독자들은 한 명도 잘못된 피라미드 회사에 빠져들지 않는 지혜를 갖게끔 하며, 아울러 기존 회사들의 보상플랜이 갖고 있는 문제점들을 보강한 매우 합리적이고 강력한 보상플랜들을 소개함으로써 모든 사업자들이 노력의 대가를 충분히 받을 수 있는 회사를 선택하는 데 있어 판단의 근거로 활용하기를 바라는 마음에서, 그동안 준비해온 자료와 실전에서 깨달은 바를 바탕으로 전면개정판을 발행하게 되었습니다.
　본서를 통하여 잃어버린 꿈의 성취를 위한 최고의 기회요 마지막 기회인 네트워크마케팅의 비전을 확인하시고, 그 꿈을 이룰 수 있는 터전인 회사를 선택함에 있어 큰 도움이 되었으면 합니다.

2001년 5월 15일
서 웅 찬

"기회가 찾아와서 당신의 문을 두드린다면,
문을 활짝 열고 두 팔 벌려 환영하라!
지금, 기회의 손이 당신의 문을 힘차게 두드리고 있다."
- 버크 헤지스 -

"다른 사람들이 원하는 것을 얻을 수 있도록
최선을 다해 그들을 돕는다면
당신은 결국 모든 것을 얻을 수 있다."
-지그 지글러-

- 서문…개정 증보판 발행에 부쳐 ·· 7
  - 전면개정판 발행에 즈음하여 ··· 10
- 프롤로그 — 삶의 '질'을 높이는 길 ·· 24
  1. 우리 삶의 현주소와 한국인의 저력 ··· 24
  2. 행복의 조건 … '돈' ·· 32
  3. 빈익빈부익부(貧益貧富益富)의 심화 ··· 38
  4. 65세가 되었을 때의 나의 모습은? ··· 42
  5. 왜 네트워크마케팅인가? ··· 45
  6. "해 보지도 않고 성공한 예는 없다"-지금이 절호의 기회! ······ 52

제1부 유통산업의 현황 및 전망

제1장 유통산업의 역할 ··· 59

제2장 유통산업의 현황 ··· 64

제3장 유통산업의 대내외 여건변화 ·· 71
  1. WTO시대의 개막 — 세계시장의 단일화(Globalization) ···· 71
  2. OECD 가입과 개방화, 세계화 ·· 74
  3. 유통산업의 기업화, 다양화, 국제화 ·· 75
  4. 인구통계적 변화와 소비자 심리의 변화 ·································· 78

제4장 유통산업의 전망 및 비전 ··· 85
  1. 21세기 변화의 트렌드(Trend) ··· 85
  2. 유통산업의 발전전망 ··· 88
  3. 유통시장 개방의 영향 ··· 92
  4. 국산품 애용과 소비자 의식 ·· 94

제 2 부   네트워크마케팅이란 무엇인가?

제 1 장   네트워크마케팅의 역사 ··· 105
1. 마케팅(marketing)이란? ··· 105
2. 네트워크마케팅의 탄생 ·· 108
3. 네트워크마케팅의 발전 ·· 112

제 2 장   네트워크마케팅의 개념 및 특징 ································· 127
1. 네트워크마케팅의 개념 ·· 128
2. 네트워크마케팅의 특징 ·· 134

제 3 장   왜 네트워크마케팅이 21세기 첨단 유통전략인가? ········ 140
1. 생산자의 욕구 충족 ·· 140
2. 소비자의 욕구 충족 ·· 144
3. 전통적인 영업방식의 퇴조 ··· 147
4. 유휴인력의 효율적 활용 및 고용창출의 기능 ···················· 150
5. 정보통신 사업의 활성화에 의한 환경의 변화 ··················· 152
6. 동양인의 가족위주의 정서 ··· 155

제 4 장   '건전한' 네트워크마케팅과 '인간사냥' 피라미드 상술과의 차이 ······ 158
1. 회사 비교 ··· 161
2. 상품 비교 ··· 161
3. 시스템 비교 ·· 161

제 5 장   네트워크마케팅의 현황 및 전망 ································· 170
1. 네트워크마케팅 시장의 현황 및 세계적인 추세 ··········· 170
2. 국내 다단계판매 시장의 현황과 전망 ····························· 187

제 3 부　네트워크마케팅의 성공 비결

제1장 네트워크마케팅이 성공할 수밖에 없는 15가지 이유 ········ 213

제2장 네트워크 비즈니스의 5가지 성공 조건 ················ 224
1. 회사 -- 좋은 회사를 선택하는 것이 성공의 제1조건 ···· 225
2. 제품 -- 기반 상품의 조건 ; 품질, 효능, 가격, 독점권 ·· 238
3. 보상플랜 -- 간단명료, 법정한도내의 보너스 100% 지급 ··· 248
4. 성공시스템 -- 파리(fly)가 파리(Paris)에 가는 방법 ········ 260
5. 열정과 끈기 -- 열정을 지닌 프로가 아름답다 ················ 263

제3장 성공하기 위한 구체적인 방법 ······················ 268
1. 자기 자신의 혁신 및 훈련(Innovation & Training) ········ 268
2. 소매 및 리크루팅(Retail & Recruiting) ···················· 285
3. 교육 및 후원(Training & Sponsoring) ···················· 295

〖부 록〗
1. 방문판매 등에 관한 법률 ································ 303
2. 방문판매 등에 관한 법률시행령 ························ 325
3. 네트워크마케팅업체 주소록 ····························· 336

자 료

- I'm F(failure)! 나는 파산자 - 최재은의 세상풍경
  〖중앙일보 1997. 12. 8〗 ·················· 27
- 韓國 政經유착이 경제파탄 불렀다 - 아시안월스트리트저널
  〖조선일보 1997. 11. 27〗 ·················· 28
- '皇帝' 행세 재벌총수들 한국경제 망쳤다 - 佛 시사주간誌 특집
  〖조선일보 1997. 12. 27〗 ·················· 29
- 韓國 인적자원부문 세계1위 - 한국투자매력 13위
  〖매일경제신문 2000. 9. 4〗 ·················· 30
- 韓國, 7대 경제强國 된다 - 北위협 장애 안돼 2010년前 가능성
  〖중앙일보 1997. 6. 21〗 ·················· 30
- "한국인은 세계 주름잡을 21세기 칭기스칸" - 美 GE, 코리아 배우기 나서
  〖중앙일보 1997. 5. 10〗 ·················· 31
- 돈과 행복
  〖중앙일보 2001. 6. 20〗 ·················· 33
- 詩 〔돈〕…시인 배기정
  〖다이렉트셀링 1996. 7〗 ·················· 34
- 의식의 전환 - '돈 버는 일'이 美德
  〖미래의 세계〗 ·················· 35
- 나는 新빈민층? - "구멍가게 주인이 부럽다"
  〖중앙일보 1996. 12. 6〗 ·················· 36
- 貧富격차 갈수록 심화 - 상위 20% 家口가 전체소득 42% 벌어
  〖중앙일보 1997. 5. 28〗 ·················· 40
- 국민 절반이상 "나는 하류층"…현대경제硏 설문조사
  〖중앙일보 1999. 4. 14〗 ·················· 40
- 상류층 1%가 자산 30% 소유 - KDI분석, 빈민층 급증-소득격차 갈수록 커져
  〖조선일보 1998. 10. 2〗 ·················· 41
- 5億 넘는 은행계좌 92,000개 - 액수로는 109조원대, 총受信의 26.8% 차지
  〖조선일보 1998. 2. 19〗 ·················· 41
- 두 자녀 가진 35세 직장인 - 인생설계자금 4억원
  〖조선일보 1996. 7. 8〗 ·················· 43

- 50대 정년퇴직자…버는 건 없고 쓸데는 많고, 곶감 빼먹듯 퇴직금 야금야금
  〖중앙일보 1996. 11. 18〗······································44
- 네트워크마케팅 학술 심포지엄 - 학문적 기반정립과 현안과제 발표
  〖화장품신문 1997. 12. 8〗······································47
- 건국대, 대학원서 다단계판매 강의 개설!!!
  〖매일경제신문 1999. 9. 17〗······································47
- "다단계판매는 세계적 추세"-전 세계가 하나의 시장…無限연쇄 직접판매 개념
  〖장업신보 1995. 3. 2〗··48
- 유통가 사람들…"다단계판매로 1억 벌었어요"
  〖매일경제신문 1999. 9. 17〗······································50
- 다단계판매 '초호황'…年100%성장…올 시장 3兆원
  〖조선일보 2001. 3. 19〗··51
- 아침論壇 - 젊은이여 創業하라
  〖조선일보 1996. 12. 16〗·······································54
- "평생 할 수 있는 일 찾겠다"…SK유승렬사장 전격 사임
  〖매일경제신문 2002. 2. 26〗·····································55
- 5,000大 기업 2할이 '赤字' - 1,000원어치 팔아 겨우 6원꼴 남겨
  〖중앙일보 1997. 8. 18〗··61
- 제조업 1,000원 팔아 4원 밑져 - 1인당 인건비는 줄었지만 금융비용 늘어
  〖중앙일보 1998. 11. 13〗·······································61
- '21세기 유망사업' 유통업을 점검한다 - 백화점·할인점 봇물…과잉투자 우려
  〖중앙일보 1997. 4. 6〗···62
- 손님줄고 낮은 생산성 … 백화점 '우울'-1인당 평균 매출 할인점과 2배 差
  〖중앙일보 1997. 2. 3〗···67
- 소매점이 사라진다 - "1,300원 사이다가 길건너 할인점선 700원"
  〖조선일보 1998. 11. 10〗·······································68
- 할인점 내년에 80곳 생긴다…E마트·마그넷 등 용지매입…매장 신설 늘듯
  〖매일경제신문 2000. 9. 30〗·····································69
- 할인점 시장 3년내 21兆…백화점 추월 최대 소매업태 부상할 듯
  〖매일경제신문 2000. 11. 17〗····································69

- 국내 유통업계 98년 10대 뉴스
  【동아일보 1998. 12. 18】·················· 70
- 1분 경영자 코너 - 앞으로의 기업경쟁력은 세계화와 지역화의 조화
  【중앙일보 1997. 4. 23】·················· 73
- 社說 - 소비자 중심정책 펴야
  【중앙일보 1996. 10. 21】·················· 73
- 대형유통업체 '多점포전략' - 몸집 키우려다 '골병' 들어
  【중앙일보 1997. 5. 24】·················· 76
- '텔레마케팅' 유망사업 각광 - 2003년 16조원 규모 예상
  【중앙일보 1996. 11. 8】·················· 77
- 베이비붐 세대-失職도 '붐' 인가
  【조선일보 1997. 2. 3】·················· 79
- 인구구조 분석과 전망 - 70세 이상 2010년엔 지금의 2배
  【조선일보 1997. 1. 9】·················· 81
- 'Y세대' 떠오른다 - 컴퓨터가 친구…쇼핑이 즐거움
  【중앙일보 1998. 11. 12】·················· 82
- 전자상거래 올 30兆, 산자부 전망…작년의 2배…쇼핑몰은 4兆
  【매일경제신문 2001. 2. 17】·················· 86
- 올 인터넷산업 41% 성장…정통부 전망
  【매일경제신문 2001. 2. 22】·················· 86
- 인터넷 해외쇼핑 급증…"DVD는 美國서…아기옷은 프랑스…"
  【조선일보 2001. 3. 28】·················· 87
- 미유통업계, 파괴적 경영바람…유통의 과감한 개선 시도
  【월간무역 1996. 3】·················· 89
- '국산품 논쟁' 소비자는 헷갈려 - 국내생산 외국상표 "애국심" 광고 공세
  【한겨레신문 1998. 2. 4】·················· 95
- 국산 '외국상표' 화장품 많아 - 해외 유명브랜드 로열티 4-8%
  【조선일보 1997. 10. 31】·················· 96
- 세금은 높고 외제품은 무조건 배격 - "韓國에 투자 못하겠습니다"
  【중앙일보 1998. 1. 16】·················· 99

□ 경험없이 나선 명퇴자·주부들 - 체인점사업 피해 급증
　　　　　　　　　　　【조선일보 1997. 4. 12】················110
□ '無점포 대리점' 확산 - 不況시대 새 마케팅 전략 浮上
　　　　　　　　　　　【중앙일보 1997. 12. 30】··············111
□ 〔소비자＝판매자〕…다단계판매의 천국 - 백만장자 20% 배출
　　　　　　　　　　　【이코노미스트 1996. 10. 1, 8 한가위 합본호】····114
□ 해외 유통 - 다단계판매 암웨이社 日서 열풍
　　　　　　　　　　　【중앙일보 1996. 12. 6】···············117
□ 다단계판매는 유용한 판매방식 - 찰스킹 美 일리노이 주립대 교수
　　　　　　　　　　　【매일경제신문 1996. 11. 7】············125
□ 아! 그렇군… '네 다리' 건너면 모두 아는 사이
　　　　　　　　　　　【동아일보 2000. 6. 10】···············126
□ 직접판매·다단계판매 이렇게 다르다-"'방판' 급증…전문점 시장 위축"
　　　　　　　　　　　【화장품신문 1996. 10. 28】···········132
□ '다단계'를 알고 싶다 - "판매원＝사장" 연쇄판매로 고성장
　　　　　　　　　　　【한경 Business 1998. 3. 10】··········138
□ 다단계시장 '원포원' 브랜드 급신장…한국 암웨이 '원포원' 성공 정책
　　　　　　　　　　　【매일경제신문 2001. 3. 8】············142
□ 연필·면도기도 온라인 판매…인터넷 생활화…굴뚝기업, 쇼핑몰 직접 운영
　　　　　　　　　　　【매일경제신문 2001. 8. 22】···········143
□ 매장없는 점포 홈쇼핑 급부상-"목 좋은 곳 장사 잘된다" 옛말
　　　　　　　　　　　【중앙일보 1996. 11. 22】············146
□ 할인점·홈쇼핑·전자상거래에 밀려 … 대리점 줄줄이 퇴장
　　　　　　　　　　　【중앙일보 1998. 10. 23】············149
□ 고학력 下向취업 급증…大卒 31% 단순노무직…男 20% 女 50%가 월급 80만원도 안돼
　　　　　　　　　　　【조선일보 2000. 10. 27】············151
□ 인터넷 쇼핑을 망설이는 진짜 이유는
　　　　　　　　　　　【내외경제신문 2000. 10. 5】···········153
□ 가짜 건강식품 인터넷 판매 2명 구속기소
　　　　　　　　　　　【동아일보 2000. 9. 19】···············153

- "인터넷 소매기업 내년 멸종"…포레스터리서치 보고서
  『한겨레신문 2000. 4. 14』 ······················ 154
- 혈연 중시하는 나라 다단계 '천국'…일본 36조 시장 1위, 한국·대만은 3년간 100% 고성장
  『매일경제신문 2002. 5. 17』 ······················ 156
- 알고 시작하자…가입비 요구, 반품거부는 "불법"
  『일요신문 1996. 8. 4』 ······················ 162
- 인터넷 쇼핑몰 분양 미끼 다단계조직 5명 영장
  『한겨레신문 2001. 3. 9』 ······················ 163
- 유사금융사 단속이후도 '불법영업 계속'
  『한국경제신문 2001. 3. 29』 ······················ 163
- 목돈유혹 '금융 피라미드' 성행 - "한달 1,000만원 수익"에 솔깃 수천명 가입
  『중앙일보 1997. 12. 28』 ······················ 164
- 금융피라미드 사기 무기刑…수천명 1,200억원대 피해…이례적 중형선고
  『매일경제신문 2000. 11. 8』 ······················ 165
- 금융피라미드 사기 투자자 30% 책임
  『매일경제신문 2000. 10. 4』 ······················ 165
- 피라미드판매 피해사례 - 패가망신, 심하면 자살기도까지
  『한경Business 1996. 7. 2』 ······················ 166
- 다단계 인터넷사기… '대박' 좇다 당한다
  『중앙일보 2001. 7. 9』 ······················ 168
- 인터넷 다단계로 15억 챙겨…"쇼핑몰 사이트 분양" 800여명에 돈 받아내
  『중앙일보 2001. 7. 9』 ······················ 168
- 피라미드 업체 불법영업…물품 10배 폭리 · 8개월새 4500억 매출
  『조선일보 2002. 4. 9』 ······················ 169
- 6천원이 석달뒤엔 8억?…"1500명에 메일보내면 적립해준다"
  『매일경제신문 2001. 10. 19』 ······················ 169
- "미국내 訪販종사자 7백20만여명 퇴직 샐러리맨 새 일자리로 각광"
  『THE WEEKLY ECONOMIST 1996. 9. 24』 ······· 174
- "직접판매인들은 미국 경제 회생의 주역입니다" - 미 클린턴 대통령의 격려 연설
  『다이렉트셀링 1998. 10·』 ······················ 176

❏ 중국을 다시보자…중산층 2억5000만명, 엄청난 소비층 형성
〖매일경제신문 2001. 5. 16〗 181

❏ 지구촌을 휩쓰는 네트워크마케팅 - 리즐리 골즈버러
〖International Network Marketing Directory 1998년판〗·· 184

❏ "회사에만 내 장래 맡길순 없다"…직장인들 은근슬쩍 副業바람
〖중앙일보 1997. 4. 14〗 193

❏ 구멍가게라도 내사업 해봐?…창업개발硏 20개 아이템 소개
〖동아일보 2000. 7. 28〗 194

❏ 다단계 판매시장 커진다 - 7천억 규모, 진로 등 대기업 잇단 참여
〖조선일보 1996. 5. 31〗 196

❏ 할인점·무점포판매 "유통산업 주도" - 通産部 전망, 향후 매출 年20% 이상 증가
〖조선일보 1997. 5. 13〗 196

❏ 다단계판매 건전 육성한다 - 서울시, 가격제한규정 폐지 등 법규 크게 보완추진
〖조선일보 1997. 5. 15〗 196

❏ "한국에 가야 아시아시장 잡는다"…다국적기업들 앞다퉈 상륙
〖중앙일보 1999. 2. 22〗 197

❏ 「구조조정」불황 그림자…다단계 급증, 붕어빵 밀집
〖한겨레신문 2000. 11. 20〗 200

❏ 직접판매(다단계판매)업체의 시장 전망…경제는 어렵다는데 MLM은 급성장
〖한국방문판매협회 2001. 2. 4〗 201

❏ 다단계 판매 건전하게 육성해야
〖매일경제신문 2001. 2. 4〗 202

❏ "통신비가 기가 막혀"…91년 1만원➔95년 2만원➔2000년 20만원까지 껑충
〖동아일보 2001. 4. 30〗 204

❏ 통신다단계판매 물밑경쟁 뜨겁다 - "직장 다니며 高소득" 내세워 판매원 확장 勢몰이
〖중앙일보 1996. 12. 30〗 206

❏ 통신시장 외국社 진출 '태풍의 눈' - 전화·음성 재판매社 경영 가능
〖중앙일보 1997. 2. 18〗 208

❏ MCI-암웨이 손잡고 시장 넓혀
〖중앙일보 1996. 12. 30〗 209

차례 21

- 희망을 가진 사람의 신체분석
  〖조선일보 1997. 3. 29〗 ·················· 212
- "조기퇴직 남일 아니다" 맞벌이부부 늘어 – '失職불안서 해방' 부업성공담에 부러움도
  〖조선일보 1996. 11. 4〗 ·················· 219
- 부업-어떻게 시작할 것인가…부업 전선 10계명
  〖중앙일보 1997. 4. 21〗 ·················· 220
- 다단계 '일확천금' 환상을 버려라 – 조급함.과욕은 실패 지름길
  〖한국경제신문 1997. 12. 25〗 ·················· 221
- 전업 성공률 10%도 안된다 – 벼락부자의 꿈 그 뒤엔…
  〖일요신문 1996. 10. 6〗 ·················· 222
- 100년의 역사 로얄누미코 드디어 한국진출…유니시티네트워크로 힘찬 출발
  〖전국지방시대 2001. 4.〗 ·················· 232
- 월마트 매출 GM 제쳐…올 2000억$ 추정…美 최대 매출기업 부상
  〖매일경제신문 2000. 10. 24〗 ·················· 235
- 월마트 세계 1위기업 등극…포천 선정 500대 기업
  〖중앙일보 2002. 4. 2〗 ·················· 235
- 수입화장품 최고 12배 폭리…수입가 1600원 제품 2만원에 팔기도
  〖매일경제신문 2000. 10. 30〗 ·················· 242
- 화장품 방문판매 급증…코리아나·한불 등 시판 매출 앞질러
  〖중앙일보 1997. 4. 14〗 ·················· 242
- 화장품 내수시장 4조 9,000억 규모…외제수입화장품 시장 점유율 28.8%
  〖화장품신문 1996. 12. 30〗 ·················· 243
- 올들어 약국 3천곳 문닫아…약국들 건식 등 판매, 경영난 타개 나서
  〖매일경제신문 2000. 9. 19〗 ·················· 244
- 「뭘해야 돈을 벌지」 건강보조식품 전문점
  〖국민일보 2000. 1. 17〗 ·················· 245
- 건강보조식품 잘 팔린다…매출 작년比 17% 신장…올 1조 3500억 규모
  〖매일경제신문 2002. 4. 1〗 ·················· 246
- 1999년 한국건강보조ㆍ특수영양식품업계 주요뉴스6
  〖Health Food 정보 제84호〗 ·················· 246

- 분수대 - 라이시 5법칙

  〖중앙일보 1996. 8. 9〗·······································284
- 소금과 목탁 - 250명의 법칙…이판석(대구 지산성당 주임 신부)

  〖조선일보 1997. 8. 23〗······································294
- 億臺소득 판매왕 속속 탄생 "누구나 가능성"-노력하는 사람만 살아남는 경쟁의 세계

  〖매일경제신문 1996. 2. 29〗·································301
- 세일즈 성공전략 - 판매기술보다 바른의식 정립 중요

  〖한경 Business 1996. 7. 2〗··································304
- 아침을 열며…좋은 말이 사람을 키웁니다

  〖동아일보 2000. 7. 10〗······································306
- 출세 원하면 '야심가'가 되라…명성을 얻는 지름길

  〖동아일보 2000. 8. 16〗······································307
- 성공위해 자신을 과감히 파괴하라…레스터 서로 교수의 富창출 10계명

  〖매일경제신문 2001. 1. 9〗···································308

돈 없고 빽 없어

설움받는 백성들이여!

없는 것을 한탄만 하지말고

불황을 모르는

꿈의 비즈니스

네트워크마케팅의 세계로 오라!!!

프롤로그

'삶의 질'을 높이는 길

자유롭고 풍요로운 삶을 갈구하는 사람들 중에서
진취적이고 야심찬 분들께 고(告)하는 글

1. 우리 삶의 현주소와 한국인의 저력

우리의 삶의 질은 국가경제나 사회와 불가분의 관계에 있다. 사회가 안정되고 국가경제가 부강하면 우리의 삶의 질도 높아지지만, 국가경제가 어렵고 사회가 불안정하면 국민 개개인의 생활도 궁핍해질 수밖에 없으며, 나의 삶의 질도 떨어질 수밖에 없다.

그런데 요즈음 우리의 국가경제는 말이 아니다. 외국의 어떤 기자는 '한국이 북한보다 먼저 붕괴될 수 있다'는 요지의 기사를 쓰기도 했는가 하면, 여기저기서「나라가 부도났다」라느니「I am 'F'. (나는 F학점이다)」라느니「제2의 국치(國恥)」,「경제주권의 박탈」이라는 등의 자극적이며 자학적인 푸념들을 하면서, 온통 쉬느니 한숨이요 내뱉느니 탄식뿐이다.

민주주의를 갈망하는 대다수 국민들의 소망을 등에 업고 수많은 민주투사들의 피의 대가로 출범한 김영삼 문민정부가 '개혁'이라는 기치 아래 금융실명제 등 과거에는 꿈도 꿀 수 없었던 혁명적인 조치들을 실시하면서, 부패한 관료와 정치인 및 기업가와 금융인들을 비롯하여 전직 대통령들을 줄줄이 감옥에 보낼 때만 해도 군사 독재정권 치하에서 숨막히게 살아온 우리 국민들은 '이제야 우리 나라가 잘 될 모양이다'라고 희망에 들떠 가슴 버거워하면서 전폭적인 지지를 보냈었다. 이렇게 국민의 절대적인 지지를 받으며 화려하게 출발했던 김영삼 대통령의 문민 정부가 이끈 주식회사 대한민국이 5년

이 지난 지금 IMF(국제통화기금)의 긴급수혈을 받아야만 파산을 면할 수 있는 '부도국가'로 전락함으로써 국민들의 자존심은 심하게 상처받고 말았다.

경총·노동부 등에 따르면 올 들어 부도난 회사만 1만여곳이 넘고, 30대 그룹 가운데 96년말 현재 1천억원 이상의 적자를 기록한 재벌그룹만도 6개(진로, 한라, 뉴코아, 한화, 두산)나 등장했고, 70~80%가 가까운 장래에 고용조정을 통한 대대적인 감원 및 구조조정을 계획하고 있는 것으로 나타났다. 때문에 중소업체는 도산의 위기에, 자영업자는 폐업의 상황에 처하게 되었고, 직장인들은 감원공포에 떨고있는 것이 오늘의 현실이다.

전국경제인연합회 산하 한국경제연구원이 국제경영개발원(IMD)과 세계경제포럼(WEF)의 각종 자료를 활용해 독자적으로 분석하여 발표한 '한국경제의 글로벌 국가경쟁력'에 따르면, 한국의 국가경쟁력은 문민정부가 출범한 93년 이후 계속 떨어져 세계 46개국 중 94년 23위, 95년 25위, 96년 27위로 순위가 낮아졌다. 한보사태를 계기로 드러난 부정부패와 금융의 낙후, 기업의 경영의욕 상실 등으로 한국경제가 성장 활력을 잃어가고 있는 것으로 분석됐다.

이러한 국가적 위기는 하루 아침에 그것도 문민정부가 들어선 5년 동안에 이루어진 것은 아닐 것이다. 박정희 18년, 전두환 7년, 노태우 5년 도합 만 30년간의 암울했던 군사독재정권에 의해 잉태되어, 정경유착으로 인한 부정·부패·무사안일·권위주의·부정직 등 '한국병'이라는 중병에 걸린 기형아를 출산한 것이다. 단지 문민정부가 들어섬으로써 그 출산시기가 조금 당겨졌을 뿐이다.

그러나 어차피 맞을 매라면 일찍 맞는 것이 낫다. 우리나라는 전쟁의 잿더미 속에서 5천년의 가난을 30년만에 벗어버린 경험과 저력을 갖고 있기 때문에 정신만 똑바로 차린다면 어떤 어려움도 이겨낼 수 있다. 몇 가지 주요 수치만으로도 우리나라의 잠재력을 확인할 수 있다. 예컨대, 1996년 우리나라의 국내총생산(GDP) 잠정치는 4,846억 달러로 세계 11위, 국민들의 실질 구매력을 나타내는 1인당 GNP는 10,548억달러로 세계 28위, 수출입규모는 통관기준 2,800억 달러로 12위를 차지하고 있으며, 29번째로 선진국 클럽이라는 OECD 회원국이 되었다.

UN 산하기관인 유엔개발계획(UNDP)이 발표한「96년 UNDP 인간개발 보고서」에는 한국은 지난 60년 이래 세계에서 가장 괄목할만한 발전을 해온 모범적인 국가로 평가돼있다. 즉, 1960년에서 1992년까지의 '경제발전'과 '인간개발'이라는 두 요소가 균형을 유지한 채 최고의 발전을 보인 제1위 국가로 선정한 것이다. 1997년 인간개발지수에서 한국은 0.890으로 세계 175개국 가운데 32위, 아시아에서는 일본·홍콩·싱가포르에 이어 네 번째를 차지했다. 한국의 올해 순위는 지난해 29위보다 하락했으나, UNDP가 상위급으로 구분하는 인간개발지수(0.800이상)를 계속 웃돌아 삶의 질이 세계에서 상위수준을 유지하고 있다. 〈인간개발지수(HDI:Human Development Index)란 인간으로서 영위해야 할 기본적인 삶의 수준을 지수로 환산한 것으로서, 그 판단의 기준으로는 '1인당 국내총생산(GNP)', '평균수명', '성인 문자해독률', '총 취학률' 등 기본 데이터는 물론 '일간신문 구독률', '1일 칼로리 섭취율', '여성 국회의원 점유율', '남녀 소득비율', 'TV 보급률' 등을 통해 한 국가와 국민의 다양한 측면을 객관적으로 평가하고 있다.〉

'20세기 최고의 경영자'로 불리는 미국 제너럴 일렉트릭(GE)사의 잭 웰치 회장은 "이제 우리는 '21세기의 칭기스칸'이 될 한국인들을 알고 배워야 한다."고 하며 임직원들에게 한국 배우기에 나설 것을 강조했고, 프레스코 부회장도 "지금 당장은 한국이 정치·경제 각 분야에서 어려움을 겪고 있지만 이는 선진국으로 가기 위한 당연한 절차일 뿐이다. 한국인들은 고대 몽고족과 같은 피를 갖고 있어 서양인의 합리성으로는 따라갈 수 없는 과감성과 결단성까지 갖췄으며 21세기에는 세계시장에서 가장 강력한 경쟁자가 될 것이다."라고 말했다.

최재은의 세상풍경
명지대 산업디자인학과 교수

OECD(경제협력개발기구) 회원국. 이렇게 절로절로 선진국민이 되는 줄로만 알았건만. 허구한 날 북한이 망한다고 난리를 치던 게 엊그제였구나. 역사 이래 우리가 배고파서 쓰러진 적이 없는데도.

가슴 쓰라릴 일이 아니다. "올 것이 왔구나 / 온다더니 왔구나"(5·16 군사혁명의 급보를 전해 들은 윤보선 대통령의 첫 반응)는 표현이 어찜 그토록 걸맞는지. 얼마나 거품을 말했나. 비틀림의 끝은 분명 추하리라는 무수한 경고들. 다들 눈 멀고 귀 먹은 시늉을 하기 급급했다. 하지만 허공을 떠돌던 말이 끝끝내-.

르네 데카르트의 명저 '성찰'을 곱씹으면 어떠리. 인간은 '현존하기 때문에 존재(existo, ergo sum)'하는 게 아니다. '생각하기 때문에 존재(cogito, ergo sum)'하는 것을. 우리는 너무 가벼웠다. 그래 이제사 뒤로 갈 수 있겠구나. 얼마나 고통스러운지 알게 될 거야. 아니야. 행복지수를 새로 쌓는 거야.

반강제로 승용차 출퇴근을 금지조치 당한 기업의 한 고급간부 말을 옮기면 눈물이 솟을지 몰라. "10여년만에 버스·전철을 탔는데 그곳에도 우리의 아름다운 형제자매가 있더라고." '그곳에도'라니. 정말 기분 나쁜 표현이지만 이제 그대들도 다시 눈을 뜨는구나. 기꺼이 용서하리. 그러나 우리 다함께 잊지는 말자꾸나.

경제학자 군나르 뮈르달은 아시아 국가의 부패한 관료자본주의적 성향을 말하면서 "이미 돌아올 수 없는 점을 지났다"고 했어. 쓰러지지 않기 위해 자전거 페달을 마구 밟는 수밖에…. 모리스 돕의 지적까지 전해 줄까. 추적곡선이론-"차를 타고 질주하는 주인을 향해 달리는 개. 순간순간 주인을 향해 뛰다 보면 개의 궤적은 포물선을 이룬다. 사람이라면 예상 위치를 잡고 일직선으로 달려갈 테지만." (여기서 개의 생리는 후진국의 경제개발 노선을 상징)

슬프다만 참 다행이다. 만약 그냥 갔더라면 어느 날 내리막 길에서 '브레이크 없는 벤츠' 신세가 됐을 걸 아마. 이제 호흡을 가라앉히시길. 그리고 무릎을 꿇고…겸허하게…후손들의 주머니까지 앞당겨 털어먹은 당대인의 죄값을 치러야 하리. 제각각 'IMF(국제통화기금) / I'm a F(failure : 파산자·실패자)' 라는 불명예 명찰을 달고서. 그렇게 허엽없이 속죄의 길을 가다보면 저만치. 작지만 튼튼한 깃발 하나 펄럭이고 있으리.

그림=최재은·글=허의도 기자

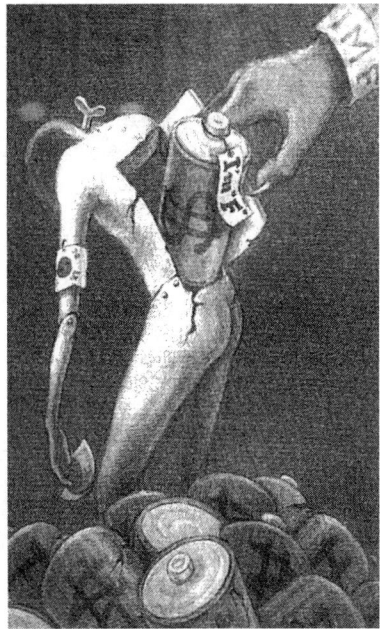

I'm F(failure)!
나는 파산자

말을 잃는다. 무너져버린 모래성 앞에서 거듭 말을 잃는다. '닉스(NICs : 신흥공업국)'니 '4룡'이니 하더니 어언듯

【중앙일보 1997. 12. 8】

【조선일보 1997. 12. 7】

韓國 政經유착이 경제파탄 불렀다

아시안월스트리트저널

홍콩에서 발행되는 아시안 월스트리트 저널은 지난 24일자에서 한국 경제 위기의 본질을 재벌의 족벌경영과 문어발식 확장, 정치권의 무능과 정경유착, 근로자들의 과도한 요구등으로 진단했다. 다음은 그 요약이다.

◆정경 유착

IMF(국제통화기금) 사상 최대의 구제 금융을 받는 단계에 와있는 한국의 위기는 한국 정부와 재벌간의 유착 관계를 여실히 보여준다. 대통령 집무실에서 기업 이사실에 이르기까지 한국은 여전히 60년대 독재가 만들어낸 경제 구도에서 벗어나지 못하고있다. 정부의 직접 규제, 끝없는 기업 팽창, 외국 자본과 경쟁에 대한 혐오 등. 한국 전체 부(富)의 3분의 1을 차지하는 30대 재벌의 부채는 세계 최고 수준이다. 일부는 자본대비 부채 비율이 4배에 달한다. 미국이나 유럽이라면 이미 망했을 것이다. 이익은 보잘것 없다. 제조업체의 올해 자본 수익률은 겨우 1%이다.

◆세계적인 파급효과

한국의 실패는 세계 전반에 영향을 미치고 있다. 한국의 경제적 고통은 당장 이웃인 일본의 경제를 위협한다. 작년말 한국 기업과 은행이 해외에서 들여온 차관 1천억달러중 2백 40억달러는 일본에서 왔다. 채무 불이행은 이미 허약한 일본 경제를 강타할 것이다. 한국 기업들은 또 폴란드, 루마니아 등 동구권 국가들에 많은 투자를 했으며, 이들은 한국의 철수로 타격을 받게될 것이다.

◆도덕적 위기의 악순환

지금의 방만한 체제는 지난 61년 취임해 79년까지 권좌에 있던 독재자 박정희에 의해 실현됐다. 그의 권위주의 정부는 중공업 육성을 위해 자원을 총괄 관리했다. 거대 재벌은 한국 기적의 원동력이 됐고, 세계 시장을 운동화와 TV세트, 나중에는 메모리 칩으로 가득 채웠다. 정부 관리가 이끄는 은행은 기업 팽창을 자금으로 지원했다. 그러나 이 모델은 이미 오래전에 효율성을 잃었다. 서구의 다국적 기업들이 주력 부문에 집중하는 동안 한국 재벌은 다각화에 몰두했다. 그 결과, 재벌은 거대한 괴물이 됐다. 자산을 담보로 은행 빚을 내고, 이를 통해 더 많은 자산을 사들일 수있다고 믿었다. 은행은 재벌에 물린 부실 채권 때문에 그들을 외면할 수 없었다. 한마디로, 「도덕적 위기」의 악순환이었다.

◆비효율적인 투자

재벌은 가능한 여신을 다 삼키고, 중소기업의 자금줄을 막아 경제의 역동성에 재를 뿌렸다. 재벌의 과잉 설비투자도 부작용중 하나다.

집권초 김영삼 정부는 재벌의 문어발 확장을 규제하겠다 고 선언했다. 그러나 재벌은 도산이 속출하는 속에서도 이를 무시했다. 지난 96년 30대 재벌의 계열사 수는 6백69개였으나, 지난 10월까지 그 수는 8백19개로 늘었다.

산더미 같은 빚에 몰리면서도 재벌은 매출에 대한 기대로 팽창을 멈추지 않는다. 현대는 55억 달러짜리 제철 프로젝트를 추진하고, 삼성은 내년에 상용차 시장에 뛰어든다.

◆고용 부문

근로자들을 보자. 권위주의 시대에 평등주의적 양보로, 근로자들은 평생고용을 보장받았다. 현행법도 근로자 해고를 금지한다. 김대통령은 지난해 노동법의 통과를 강행했다. 신한국당은 저항을 피하기 위해 성탄절 다음날 오전 6시 국회를 소집했다. 새 법은 3주동안 전국적인 파업을 초래했고, 정부는 민감 조항들을 양보했다.

◆불확실성

일부 경제학자들은 내년에 김대통령이 물러나고, IMF가 지원에 따른 조건들을 수행하면 개혁이 가속화되리라 기대한다. 그러나 후보중 누구도 분명히 새로운 경제전략을 제시하지 않고 있다. 강력한 전경련은 실명제등 김대통령 시대의 금융개혁을 과거로 돌리려 하고 있다. 실명제는 재벌의 이권이 걸린 정치 자금조성을 어렵게 했다. 그들은 실명제가 은행 저축을 방해한다고 주장한다.

<정리=李哲民기자>

【조선일보 1997. 11. 27】

'皇帝' 행세 재벌총수들
한국경제 망쳤다

**지난10년간 민주화 불구
재벌만 獨裁문화 여전
사이비 종교단체 같아**

佛 시사주간誌 특집

**돈으로 정치를 사서
국민저축 빨아먹고
은행을 피흘리게…**

【파리=金侊日기자】 프랑스 시사주간 누벨 옵세르바퇴르는 25일자 「재벌에 맞선 김대중」이란 기사에서 『GDP의 절반을 잃어버린 한국은 10년을 후퇴했다』고 전제, 『그것은 오로지 재벌을 소유하고 경제를 지배하고 있던 30대 혈족 때문』이라고 말했다. 그 내용을 요약한다.

전문가들은 오래전부터 재벌의 과도한 부채를 우려해 왔다. 부채가 자기 자본의 4배를 넘으면 서구에서는 곧바로 파산이다. 외형 부풀리기를 향한 경쟁은 광란을 넘어 정신착란의 지경에 이르렀다. 2년전 삼성그룹은 2000년까지 5년동안 매출액을 2배로 증가시키기로 목표를 설정한 바 있다. 이처럼 현기증 나는 성장에 눈이 먼 프랑스의 테크노크라트들은 품슨을 대우에 단돈 1프랑에 매각하라고 권고하기도 했었다.

한 외교관은 『한국의 파산은 몇몇 특권층의 부가 곧 나라 전체의 부라고 믿게 만든 개발구조의 붕괴』라고 말했다. 그렇다면 재벌은 왜 무너졌는가.

대답은 간단하다. 재벌은 경영을 잘못해왔다. 서울의 한 고위 관리는 『한국사회는 지난 10년동안 민주화됐으나 재벌만은 과거의 독재적 문화에 젖어있다』고 지적했다. 『재벌은 다국적기업이라기 보다는 하나의 사이비종교처럼 기능했다』는 것이다.

재벌 총수들은 유리와 철강으로 지어진 빌딩 속에 갇혀서 경호원에 둘러싸여 있었고, 참모들이 외부세계와 완충역할을 했으며, 그들은 스태프진에게 우상숭배에 가까운 경배를 받으면서 세계 최고 갑부 행세를 하는 등 마치 옛 황제처럼 살았다. 그들은 반대를 받은 적도 없고 그럴 수도 없었다.

SBC 워버그사의 이코노미스트인 리처드 사무엔슨은 『재벌 총수는 언제나 은행대출의 특혜를 받았고 이는 자금조달의 관행으로 굳어질 위험이 있었다』고 말했다.

지금까지의 여러 사건들은 재벌 총수들의 투자 결정이 경제적으로 이성적인 행동이라기 보다 「왕자님의 처사」 그리고 힘에 근거한 의지였다는 것을 증명해주고 있다. 한 이코노미스트는 『국내 시장도 이미 포화상태인 자동차사업에 삼성그룹이 투자하기로 한 것을 잘한 결정이라고 말하는 분석가는 한 사람도 없었다』고 설명했다. 『정부는 물론이고 삼성 지도부의 간부들도 이 선택에 반대 했다.

그러나 삼성그룹의 상속자인 이건희 회장이 이미 강행해버린 일이었다. 기계에 열광하고 페라리 자동차 수집가인 그는 어떤 대가를 치르더라도 삼성 마크의 자동차를 갖고자 집착했다. 한국에서 어떻게 1백억프랑을 창밖에 던져버렸는지를 설명해주는 일이다.』

전문가들과 그들의 고위 간부들이 경제원리에 반하는 이같은 지휘 시스템에 굴복한 것은 오늘날 비단 삼성그룹만의 일은 아니다.

그러나 의문은 남는다. 왜 그토록 강력한 권한을 지닌 청와대가 재벌들의 고삐를 놓아버렸다. 한국의 한 기자는 『금년 초 한보철강이 망했을 때 아무런 보증도 없이 은행에서 대출받은 45억달러 중 60%만 부도되고 나머지는 한보의 총수와 수십명 정치인들의 호주머니로 사라졌다는 것이 밝혀졌다』고 말했다. 최근 재벌 총수 여러명과 두명의 전직 대통령 그리고 현 대통령의 아들이 관련된 재판은 이러한 부패의 위중함을 잘 드러내주었다.

거인이 돼버린 재벌들은 돈으로 정치를 사서 노예로 만들었다. 정치권에 음성적 자금을 조달함으로써 얻어진 영향력 덕분에 재벌 총수들은 정부가 통제하고 있는 국민저축을 빨아먹었고 은행을 피흘리게 했다. 재벌 총수들은 파라오같은 야망과 세계 정복의 꿈을 실현하기 위해 한국을 파산의 나라로 몰고갔던 것이다.

이제 김대중 당선자는 원화에 대한 새로운 투매를 막기 위해 만사를 제쳐놓고 IMF 계획을 지지해야만 했다. 그것은 디플레이션 효과 때문에 선사 나라를 사회적 위기에 빠뜨리는 한이 있더라도 가야만 하는 길이다. 한국인들 앞에는 길고 혹심한 겨울이 기다리고 있다.

【조선일보 1997. 12. 27】

韓國 인적자원부문 세계1위

한국 투자매력 13위

뉴욕=정진건 특파원

한국은 세계 최고 인적자원을 가지고 있으면서도 정부부문 열세와 경제적 불안정 때문에 좋은 투자등급을 얻지 못하는 것으로 나타났다.

또 정부부문이 대외적 신뢰를 얻지 못하는 것은 중앙은행 정책부재와 지나친 규제, 당해국자 부패 때문인 것으로 지적됐다.

이는 메릴린치가 국가별로 장기투자 우선순위를 판단하기 위해 최근 개발한 국제투자등급시스템 (GRS:Global Ranking System)에 따라 매긴 점수로 밝혀졌다.

메릴린치는 2일(현지시간) 경제협력개발기구(OECD) 국가와 아시아 신흥시장, 라틴아메리카 등지에서 투자대상 35개 나라를 선별해 국가별 장기투자 우선순위를 발표했다.

이에 따르면 한국은 282.8점을 받아 302.1점을 받은 일본에 이어 국가별 투자우선순위 13위를 차지했다.

장기투자 대상으로 가장 높은 점수를 받은 나라는 362.8점을 받은 스웨덴이었고 이어 싱가포르 호주 미국 캐나다 네덜란드 등이 뒤를 이었다.

자본유입 기술수준 인적자원 정부부문 위험도 등 5개 부문 점수를 합하는 방식으로 산정한 이번 조사에서 한국은 인적자원 측면에서는 68.6점을 받아 68점인 호주를 제치고 세계 1위를 차지했으나 24위를 차지한 정부부문과 17위인 위험도, 15위인 기술수준 등에서 점수가 깎여 종합 13위에 머물렀다.

정부부문 점수가 낮게 나온 것은 중앙은행 정책이 28위로 쳐졌고 규제에 따른 부담이 27위, 부패도에서 24위로 뒤진 것이 큰 영향을 주었다.

위험도 측면에서는 달러화 대비 환율에 대한 표준편차가 지나치게 큰 점과 국내총생산(GDP) 대비 대외부채비율, 무디스 장기신용등급이 낮은 것이 점수를 잃은 요인이었다.

이번 조사에서 1위를 차지한 스웨덴은 기술수준이 조사대상국 가운데 1위였고 인적자원에서 6위, 정부부문에서 6위를 차지했다. 종합 2위인 싱가포르는 정부부문에서 1위를 차지했고 자본유입에서 3위, 기술수준과 위험도에서 각각 9위와 1위를 나타냈다.

메릴린치는 이번 조사결과 스웨덴과 미국은 첨단기술에서 우위가 돋보였고 아시아국가들은 제한된 규제와 높은 저축률이 특징적이었으며 라틴아메리카 국가에서는 불평등이 만연했다고 총 평했다.

부문별 국가순위

종합순위	국가	자본유입	기술수준	인적자원	정부부문	위험도
1	스웨덴	13	1	6	6	10
2	싱가포르	3	9	23	1	9
3	호주	23	3	2	5	6
4	미국	30	2	4	6	5
5	캐나다	28	11	3	2	6
6	네덜란드	17	10	17	8	3
7	뉴질랜드	8	13	10	9	8
8	독일	25	5	23	3	4
9	영국	24	4	18	12	1
10	홍콩	7	14	15	4	15
11	프랑스	29	7	4	14	1
12	일본	18	6	10	17	11
13	한국	12	15	1	19	17
14	체코	5	16	15	24	18
15	스페인	21	17	7	10	16
16	이스라엘	27	12	7	26	13
17	이탈리아	34	6	19	16	12
18	헝가리	1	18	26	11	23
19	칠레	10	25	9	15	20
20	그리스	35	19	13	13	14

※자료=메릴린치 증권

또 점수를 낮게 받은 나라는 대부분 기술과 교육수준이 열세인 데다 정부부문에서 부패가 심한 것으로 나타났다.

메릴린치는 경제성장이 궁극적인 수익증가의 근원이라는 판단 아래 GRS를 개발했으며 현재 주가수준과 국가별 투자우선순위를 비교해 투자에 참고할 수 있을 것이라고 밝혔다.

다만 이들 요소가 장기적인 경제성장 여력을 나타내는 만큼 5∼10년 정도 장기적인 안목을 가지고 볼 필요가 있다고 설명했다.

【매일경제신문 2000. 9. 4】

韓國, 7대 경제強國 된다

北위협 장애 안돼 2010년前 가능성

美상무부 전망

[워싱턴=연합] 한국은 미국 언론에 비치는 부정적인 이미지에도 불구하고 잠재력이 큰 나라이며 오는 2010년까지 세계 7대 경제대국이 될 것으로 보인다고 미 상무부가 전망했다.

미 상무부는 최근 기업들을 위해 마련한 97년도 국별 '커머셜 가이드(상업지침)'에서 "50년대 전쟁으로 황폐했던 한국이 번창한 경제국가로 성숙, 90년대에는 현대화·세계화된 역동적인 나라가 됐으며 미국 기업들에는 사업 기회가 많은 곳"이라고 설명했다.

또 미국언론은 지난 95년 현재 미국의 5대 수출국이며 1인당 국내총생산(GDP) 1만달러를 달성한 한국에 대해 학생시위·건설사고·북한문제·무역분쟁등에 초점을 맞춰 보도해 부정적인 이미지를 전하는 경향이 있으나 한국의 정치상황이 괄목할만한 성장을 가능케 할 만큼 안정됐다는 점을 인정해야 하며 북한의 위협이 한국의 경제발전에 제동을 걸지 못했다고 말했다.

【중앙일보 1997. 6. 21】

美GE, 코리아 배우기 나서

"한국인은 세계 주름잡을 21세기 칭기즈칸"

웰치회장 "국민·기업·정부 삼위일체 나라 걱정하는곳 한국뿐"

커버스토리

"한국의 기업인들은 과거 유럽을 향해 말을 달리던 몽고장수들 같다. 이제 우리는 '21세기의 칭기즈칸'이 될 한국인들을 알고 배워야 한다." '20세기 최고의 경영자'로 불리는 미국 제너럴 일렉트릭(GE)사의 잭 웰치 회장이 최근 임직원들에게 강조한 말이다.

올 경영교육과정 연구테마로 선정

우리나라가 한때 아시아의 '4룡(龍)'으로 불리던 시절 이같은 말을 했으면 몰라도 최근 수출부진으로 외채가 증가할 뿐 아니라 불황의 골이 깊어 가고 있어 '멕시코의 재판(再版)'이라는 말까지 나오는 마당에 무슨 뚱딴지 소리인가 싶기는 하다.

그러나 GE코리아 강석진(姜錫珍)사장에 따르면 웰치 회장은 말로만 그런 게 아니라 GE본사 중간간부들을 대상으로 실시하는 '경영교육과정(BMC)'의 금년도 연구테마로 '한국'을 설정했다. 80년대 이후 매년 실시하는 GE의 경영교육과정은 웰치 회장의 성공적인 경영혁신운동을 가능케 했던 교육프로그램으로 국가를 주제로 삼은 것은 중국·인도에 이어 세번째다.

이에 따라 GE본사의 부장급(general manager)간부 40여명이 이번 주말부터 한국에 들어와 2주 동안 서울·경주·부산등을 돌면서 '한국 알기'에 나선다. 이들의 일정은 주요 대기업 방문, 공장시찰, 문화유적지 탐방 등으로 이뤄져 있다. 일정이 끝난 다음에는 토론회등을 거쳐 각자가 느낀 점을 보고서로 작성해 본사에 제출해야 한다.

우리 눈에는 이례적으로만 비치는 이같은 교육의 발단은 올초 미국 플로리다주에서 열린 GE의 보카러턴 회의. 보카러턴 회의는 매년 1월 첫째주 휴양지인 플로리다주 보카러턴에서 웰치회장이 GE의 전세계 사장단과 간부진등 5백여명을 모아 놓고 토론·발표회등을 통해 그 해 GE의 경영전략과 방침을 정하는 중

간부 40여명 내한 기업·유적지 탐방

요모임이다.

올해 회의때는 지난해 한국방문때 감명받은 웰치 회장이 "세계 각국을 돌아다녀 봤지만 정부·국민·기업인 할 것 없이 이토록 나라운명에 신경 쓰는 곳은 한국뿐"이라고 얘기를 꺼냈다.

프레스코 부회장도 이어 '글로벌 경영과 성장'이라는 주제발표를 통해 "지금 당장은 한국이 정치·경제 각 분야에서 어려움을 겪고 있지만 이는 선진국으로 가기 위한 당연한 절차일 뿐"이라며 "현재 한국기업인들은 동남아·중남미·유럽시장등에 과감한 투자를 통해 어느 나라보다 빨리 진출하고 있다"고 말했다.

그는 또 "한국인들은 고대 몽고족과 같은 피를 갖고 있어 서

서양인이 못따를 과감·결단성갖춰

양인의 합리성으로는 따라갈 수 없는 과감성과 결단성까지 갖췄으므로 21세기에는 세계시장에서 가장 강력한 경쟁자가 될 것"이라고 설명했다.

이러한 과정을 거쳐 웰치 회장은 한국을 '21세기의 칭기즈칸'이라고 규정하고 임직원들에게 한국 배우기에 나서도록 한 것이다.

姜사장은 "미국인들이 우리의 잠재능력을 꿰뚫어보고 있는데도 우리는 지나친 자기비하를 통해 나라 전체의 사기를 떨어뜨리고 있다"면서 "이제는 자신감을 갖고 세계시장의 주역으로 스스로 자리매김해 나갈 때"라고 밝혔다.

이효준 기자

【중앙일보 1997. 5. 10】

2. 행복의 조건 … '돈'

사람이면 누구나 자유롭고 행복한 삶을 살고 싶어한다. 그러나 그러한 바램과는 달리 대부분의 사람들이 행복함을 느끼기는 커녕 하루하루를 힘겹고 쫓기듯 살아가고 있다. 단지 극소수의 사람들만이 자신이 진정으로 하고싶은 일을 하면서 여유있고 행복한 생활을 하고 있는 것이 현실이다.

그렇다면 행복의 조건은 무엇인가? 태어난 나라와 시대적 상황에 따라 행복에 대한 가치관이 사람마다 다르겠지만, 의·식·주를 포함한 경제적인 문제가 행복의 가장 기초적이고 중요한 문제라는 것에 대해 이의를 제기할 사람은 없을 것이다. 우리 사회에서 돈많은 사람들의 불행을 보면서 돈없는 서민들은 '역시 돈이 많다고 해서 행복한 것은 아니야, 우리같이 돈은 없어도 마음이 편하고 건강하면 행복한거야.'라고 생각하며 스스로를 위로하기도 한다.

맞는 말이다. 그러나 우리가 일상생활에서 시시때때로 절실하게 느끼는 '돈의 위력'에 대해서 부정할 사람은 없으리라. 오죽했으면 "유전무죄(有錢無罪), 무전유죄(無錢有罪)"라는 피맺힌 절규가 한 범죄자의 입에서 튀어나왔겠는가?

돈이 없어서 당하는 불편함과 서러움, 돈이 많아서 누릴 수 있는 편리함과 풍요로움 그리고 여유를 생각해 보라! 경제적 안정과 시간의 자유로움은 정신적 여유를 수반한 풍요로운 삶의 필수 요건이다.

일본에는 다음과 같은 속담이 있다.
- 『恒産(こうさん)なき 者(もの)は 恒心(こうしん) なし』: 항산(恒産)은 일정한 재산이나 직업, 항심(恒心)은 견실한 마음이나 생각. 안정된 재산이 없는 사람은 생활이 불안정하기 때문에 정신도 안정시킬 수 없어 나쁜 방향으로 기울기 쉽다는 말.

- 『地獄(じこく)の沙汰(さた)も 金(かね)次第(しだい)』: 지옥의 일도 돈 나름. 즉, 엄한 지옥의 재판에서도 돈에 의해 어떻게든지 되듯이, 세상 모든 일이 돈이면 안되는 것이 죽은 사람 살리는 것 외에는 없다는 말.

분수대

돈과 행복

돈으로 행복을 살 수는 없지만 돈 없이는 행복도 없다. 속세(俗世)와 연을 끊을 셈이 아니라면 행복을 위해 얼마간의 돈은 있어야 한다. 그렇다고 돈과 행복이 비례하는 건 아니다. 돈에 파묻혀 불행해진 사람도 많다. 사람마다 물론 다르겠지만 행복하려면 도대체 돈이 얼마나 필요한 걸까.

영국 워릭대 연구팀이 1990년부터 10년간 매년 1만명의 영국인을 무작위로 뽑아 조사한 바로는 더도 덜도 아닌 1백만파운드(약 18억원)의 재산을 가진 사람들의 행복도가 가장 높은 것으로 나타났다. 영국기준으로 백만장자의 반열에 막 들어선 백만장자 초년병들의 행복지수가 가장 높더라는 것이다.

영국 이코노미스트지 최신호는 1백만달러(약13억원)이상의 재산을 가진 백만장자가 전세계에 7백20만명이라고 전한다. 지난 97년의 5백20만명보다 2백만명이 늘어난 숫자다. 돈만 기준으로 보면 행복할 수 있는 신흥부자들이 급증하고 있는 셈이다.

그렇다고 백만장자가 아무나 되는 건 아니다. 미국의 경영학 교수인 토머스 스탠리와 윌리엄 댄코는 미국의 백만장자를 대상으로 연구한 결과를 지난 98년 『이웃집의 백만장자』란 책으로 출간했다. 베스트셀러가 된 이 책에 따르면 미국 백만장자들의 평균연령은 57세로 다섯명 중 네명이 대졸 이상의 학력을 갖고 있고, 80%가 부모 도움 없이 자수성가했으며, 3분의 2가 주당 45~55시간씩 일을 하고, 50% 이상이 3백99달러가 넘는 양복이나 1백40달러 이상의 구두를 한번도 산 일이 없는 사람들이다. 또 버는 돈의 15% 이상을 저축하고, 보통사람들이 수입의 12%를 세금으로 내는데 비해 2%만을 세금으로 내는 '절세(節稅)선수'들이기도 하다.

스탠리와 댄코 교수는 백만장자의 길로 제대로 가고 있는지를 판별하는 간단한 공식도 만들었다. 연간 세전소득에 자신의 나이를 곱하고 이를 10으로 나눈 액수의 2배보다 현재 보유한 순자산(총자산-부채)이 많으면 백만장자를 향해 가고 있다는 것이다. 예컨대 50세 된 사람의 연간 세전소득이 8천만원이라면 최소한 8억원의 순자산은 보유하고 있어야 장차 백만장자가 될 가능성이 있다는 계산이다.

돈이 주는 자유가 행복이라면 돈많은 '백수'가 가장 행복할 것이다. 하지만 성취감을 느낄 수 있는 일이 없고, 화목한 가정이 없고, 건강이 없다면 억만장자인들 행복할 수 있을까. 스스로 가장 행복하다고 느끼는 국민은 미국인도, 일본인도 아닌 방글라데시 사람들이다.

배명복 논설위원
<bmbmb@joongang.co.kr>

【중앙일보 2001. 6. 20】

詩

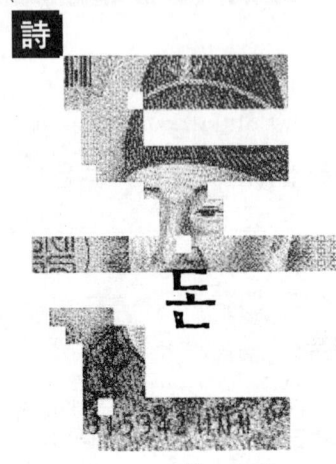

시인/배기정

한국문인협회, 국제 PEN클럽 회원.
동양통신 기자와 한국경제일보
사회부장, 미주씨운 LA 특파원.
아시안 타임 편집이사 등을 역임.
현재 사단법인 한국방문문화예업협회
전무이사로 재직.

저서로는 시집 (실수하셨습니다)
(굵은 활자)
에세이 (질퍽거리는 세상)이 있다.
대표시로는 (봄이 오는 소리)
(오즈윌)(우리)등이 있다.

돈이란
세종대왕 얼굴이 그려져 있는 종이 조각이면서
많으면 많을수록 목줄기가 뻣뻣해지는 것
돈이란 없으면 배가 고파지며
세상이 온통 재미 없어지는 것
돈으로 인해 사람값이 똥값이냐 금값이냐
가치가 달라지는 것
돈이란 참 좋은 것
울던 애도 뚝 그치게 하는 약과 같은 것
돈으로 인해 좋은 자리 앉기도 하고
돈으로 인해 하루 아침에 목 잘리기도 하는
참 무서운 것
돈이란 안되는 일도 되게 만드는
새끼줄이 밧줄로도 되는 요술 같은 것
돈이란 즐거운 것
없는 자를 도울 때나 의연금을 낼 때는
애국자 기분내고 매스컴에 이름 내는 것
돈이란 헌금 많이 하면 여의도 가는 길 보장받고
천국구 한 자리도 하는 것
그래서 비서 보좌관 줄줄이 달고 엥갈소리 듣고
사람도 엥간히 키워 놓는 것
돈이란 모아도 모아도 끝없이 욕심 나는 것
그래서 은행예금 싼 이자 별거 아니다
투기 투전 생겨나고 오고 가는 정 속에
뇌물 치부 들통나니
한 자리 높은 자리 밀려나는
몽칭 막대기 되어 망하는 것
돈이란 마음을 설레게 하는 것
꿈을 주고 힘을 주고 때로는 하늘마저
작게 보이게 하는 것
돈이란 왕자를 만드는 것
강남의 룸싸롱에 멋지게 뿌린다면
공주, 선녀, 춘향이 옷 벗고 몰려온다
오빠, 오빠가 된다 (늙은 오빠실망정)
돈이란 사람을 젊게 만드는 것

좋다는 인삼, 녹용, 인도산 코브라에 해구신에
지렁이, 불개미 처먹어 스테미너 키우는 것
쑥탕에, 라돈탕에 전신 맛사지에
흐믈흐믈 안마 받고 용트림 길게 빼며
이렇게 즐거운 것 한 백년 가거라
어떤 세상 놔두고 뒈지는 것들
병신이란 일컫는 것
돈이란 사람의 마음을 흔드는 것
사람이 만들었어도 사람을 움직이게 하는
하 - 요상한 것
돈으로 인해 가까워지기도 멀어지기도 하는
시기하고, 미워하고, 사랑하고, 죽이주는
아 아 엄청난 것
돈이란 더러운 것
한낱 돈으로 인해 인격이 무시 당하고
쓸개도 배알도 문드러지는
사람을 불쌍하게 만드는 것
이양을 떨까 아첨을 떨까
젠장 한없이 고달퍼 지치게 하는 것
돈이란 이땅의 여자들을
양색시로 쪽바리 색시로 되게도 하는
도깨비 방망이 같은 것
관광한국 김포공항에 쪽바리 줄지어 서면
모세의 기적 되살아 난다
이땅의 가시내들 가랭이 쫙 벌리는
에그 아까워라 시모노 새끼들

돈이란 이 세상 떠나갈 때
원통하게도 모두 버리고 가는 것
그래서 종이 조각인 것
여보시오
돈이란 이런 것이외다

미래의 세계

의식의 전환

'돈 버는 일'이 美德

金容善 / LG인화원 고문

'돈 버는 일'을 죄악시했던 유교전통

'돈을 번다'는 말에 관한 우리의 느낌은 대단히 복잡하고 굴절된 것이다. 전통적인 유교의 가르침으로는 돈벌이란 천한 사람들이나 하는 일이지 선비는 돈을 멀리해야 하는 것으로 되어 있다. 이는 사람을 탐욕스럽게, 또 사치스럽게 만들 수 있는 돈의 부정적기능으로 부터 선비들을 보호하자는 뜻이 있었을 것이다.

이런 오랜 전통적 가치관을 지닌 우리 사회에 개화의 바람을 타고 '돈이 제일'이라는 자본주의 물결이 닥쳐오자 가치기준에 대혼란이 일어 났다. 한편으로는 돈 그 자체와 돈을 잘 버는 사람들을 전혀 여기면서도 다른 한편으로는 돈을 더 많이 가지고 호사스럽게 사는 주변사람들을 부러워하는 심리적 혼란에 시달리게 되었고, 자신의 돈벌이가 뜻대로 되지 않자 무의식 중에 자기합리화의 방편으로 '돈을 버는 일' 자체를 죄악시하려는 풍토를 낳은 것으로 생각된다.

돈벌이는 생활유지의 수단

사람이 육체적 생존을 위해 물자를 소비해야 함은 자연법칙상 당연한 일이며 먹을 것, 입을 것, 비바람을 가릴 것을 얻기 위한 행위를 비난한다는 것은 生 그 자체를 부정하는 것임은 누구나 다 아는 일이다. 화폐경제가 제대로 발달하지 못했던 시대에는 생존에 필요한 물자확보는 물물교환과 같이 '돈'의 중개없이 이루어질 수 있었고 그렇기 때문에 그때만해도 돈을 죄악시하고도 생존을 할 수 있었을 것이나, 오늘날과 같은 화폐경제, 자본주의 경제 하에서 돈벌이를 죄악시한다는 것은 스스로의 삶을 부정치는 모순에 빠지는 것이다.

사회에는 여러가지 기능이 있어서 그 어느 하나가 없어도 이 사회가 유지될 수 없다. '돈 버는 일'이 없으면 우리의 경제생활, 물질생활은 유지될 수 없는 것이다.

돈벌이에 무관심하면 경제가 나빠져

열심히 많이 돈을 벌어서 소비하는 양보다 더 벌게 되면 이것이 확대재생산을 위한 저축이 되어 점점 더 잘 살 수 있게 된다는 것이 경제법칙이 가르치는 바이며 또 우리가 몸소 경험했던 바이다. 너무나 풍요하고 편안한 시대만을 살아 온 세대로서는 경제사정이 매년 나아지는 것이 당연한 일일 뿐. 그렇게 되기 위해서 우리 모두가 얼마나 열심히 일하고 돈을 벌어야 하는지에는 관심이 없어보인다. 그러나 이런 사람들일수록 사회전체의 경제 상태가 나빠져서 자신의 월급이 안오르는 경우가 되면 제일 먼저 불평을 터드릴 것이 틀림없다.

정신문화도 민주주의도 경제위에서

우리가 돈을 벌어서 물질생활을 윤택하게 하는 것은 생존만을 위한 것이 아니라 우리의 정신문화를 발전시키는데 있다. 이 세상에는 아무리 물질적인 생활이 궁핍해도 여유있는 정신생활을 영위할 수 있는 예외적으로 훌륭한 분들이 있기는 하나, 보통사람은 '恒産이 있어야 恒心이 있다'는 말과 같이 돈 없이는 정신문화생활을 유지하기 어려운 것이다.

오늘날 우리가 향유하고 있는 정신문화 가운데 가장 값진 것이라면 아마도 자유민주주의를 꼽는데 반대할 사람은 많지 않을 것이다. 지금까지의 역사를 보나 현실세계에서 보나, 민주주의는 돈을 많이 벌어 경제적기반이 튼튼한 곳에서만 꽃 피었으며, 또 그러한 민주기반이 확고한 토대 위에서만 경제적 번영이 계속되는 상승효과를 거두고 있음을 볼 때 돈을 번다는 것이 얼마나 중요한 뜻을 갖는지 새삼 깨닫게 된다.

돈버는 재능이 있을수록 더 발휘해야

여기까지 이야기하면 돈을 혼자서만 그리고 부정한 방법으로 버는 것이 나쁘지, 돈버는 일 그 자체를 나쁘다고 하는 것은 아니라는 반론이 나올 것이다. 그러나 한 번 잘 생각해보면 사람들이 다 똑같은 재능을 타고난 것이 아니기 때문에 운동을 잘 하는 사람, 노래를 잘 부르는 사람, 글씨를 잘 쓰는 사람, 밥을 잘 짓는 사람과 같이 무엇인가 한 두가지씩 잘 하는 사람은 있을 수 있어도 모든 사람이 야구의 명타수가 될 수는 없는 것이다. 따라서 돈 잘 버는 사람의 숫자도 그리 많지는 않을 것이며 돈을 혼자서 잘 버는 것이 나쁘다고 할 수는 없는 것이다.

소수가 많이 벌어도 결국은 모두 유익

사유재산제도가 확립되어 있는 우리 사회에서 돈을 많이 번 사람의 재산(돈)이 그 개인의 소유인 것은 틀림없으나 그가 그 돈을 현금으로 장롱 속에 감추어 두지 않는 한, 간접적으로 어떤 형태로든 사회경제에 얼마간 기여하는 것이 틀림없다. 더구나 돈을 많이 벌면 그에 상당한 세금을 내게됨으로써 직접적으로 돈을 좀 덜 버는 사람의 사회적 부담을 덜어준다. 따라서 돈 버는 재주가 있는 사람이 다른 사람의 몫까지 열심히 버는 것은 미덕이 아닐 수 없는 것이다.

어둡고 부끄럽던 사회의 기억

불과 얼마전 까지 도둑 맞을까봐 구두닦이 소년들에게 구두를 한짝씩 가지고 가서 닦게 한 것이 상식이었던 사회, 대낮에 옆집 마당에 도둑이 들어 널어놓은 빨래를 훔쳐 담을 넘는 것을 보는 것이 그리 신기롭지 않았던 어둡고 도덕적으로 부끄러운 사회로 다시 돌아가지 않기 위해 우리는 모두 열심히 돈을 벌어야 하겠다.

* 서울 공대 졸/뜸싱통신 사장/
LG 중앙연구소장/LG인화원
원장 역임

뉴스를 잡아라

나는 新빈민층?

잘나가는 직장에 괜찮은 월급… 번듯한 자가용에 스키도 타고 음악회도 가는데… 월급날 車떼고 집떼고 卒까지 떼면 가계부는 마이너스 투성이…'가불人生'…빈털터리… 내가 왜이럴까?

30代 대리·과장의 하소연

"구멍가게 주인이 부럽다"

요즘 30대 샐러리맨들은 스스로를 '신빈민층'이라고 부른다. 제일제당에 다니는 올해 31세의 전명석(경기도분당)대리도 그중 하나다.

"매달 적잖게 버는 생활은 빠듯하고 그때문에 항상 빈곤감을 느낀다"는 것이다. 전대리는 "절대적 빈곤감도 아니고, 그렇다고 상대적 빈곤감도 아니고 요즘 30대가 느끼는 것은 제3의 빈곤감"이라고 말한다. 그가 얘기하는 '제3의 빈곤감'의 정체를 알아보기 위해서는 우선 그가 살아가는 모습을 살펴보아야 한다.

그는 4천2백만원짜리 전셋집에 산다. 그렇다고 생활이나 사회활동에 궁한 티가 나지는 않는다. 번듯한 자가용으로 출퇴근하고 가족과 여가생활을 즐기는데 불편함도 없다. 가끔은 스키도 타고 볼링도 친다. 부인과 함께 음악회도 간다. 퇴근길 피자 한판 사기 위해 20여분 동안 북적거리는 피자집에서도 기다린다. 그러나 한편 '걸보기는 그럴 듯한데 속내를 들여보면 구멍가게 주인만도 못하지 아닐까' 하는 자괴감이 새록새록 든다.

월급을 타 명세서를 훑어보면 우선 수령액수는 적잖는 데 이것저것 미리 써버린 걸 빼고 나면 오히려 적자다. 갖고있는 신용카드 5개로 '빛을 내' 꾸려가는 적자인생이 매달 악순환의 고리처럼 이어져가고 있다. 우리나라의 30대는 95년말 기준으로 8백36만명, 전체 인구의 18.8%를 차지하고 있다. 이들을 경제활동 측면에서 보면 일반기업체의 대리에서 과장급들이 주류를 이룬다.

〈글=김시래·사진=나영문 기자〉

新빈민층 집중탐구 33면

'新빈민 마케팅'

▶유통·메이커 뿐만 아니라 은행·보험도 판촉대열에 합류
▶값이 싸면서도 유명회사 제품 선호

30대의 이른바 '신빈민층'을 겨냥한 마케팅이 활발해지고 있다.

유통업체와 자동차회사등 일부 메이커, 그리고 경영방식에서 보수적이기로 유명한 은행·보험회사도 이들을 대상으로 적극적인 판촉전략에 나서다.

특히 유통업계에서는 프라이스클럽·킴스클럽등 대형들이 적극적이다. 이들 업체는 '신빈민층'을 '백화점 이용은 재정 형편상 부담스럽게 생각같고 재래시장에 가기엔 체질이 안맞는 세대'로 파악하고 있다.

따라서 판촉전략으로 "우리 매장엔 유명브랜드 딱지만 붙어있지 않지 실제론

'소비 왕자병' 심한 별난 구매층
외식점·고급소비재등 매력적인 타깃

동일한 제품"이라는 점을 내세우고 있다.

실제로 프라이스 클럽은 백화점 납품업체의 제품을 '은밀히' 공급받아 시중가보다 20~40%정도 싸게 팔고 있다.

할인점은 다른 연령층에비해 가장 많이 이용하고 있다.

프라이스클럽의 경우 10만7천26명(11월말 현재)의 회원 가운데 30대가 4만7천94명으로 무려 40.5%를 차지했다. 40대 24.5%, 20대 22.1%, 50대 9.5%와 현격한 차이를 보이고 있다.

또 킴스클럽도 43만6천5백12명의 회원 가운데 30대가 30%인 12만7천1백39명으로 가장 많다.

할인점 관계자는 "30대의 이른바 신빈민층은 자존심이 강한 별난 소비층"이라면서 "이때문에 물건을 끝때 고품질이지만 유통합리화로 값이 싸다는 서구식(西歐式)논리로 접근하고 있다"고 말했다.

〈김시래 기자〉

2. 행복의 조건… '돈' 37

어느 新빈민의
'赤字인생'
명세서

신상 명세서
제일제당 대리, 31세, 맞벌이,
자녀 1명(1세)
4,200만원짜리 전세, 자동차·티코,
대출 2,500만원, 컴스클럽 회원, 신용카드 5개

월 생활비 내역
▶수입(보너스포함)
　자산(180만원)+제7(70만원)=250만원
▶지출·차량 유지비(보험포함) 12만원
　보험(6개2종) 8만원
　개인연금 9만6천원
　가공 53만원
　주택 청약부금 9만원
　대출(2,500만원) 30만원
　문화/레저비 25만원
　(수영 2회,불경 2회,음악회 1회등)
　육아 15만원
　부모용돈(4가) 15만원
　부모용돈(처가) 10만원
　자신용돈 18만원
　처 활동비 15만원
　각종 생활비 48만원
　　　　　　　　267만6천원

■적자:17만6천원(신용카드로 충당)

"여유없지만 문화비등 줄일 생각 없다"

어느 '新빈민층'의 辯

"벌이에 비해 내 쓰임새가 너무 헤프다는 생각은 한번도 해본 적 없습니다." 제일제당 전영석 (31)씨는 스스로를 '신빈민층'이라고 자처하면서 첫말을 이렇게 꺼냈다.

그는 "보험·저축금액이 상당한데다 차량유지비등 매달 불가피하게 나가는 고정비용도 고려하면 그 누구보다 긴축하고 산다는 생각이 든다"고 덧붙였다.

전대리는 그렇다고 당장 차를 팔고 주말외출을 자제하거나 문화·외식비를 줄여서까지 살고 싶지는 않다고 말했다.

그는 "앞으로 3~4년후에는 비록 융자를 껴안아야겠지만 신도시 인근에 24평짜리 아파트 한채를 살 계획"이라며 "그러나 현재의 생활방식을 바꿔가면서까지 집장만 시기를 앞당길 생각은 없다"고 잘라 말했다.

그는 또 "모임등 어디서든 나도 돈에 쪼들리는 빈민층이라고 주장하지만 부모·형제를 포함한 주변사람들은 기업체의 대리나 되는데 무슨 소리냐며 되려 면박을 듣는 경우가 많다"며 우리 사회가 30대의 경제적 고충을 전혀 알아주지 않는다는 호소다.

그는 무려 5개나 보유하고 있는 신용카드가 자신을 '가벼운 인생'으로 만드는 주범이라고 가끔 생각하지만 그렇다고 버릴 생각은 없다고 말했다. 〈래〉

살림 쪼들려도 팍팍 쓴다

저축보다 빚많고 카드는 연체 일쑤

이런 사람이면 당신도 新빈민층

사나이에게 이립(而立)의 나이라는 30대. 과연 그들의 주머니 사정도 이립의 단계인가.

30대 남성의 속주머니를 뒤져본 결과 평균 저축액(누계 기준)은 1천6백40만3천6백원, 평균 부채액은 2천8백17만5천5백원으로 저축보다 빚이 1.7배가량 많다. 신용카드 보유 개수는 평균 2.55개, 타연령층에 비해 카드 보유비율(20대 : 1.73개, 40대 : 2.44개, 50세이상 : 1.55개)은 높은 편이다. 그러나 카드개수만 많으면 무슨 소용이 있나. 3명중 1명(34.7%)이 카드대금을 자주 연체해 쪼들리는 상황이라고 고백한다.

중앙일보 시장조사팀이 서울의 5대 광역시 20세이상 남성 1천1백명을 대상으로 지난 9월20일 실시한 면접조사에 따르면 어찌된 셈인지 30대 남성의 수입대비 지출형편이 가장 어려운 것으로 조사됐다.

연수입은 평균 1천7백97만5천9백원. 한달에 약 1백50만원 남짓 번다. 총가구 수입은 2천92만7천8백원이다. 이들중 맞벌이 부부는 23.0% 정도다.

주택소유비율은 48.0%다. 20대의 51.0%, 40세이상의 78.5% 보다도 떨어진다.

거주 주택의 가격(전세포함)도 평균 7천8백48만9천8백원으로 20대의 9천2백5만5천원, 40세이상의 1억1천6백9천8백원보다도 적다.

이같은 현실은 30대의 고달픔을 직접적으로 설명해주고 있다. 현재의 수입에 대해 50.7%가 불만을 느낀다는 답변에서도 이들의 어려움을 짐작해 볼 수 있다.

〈신빈민층의 주요 특성〉
- 일반기업체의 대리·과장급인 30대
- 월가구총수입 2백만원 안팎
- 부채 2천만원 상회(저축액의 2배가량)
- 신용카드 평균 2.5개 보유로 '가볍인'
- 저축도 30만~50만원으로 적을게 함
- 무주택(전세)이나 자동차는 소유
- 7세미만 자녀로 1~2명
- 주말은 가족과 함께 문화·레저활동
- '신세대+빈민층'의 혼합의식
- 백화점이용은 주머니 형편상 무리
- 재래시장 가기는 왠지 체질에 안맞아

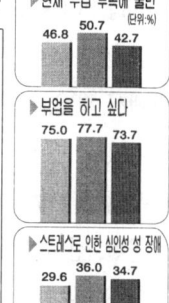

▶현재 수입 부족에 불만 (단위:%)
46.8 50.7 42.7

▶부업을 하고 싶다
75.0 77.7 73.7

▶스트레스로 인한 심인성 성 장애
29.6 36.0 34.7
20대 30대 40세이상

그렇다고 소비를 줄이는 것도 아니다. 자가용 보유율은 66.5%로 20대의 40.5%, 40세이상의 52.9%보다도 높다. 30대의 36.0%가 각종 스트레스로 부부간의 성생활에 지장을 받고 있다면서 '심인성 성장애'를 호소하는 것도 넘겨듣기만 할 일이 아니다. 〈김행 조사전문기자〉

【중앙일보 1996. 12. 6】

3. 빈익빈부익부(貧益貧富益富)의 심화

　삶의 질을 향상시키기 위해서 필요불가결한 것이 '돈'이라는 사실을 부인할 사람은 없다. 그래서, 세상 모든 사람들이 돈을 벌려고 온갖 노력을 다 하고 있는 것이다. 그런데 문제는 돈을 버는 것이 그렇게 쉽지 않다는 데에 있다. 자본주의 사회에서는 돈(자본)이 돈을 벌어주기 때문에 돈 있는 사람들은 더욱더 많은 돈을 벌지만 돈(자본) 없는 사람이 돈을 번다는 것은 점점 더 어려운 것이 현실이다.

　대우경제연구소가 조사, 발표한 '한국가구 경제활동' 보고서에 따르면 최근 3년 사이에 잘사는 가구와 못사는 가구간의 격차가 더욱 벌어지고 있는 것으로 나타났다. 소득순으로 우리나라 가구들을 20%씩 다섯 계층으로 잘라 비교한 결과, 상위 20% 가구의 월평균 소득은 93년 2,696,000원에서 4,254,000원으로 전체 가구의 소득에서 차지하는 비중이 42.5%에서 42.8%로 높아진 데 비해, 하위 20% 가구의 월평균 소득은 93년 273,000원에서 402,000원으로 전체 소득에서 차지하는 비중은 4.3%에서 4.1%로 낮아졌다. 상위 20% 가구의 소득수준은 하위 20% 가구의 10.6배에 달해, 빈부(貧富)격차가 갈수록 심화되고 있다는 것이다.

　한편, 한국은행이 97년 5월 21일 발표한 '1분기 중 은행 수신 동향'에 따르면 3월말 현재 계좌당 저축금액이 5억원을 넘는 개인계좌는 총 2만3천좌, 27조8천5백40억원으로 계좌당 평균 12억1천만원에 달하고 있다. 은행에 5억원 이상의 돈을 예치할 정도의 사람들이라면 또 얼마나 많은 부동산을 소유하고 있겠는가? 설사 부동산을 갖고 있지 않다 하더라도 이 사람들은 전혀 일하지 않고도 원금은 고스란히 남은 채 매월 1천만원 이상의 새로운 소득이 생긴다.

　마음은 부자이나 돈이 없어 가난한 자들이여! 가슴이 답답해 오지 않는가?

1인당 국민소득 1만달러를 넘는 이 시대에 헐벗고 굶주리는 사람은 거의 없다. 하지만 한 번밖에 없는 소중하고 값진 인생을 (돈이 없어)큰소리 한 번 못치고, 그렇게 재미없고 피곤하게 필부필부(匹夫匹婦)로 살다 갈 것인가, 아니면 혼신의 노력을 다해 멋진 인생을 살 것인가! 호랑이는 죽어서 가죽을 남기고, 사람은 죽어서 이름을 남긴다고 하는데, 당신은 당신의 후손들에게 어떤 조상으로 기억되길 원하는가?

요즘 가장 불쌍한 사람이라면, 첫째는 쥐꼬리만한 봉급에 언제 목이 잘릴지 모르는 종속된 신분의 샐러리맨이요, 둘째는 자기 사업이라고 하지만 새벽부터 밤늦게까지 일하면서도 매월 임대료와 직원들 봉급 주기도 빡빡한 자영사업가들, 즉 직선형 수입(언제라도 끊길 수 있는 수입)에 의존하고 있는 사람들이라고 한다.

오늘날 대재벌이 된 사람들도 처음에는 너무도 작고 보잘 것 없는 정도의 자금을 갖고 시작했거나 아예 빈손으로 출발한 경우가 대부분이다. 사업가에게 돈보다 더 중요하고 필요한 것은 성공하고 싶다는 강렬한 욕구다. 이루어 보겠다는 성취동기와 의지 그리고 창의적이고 혁신적인 사고야말로 주어진 모든 불리한 환경을 기회로 삼아 진정한 성공을 일궈내는 것이다.

貧富격차 갈수록 심화

상위20% 家口가 전체소득 42%벌어

최근 3년사이에 잘사는 가구와 못사는 가구간의 격차가 더욱 벌어지고 있는 것으로 나타났다. 특히 소득 상위 20%에 해당하는 가구가 전체 소득의 42%를 벌어들이고 있으며 과소비도 주도하고 있는 것으로 조사됐다.

27일 대우경제연구소가 제주도를 제외한 전국 4천5백47가구를 대상으로 소득및 소비지출 실태를 조사·발표한 '한국가구 경제활동' 보고서에 따르면 96년 현재 우리나라 가구당 월평균 1백96만4천원(전년대비 16% 증가)을 벌어 이 가운데 1백35만9천원(전년보다 20.2% 증가)을 소비지출에 썼다. 소득보다 지출 증가율이 높은 만큼 벌이보다 씀씀이가 헤펐던 셈이다.

소득순으로 우리나라 가구들을 20%씩 다섯계층으로 잘라 비교한 결과 상위 20% 가구의 월평균 소득은 문민정부가 들어선 지난 93년 2백69만6천원에서 96년에는 4백25만4천원으로 절반 이상(57.8%) 늘어났다.

이들의 소득이 전체 가구의 소득에서 차지하는 비중도 93년의 42.5%에서 작년에는 42.8%로 높아졌다.

이에 비해 하위 20% 가구는 같은 기간동안 월평균소득이 27만3천원에서 40만2천원으로 47.5% 늘어나는데 그쳤고, 전체소득에서 차지하는 비중은 4.3%에서 4.1%로 낮아졌다. 상위 20% 가구의 소득수준은 같은 기간동안 하위 20% 가구의 9.9배에서 10.6배로 높아졌다.

손병수 기자

【중앙일보 1997. 5. 28】

국민 절반이상 "나는 하류층"

현대경제硏 설문조사

중산층 셋중 하나 "하류층 전락"
"3년내 중산층복귀 어려워" 80%

'나는 하류층'이라고 여기는 사람이 전체 국민의 절반을 넘어선 것으로 나타났다. 또 기존의 중산층 세명중 한명꼴로 국제통화기금(IMF)구제금융 이후 하류층으로 떨어졌다고 여기고 있으며, 이들은 대부분 3년내에 중산층으로 다시 올라서기가 어렵다고 생각하고 있다.

현대경제연구원에 따르면 최근 전국 기혼남녀 9백93명을 대상으로 전화설문 조사를 실시한 결과 스스로 '하류층이라고 생각한다'는 응답(54.3%)이 절반을 넘어섰다. IMF 이전의 조사에서는 34.6%에 그쳤었다.

반면 그동안 거대한 집단을 형성하며 경제와 사회를 떠받쳐온 중산층은 IMF 이전 61.1%에서 최근 45.1%로 줄었다. 중산층이 가장 많은 마름모형의 사회계층 구조에서 하류층이 가장 많은 피라미드형의 후진적 구조로 바뀐 것이다.

특히 IMF 이전 중산층이라고 답한 사람 중 3분의 1에 해당하는 19.7%가 'IMF 이후 하류층으로 떨어졌다'고 응답했다.

중산층에서 하류층으로 떨어졌다는 응답은 남자(22.2%)가 여자(17.3%)보다 많았고, 연령별로는 40~50대 이상▶교육수준별로는 고졸 이하▶직업별로는 생산직 및 자영업▶지역별로는 대도시에서 많았다.

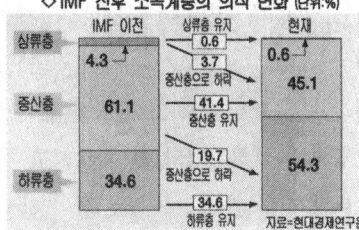
◇IMF 전후 소속계층의 의식 변화 (단위:%)

중산층에서 하류층으로 떨어진 이유에 대해 이들은 소득감소(50.6%)를 가장 많이 꼽았다.

다음으로 ▶실직(12.3%) ▶미래에 대한 불안(9%) ▶자산가치 하락(8.7%) ▶부채 증가(8.7%) ▶고용·소득 불안(7.5%)등의 순.

중산층으로 복귀하는 시기에 대해서도 ▶3~4년후(37.8%) ▶5년 이상(21.3%) ▶10년 이상 걸리거나 복귀 어렵다(20.1%)등 3년 이상 걸린다는 비관적 응답이 79.2%에 달했다. 반면 '올해 내에 중산층으로 올라설 것'이라는 응답은 1.1%에 불과했다.

특히 생산직의 35.4%가 '10년 이상 걸리거나 복귀가 어렵다'고 응답해 사무직(19.5%)이나 자영업자(13.4%)보다 미래를 더 어둡게 보는 것으로 나타났다.

채창균 연구위원은 "중산층은 주된 소비계층이자 양질의 노동을 제공하는 경제활동의 중추"라며 "중산층을 육성하기 위한 정책적인 배려가 어느 때보다 필요하다"고 지적했다.

고현곤 기자 <hkkoh@joongang.co.kr>

【중앙일보 1999. 4. 14】

상류층 1%가 자산 30% 소유

KDI분석 빈민층 급증··· 소득격차 갈수록 커져

재산세 강화등 재분배정책 시급

국책 연구기관인 KDI(한국개발연구원)는 소득불평등 문제가 아주 심각하다는 내용의 보고서를 냈다.

KDI는 1일 「한국의 분배문제-현황, 문제점과 정책방향」보고서에서 한국의 불평등 문제는 80년대 이후 매우 심각해져 왔으며, 적극적인 정책을 사용해 불평등을 완화해야 한다고 주장했다.

IMF도 최근 세계경제전망 보고서에서 한국의 빈민층이 외환위기 이전에는 전체인구의 15.7%에 불과했으나 대량실업으로 인해 올해 연말에 27.8%까지 늘어날 가능성이 있다고 진단했다.

◆통계로는 개선=KDI는 통계청이 발표한 도시가계연보상의 소득부문을 새로운 방법으로 분석, 82년의 「지니계수」는 0.393이었지만 점차로 낮아져 94년에는 0.363으로 낮아졌다고 밝혔다. 지니계수는 한 집단의 소득평등을 0부터 1까지 나타내는 지표로 「0」은 완전평등, 「1」은 완전 불평등을 의미한다. 보통 지니계수가 0.4를 넘으면 소득분배가 상당히 불평등하다고 보는 점에 비추어 80~90년대 도시가계부문의 소득분배는 전반적으로 다소 개선되고 있는 것으로 나타나고 있다. 그러나 도시근로자 구의 소득분배는 개선되고 있지만, 비근로자부문(자영업자, 고소득자 등)의 소득분배가 악화돼 전체적인 개선효과는 미미하다는 것이 KDI의 지적이다.

◆자산불평등 심각=소득이 아니라 보유한 자산(토지·주택·금융자산 등) 측면에서 보면 소득불평등은 공식적인 통계보다 훨씬 심각한 수준에 달하고 있다. 93년 현재 상위 1% 소득이 전체자산의 30%를 소유, 선진국들보다 우리나라의 부의 편재(偏在·한쪽으로 치우쳐 있는 현상)가 훨씬 심각하다고 KDI는 밝혔다.

예컨대 95년 현재 건물의 지니계수는 0.664, 토지는 0.90 0, 금융자산은 0.656으로 극심한 불평등을 보이고 있다. 특히 올들어 발생한 고금리로 인해 금융소득의 불평등은 더욱 심각해지고 있는 실정.

도시근로자 1백가구 가운데 평균소득의 2분의 1 이하인 가구(상대 빈곤층)가 93년 12가구에서 94년 22가구, 95년 26가구로 빈곤층이 크게 늘고 있다. 또 생활비가 최저생계비(94년 4인가족기준 67만원) 수준에 미달하는 절대 빈곤층도 10~20%나 되는 것으로 추산됐다.

◆재분배 정책 시급=KDI 황성현 박사는 『최근의 어려운 경제여건 하에서 부익부 빈익빈 현상이 심화되고 있기 때문에 적극적인 재분배 정책의 도입이 요구된다』고 말했다.

재분배 정책으로는 ①불로소득 과세 강화 ②상속·증여세제 등 재산세제 강화 ③노동시장의 비합리적 차별 철폐 ④재정지출을 통한 최저생활의 보장과 사회안전망 구축 등이 거론된다. 조세연구원 노영훈 박사는 『세원(稅源) 포착범위를 확대해 세수를 늘리고, 재정자금을 빈곤층에 무상 지원해 주는 방식으로 재분배 정책을 시행하는 것이 바람직하다』고 말했다.

<金起勳기자·khkim@chosun.com>

5億넘는 은행계좌 92,000개

액수로는 109조원대

총預金의 26.8% 차지

계좌당 5억원이 넘는 은행 거액계좌가 9만개를 넘고 그 금액은 1백10조원에 육박하는 것으로 나타났다.

한국은행은 18일 「97년중 은행수신 동향」에서 『지난 97년말 현재 은행의 거액계좌 및 금액은 저축성예금이 2만9천좌에 31조2천1백60억원, 금전신탁이 5만5천좌에 60조5천5백60억원, 양도성 예금증서(CD)가 8천좌에 17조4천20억원 등 총 9만2천좌에 1백9조3천1백7백40억원인 것으로 집계됐다』고 밝혔다.

이같은 거액계좌의 수는 은행 총 수신계좌(1억4천4백46만좌)의 0.06%에 불과하지만 금액은 은행총수신(4백7조3천20억원)의 26.8%에 달하는 규모다.

또 거액계좌중 개인이 보유한 것도 2만좌에 이르고 금액은 54조1천1백20억원이나 되는 것으로 나타났다.

<高舜一기자>

【조선일보 1998. 2. 19】   【조선일보 1998. 10. 2】

4. 65세가 되었을 때의 나의 모습은?

미국 보건사회부 보험통계자료에 의하면 65세 이상 미국인 가운데 95%(사망 36% 포함)가 연간소득 17,000달러 이하로 빈곤한 삶을 살고 있는 것으로 나타났다. 나머지 4%는 생활을 자체로 해결하고 1% 정도가 부유층이라고 한다. 부유층이라고 하는 1%중에서 1%는 프로 운동선수나 인기 연예인 또는 복권에 당첨된 사람이며, 10%는 의사·변호사 등의 전문직 종사자이고, 10%는 대기업의 총수들, 5%는 회사원이며, 74%가 자기 사업을 하는 사람이다. 그런데 스몰 비즈니스의 90%가 시작 5년 이내에 실패하기 때문에 이들도 흔들리고 있다는 것이다.

그리고 미국에는 최근 6년 동안에 50만명의 백만장자가 탄생했는데, 이들 가운데 부동산 관계자는 18%, 주식 종사자는 10% 정도이고, 20%인 10만명이 네트워크마케팅으로 재산을 형성한 것으로 나타났다.

〔65세가 되었을 때의 나의 모습은?〕

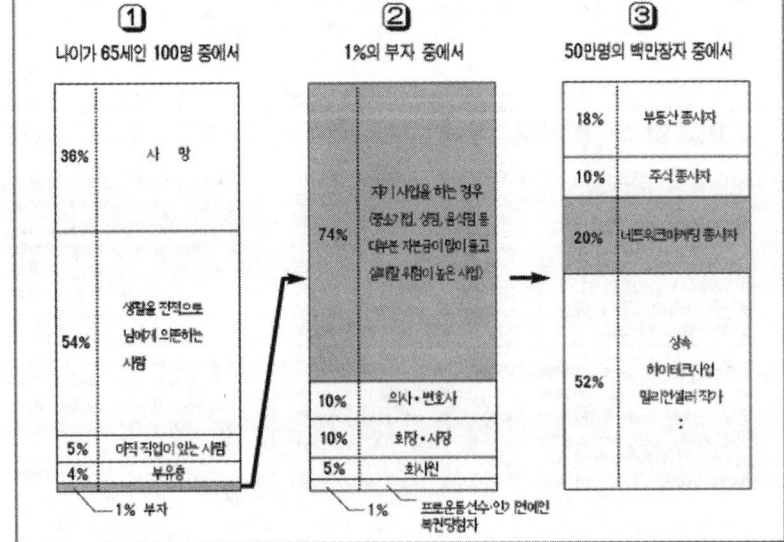

〈미국 보건사회부 보험산업 통계〉

4. 65세가 되었을 때의 나의 모습은? 43

두 자녀 가진 35세 직장인
인생설계자금 4억원

/朴世薰기자

평균적인 직장인들의 수입곡선은 정년을 앞둔 50대중반에 피크를 이룬다. 직장생활이 누적돼·월수입이 가장 많을 때이다.
그렇지만 가정의 지출규모는 이미 40대후반부터 수입을 웃돌게 된다. 赤字(적자)

자금(현재 월생활비 1백만원 기준)은 ▲자녀교육 및 결혼자금으로 1억2천6백80만원 ▲주택 및 기타자금 1억1천2백만원 ▲정년 후 부부의 노후생활자금 2억2천9백20만원 등 총 4억6천8백만원에 이른다.
편안한 노후를 즐기려면 최소한 정년까지 이 정도의 자금을 마련하는 계획을 세

40대후반 지출이 수입앞서
피곤한 '赤字인생' 시작돼

인생이 시작되는 것이다. 대체로 자녀들은 가장이 50세 정도에 이르렀을때 대학교에 진학한다.
자녀들이 취업하고 결혼하기까지는 가정의 지출에이 급증하게 된다. 월수입이 늘어나는 것보다 더욱 가파른 속도로 지출이 늘어나는 시점이다.
현재 35세로 7세와 4세의 두 자녀를 가진 직장인의 라이프사이클을 그려보자. 앞으로의 인생설계에 필요한

워놓아야 한다. 만약의 경우 가장이 사망하면 부인의 생활유지를 위해 1억원이상의 자금이 추가로 필요하다고 삼성생명측은 설명했다.
물론, 샐러리맨을 청산하고 창업대열에 나선다면 위험부담은 더욱 커진다. 그러나 사업에 성공해 보다 풍요로운 인생을 즐길 수도 있다. 40대이후의 적자인생을 어떤 방법으로 보전할 수 있을는지 대책을 곰곰이 생각해보아야 한다.

〖조선일보 1996. 7. 8〗

퇴직후 경제적 준비 상태

단위: %
'95년 2월 20-30대 남녀 직장인 1천3백16명에게 한 설문조사

현재 대책 방법은
- 노후연금 보험 43.2
- 은행적금·신탁 25.4
- 부동산 투자 18.4
- 증권 투자 5.1
- 퇴직금 5.1
- 기타 2.6

어느정도인가
- 충분히 준비 4.3
- 충분치는 않지만 어느정도 준비 28.9
- 준비하고 있지 못하다 66.8

정년퇴직자 안씨의 재테크 현황

단위: 만원
현재소득: 없음

구분		월부금	총불입액	비고
재산현황	수익증권		11,000	단기공사채형
	자유저축예금		2,050	
	주식		935	삼성중공 5백주
	공수보험	4	224	5년만기
	암보험	10	560	9년만기
	주택		11,200	30평형 연립
	임야		9,000	86년상속, 3천평
	부채		없음	
순재산			34,969	

50대 정년퇴직자… 버는 건 없고 쓸데는 많고

곶감 빼먹듯 퇴직금 야금야금

2,000만원 예금
돈굴리기 고민

『당장 수입이 한 푼도 없는데 아직 대학생이 있으니 뭔가 새 벌이를 시작해야지 이대로 있다간 얼마 안되는 퇴직금만 까먹게 됐습니다.』

지난 8월말 55세로 20년동안 몸담았던 회사를 정년퇴직한 안종길(安種吉)씨의 형편을 보면 퇴직 이후 생활대비의 중요성을 절감할 수 있다.

감원 바람이 부는 요즘 한 회사에서 安씨처럼 정년퇴직을 맞이하는 것은 어찌 보면 축복받은 경우에 해당된다. 자기 집을 마련한데다 자녀들도 장성했겠고 퇴직금도 받아뒀을 테니 노후를 그다지 어렵게 보내지 않을 것이라는 사회통념 때문이다.

30대 후반~40대에 명예퇴직한 사람들에 비하면 정년퇴직자의 형편이 나을 수도 있겠지만 安씨의 말대로라면 결코 단정해서는 안될 것 같다. 실제로 정년퇴직자들의 경제 상태를 따져보면 반드시 넉넉하지만은 못한게 현실이다.

삼성생명이 지난해 서울시내 남녀 직장인 1천3백16명을 대상으로 「퇴직후 관심과 대책조사」를 실시한 결과에 따르면 정년퇴직 후에도 경제적 어려움을 겪지 않으려면 별도의 준비가 절실한 것으로 나타났다.

그러나 이같은 필요성에도 불구하고 安씨의 경우처럼 66.8%의 직장인들은 정년이후를 대비한 구체적인 경제적 대책을 갖지 못하고 있는 것으로 나타났다.

현재 하고 있는 퇴직후 대책 방법으로 ▶43.2%가 노후연금보험에 가입해 있으며 ▶은행적금·신탁이 25.4%였고 ▶퇴직금은 불과 5.1%였다.

그런데 安씨는 퇴직금외엔 따로 모아놓은 것이 없는데다 1백30만원 정도이던 생활비는 퇴직후에도 좀처럼 줄어들지 않고 경·조사비는 꼬박꼬박 챙기다보니 한달에 1백50만원 이상의 총생활비가 필요하다.

또 회사가 지급해주던 등록금 지원금마저 끊겨 지방대에 다니는 차남(25)의 학자금과 생활비까지 더하면 월평균 2백만원이 꼬박 들어간다. 현재 2천5백만원정도 들어있는 자유저축예금에서 곶감 빼먹듯 하고 있는 것이다.

더우이 막상 정년퇴직해보니 1억원의 퇴직금을 합쳐 금융자산은 1억4천만원 정도밖에 안돼 일없이 원금만 까먹다 보면 몇년 안에 빈털터리가 될 지경에 이른 것이다.

그래서 安씨는 이제 두 달남짓한 휴식기간을 털고 일어나 나이에 관계없이 자신을 받아줄 곳이 있는지 여기저기 기웃거려 보고 있다. 통계청 조사에 따르면 정년퇴직이 시작되는 연령인 55세를 넘겨서도 일을 하고 있는 고령 취업자들(94년 기준)은 전체취업자 수의 14.9% 정도를 차지하고 있다. 농사를 짓는 사람을 제외하면 8.4%에 불과하다. 그만큼 일자리 구하기가 쉽지 않다는 것.

安씨는 재취업이 여의치 않을 경우 고향 서산에 도로변 가든을 전세 내 불고기집이나 운영해볼까 하는 생각도 있지만 실패가 우려돼 망설이고 있는 상태다.

【중앙일보 1996. 11. 18】

5. 왜 네트워크마케팅인가?

지금 이 시대에 가진 것 없는 사람이 법과 질서를 지키며 정당한 노력만으로 큰 돈을 벌 수 있는 강력한 방법 중 하나를 택하라면 필자는 서슴없이 '네트워크마케팅'을 꼽을 것이다.

네트워크마케팅이 지금 이 시대에 확실하게 유망한 이유는 본문에서 상세하게 다루어지겠지만 첫째, 일부 경영학자들이 네트워크마케팅을 '지구 최후의 판매방식'이라고 할 정도로 어떤 마케팅보다 강력한 21세기형 최첨단 유통기법이고 둘째, 역설적이지만 우리나라의 유통시장이 개방된 지 얼마 되지 않아 많은 사람들이 아직 네트워크마케팅의 본질에 대해서 잘 모르며, 설사 안다손치더라도 수박 겉핥기식의 잘못된 지식으로 부정적인 견해를 갖고 있기 때문이라고 할 수 있다.

네트워크마케팅의 폭발적인 시스템만을 모방한 악덕 피라미드기업들이 수없이 생겼다가 사라졌지만, 정식으로 우리나라에 네트워크마케팅(다단계판매)이 법적으로 허용된 것은 「방문판매 등에 관한 법률」이 개정 시행된 1995년 7월 6일부터라고 할 수 있다. 암웨이, 썬라이더 등의 회사가 수년 전부터 영업을 해왔지만, 실질적으로 우리나라에 네트워크마케팅의 불을 당긴 것은 1996년 2월 세계적인 네트워크마케팅회사 뉴스킨이 한국에 상륙하면서부터라고 할 수 있으니, 한국의 네트워크마케팅의 역사는 이제 겨우 5년을 넘긴 매우 초보적인 단계인 셈이다.

한국보다 여러 면에서 앞서가고 있는 미국과 일본의 네트워크마케팅의 역사를 볼 때 지금부터 3~5년 동안이 한국에서 네트워크마케팅 사업을 펼치기에 가장 좋은 황금기간이라고 할 수 있으며, 3~5년 후부터 많은 백만장자가 네트워크마케팅을 통하여 탄생할 것으로 보인다. 때문에 앞으로 몇 년의 세월이 지난 후 대부분의 사람들이 네트워크마케팅에 대해서 정확히 인식하고 참여할 때는 이미 큰 기회는 지나갔다고 보는 것이 옳다.

중요한 것은 우리가 네트워크마케팅을 좋아하든 싫어하든 또는 관심 유무에 상관없이 이미 우리 생활 속에 깊이 침투해 들어왔으며, 국내 대기업들뿐만 아니라 외국의 유수한 회사들도 한국시장의 엄청난 잠재력과 동남아시아 진출의 교두보로 삼기 위해 속속 상륙하고 있는 데서도 알 수 있듯이, 네트워크마케팅은 우리 생활의 일부분이 되고 있다.

실제로 우리 주위에는 벌써 매월 작게는 수십만원에서 많게는 수천만원, 소수이긴 하지만 월 1억원 이상씩 벌고있는 백만장자 네트워커들이 탄생하고 있는 것이 현실이다. 일부 부정적이고 소극적인 사람들은 그러한 사실을 먼 나라의 이야기처럼 황당하게 생각하고 질시의 눈으로 바라보면서, 사행심을 부추기고 위화감을 조성한다고 비난하고 있지만, 그들이 어떻게 생각하는가에 관계없이 그것은 실제 일어나고 있는 일이며, 이 사업에 대한 비전을 보고 열정적으로 사업을 진행하는 사람들에 의해 네트워크마케팅업계는 더욱 더 번창하고 있는 것이다.

네트워크 비즈니스는 평범한 사람에게 꿈과 희망을 주는 사업이고, 자본을 갖지 않고도 정당한 노력에 의해 이익을 보는 사업이다.

그러므로 네트워크마케팅에 대한 선입관을 버리고, 새로운 정보를 대한다는 겸손한 마음으로 네트워크마케팅의 본질과 사업성에 대해 진지하게 검토해봐야 하는 것이다.

"There are over 500,000 millionaires in the US and 20% of them made their fortune in the last years in Multi-Level(Network) Marketing. With the extraordinary growth of Network Marketing in Canada, Mexico, the Pacific Basin, the Far East and Europe, this number could easily double by turn of the century." 『Network Sales Business』

(미국에는 50만의 백만장자가 있고, 그들 중 20%가 지난 6년 동안 멀티레벨(네트워크) 마케팅으로 재산을 형성했다. 캐나다 · 멕시코 · 태평양 연안 국가와 극동 · 유럽 등에서의 엄청난 네트워크마케팅의 성장으로 인해 이들의 수는 금세기 안에 두 배가 될 것이다.)

5. 왜 네트워크마케팅인가? 47

네트워크 마케팅 학술 심포지엄
학문적 기반정립과 현안과제 발표

한국네트워크마케팅 산업의 미래지향적인 청사진을 제시하기 위한 '한국네트워크마케팅 학술심포지엄'이 지난달 25일 대한상공회의소 국제회의장에서 성대하게 개최됐다.
(주)용안커뮤니케이션이 주최하고 통상산업부와 한국방문판매업협회 매일경제신문사 월간다이렉트셀링이 후원한 이번 심포지엄은 소비자단체와 학계전문가들로 구성된 5명의 전문가가 연사로 참석, 네트워크마케팅의 학문적 기반정립과 함께 현안 과제들에 대한 좋은 의견들이 제시됐다.
'네트워크마케팅기업의 현황과 과제'를 주제로 첫 번째 연사로 등장한 건국대 이윤보 교수는 "오늘날은 공급과잉의 시대며 소비자중심의 사회"라고 전제하고 "현대사회는 고객만족 차원에서 좀 더 발전된 사회지향적 마케팅으로 그 컨셉이 변모하고 있으며 최근 확산되고 있는 MLM은 이러한 현대사회의 다양한 변화들과 연관되어 있다"고 주장했다.

이날 심포지엄은 용안커뮤니케이션이 주최한 네트워크마케팅 미래 청사진을 제시했다

소비자단체를 대표해 연사로 참석한 정광모 소비자연맹 회장은 '네트워크마케팅 산업과 소비자 권익보호'를 주제로 다단계마케팅에 대한 외국의 규제와 소비자보호 사례 등을 발표하고 국내 네트워크마케팅의 문제점과 함께 미국 다단계산업의 발전과 현황에 대해 발표했다.
권익현 동국대교수는 '네트워크마케팅 기업의 마케팅전략'이란 주제로 "국내 네트워크마케팅 기업들의 발전을 위해서는 우선 건전한 네트워크마케팅의 정착이 이루어져야 된다"며 "미국과 일본은 물론 우리나라에서도 네트워크산업의 부정적인 인식에도 불구하고 빠른 성장을 보여왔고 앞으로도 상당히 빠른 속도로 성장할 것"이라고 전망했다.
권교수는 또 "국내의 경우 네트워크마케팅의 다양한 장점들이 피라미드화될 수 있는 가능성을 가지고 있기 때문에 네트워크마케팅에 종사하는 많은 사람들이 네트워크마케팅의 소비자측면을 고려해 다양한 장점들을 활용해야 한다"고 지적했다.

〖화장품신문 1997. 12. 8〗

건국대, 대학원서 다단계판매 강의 개설!!!

건국대학교는 국내 최초로 경영대학원 학생을 대상으로 다단계판매에 대해 강의를 한다. 건국대 경영대학원은 올 2학기부터 1주일에 3학점씩 네트워크마케팅(다단계판매)에 대한 강의를 시작, 새로운 유통업태로 정착 단계에 접어든 다단계판매에 대해 학문적 토대를 수립하기로 했다.
현재 연세대학교와 숭실대학교 등 일부 대학교가 경영학 학부과정에서 다단계판매에 대한 이론을 일부 소개하고 있지만 경영대학원 석·박사 과정에서 다단계판매이론을 다루기는 이번이 처음이다.
다단계판매이론을 강의하는 이윤보 교수는 "이제까지 다단계판매에 대해서는 긍정적인 면보다는 부정적인 면이 강했다"며 "앞으로 다단계판매가 차세대 유통방식으로 부상할 가능성이 높기 때문에 이번 학기부터 집중적으로 다루기로 했다"고 설명했다. 〈김민구 기자〉

〖매일경제신문 1999. 9. 17〗

특별포럼 / 개정 방판법 세미나 지상중계

"다단계 판매는 세계적 추세"

전 세계가 하나의 시장－無限연쇄 직접판매 개념

김준녕
한국전략마케팅연구소장

「방품판매등에 관한 법률(안)」이 오는 7월부터 시행됨에 따라 화장품업계의 새로운 유통채널로 다단계 판매에 대한 관심이 고조되고 있다. 이는 기존 시판의 문제점과 세계적으로 유명한 화장품회사이자 다단계 판매기업으로 손꼽히는 에이본 프로덕트사와 뉴스킨사의 국내 상륙이 가시화되고 있으며 앞으로 이들 회사의 국내 고속 시장잠식이 예고되고 있어 국내 화장품업계의 촉각이 곤두설 수 밖에 없는 입장이다. 화장품업계 관련자 50여명이 참석한 이번 세미나에서 다단계 판매에 대한 국내 화장품업계의 관심이 표면화됐다. 본지는 지난달 16일 중소기업회관에서 개최된 (주)청한컨설팅그룹 주최「다단계판매 도입전략 특별세미나」내용을 요약한다.〈편집자주〉

다단계 판매는 전세계의 기업들의 관심의 초점이 되고 있으며 국내 기업들은 기존 유통방식의 한계성에 봉착해 직접 판매방식 개발에 골몰하고 있다.

최근「방문판매등에 관한 법률」의 개정도 UR타결등의 조류를 타고 전 세계가 하나의 시장으로 되어가고 있는 사회적 현실속에서 선진 유통기업들을 속속 개방하지 않으면 안되게 된 점과 언제까지고 무조건 국내시장을 닫아두는 것만으로는 국내 기업의 유통기술 향상에도 저해가 된다는 것 등의 이유에 따른 것으로 분석되고 있다.

다단계 판매란 국내「방문판매 등에 관한 법률」에서 사용하고 있는 용어로, 점두판매, 방문판매 등에 대응하는「판매」의 개념으로서, 생산자에게서 소비자에게로 상품이 유상(有償)이동하는 상행위를 일컫는다.

무한연쇄 소개판매를 추구하는 직접판매방식(DIRECT MARKETING)의 한 부류인 다단계판매는 다음과 같은 특징을 가지고 있다.

첫째, 소비자가 판매원으로 전환되는 과정이 반복되어 기하급수적으로 판매원이 증가하는 무한연쇄 소개판매다. 다단계 판매 시스템의 가장 기초적인 기반개념을 가지고 있는 다단계 판매의 기본 속성은 상품을 사용해 본 소비자가 판매원으로 전환되어 여러명의 새로운 소비자들을 모집하고 그렇게 모집된 소비자가 다시 판매원으로 전환되어 또다른 소비자들을 모집하는 무한히 반복되는 시스템 구조를 가지고 있으며 이러한 확장력은 끈질긴 자생력을 지니고 기하급수적인 성장을 유도한다.

둘째는 모든 소비자를 자사의 판매원으로 전환시킨다는 이념이 담긴 궁극적이며 이상적인 판매방법이라는 것. 셋째, 소개판매의 메리트를 사업의 차원까지 끌어올릴 수 있다는 것이다.「좋은 품질에 의한 소개판매」라는 개념을 기반으로 한 다단계 판매는 좋은 상품의 사용, 소개의 자부심, 단기적인 이윤, 장기적 사업의 장점을 내포하고 있다. 마지막으로 다이렉트마케팅의 신기법으로 유통과정을 거치지 않고 직접 소비자에게 상품을 전달하므로써 유통마진을 절약하여 소비자는 저렴한 가격으로 상품을 살 수 있고 회사는 유통비용 절감으로 기술개발에 투자할 수 있어 제품의 질을 높힐 수 있다.

◇ 다단계판매 장단점 분석

		장 점	단 점
판매원	수입	작은 부수입을 목적으로 출발하여 노력에 따라 커 대한 부의 축적 가능 얼마 어느정도 궤도에 오르면 윤택한 생활의 보장 후원마진에 의존하여 지속적 성장	기복적 사행심 조정의 우려 피라미드 기업의 악용우려 판매회지행 힘든 일 기피 조장우려 후원라진이 지나치게 할당될 경우 사행심 조장(피라미드 기업)
판매원·사회적 측면	비지니스 특성	신개념 비지니스 형태 자유로운(재택근무/아르바이트 Sales) 무자본, 무점포 개인 자영사업	
	판매원 자격	무자격 비지니스로 사회 저층인구 구제 가능성	
	상품유통	회사제공 고품질 상품의 회원제 할인구매＋소개에 대한 마진	비지니스 수입에 대한 합리화로 명확치 품질생선 및 거짓판매 위험성
	판매원 비전	무한한 성장 가능성 지닌 자영사업	
	불공목적	수입과 사교, 기업이념 전달등 복합	
	불공영역	International Business 지향으로 국제적 시각의 제공	
	후원수당 의미	불필요 유통소모비용의 소비자환원	,
회사 측면	후원마진 재원마련	유통비용의 절감분으로 자동충당 (매장, 사무실, 물류, 판매관리비용 등)	기업임원에 의해 자선 유통마진 설정지체(국설 일정분도 제해)
	기업이미지	대기업/종합유통 지향 International Business	행사(불분) 명행사(율의) 확행원 신뢰도(격람) 1순위 고려
	소요자금	적음(본사/물류센터/교육센터에 제한)	
	판매관리	관리조직의 강함, Compact함 매출향상에 따른 추가비용 증가적음	고입금 경쟁력이 없으면 직원 일탈 노사갈등 많음(직원 손익성 부족)
	품질개발 의욕	품은한 개발비 조달로 의욕적 품질개발 가능	개발비 전용으로 부당한 기업이득 우려
	매출신장 교육의욕	판매원들간 기획경쟁 유발로 금신장 자영사업을 위한 자발적 학습의욕	이윤 대비로 인한 회사 판매원, 판매원간의 갈등문제

"소비자가 곧 판매원" 성장유도 전략
유통마진 절약, 기술개발 투자 가능

다단계판매는 예전에 국내에서 물의를 일으켰던 피라미드와는 엄격한 차이점을 가지고 있다.〈본지 2월23일자 참조〉

다단계와 피라미드의 구분에 대해서는 논란이 많지만 다음의 두가지 관점만 명확히 가지고 있으며, 어떠한 기업이 건전한 다단계 판매기업인지 피라미드 기업인지 알아보는 것은 아주 쉽다.

1)「돈을 버는 시스템」에 가입하는 조건으로, 사실상 강제로 상품을 유통시키는 행위(가입비, 시용상품, 승진이나 판매원자격유지를 위한 개인 매출할당 등의 편법). 2)자사의 사업성을 높이기 위해 유통비용을 과다책정하여 후원마진화 함으로써 상대적으로 제품의 소비자 자격을 높여 소비자를 기만하는 행위.

다단계 판매를 하기 위해서는 상품의 조건과 마케팅 플랜, 전산시스템을 갖추어야 한다.

다단계 판매에 적합한 상품조건은 ▲품질이 좋고 쓸모가 있는 상품 ▲소모성 상품 ▲시중에서 흔하게 구입할 수 없는 상품 ▲상품의 종류가 전문품이어서 제약이 많은 상품 ▲수요층이 제한되지 않는 일반적인 제품 등이다.

또 다단계 판매에서 가장 중요한 것은 상품이외에 마케팅 플랜. 쉽게 말해서 디스트리뷰터(판매원)들의 매출에 따른 보수를 어떻게 배분해 줄 것인지에 대한 정형화된 틀로 건전한 기업인지 아닌지를 결정해주는 기준이다. 따라서 마케팅 플랜은 다단계 판매의 본질을 정확히 통찰하고 있는 전문가의 지도하여 2~3명의 엘리트 사원들이 전담하여 적어도 3개월간의 연구를 거쳐야 한다.

전산시스템은 마케팅 플랜을 현실화할 수 있는 것으로 전산시스템이 없으면 정상적인 다단계 판매를 할 수 없다. 대체로 국내에 진출하 있는 외국계 다단계 판매회사들은 중형급 이상의 전산시스템을 사용하고 있으며 전산시스템에 소요되는 비용만 해도 5억이상이 되는 경우가 대부분이다.

하지만 커다란 시스템을 구축할 필요는 없으며 천만원대의 소형시스템으로 시작하여 판매원 수가 증가되는 추세에 따라 점차로 업그레이드 해가는 방법을 쓰면 된다.

다단계판매의 개요와 장단점, 세계적 동향, 도입과 응용 등 전반적인 다단계 판매방식을 강의한 한국전략마케팅연구소 김준녕 소장은 『이번에 개정한 법이 다단계 판매의 본질을 정확하고 통찰하고 만들어진 법안이다』며 다단계 판매의 도입기에는 어느나라에서든지 극심한 혼란기와 피라미드 기업의 폐해기를 필히 거치게 되므로 이러한 마케팅방법이 사회에 무리없이 정착되기 위해선 ▲상행위를 장려하는 차원에서의 국가의 적극적인 관심과 개방적인 마인드 ▲건전성에 대한 분명하고 확고한 판단기준 ▲유통구조 개선을 위한 업계의 장기적인 안목의 인내 ▲대국민 계몽프로그램등이 필수적이라고 강조했다.

◇ 일반매장·다이렉트 마케팅·다단계판매의 유통방식

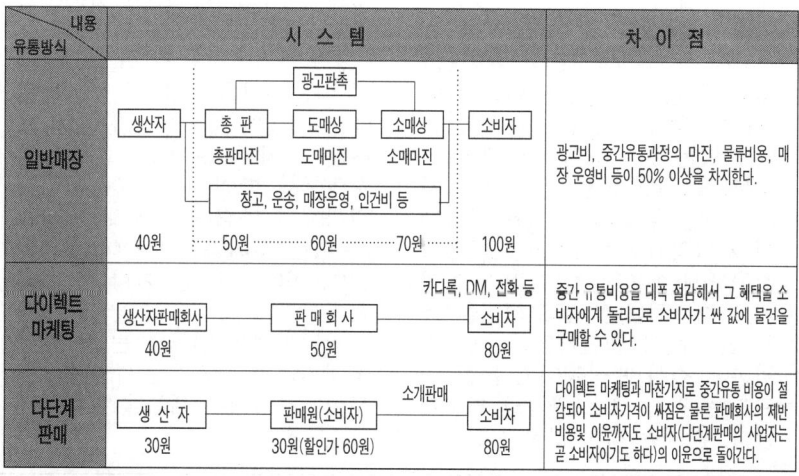

【장업신보 1995. 3. 2】

유통가 사람들 / 강순이 한국암웨이 자영사업자

"다단계판매로 1억 벌었어요"

심윤희 기자

"피라미드판매로 오해를 받으면서 마음 고생도 많이 했지만 이젠 소비자들의 수준이 높아져 영업하는 것이 한결 쉬워졌습니다. 올해에는 지난해보다 두 배 이상 뛸 각오입니다."

지난해 1억원의 순수입을 올린 한국암웨이 IBO(Independent Business Owner·독립 자영사업자) 강순이 씨(36). 신사(辛巳)년 뱀띠해를 맞은 뱀띠 강씨의 올해 소망은 거창하진 않지만 다부지다.

50만명의 암웨이 IBO들이 선망하는 직급인 다이아몬드 레벨에 오른 강씨는 올해는 광고·유통비용으로 나가는 돈을 포인트로 되돌려받을 수 있는 네트워크 판매에 대해 좀더 많은 고객들에게 알릴 계획이다.

강씨가 암웨이 IBO로 활동한지는 올해로 9년째. 암웨이 국내진출이 올해로 10년째를 감안하면 강씨는 초창기 멤버인 셈이다.

학원을 경영하던 강씨가 암웨이와 인연을 맺게 된 것은 미국에서 치과의사를 하고 있는 남편의 친구에게 얘기를 들은 것이 계기가 됐다. 처음엔 별로 신경을 쓰지 않았는데 학원경영을 배우러 일본에 갔다가 암웨이가 붐을 일으키는 것을 보고 관심을 가지게 됐다. 강씨는 직접 일본과 미국을 방문해 활동하고 있는 사람들을 만나고 네트워크 판매 방식에 대해서 철저히 공부했다.

"암웨이가 국내에 진출할 당시는 피라미드판매가 기승을 부리던 시기여서 이들과 혼동되면서 영업에 고전했었요. 많은 분들이 이 이유로 중도에 그만두었는데 저는 국외에서 성공하는 사례를 많이 봤기 때문에 비전을 갖고 일할 수 있었어요."

다이아몬드 레벨에 오른 3년 전부터는 학원사업을 접고 남편과 함께 본격적으로 IBO 활동만을 하고 있다.

강씨가 소개한 사람들의 그룹인 다운라인을 통해 지난해 올린 매출은 100억원. 강씨가 받는 월급은 강씨 아래 있는 사람들의 수입에서 떼어주는 것이 아니라 회사에서 매출에 비례해 지급하고 있는 것이다. 바로 이점이 피라미드와 구분되는 가장 큰 차이점이다.

암웨이에서 취급하는 품목은 국내기업상품을 유통시키는 '원포원' 프로젝트 제품을 포함하면 250종에 이른다.

【매일경제신문 1999. 9. 17】

다단계 판매 '초호황'

**생활용품 중심 유통망 구축
직장인 부업형식으로 급팽창
年 100% 성장…올 시장 3兆원**

소비자가 판매원(회원)으로 활동하며 판매 실적에 따라 수당을 지급하는 다단계 판매산업이 초호황을 구가하고 있다. 특정고객을 겨냥한 직접·선별 마케팅을 특징으로 하는 다단계 판매회사는 지난 90년대 초 국내에 등장했지만 IMF 경제위기를 거치면서 연평균 100%가 넘는 고속성장을 거듭하고 있다.

고가상품 위주로 환불·반품이 불가능하며 회원 가입시 값비싼 상품을 강매하는 형식으로 입회비를 내야 하는 피라미드 판매와 달리, 다단계 판매는 대부분 생활용품 중심이며 입회비가 전혀 없고 환불이나 반품이 100% 보장된다는 게 차이점. 전국 다단계 판매회사의 90%가 몰려있는 서울지역에 등록한 다단계 판매회사는 지난 2월 말 현재 293개사로 최근 두 달 만에 28개사가 늘었다. 이들 업체의 시장규모만 작년 말 현재 1조8510억원대(신고금액 기준)로, 전국적으로는 2조원대에 이른다.

다단계 회사 등록업무를 맡고 있는 서울시 소비자 보호과 강흥기 계장은 "지난 98년의 시장규모가 4251억원대였으므로 최근 2년 동안 매년 100% 이상씩 커지고 있다"고 말했다. 업계 관계자들은 올해 국내시장 규모가 3조원대에 이를 것으로 전망한다.

이 중 지난해 총 1조6000억원의 매출을 올린 상위 10개사의 경우, 한국암웨이·한국허벌라이프 같은 외국 업체들과 앨트웰·SMK 같은 토종 업체들이 각 5개사로 팽팽한 맞대결을 펼치고 있다. 이들은 대부분 지난 97~98년에 설립된 신생회사. 또 올 들어 메리케이·에이본 등 세계적인 화장품 전문판매업체까지 가세해 치열한 시장 쟁탈전이 벌어지고 있다.

시장 규모가 이처럼 급팽창하는 주 원인은 회원으로 활동하면 경제적으로 짭짤한 도움이 되기 때문. 또 환불이나 반품 문제 등이 많이 개선돼 부정적인 인식이 약화된 점도 요인이다.

한국암웨이 명혜경 차장은 "3년 전쯤부터 가정주부 이외에 고용 불안정을 겪는 30~50대 화이트칼라 직장인들이 겸업형식으로 회원에 가입하는 사례가 크게 늘고 있다"고 말했다. 한국암웨이의 경우, 지난 98년에 45만명선이던 회원이 작년 말에는 74만명으로 급증했다.

대한상의 임복순 유통사업팀장은 "다단계 판매시장 성장은 미국 등 세계 각국의 공통적인 현상"이라며 "그러나 판매상품의 가격이 품질에 비해 지나치게 높은 경우가 적지 않고 편법사례가 있을 수 있으므로 소비자들은 꼼꼼하게 비교해 따져볼 필요가 있다"고 말했다.

/宋義達기자 edsong@chosun.com)

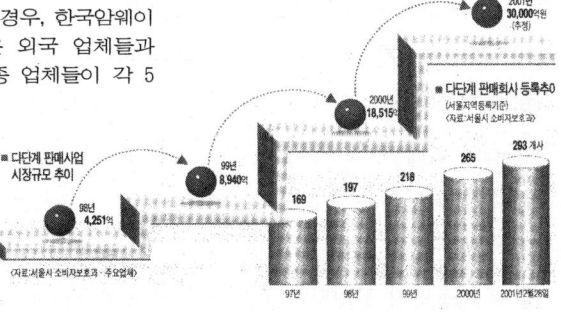

【조선일보 2001. 3. 19】

6. "해 보지도 않고 성공한 예는 없다" – 지금이 절호의 기회!

이 세상은 혼자 사는 것이 아니기 때문에 모든 일에는 상대가 있고 조건이 있으며 때가 있다. 씨를 뿌릴 때가 있고 곡식을 거둘 때가 있듯이, 때에 맞추어서 기회는 왔다가 사라진다. 어떤 기회는 다시 오는 수도 있지만 어떤 기회는 영영 다시 오지 않는다. 그렇기 때문에 기회가 언제 오는지를 알아야 하고, 그 때에 맞춰 기회를 맞이할 준비를 갖추고 있다가, 그 기회가 오면 놓치지 말고 붙들어야 한다. 신은 사람들에게 비교적 공평하게 기회를 제공해준다. 그러나 신이 주는 기회를 놓치지 않고 잘 잡아 성공한 사람도 있는 반면에 놓치고 후회하는 사람들도 많다. 기회를 잡은 사람은 인간으로서 갖추어야 할 조건을 잘 구비한 사람이요, 조건을 구비하지 못한 사람은 아무리 좋은 기회가 와도 잡지를 못한다.

사회가 혼란스럽고 경제가 불황이라고 우리의 삶의 질을 높이려는 노력을 중단하거나 게을리할 수는 없다. '위기는 기회' 라는 말이 있듯이 사회가 어수선할수록 현실을 직시하고 슬기롭게 대처해 나간다면 반드시 더 좋은 기회를 찾을 수 있는 것이다.

지금은 발상의 전환이 필요한 때다. 변화하지 않고는 발전은커녕 생존하기도 어렵다. 늘 해왔던 것을 계속한다면 늘 갖고 있던 것을 계속 갖게 될 뿐이다. 앞으로 5년동안 무슨 일을 하더라도 네트워크마케팅에 투자함으로써 얻을 수 있는 것과 같은 보상을 얻을 수는 없다.

이 책은 가진 것 – 돈, 권력, 기술, 아이디어 – 은 없으나 인생을 정직하고 성실하게 살아온 분으로서 자유롭고 풍요로운 삶을 갈구하는 진취적이고 야심찬 분들을 위해 만들어졌다.

특히, 한국이라는 좁은 울타리를 벗어나 전 세계를 대상으로 비즈니스를 펼치며 인간적인 교류를 갖고자 하는, 진정으로 인생을 뜨겁게 살려는 모든 분들의 마음속에 잠재되어 있는 열정에 불을 댕기는 작은 불씨가 되었으면

하는 것이 필자의 바램이다.

끝으로 행복하고 풍요로운 삶을 꿈꾸는 사람들의 소망이 실현되기를 간절히 빌며 이 책이 완성되기까지 도와주신 모든 분들께 깊이 감사드린다.

"씨를 뿌리지 않으면 많은 세월이 흘러도 아무것도 수확할 수 없다.
뭔가 씨를 뿌리긴 뿌려야 할텐데, 도대체 무슨 씨를 뿌려야 할까?
여기 놀라운 씨앗이 있다.
정성스럽게 관리만 잘 해준다면
수년 뒤에는 천배 만배의 열매를 맺는 씨앗이다.
그것이 어떤 씨앗인지는 이 책 속에 명쾌히 설명되어 있으니,
찾으라! 그러면 찾을 것이다."

아침論壇

젊은이여 創業하라

大權＋재벌 사회

수직사회의 병폐

개척자정신 가져야

姜 智 遠

「大權(대권)」과 「財閥(재벌)」이 간섭하면 과거의 대통령들은 하나같이 탄핵 소추감이 되었다. 대통령의 정치권력이 한 곳에 집중되어 있어 큰 「곳(大)」자를 붙여 대권이라 한다. 경제권력이 소수에게 독과점으로 집중되어 있어 신분적 가문을 상징하는 「閥(벌)」자를 붙여 재벌이라 한다. 이런 사회에 접근하기 위해 뭇발들린 정상인들이 아닌 수직의 줄을 타고 올라야 출세도 하고 한자리씩 차지한다. 그런데 지금 큰 「곳(大)」자에, 거느릴 「統(통)」자, 거느릴 「領(영)」자, 도대체 이 민주사회에서 누가 누구를 「같이 거느린다」는 말인가. 벌써, 이 나라에도 2세, 3세 경영인들이 선대 기업을 몽땅 물려받으며 능력과 관계없이 경영권도 법에 의해 철저하게 보호되는 것이다. 한디 더 나아간다면 대통령이란 용어 자체도 문제다.

마음만 거대기업들을 일곱이 대들려가며 능력과 관계없이 업체 사원이나 판검사가 되려하는 것도 그 양상 중의 하나다. 「인재의 독과점」 현상도 더 이상 방치해서는 곤란하다. 부자 3代를 못간다는 과거의 속담이나 거대 재벌일수록 수명이 짧다는 최근의 연구결과는 그냥 흘려 버릴 이야기가 아니다. 부가 명명거리며 대기업간 차이가 커서 부가 명멸한다. 그런 데 제사업과 제기술을 가진 사람들은 부러워진다는 말이다.

칼국수집 자제는 칼국수집으로, 목공소집 자제는 목공소로 돌아가라. 돌아갈 家業(가업)이 없는 젊은이는 小企業(소기업)을 창업하라. 벤처기업이 따로 없다. 그리하여 그 가게를 소프트웨어가게로도 좋고 소프트웨어 가게로 만들어 보라. 부디 세기를 넘기는 젊은이들은 큰 나무밑에 들어가 편한 길을 가려 말고 작지만 개성있는 자기 사업을 찾아 나서는 것이 자기 세계를 떠나 사회에 답하고자 하는 말이다.

오늘날의 젊은이들이 갈수록 기업체 채용시험이나 고시에 매달린다고 한다. 각종 대학도서관은 학문적 열정이 아니라 취직시험기로 가득 차 있고, 신림동 고시촌에는 무려 4만여명의 고시원들이 세별로 잠겨 있다. 이들이 왜 이럴까. 다름이 아니라 과거 수직사회의 대표적인 잔재 권력과 자본이 수십 수모든 사람들의 수직사회에 독점화·집단화 되어 있기 때문에 그 대표적 2대 쌩(?)이 바로 학·서 열이 횡행하던 사회일 것이다.

어떤 때인가, 수직사회의 암흑같은 탄압과 횡포가 바로 엊그제일 같은데 아직도 우리는 잠꼬대 같은 대권이니 재벌이니 하며 지난 일본에는 대권이 없다. 7명의 각료중 4명이 1년씩 돌아가며 대통령을 한다. 그런데 그 나라는 세계 최고의 부자고 최강의 중화학공업 국가 중의 하나다. 우리나라의 헌법에도 법적으로는 「대권」은 없다. 구석에 「대통령」은 행정 인사까지 시시콜콜 가이 말에 과연 민주적 지도자에게 걸맞은 용어인지 부끄러운 일이 아닐 수 없다. 다음에 고쳐야 할 헌법 부분이 바로 이 용어다. 일본에는 재별이 없다. 맥아더 사령부가 독재 군벌과 한통속이 되었던 재벌을 해체한 이후 일본에는 기적적 기업가의 기술적 기업집단이 있을 뿐 재벌기업은 없다. 그런데도 남아 있는 것이 기업 두 있는 것이 문제다. 덮어 놓고 그 탓일찾 속에 우리 그 탓일, 짓아야 오직도 뿌리깊게 안타까운 것은 오늘날의 젊은이들까지 「눈山)」자 우선의 수직적 사고에서 헤어나지 못하고 스윈스에는 대권이 없다. 그 나라고만한다. 지금 세계 최고의 경제대국을 이루고 있다. 도대체 그 어디에도 「대권적 대통령」은 없다. 구석에 「대 직적 사고에서 헤어나지 못하고.

스위스에는 대권이 없다. 7명의 각료중 4명이 1년씩 돌아가며 대통령을 한다. 그런데 그 나라는 세계 최고의 부자고 최강의 중화학공업 국가 중의 하나다. 우리나라의 헌법에도 법적으로는 「대권」은 없다.

〈사법연수원 교수〉

【조선일보 1996. 12. 16】

"평생 할수있는 일 찾겠다"
SK 유승렬사장 전격 사임

조영행 기자

굴지의 대기업에서 잘 나가던 사장이 '평생 할 일을 찾겠다'며 사표를 던졌다.

SK그룹 주력 계열사인 SK주식회사는 25일 이사회를 열어 사장 교체를 의결했다.

정작 이날 이사회 당사자인 유승렬 사장(52)은 그 시간에 집무실 대신 이화여대 교정에 나가 있었다. 30년 직장생활을 끝내던 날이 마침 둘째딸 졸업식이었기 때문이다.

유 사장은 다소 상기된 목소리로 "회사일에 쫓겨 한번도 아이들 학교에 가보지 못했는데 오늘 처음 오게 됐다"며 자녀들의 성장도 지켜보지 못하면서 보내 온 직장생활을 회고했다.

SK그룹에서 잘 나가는 경영진 중 한 사람으로 손길승 회장과 최태원 회장의 신임을 한몸에 받던 그였기에 주변의 충격은 상당했다. 하지만 정작 자신은 오래 전에 마음의 준비를 끝낸 듯 담담하게 퇴임 소감을 밝혔다.

"머지않아 90세까지 사는 시대가 열린다고 하는데 직장생활은 잘 버텨야 60세 아닙니까. 퇴직하고 30년을 놀아야 한다는 이야기인데 내 인생을 그렇게 설계하고 싶지는 않았습니다."

유 사장은 지금부터 새로운 일을 시작하는 게 좋겠다는 생각에 사장 자리를 박차고 나왔다고 말했다.

유승렬 사장   김창근 사장

주변만류 불구 벤처창업 선언 후임에 김창근씨

사실 SK 내부에서 그의 사임은 적잖은 충격으로 받아들여진다. 유 사장은 92년 종합기획실 임원으로 승진한 뒤 2년마다 한 계단씩 초고속 승진을 거듭했고 98년 3월 전무로 승진한 뒤 그해 구조조정 본부장이 됐고 연말에는 다시 부사장으로 승진했다.

특히 2000년 12월 그룹 지주회사 격인 SK주식회사 사장으로 발탁됐다.

유 사장은 "내 일을 하겠다고 마음 먹은 지는 몇 년이 됐는데 회장님께 정식으로 말씀드린 것은 올해 초였다"며 "간곡하게 만류했지만 이번에 못하면 또 1년을 기다려야 하기 때문에 용기를 냈다"고 사임 과정을 설명했다.

"나를 두고 '믿는 도끼가 발등을 찍었다'는 말들을 하겠지만 지난 세월 회사를 위해 몸바쳐 일했기 때문에 후회는 없다"고 덧붙였다.

유 사장은 우선 우수한 기술과 서비스를 갖추고도 경험이 없어 사회에서 인정받지 못하는 벤처기업이 뿌리를 내리도록 도와 주는 사업을 시작한 뒤 자신이 갖고 있는 아이디어를 사업화할 방침이다.

특히 "당장 돈벌이보다는 벤처기업에 봉사한다는 자세로 도움을 주는 데 힘쓰겠다"는 뜻을 밝혔다.

유 사장은 "사실 둘째를 유학보냈으면 돈 때문에 회사를 그만두지 못했을 텐데 본인이 취업을 원해 나도 홀가분하게 새출발을 하게 됐다"는 말로 앞날에 대한 두려움도 있음을 드러냈다.

"돈을 벌면 좋겠지만 내 일을 하는 것만으로도 만족한다"는 한 마디를 남기고 유 사장은 졸업식장으로 발걸음을 옮겼다.

한편 SK주식회사는 이날 신임 대표이사 사장에 김창근 현 재무부문장 겸 그룹 구조조정추진본부장(52)을 선임했다.

그는 SK 구조조정추진본부장을 계속 겸직한다.

김 신임 대표이사는 서울 출신으로 74년 SK에 입사해 94년부터 그룹 경영기획실(현 구조조정추진본부)에서 재무팀장을 맡아 온 그룹 내 재무통으로 2000년 12월부터는 SK 구조조정추진본부장과 SK주식회사 재무부문장을 겸직해 왔다.

〖매일경제신문 2002. 2. 26〗

제 1 부
유통산업의 현황 및 전망

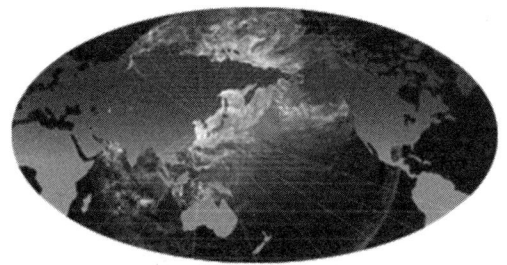

제1장 유통산업의 역할
제2장 유통산업의 현황
제3장 유통산업의 대내외 여건 변화
제4장 유통산업의 전망 및 비전

제 1 장   유통산업의 역할

　유통(流通)이란 '생산자에 의해 생산된 재화를 수요자가 구입하기까지의 여러 계기적(繼起的) 단계에서 실행되는 매매의 연쇄적 과정'을 말한다.
　과거의 유통업은 제조업이 지배하는 하위 개념으로서, 일방적으로 제조업체가 생산한 제품을 전달만 하는 단순한 기능적 역할이 전부였으나, 오늘날의 유통업은 '질 좋은 제품을 소비자에게 안정적으로 값싸게 공급함으로써 국민생활에 풍요로움을 주는 역할'을 하고 있다.
　유통산업(distribution industry)이 발전되면 정보와 재화의 흐름이 원활하게 되어 생산 및 소비의 양과 질을 합리적으로 결정할 수 있고, 생산자가 만든 좋은 품질의 상품을 소비자에게 값싸고 신속하게 전달할 수 있게 된다.
　또한 유통업체간, 제조업체와 유통업체간의 경쟁에 따른 파격적인 가격하락은 물가안정에도 크게 기여할뿐만 아니라, 소비자의 실질소득 증가와 국민의 생활수준을 향상시키는 효과를 가져온다. 개인의 실질소득의 증가는 국민경제 전체의 수요창출로 연결되어 제조업체에도 좋은 영향을 미치게 된다.
　이와 같이 경제의 혈관으로 막중한 역할을 하는 유통산업은 3차 산업 중 비중이 가장 높아 앞으로 지속적인 성장으로 높은 고용창출 효과가 기대되는 산업이다. 그럼에도 불구하고 우리나라의 유통업이 발전되지 못한 원인은
　첫째, 상업을 천시하던 농경사회의 역사적 배경,
　둘째, 사·농·공·상의 계급의식에 의한 건전한 상인문화 형성의 거부,
　셋째, 개항·일제 통치기에 침투한 일본 상업자본이 우리나라 상업계를 장악·독점한 것,
　넷째, 해방—6.25사변—사회격변기의 과정에서 상업윤리의 기반구축 기

회상실.

다섯째, 1960년대 이후 생산 제일주의에 입각한 산업자본 형성 위주의 정책으로 상업자본의 영세성 고착.

여섯째, 1970년대 이후 거대 재벌 독점산업자본의 부분적 상업자본화로 인하여 건전한 경쟁적 상업자본의 발달을 저해한 것 등으로 설명할 수 있다.

이외에도 우리경제는 제조업 아니면 절대 안된다는 고정관념 속에서 모든 주요정책이 추진되어 왔고, 유통업은 과소비의 온상, 서비스하면 유흥음식점을 생각하고 있는 동안 도·소매업, 금융, 교육, 관광, 정보산업 등이 엄청 낙후되어 있을 뿐만 아니라 유통과 물류비용도 고비용구조에 큰 몫을 하고 있다. 하지만 1980년대 이후 유통산업의 중요성을 인식한 정부와 기업의 노력으로 유통산업은 GDP의 12%를 차지하는 산업으로 급신장하고 있다.*

> "인류의 경제사(經濟史)에서 제조업으로 돈 버는 시대는 영원히 끝났다. 경제의 중심이 제조업에서 서비스로 옮겨졌다."
>
> - 일본 나카마에 경제연구소 대표 나카마에 박사

---

* 대한·서울상공회의소, 「21세기 유통비전-유통산업의 발전전략」 1997. 4.

제1장 유통산업의 역할 61

5,000大 기업 2할이 '赤字'

능률協 작년 통계 1,000원어치 팔아 겨우 6원꼴 남겨

지난해 국내 기업 5개 가운데 한개 이상은 적자를 기록하는 등 많은 기업들이 '실속없는 장사'를 한 것으로 조사됐다.

한국능률협회가 매출액 기준 국내 5천대 기업을 대상으로 조사해 18일 발표한 '한국의 5천대 기업' 책자에 따르면 이중 1천61개사는 업체당 평균 59억 6천만원씩 모두 6조 3천 1백92억원의 순손실을 기록한 것으로 나타났다.

그러나 나머지 3천 9백39개 업체는 모두 9조 3천 9백22억 8천만원의 순이익을 기록했다.

이에 따라 지난해 전체 조사대상 기업의 당기순이익은 3조 6천 7백 31억원으로 95년(1조 6천 1백34억원)에 비해 무려 7조 9천 4백 4억원(68%)줄었다. 5천대 기업의 지난해 총매출 규모는 6백 9조 3천 8백 4천 2백 8천만원으로 전년(5백14조 8천 2백 4억 6천만원)에 비해 18.5% 늘었다. 결국 이들 업체는 지난해 평균 1조 2천 1백 19억 7천만원의 매출을 올렸으나 순이익은 7억 3천만원의 매출액 대비 순이익은 0.6%에 불과했다.

이는 1천원어치 팔아 6원을 남긴 셈으로 이들의 영업실적이 '속 빈 강정'이었음을 보여주고 있다.

이들 기업의 매출을 누적분포로 보면 총매출의 53.7%가 상위 1백위 기업에 집중돼 있고 5백위 기업까지 74.7%, 1천위까지 82.9%가 집중돼 있다.

당기순이익의 경우 1백위 기업까지가 전체 당기순이익의 1백33.8%에 해당하는 4조9천1백45억원을 벌어들인 반면 3천1~5천위 기업은 6조2천1백98억원의 적자를 기록했다.

한편 5천대 기업의 총급여 규모는 44조1천3백27억원으로 전년 대비 17% 증가했다.

이와 함께 이들 기업의 지난해 물류비용 규모는 7조1천5백8억원으로 전년에 비해 10.1% 늘었다. 회사별 물류비용 규모는 대우가 2천1천5백42억원으로 가장 컸고, 다음이 포철(2천1백36억원)·대한항공(1천6백52억원)·쌍용해운(1천4백68억원) 등의 순이었다.

이밖에 지난해 5천대 기업의 평균 자기자본비율은 25.16%로 전년의 24.93%에 비해 0.23% 감소한 것으로 나타났다. 박의준 기자

《중앙일보 1997. 8. 18》

제조업 1,000원 팔아 4원 밑져

상반기 1인당 인건비는 줄었지만 금융비용 늘어

韓銀 기업경영 분석

올 상반기 제조업 1인당 인건비가 지난해 같은 기간에 비해 4.7% 감소, 반기 심적으로는 89년 통계를 만들기 시작한 이후 처음으로 마이너스를 기록했다.

그러나 금융비용 부담이 크게 늘어난데다 지난해말 환율 폭등으로 인한 환차손을 올 상반기에 나눠 회계처리하면서 1천원어치를 팔 때마다 4원씩 손해를 봤다.

하지만 계열사나 부동산 매각·자산재평가 등 적극적인 자구노력 덕택에 부채비율이 소폭이나마 떨어지는 등 재무구조는 개선된 것으로 나타났다. 한국은행은 12일 이런 내용의 '상반기 기업경영분석 결과'를 발표했다.

◇일지는 장사=지난해 상반기의 경우 매출액 1천원당 인건비가 1천120원이었으나 올해는 94원으로 뚝 떨어졌다. 이에 힘입어 1천원어치 팔 때마다 88원씩 영업이익이 났다. 그러나 매출액 1천원당 ▶금융비용 70원▶환차

손 14원▶기타 8원 등 92원씩 영업외 수지에서 손실이 나 매출액경상이익률은 -0.4%를 기록했다.

금융비용 부담이 이처럼 늘어난 것은 올 상반기 제조업체의 차입금 평균 금리가 14%로 지난해 같은 기간 11.3%에 비해 2.7%포인트나 높아졌기 때문이다. 환차손도 상반기에만 2조9천억원이나 됐다.

그러나 하반기 들어 시중금리가 큰 폭으로 떨어진데다 환율도 하락, 하반기에는 상반기보다 이 이율이 많이 낼 것으로 한은은 분석했다.

◇재무구조는 개선=부채비율이 지난해말 396.3%에서 올 6월말에는 3백87%로 6개월 사이 6.3%포인트 떨어졌다. 이에 따라 자기자본비율도 같은 기간 20.2%에서 20.5%로 소폭 올랐다. 총 1천1백8백97개 조사대상 제조업체 가운데 부채비율이 2백% 이하인 업체 비중도 26.3%에서 33.4%로 높아졌다.

◇외형은 감소=불황의 여파로

올 상반기 매출액 증가율은 5%에 그쳤다. 이는 89년 통계 작성 이후 최저치다. 수출액은 매출액이 44.7%나 늘었지만 내수에서 14.8%나 감소했기 때문이다. 이에 따라 제조업 매출액에서 내수가 차지하는 비중이 지난해 상반기 67.4%에서 올해는 54.1%로 크게 떨어졌다.

◇생산성도 떨어져=종업원 수

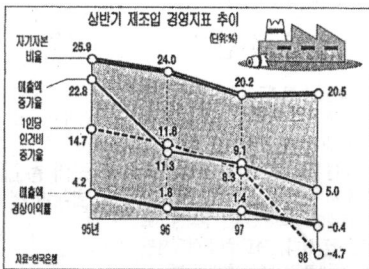

상반기 제조업 경영지표 추이
(단위:%)

는 줄었지만 매출이 워낙 부진, 공장가동률이 떨어져 생산성은 오히려 뒷걸음질했다. 1인당 부가가치 증가율이 올 상반기 9.3%로 지난해 같은 기간 11.4%보다 큰 폭 하락했고 설비투자 효율도 같은 기간 62.8%에서 51.9%로 떨어졌다.

점경민 기자
< jkmoo@joongang.co.kr >

《중앙일보 1998. 11. 13》

백화점·할인점 봇물…과잉투자 우려

30대 그룹 절반진출… 2000년엔 전국 400여개 들어서

'21세기 유망사업' 유통업을 점검한다

유통업 진출이 봇물을 이루면서 과잉·과열투자가 아니냐는 논쟁이 일고 있다. 유통산업이 정보산업과 함께 2000년을 여는 차세대 유망 성장업종으로 꼽히면서 30대 그룹중 절반에 가까운 14개 그룹이 유통업에 이미 진출했거나 진출을 선언했다. 이런 추세라면 2000년에는 전국에 백화점이 2백개, 할인점이 1백90개나 들어설 전망이다. 여기에 까르푸·마크로를 비롯해 시장개방과 함께 몰려올 외국 유통업체들까지 감안하면 웬만한 대도시에는 한집 건너 하나씩 유통업체가 들어설 정도로 공급과잉이 예상된다. 이같은 과잉진출은 부실업체를 양산하고 결국 유통업체간의 인수·합병(M&A)등 구조개편이 뒤따르는 것 아니냐는 우려의 목소리도 높다. 유통업 진출의 실상과 문제점을 짚어본다. [편집자]

일산 신도시의 신세계 E마트는 요즘 하루평균 매출이 2억원수준이다. 94년 9월 개점이후 2년간 하루매출이 3억 5천만원선을 꾸준히 유지했던 것이 킴스클럽 일산점이 문을 열면서 3억원선으로 내려갔고 까르푸·마크로가 진출한 지난 해말부터는 2억~2억 5천만원을 채우기도 힘들어졌다.

同種업체 진출에
매출액 절반으로

E마트는 그래도 워낙 일찍 진출한 탓에 그동안 일산 상권을 독식하는 재미를 본 편이다. 킴스클럽은 96년 4월 개점한지 7~8개월 만에 까르푸·마크로의 공격을 받아 매출이 2억원에서 1억원으로 곤두박질했다. 까르푸(3억 5천만원)와 마크로(1억 5천만원)가 상권을 그만큼 빼앗은 것이다. 일산의 할인점 상권만 놓고보면 E마트 시절의 3억 5천만원에서 4개 점포체제 아래서는 8억원이상으로 이른바 파이가 커진 셈이지만 개별업체들의 경영압박은 갈수록 심해질 수밖에 없다는 지적이다. 게다가 내년이면 백화점 6개, 할인점 9개등 총 15개 점포로 늘어날 예정이어서 기존 점포들의 매출감소는 불을 보듯 뻔한 상황이다.

백화점은 인구 12만, 할인점은 10만명에 1개 점포가 적당하다는게 유통업계의 정설이다. 그래야만 백화점은 5년, 할인점은 3년안에 손익분기점을 맞출 수 있다는 것이다. 그런데도 30만 인구의 일산에 15개 점포를 떠안게 됐으니 제아무리 상권이 커진다해도 과포화를 면키 어려운 형국이다.

인구 40만명의 분당신도시도 2000년까지 백화점 7개, 할인점 8개등 총 15개 점포가 들어선다. 블루힐·뉴코아등 이미 6개 점포가 문을 열어 벌써부터 '제살 깎아먹기'에 들어갔다는 얘기다.

백화점은 목좋은 땅(보통 2천평)을 잡으려면 분당등 신도시의 경우 보통 4백억원이 필요하다. 여기에 연건평 1만 5천평 기준으로 건축비(평당 2백 50만원)와 인테리어비(평당 1백 50만원)로 6백억원이 소요된다. 부대비용까지 합치면 백화점 하나를 차리는데 1천 2백억원이 들어가는 셈이다. 따라서 금융비용(연리 15%정도)과 매출이익률(22%)을 견줘보면 연간 매출 1천 8백억원, 하루평균 5억원이상은 팔아야 5년후 간신히 손익분기점에 이른다는 분석이다.

하루 5억원 팔아
5년후 손익분기점

유통업체 난립은 일산·분당·부천·대전둔산등 신도시에서 심한 편이지만 서울·부산·대구·광주를 비롯한 전국 대도시에서도 마찬가지다. 업체끼리 경쟁이 격화되면서 출혈진출도 마다하지 않고 있다. 할인점의 경우 부지·건축비를 합쳐

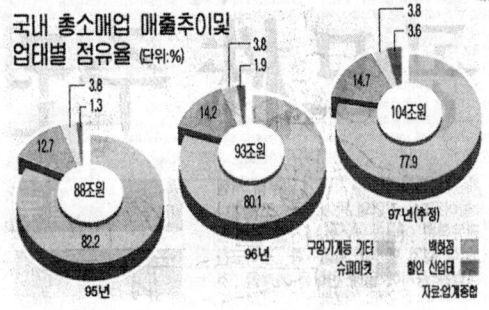

국내 총소매업 매출추이 및 업태별 점유율 (단위:%)

할인점이 우후죽순처럼 생기면서 상권을 무시한 과잉 진출이 아니냐는 우려가 높아지고 있다.

투자금액이 3백억원을 넘지 않아야 채산을 맞출 수 있다는게 통설인데 5백억원을 투자하고라도 일단 점포를 열고보자는 경쟁이 곳곳에서 벌어지고 있다. 처음부터 부실요인을 떠안고 출발하는 셈이다.

신한종합연구소 김재철(金載哲) 산업팀장은 "수년내에 유통업계가 한바탕 구조개편과 M&A 바람에 휘말릴 것"으로 내다봤다.

할인점 위주의 급속한 재편은 또 유통구조발달의 왜곡을 가져오는 문제점도 낳고 있다.

상권을 무시한채 점포가 많이 들어서면 매출둔화가 불가피해지고 결국 수지악화와 투자회수 지연으로 이어질 수밖에 없다는 것이다.

〈이종태·김시래 기자〉

급성장 할인점도 3~5년내 경영압박

한국수퍼체인협회 이광종전무

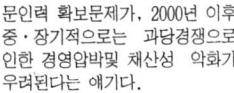

유통산업은 오는 2000년 문턱에 들어서자마자 새로운 유통시스템의 등장으로 급속한 성장세 둔화를 겪을 가능성이 매우 높다. 미국등 선진국들이 이미 무점포 판매망인 전자통신판매라는 새로운 개념의 전자점포를 활발히 연구하고 있기 때문이다.

세계 최대의 유통업체인 월마트의 경우 최근 전자점포와 관련해 시험단계를 거쳐 실용단계에 들어갔다.

이같은 미래 유통시스템의 등장은 대기업들로 하여금 할인점에 투자하는 자세를 간접적으로 경고하고 있다. 할인점의 폭발적인 성장세만 보고 무분별하게 투자하는 것보다 한번쯤 숨을 돌리거나 돌다리를 두들겨볼 필요성을 강하게 요구하고 있다.

최근 할인점의 급성장은 백화점과 슈퍼체인업계의 매출신장세를 둔화시키면서 백화점 대 할인점이라는 새로운 경쟁구도를 가져왔다. 앞으로는 하이퍼마켓·슈퍼센터·카테고리킬러·아웃렛몰등의 다양한 업태(業態)와 국내 대기업·다국적 유통기업의 업체(業體)간 경쟁으로까지 발전될 전망이다.

더구나 올해부터는 국내외 기업들의 지방진출을 가속화해 입지확보 경쟁이 뜨거워지고 적정시장규모 이상의 과다한 진출도 예상된다. 단기적으로는 유통전문인력 확보문제가, 2000년 이후 중·장기적으로는 과당경쟁으로 인한 경영압박및 채산성 악화가 우려된다는 얘기다.

그러나 할인점은 소매업 전체시장의 1%선에 해당하는 8천억원 시장을 확보할 것으로 추정된다. 올해의 경우 국내 백화점업계가 15%내외로 성장이 둔화되면서 본격적인 저성장시대를 예고하는 반면 할인점은 1백~1백50%에 이르는 초고속 성장을 구가할 전망이다. 그러나 할인점의 매출신장률이 5년내 20~50%로 크게 둔화될 것이라는 전망을 아무도 부인하지 않는다. 할인점의 발전 잠재력은 현 추세로 보면 매우 큰 것으로 보인다. 그러나 국내시장의 여건으로 보아 3~5년안에 할인점이 과포화상태에 접어들리라는 예상은 누구나 쉽게 할 수 있다.

【중앙일보 1997. 4. 6】

제 2 장 유통산업의 현황

우리나라 유통산업(도·소매업 등 상적 유통)이 전체 GDP*에서 차지하는 비중은 1994년 11.7%(약 137조원, 제조업;26.8%, 농림수산업;7.0%)이고, 고용비중은 전체 경제활동인구의 26.2%(215만명, 제조업;23.7%, 농림수산업;13.6%)를 차지하고 있다. 〈자료 : 통계청, 도·소매업 통계조사 보고서, 1995〉

> **참고** 미국은 국내총생산(GDP)의 72%가 유통산업(제조업;23%)에서 산출되고 있으며 노동자의 76%(1992년)가 유통산업에 종사하고 있다. 영국과 캐나다의 제조업은 총산출 20% 이하로 축소되고 있고, 제조업 우위를 유지하고 있는 일본과 독일의 경우도 제조업은 GDP의 30% 정도에 불과하고 GDP의 57% 정도를 유통산업에서 생산하고 있다. 미국내의 유통산업부문에서 가장 '성장률'이 높은 사업은 건강·의료사업(59%)과 오락·연예(53%)사업이다. 일본의 미쓰비시 종합연구소에서 발간한 '전예측 1990년의 일본'은 21세기의 산업 중 건강산업인 건강보조식품 부문을 가장 고성장이 기대되는 산업으로 꼽고 있다. 미국의 네트워크마케팅 기업의 대부분이 건강보조식품을 주종목으로 삼고 있는 것도 이러한 점을 염두에 둔 것이다. 〈김한오, 『무점포 유통기업과 맨파워 전략』, 지혜의샘〉

우리나라의 주요 소매업태별 매출구성은 95년말 현재 전체 소매매출 약 89조원 가운데 백화점 12.7%(11조원), 슈퍼마켓 3.8%, 할인신업태 0.8%, 무점포판매 0.5%, 기타 82.2%의 분포를 보이고 있다.

1990년대 들어와 국내 유통시장의 업태추이 중 가장 두드러지는 현상은 할인신업태의 등장과 통신판매·다단계판매 등 무점포판매의 급부상이다. 특히 무점포판매방식은 소비자들이 편리하고 경제적인 쇼핑욕구에 적합할뿐만 아니라 매체나 택배시스템 등 통신수단의 다양화, 그리고 땅값이 비싸 매장확보가 어려운 점 등이 요인으로 작용하여 날로 확산될 전망이다.

"지난해(1999년) 유통업계 전체 매출이 98조원에 이르렀고, 올해(2000년)는 7%의 성장이 예상된다. 유통은 이제 단순히 소비자에게 제품을 전달하는 시장경쟁원리가 아닌 거대한 산업이 되었으며, 이는 해외유통시장 변화 추이, 전자상거래 발달 등 여러 가지 요인들을 분석하고 대처해야 한다는 의미이다. 2000년에는 정부에서도 '유통산업발전법'에 의거해, 신규업체 발굴

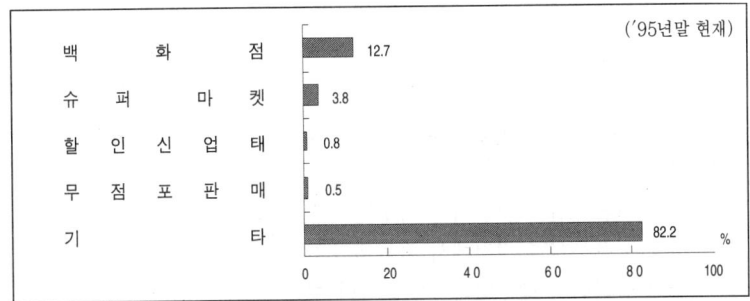

〔 주요 소매업태별 매출비중 〕

〈자료 : 유통산업연구소, RIDI, 1996〉

＊GDP;Gross Domestic Product, 즉 국내총생산이란 한 나라 안에서 만들어진 재화와 서비스의 최종 부가가치 합계를 말한다. 재화란 쌀·의복·자동차·건물 등과 같이 물질적 형태를 가진 것을 말하며, 서비스란 교육·의료·컨설팅 등 눈에 보이지 않는 사람의 노력을 말한다. 국내총생산에는 최종 부가가치만 포함되며 재화나 서비스를 만들어내는데 들어간 중간재 투입비용은 포함되지 않는다. 국민총생산(GNP:Gross National Product)이란 일정기간에 '국민에 의해' 만들어진 재화와 서비스의 총부가가치 합계를 말한다.

국내총생산은 '한 나라 안에서' 만들어진 산출물을 대상으로 하고 있고, 국민총생산은 국민에 의해 만들어진 산출물을 대상으로 하고 있다. '한 나라 안에서'라는 것은 물리적 위치를 규정하는 말이다. 따라서 외국인이나 외국인 소유 생산요소(토지·자본 등)에 의해 만들어진 산출물이라 할지라도 그것이 국내에서 만들어진 것이라면 GDP 개념에 포함된다. 그러나 GNP에는 포함되지 않는다. 한편 내국민이나 내국민 소유 생산요소에 의해 만들어진 산출물이라 할지라도 그것이 외국에서 만들어졌으면 GNP에는 포함되지만 GDP에는 포함되지 않는다. 따라서 우리나라의 총체적 경제활동 수준을 나타내는 데는 GNP보다는 GDP가 더 적합하다고 볼 수 있다. 우리나라에서는 90년대 중반까지만 해도 경제성장률을 계산하는 기준으로 국민총생산이 사용됐다.

조성을 위한 관련법률개정 및 완화, 전자상거래 확산 투자, 정부지원 교육센터 운영, 산·학·연 지원 계획 시행, 중소유통업체 협업·조직화 작업 등에 박차를 가할 것이다. 이제는 하드웨어적인 구조에서 소프트웨어적인 구조로의 전환을 요구하는 시대인 만큼 유통업계에서도 발빠른 정보수집과 시대에 맞는 산업구조를 만들어가야 한다."

> **참고** **'도매 및 소매업'**은 '유통혁명'이라는 말로 대변되듯이 1990년대 들어 가장 극적인 변화를 보이고 있는 산업이다. 이러한 유통업의 변화는 정보·통신기술 및 물류기술의 발달 등 공급측면의 요인과 소비행동의 변화 등 수요측면의 요인이 상승작용을 일으켜 나타난 결과이다.
>
> 유통업의 눈부신 발전에도 불구하고 통계상으로는 '도매 및 소매업'의 사업체수 및 종사자수가 상당한 속도로 줄어드는 것으로 나타나고 있다. '도매 및 소매업'의 사업체수 및 종사자수 감소는 역설적으로 유통업의 급속한 발전에 따른 결과이다. '도매 및 소매업'이 중심이 되는 유통업은 그 동안 우리나라 산업가운데 가장 낙후된 부문의 하나였으나, 1990년대 이후에 진행된 유통혁명 과정에서 사업체의 대형화, 경영의 효율화 및 생산성 향상이 급격히 진행되었다. 이에 따라 한계적 영세사업체의 퇴출과 동시에 인력의 효율적 활용이 이루어짐으로써 사업체수와 종사자수는 줄어드는 결과로 나타나고 있는 것이다.
>
> 유통업은 산업이 발전할수록 그 전체적인 규모가 줄어드는 독특한 특성을 갖고 있다. 유통업의 기본적 기능은 물건을 생산자로부터 수요자에게 전달하는 데 있다. 유통이 효율화된다는 것은 유통과정에서 발생하는 비용을 낮춘다는 것, 즉 유통마진의 축소, 물건의 거래에 따르는 생산자 및 소비자들의 수고를 덜어주는 것 등을 의미한다. 그러므로 사람들이 소비하는 물건의 전체적인 양이 증가하지 않는 한, 유통업의 생산성이 높아지고 효율화될수록 유통업이 창출하는 부가가치는 낮아지게 된다.
>
> 〔통계청, 통계로 보는 한국의 모습 2000. 12〕

손님줄고 낮은 생산성… 백화점 '우울'

1인당 평균 매출 할인점과 2배差… 유통업 재편예고

커버스토리

국내 유통업계의 대명사로 불리던 백화점의 입지가 갈수록 위축되고 있다.

매년 20~30%의 고성장을 자랑하던 매출신장률이 지난해 한자리 숫자로 떨어졌고 새해 들어서자마자 실시한 바겐세일은 경기침체에 노동법 파동등이 몰고온 어수선한 사회분위기로 구매심리가 움츠러들면서 한마디로 '죽을 쑤고' 말았다.

대부분 업체가 지난해 이맘때의 세일보다 매출이 줄어드는 사상초유의 결과를 빚었고 '세일 간판만 내걸면 손님이 구름처럼 모인다'는 전래의 신화는 이제 빛이 바래게됐다. 이런 가운데 백화점의 1인당 생산성이 대형할인점보다 훨씬 떨어진다는 조사결과가 나와 그렇지 않아도 우울한 백화점 업계를 더욱 우울하게 하고있다. 관련업계 조사에 따르면 E마트·킴스클럽등 대형 창고형할인점들의 1인당 생산성은 백화점의 2배를 넘고, 이같은 생산성 격차는 갈수록 벌어지는 추세다. 따라서 앞으로 국내유통업은 할인점 중심의 성장이 불가피하다는게 전문가들의 분석이다. 이 조사에 따르면 지난해 상반기 전국 96개 백화점의 점포당 평균매출액은 6백75억원인데 비해 E마트·킴스클럽등 전국 8개 대형 창고형할인점의 점포당 매출액은 평균 4백20억원으로 나타났다.

백화점의 경우 점포당 평균 종업원수가 3백54명이기 때문에 매출액을 종업원수로 나눈 1인당 생산성은 1억 9천만원으로 집계됐다. 이에비해 대형할인점은 종업원수가 평균 1백4명으로 1인당 생산성은 4억원이나 됐다. 대형할인점의 생산성이 백화점의 2.1배나 된 것이다.

95년도 상반기의 경우 백화점의 생산성은 종업원 1인당 1억 7천 5백만원, 할인점은 2억 9천 2백만원으로 격차가 1.7배였는데 지

할인점들이 백화점에 비해 생산성이 높아 앞으로 유통시장은 할인점 중심의 재편이 불가피하게 됐다.

백화점과 대형할인점 영업실태 비교 (96년 상반기 기준)

	백화점	대형할인점
점포당 매출	675억원	420억원
점포당 종업원	354명	104명
점포당 매장면적	4,295평	3,570평
종업원 1인당 매출	1억9천만원	4억원

자료:업계종합

해는 이보다 훨씬 더 벌어진 것이다. 백화점에 비해 대형할인점은 최소한의 인원으로 경영이 가능하기 때문에 빚어진 결과다.

〈유진권 기자〉

【중앙일보 1997. 2. 3】

"1,300원 사이다가 길건너 할인점선 700원"
소매점이 사라진다

'유통전쟁 축소판' 인천 계양구 실태

대형매장 세일공세…속속 문닫아

인천시 계양구 계산3동 A플라자. 중소상인들의 상가가 올들어 초토화됐다. 1층과 지하 매장 13곳 중 제대로 영업중인 매장은 불과 5곳. 나머지 8곳은 최근 문을 닫거나 문을 닫겠다며 복덕방에 내놨다.

올초 길 건너에 대형 할인점이 들어선다는 소식에 가게를 내놓은 모수퍼 K사장은 『매상이 80% 이상 줄면서 권리금 8,000만원도 허공에 날아갔다』고 토로했다.

수퍼만이 아니다. 정육점, 문방구, 야채, 화장품, 수입잡화 매장도 60~80%의 매출감소에 고민하고 있다.

이 상가에서 300m 정도 떨어진 신개발 단지 입구. 지난 2월과 7월 각각 들어선 프랑스계 할인점 까르푸와 토종할인점 그랜드마트가 4차선 도로를 사이에 두고 「혈전」을 펼치고 있다.

지난달부터 까르푸가 대대적인 세일행사를 시작하자 그랜드마트는 대응세일에 들어간 뒤, 다시 옆동네 백화점과 겨룬다며 아파트까지 경품으로 내놨다. 한마디로 할인점은 인산인해요, 중소 상가는 적막강산이다.

인천 계양은 현재 전국 곳곳에서 벌어지는 유통 전쟁의 축소판 같은 곳. 재벌 및 외국계 대형 할인점들의 파상공세로 토종 산매점들이 소멸되는 대표적인 현장이다.

◆상가 임대료 폭락=한국수퍼마켓협동조합연합회 김경배(金慶培) 회장은 할인점을 「핵폭탄」에 비유했다. 『터지면 반경 몇 km의 수퍼들이 단계적으로 초토화한다』는 얘기다.

실제 계양구에서 할인점으로부터 300여m 떨어진 두 수퍼는 80%, 500여m 떨어진 한 수퍼는 60%, 1km 정도 떨어진 수퍼는 30%씩 거리에 반비례해 매출이 줄어들었다.
<그래픽 참조>

뉴서울수퍼 김숙희(金淑姬) 사장은 『1,300원에 파는 칠성사이다를 할인점이 700원에 파는 데 장사가 되겠냐』고 하소연했다.

계양구 작전동 부동산랜드 김형기(金炯基) 사장은 『부동산시장 침체까지 겹쳐 임대료가 40~50% 빠졌다』고 말했다.

◆할인점 60여곳 신설=할인점 E마트가 전국적으로 2000년까지 새로 개점할 예정인 점포만도 15개, 외국계인 월마트(한국마크로) 5개, 까르푸 9개, 프로모데스 2개 등 기존 점포의 숫자를 넘어선다.

여기에 구조조정을 하겠다던 재벌그룹까지 할인점 시장에 가세, 삼성물산(홈플러스) 5개, 롯데(마그넷) 3개의 매장을 신설할 예정. 2000년까지 전국에 새로 들어설 대형 할인점은 60여개에 이른다.

부천시 민자역사(驛舍) 일대는 E마트가 이 역사 3개층을 위탁 경영한다는 얘기가 나오면서 1개월 전부터 상가 매물이 급증, 지역별로 임대료가 하락세를 지속하고 있다.

인천시 계산동 현대공인중개사사무소 김성식(金成植) 사장은 『백화점과는 달리 할인점 고객의 구매력은 인근 상가에 파급력이 없다』고 설명했다. 서울 명동 일대의 신세계-롯데, 남대문시장과 같이 질적 차별화를 통한 「동반발전」은 기대하기 힘들다는 분석이다.

이에 대해 수퍼마켓연합회 김 회장은 『대단위 물류창고를 만들고 공동구매를 통해 가격 경쟁력을 확보해야 한다』고 대안을 제시했다.

<鮮于鉦기자·jsunwoo@chosun.com>

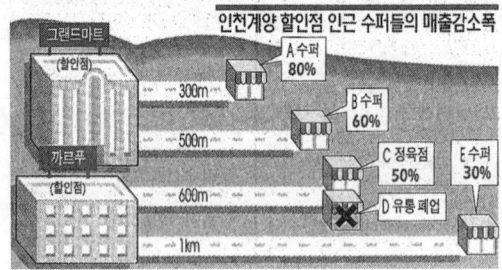

인천계양 할인점 인근 수퍼들의 매출감소폭

【조선일보 1998. 11. 10】

할인점 내년에 80곳 생긴다

E마트·마그넷등 용지매입…매장 신설 늘듯

장박원 기자

할인점들의 출점 경쟁이 가속되면서 현재 업체가 확보한 할인점 용지만 전국적으로 80개를 넘어선 것으로 조사됐다. 또 매입을 검토하고 있는 용지도 상당수에 달해 내년부터 대형 할인점이 전국적으로 기하급수적으로 늘어날 전망이다.

29일 업계에 따르면 신세계 E마트와 롯데마그넷, 까르푸 등 대형 할인점들은 각각 6~36개의 용지를 사들인 것으로 나타났다.

E마트(www.e-mart.co.kr)는 대구 부산 포항 등 경상도 지역에 12개를 포함한 총 36개 용지를 확보해 놓고 있다. 지역별로는 호남 9개, 충청권 7개, 수도권과 서울 8개 등이다. 대구 월배와 목포 등 20개 용지에서 연말 또는 내년 출점을 목표로 공사에 들어갔다. E마트는 2003년까지 70개 이상 점포를 개설하기 위해 내년에도 20군데 이상의 땅을 구매할 계획이다.

현재 15개 점포를 낸 롯데마그넷(lotte.shopping.co.kr)은 전국적으로 21개 용지를 보유하고 있다. 지방에서는 부산과 전북 수원 구미 원주 등이 포함돼 있으며 서울에는 도봉과 서초구 지역에 용지등을 마련했다. 마그넷이 확보한 용지를 활용해 내년에만 13개 점포를 개점할 예정이다.

까르푸(www.carrefour.com)는 현재 공사를 진행하고 있는 목동외에 9개 용지를 확보한 것으로 조사됐다. 이중에는 대구와 평촌 안산 시흥 군산 등 신흥 도시가 가장 많으며 광주에서는 2개 용지를 보유하고 있다.

삼성테스코에서 운영하는 홈플러스(www.homeplus.co.kr)는 인천 간석과 작전 김포 울산 춘천 광주 등 지방 도시에 7개 용지를 가지고 있고 서울은 영등포에 이어 동대문 마장동에서 용지를 사들였다. 홈플러스는 공사를 서둘러 2002년까지 확보한 용지에 모두 점포를 개점할 계획이다.

월마트는 대구 수성구 신매동과 감삼동 드림타운, 부평시 작전동, 중동 신시가지, 울산 세원 백화점 자리, 평촌 신시가지 등 6개 지역에서 용지를 확보해 놓은 것으로 알려졌다.

업계 관계자는 "대형 할인점들이 물밑에서 입지조건이 좋은 용지 확보를 위해 치열한 경쟁을 벌이고 있다"며 "이미 사들일 것만 80개가 넘고 알려지지 않은 것도 상당수 있어 실제 대형 할인점이 사들인 매장 용지는 100개가 넘을 것"이라고 말했다.

할인점 용지확보 현황

업체	개수	지역
E마트	36개	대구, 부산, 목포, 군산, 천안, 충주, 평택 등
마그넷	21개	부산, 익산, 춘천, 마산, 구미, 일산, 유성 등
홈플러스	9개	인천, 김포, 울산, 춘천, 영등포, 등
까르푸	10개	대전, 광주, 군산, 청주, 평촌, 안산 등
월마트	6개	대구, 부평, 중동 울산, 평촌 등
계	82개	

【매일경제신문 2000. 9. 30】

할인점시장 3년내 21兆

백화점 추월 최대 소매업태 부상할 듯

장박원 기자

대형 할인점들이 출점을 가속하면서 소매시장에서 차지하는 비중이 급속히 커지고 있다. 이에 따라 할인점시장은 2003년 현재 단일 업태로 가장 매출 규모가 큰 백화점을 따라잡을 것으로 보인다.

16일 업계에 따르면 올해 백화점시장 규모는 15조2000억원으로 작년 대비 14.3% 성장하지만 2001년에는 성장률이 11%대로 떨어져 16조9000억원에 머무를 것으로 예상된다. 백화점시장 침체는 2002년에도 이어져 성장률이 8.1%에 그치고, 2003년에는 19조3000억원으로 성장률이 5.6%로 대폭 하락할 것으로 업계는 내다보고 있다.

이에 반해 할인점시장 규모는 올해 작년보다 33.3% 증가한 10조1000억원을 넘어서고 내년에는 30.6% 증가한 13조2000억원, 2002년에는 16조9000억원으로 28% 성장할 것으로 보인다. 2003년에는 시장 규모가 21조2000억원에 달해 할인점업태가 더 큰 시장으로 부상할 것으로 예상된다.

이에 따라 업태별 소매시장 점유율은 올해 백화점이 13.6%, 할인점이 9.0%로 할인점시장이 백화점의 66.5%에 불과하지만 내년에는 백화점이 14.0%, 할인점 10.8%로 백화점의 77.3%로 육박하고, 2003년에는 할인점이 최대 소매업태로 자리잡을 것으로 보인다.

전체 소매시장은 올해 총 120조원으로 지난해 109조원에 비해 성장률이 10.8%에 달하지만 내년에는 경기불황과 소비위축으로 성장률이 8.3%로 떨어져 129조9000억원에 그칠 전망이다.

업계 관계자는 "90년대 중반까지 백화점 독주시대였으나 대형 할인점을 중심으로 신규점 출점이 본격화한 90년대 중반부터 2001년까지 백화점 대 할인점의 양자구도를 보이고 2003년에는 할인점이 백화점 시장을 앞설 가능성이 높다"고 설명했다.

【매일경제신문 2000. 11. 17】

국내 유통업계 98년 10대 뉴스

IMF한파로 극심한 소비위축 현상이 일어나면서 유통업계가 직격탄을 맞았다. 대형 백화점이 잇달아 도산하고 중소 소매점이 급속하게 몰락한 가운데 할인점들의 급부상과 유통업체간 인수합병, 외국계 초대형 업체의 국내 진출로 기존 상권에 지각변동이 일어났다. 그런가하면 TV홈쇼핑과 인터넷쇼핑 등 소비자심리를 파고든 무점포 판매방식이 각광을 받았고 매출신장을 노린 고가의 경품행사가 경쟁적으로 등장, 논란을 빚기도 했다.

할인점 초고속 성장

소비자의 저가상품 선호가 뚜렷해지면서 할인점이 유통업계의 핵심업태로 떠올랐다. E마트는 올들어 국내 할인점 중 최초로 한해 매출 1조원을 돌파했으며 연말까지 1조1천억원의 매출을 올릴 것으로 추산. 한편 할인점이 새로 들어서는 지역에는 기존 상권이 완전히 파괴돼 인근 중소 소매점은 문을 닫는 사례가 속출.

외국업체 본격 진출

세계 최대 유통업체인 미국의 월마트가 7월 한국마크로의 4개 매장을 인수하는 형식으로 전격진출해 유통업계를 긴장시켰다. 또 프랑스계 업체인 까르푸는 전국 다점포 전략을 시행하면서 2000년까지 10여개의 할인점 체제를 갖출 계획.

백화점 매출액 급감

IMF한파로 소비자들의 구매패턴이 알뜰소비로 바뀜에 따라 주요 백화점은 매출이 전년대비 20~40% 감소하는 최악의 상황이 벌어졌다. 이에 따라 아웃렛매장을 신설하거나 할인점 슈퍼마켓 등으로 업태를 전환하는 백화점이 등장.

중견업체 잇단 도산

지난해 뉴코아 한신코아 해태유통 블루힐백화점 등 13개사가 부도난데 이어 올해도 미도파 새로나 등의 부도행렬이 이어졌다. 성안백화점 희망백화점 등 지방백화점들도 대거 도산. 이에따라 유통업계는 롯데 현대 신세계 등 이른바 '빅3' 체제로 재편됐다.

업체 인수합병 봇물

대형유통업체들은 인수합병 위탁경영 등으로 몸집 불리기가 한창. 현대백화점은 그레이스백화점, 울산 주리원백화점을 인수하고 광주 송원백화점을 위탁경영하는 등 적극적으로 사세를 확장.

통신판매시장 활황

케이블TV홈쇼핑, 인터넷쇼핑과 안내책자, 신문광고 등을 이용한 통신판매시장은 올해 1조원 규모의 시장을 형성할 것으로 추산된다. TV홈쇼핑은 지난해 매출 1천6백억원을 올 상반기에 가뿐히 뛰어넘으면서 연말까지 4천5백억원 이상의 매출을 올릴 전망. 인터넷 전자상거래시장도 올해 1백50억원, 내년에는 3백44억원으로 증가할 것으로 예상.

사은 경품행사 과열

공정거래법의 완화로 경품에 대한 규제가 풀리면서 경품바람이 불었다. 10월 롯데 신세계백화점은 아파트를 경품으로 내놨고 그랜드백화점등도 경품전쟁에 뛰어들었다. 연말바겐세일 열흘간 롯데 현대 신세계 등 3개 백화점이 퍼부은 판촉비만도 2백억원이 넘을 정도. 덕분에 끊임없이 추락하던 매출은 회복됐으나 수익구조는 더욱 악화됐다는 비판이 일었다.

전략적 손잡기 성행

달라진 경영환경에 따라 '뭉치면 살고 흩어지면 죽는다'는 인식이 확산됐다. 롯데 마그넷할인점과 농협 하나로마트가 제휴해 공동판매에 나섰으며 신세계는 39쇼핑과, 롯데백화점은 LG홈쇼핑과 손잡고 자사상표(PB)상품 등의 판매를 시작했다.

연장영업등 일반화

대부분의 유통업체가 극심한 매출부진을 만회하기 위해 명절을 제외한 모든 정기휴무를 없애고 연중무휴 체제로 들어갔다. 세일기간도 규제완화에 따라 97년의 두배 수준으로 증가했다.

복고마케팅 전략 붐

소비심리가 얼어붙으면서 복고마케팅이 붐을 이뤘다. '10년전 가격으로 판매합니다' 등의 행사가 소비자들의 눈길을 끈 한 해. 〈김홍중기자〉
kimandy@donga.com

【동아일보 1998. 12. 18】

제 3 장 유통산업의 대내외 여건변화

1. WTO시대의 개막 — 세계시장의 단일화(Globalization)

동서 냉전체제가 종식되고 세계시장이 블록시장경제 체제로 통합되면서, 지난 47년간 국제무역질서를 규율해 온 GATT체제가 막을 내리고 보다 강력한 기능과 권한을 가진 WTO체제로 탈바꿈하게 되어, 세계 경제질서는 산업경쟁력의 우위를 바탕으로 재편되고 있다. 즉, 지구촌이 하나의 시장으로 형성(한국시장의 지구촌시장화)되어, 기본적으로 관세 등 무역장벽이 존재하지 않는 자유무역을 궁극적인 목표로 삼는 무한 경쟁시대로 돌입하였다. 이에 따라 상품의 국제 이동이 이전과는 비교할 수 없을 정도로 활발해지며, 가격경쟁력을 갖추지 못한 제품은 도태될 수밖에 없다.

또한 컴퓨터, 통신시스템의 발달로 전세계의 인력과 자원이 네트워크로 연결되어, 소비자들은 안방에서 전세계의 다양한 상품을 구입할 수 있게 되었다. 사이버 스페이스상에서 인터넷이 제공하는 글로벌 통신망은 많은 기업에게 새로운 사업기회를 제공하고 있으며, 인터넷의 가상쇼핑몰을 통하여 소비자들은 전세계의 다양한 상품을 구입할 수 있고, 광고비와 점포임대료, 기타 경비가 들지 않는 가상기업이 등장함으로써 국경과 시간을 초월한 광고와 영업이 가능해지면서 국가간 유통 경로도 다양화·고도화되고 있다.

그런데, 광복을 맞은 1945년부터 한국에서 50여년간 벌어진 것이 국산품 애용 운동이었다. 국민보다는 기업을 먼저 생각하는 정부는 국민들에게 값비싸고 질 떨어지는 우리제품을 사라고 강요했다. 국민이 자의반 타의반 동의한 것은 보호무역정책에 의하여 값싸고 질좋은 외국제품을 접하기가 어려웠던 점도 있었지만, '우리가 희생하면 우리 기업이 언젠가는 세계 최고의 물건을 만들어 낼 것'이란 꿈이 있었기 때문이다. 그런 우리의 꿈에 대해 언제부턴가 우리 기업들은 "그건 진짜 꿈이었다"며 눈물나는 '현실'을 강조하기 시작했던 것이다.

  소비자는 이제 더 이상 맹목적인 국수주의의 희생물이 아니다. 그것이 국산품이든 수입품이든 오로지 양질의 품질과 합리적인 가격을 지닌 상품을 생산하는 기업을 선택할 것이며, 이러한 소비자의 현명한 소비형태는 장기적으로 국내기업을 세계적으로 경쟁력 있는 기업으로 만드는 데 기여할 것이다. 때문에 '국산품 애용'이라는 구호는 세계시장의 단일화에 의한 자유무역과 가격파괴의 시대에는 공허한 메아리로 밖에 들리지 않는다.

1분 경영자 코너 | 앞으로의 기업경쟁력은 세계화와 지역화의 조화

"다국적 기업들의 활동 무대가 날이 갈수록 넓어져 이제 더이상 정부가 자국 기업들을 보호할 수 없는 시대가 됐다."

세계무역기구(WTO)사무국장이었던 피터 서덜랜드 골드먼 삭스 인터내셔널 회장은 "앞으로 기업들의 경쟁력은 '세계화와 지역화'를 어떻게 조화시켜 나가느냐에 달려 있다"고 최근 일본언론과의 인터뷰에서 강조했다.

세계화와 지역화의 조화를 위해 그는 기업들이 내부적으로 다양한 기업문화를 갖추도록 노력해야 한다고 지적했다.

세계 시장을 겨냥한 기업 목표는 분명히 세계적이어야 하지만 이를 추진해나가는 기업활동은 다양한 지역문화를 바탕으로 전개돼야 한다는 얘기다.

그는 또 "최근 10년간 세계무역 증가량이 과거 2백년간의 증가량보다도 많다"며 "세계 무역의 상호의존성이 워낙 높아진 이제 보호주의는 더이상 설 땅이 없다"고 말했다.

〈김형기 기자〉

【중앙일보 1997. 4. 23】

소비자 중심정책 펴야

우리나라가 경제협력개발기구(OECD)가입을 통해 얻어야 할 중요한 성과는 성장의 혜택이 소비자에게 돌아가도록 선진적인 정책과 제도를 만들어가는 것이다. 한승수(韓昇洙) 부총리는 시민단체대표와의 간담회에서 OECD가입을 계기로 어린이제품에 대한 안전기준을 강화하고 위해(危害)제품에 대한 리콜제도를 강화하겠다고 밝혔는데 이 발언은 두가지 수준에서 좀더 확대시켜 시행해야 한다고 본다.

첫째, 안전기준강화와 리콜제도강화의 대상은 어린이뿐 아니라 모든 제품을 상대로 넓혀져야 한다. 둘째, 사후치료적인 리콜제나 제조물책임법(PL)의 도입뿐 아니라 사전예방차원에서 소비자이득이 늘어나게끔 수입품유통규제의 철폐와 국내외상품의 가격차를 좁혀야 한다. 즉 국내외 상품간의 경쟁을 촉진시켜 제조업자들간의 경쟁으로 위해상품이 시장에서 없어지게 하는 것이 보다 근본적인 대책이라는 뜻이다.

지난 시절 수출중심의 압축성장기간에는 가용자원을 생산자중심으로 집중시켜 왔다. 그러다보니 소비자의 권익은 항상 뒷전에 머물렀다. 이제 이같은 낡은 방식은 두가지 점에서 한계에 부닥쳤다. 우리 상품의 경쟁력을 높이기 위해서라도 소비자의 기호와 편익을 고려하지 않을 수 없고, 합리적이고 건전한 소비행동이 정착돼야 장기적으로 국내산업의 고품질화와 경쟁력제고에 도움이 될 것이란 측면에서다.

OECD가입을 계기로 우리에게 필요한 것은 의미도 정확하지 않은 과소비추방운동에 중점을 두기보다 합리적인 소비를 유도하게끔 경쟁을 촉진시키는 것이다. 소비자가 합리적으로 행동해야 기업이 엉터리물건을 만들지 못하고 터무니없는 가격을 매기지 못한다. 따라서 기업들도 제조물책임법의 도입을 반대할 이유가 없다. 왜냐하면 외국 경쟁대상업체에도 같은 기준이 적용되기 때문이다. 소비자를 보호하는 것은 정부가 나설 일이지만 단순히 법과 제도로 강제하는 방식이 아니라 시장경쟁으로 유인하는 방식이어야 한다.

【중앙일보 1996. 10. 21】

2. OECD 가입과 개방화, 세계화

OECD(경제협력개발기구)는 1948년 유럽국가들 중심으로 설립돼 그 후 미국·일본 등이 가입한 선진국 중심의 국제기관으로, 전세계 GNP의 81%, 수출액의 69%, 수입액의 70%를 점하고 있으며, 1996년 현재 한국이 가입함으로써 29개 회원국으로 구성되어 있다.

OECD에는 체코·헝가리·폴란드·멕시코 등 결코 선진국이라고 볼 수 없는 국가들이 이미 회원으로 가입하고 있으므로, OECD 가입과 선진국 진입을 같은 개념으로 볼 수 없지만, 한국은 OECD 가입을 통해 시장개방과 기업의 자유로운 활동보장이라는 세계경제의 물결을 받아들이고 그 안에서 활동하겠다는 약속을 국내외에 천명함으로써 개방화, 세계화에 능동적인 참여가 가능해졌다. 반면, 외환 및 자본시장의 개방이 확대되고 개도국의 지위를 상실하며 개도국에 대한 원조, 분담금 등 부담도 안게 되었다.

그러나 자본시장의 자유화가 촉진되면서 금리가 하향하고 국내 유통기업의 외자 도입이 쉬워져 기업경영에 기회요인으로 작용할 것이며, 내부적으로는 소비자 안전 및 거래에 관한 규제가 강화될 것이며, 불공정거래·경쟁제한 행위 등에 대한 정부의 감독이 강화될 전망이다.

또한 선진국의 환경기준에 맞추어 환경영향평가제도 및 소음공해방지제도 등이 한층 강화되고, 노동규범이 국제화됨에 따라 노사관계가 기업경영의 부담이 될 수도 있겠으나, 정책의 선진화에 따른 유통업의 근대화가 촉진될 것으로 전망된다.

바야흐로 세계는 지금 경제전쟁시대다. 이념보다는 힘있는 나라가 세계를 지배하고 있다. 냉혹한 국제 정치·경제 무대에서는 힘있는 자가 자기에게 유리하게 게임법칙을 적용해 정책게임에서 보다 많은 이익을 챙기는 것이 현실이다. 국력은 경제력에 비례하고 경제력은 아무리 크다고 해도 지나침이 없다. 경제전쟁시대에 우리에게 필요한 것은 더 많은 경제성장을 통한 국력 신장이다.

3. 유통산업의 기업화, 다양화, 국제화

국제시장은 기술개발에 의한 품질 못지않게 '마케팅'과 '유통기술'에 대한 중요성이 대두되고 있다. 이제 좋은 품질의 제품을 만든다는 것만으로는 의미가 없다. 어떻게든 그것을 다른 기업보다 많이 팔아야만 한다. 그러나 우리나라는 이런 '유통 Know-How' 면에서 다른 어떤 나라보다도 뒤쳐져 있다. 그래서 외국의 유수한 유통회사들이 국내에 진출하게 될 때 속수무책으로 시장을 내어주게 되고 마는 것이다. 따라서 국내 기업들의 선진 마케팅 기법 및 강력한 유통방식에 대한 연구와 발빠른 수용이 시급하다.

1990년대의 유통환경은 지방화·세계화의 추세 속에서 업태가 보다 다양화·고도화되고 있다. 특히 1991년부터 시작된 단계적 유통시장개방이 1996년에는 완전히 개방됨으로써 외국 유통업체가 국내에 본격 진출하게 되었다.

또한 30대 그룹중 16개 그룹이 유통업을 주력사업으로 선정하여 전국적인 점포 네트워크를 구축하면서, 기존업체의 다점포화 등 입지확보 경쟁과 상권쟁탈전으로 출점비용의 증대, 유통인력의 부족, 과당경쟁이 초래되고 있다(뒷면 신문기사 참조). 그러나, 우리나라의 유통현실은 소규모 점포의 과다유입에 따른 규모의 영세성과 유통구조의 복잡성, 운영의 전근대성으로 인한 저생산성이 여전히 심화되고 있고, 상품가격이 메이커 지배구조로 이루어져 있어 다양한 업태개발이 지극히 제한되어 왔다. 한편, 경제성장이 성숙단계에 들어서면서 중산층이 확대되고 이들의 합리·실용주의 성향과 신소비계층 출현에 따른 소비의 개성화 및 다양화 등 소비자의 의식구조나 라이프스타일에 있어 엄청난 변화가 생겼다.

핵가족화, 맞벌이 부부의 증가 및 마이카 시대의 도래로 시내 중심지의 교통체증이 야기되는 등 기존 시내 중심가의 백화점과는 다른 형태의 보다 편리하고 접근성이 양호한 판매시설을 원하는 소비계층이 확산되었고, 합리성·실용성·기능 중심의 소비를 원하는 소비자의 성숙화가 이루어지면서 여기에 부응할 수 있는 새로운 유통 업태 개발이 절실히 요구된다. 또한 정보통신 혁명으로 인터넷 홈쇼핑 등 무점포 판매가 성장할 수 있는 여건이 점차 조성되어 가고 있다.

대형유통업체 '多점포 전략'
몸집 키우려다 '골병' 들어

"신규 프로젝트팀 뒤치다꺼리에 골병들 지경입니다…." K백화점 자금담당 임원의 호소다.

그는 "N, L, S, C, R, I, M, H등 주요 백화점들의 자금 사정이 빡빡해지는데는 매출부진보다 신규 점포투자에 더 큰 이유가 있다"고 말했다.

일부 유통업체의 자금난을 계기로, 열기를 더해가는 대형 유통업체들의 '다점포(多店鋪)전략'이 도마에 올랐다. 지금과 같은 투자 추이가 과연 바람직하냐

외국업체에 맞서 신규투자 열올려 資金압박 초래

는 것이다.

지난 94년부터 유통시장 개방으로 외국업체들이 밀려오자 국내 유통업체들은 다점포 전략으로 맞섰다.

다점포전략이란 매장을 많이 만들어 바잉파워(구매력)를 확보, 이를 무기로 제조업체로부터 물건을 헐값에 사와 값싸게 팖으로써 경쟁력을 갖추는 유통업체의 핵심.

뉴코아의 경우 95년이후 분당·일산등 신도시를 중심으로 백화점과 할인점(킴스클럽)을 매년 6~7개씩 2년새 15개를 새로 열었다. 현재 점포는 30개.

이 회사는 이밖에도 전국 60여곳에 2백여~2만5천평에 이르는 부지를 추가로 확보해 놓고 있다.

신세계도 최근 2년간 4개(E마트·프라이스클럽등) 점포를 새로 열어 12개를 가지고 있고, 2000년까지 전국에 33개를 더 세울 계획이다.

점포가 6개인 롯데는 2000년까지 백화점 15개, 할인점 30개를 더 만들 계획을 추진중이다.

이밖에도 M등 중견 유통업체들도 몸 불리기에 열을 올리고 있다. 현재 전국에 1백40여개인 백화점·할인점이 오는 2000년엔 4백여개로 늘어날 것이라고 업계 전망이다.

이들이 점포 늘리기에 열을 올

한군데 개점에 1千億이상 들어 死活걸고 모험

리는 것은 시장 개방으로 프랑스 까르푸, 네덜란드 마크로등 외국계 할인점들이 전국에 10여곳씩의 부지를 매입하며 목을 죄어오기 때문이다.

한 업계 관계자는 "바잉파워를 확보, 값싼 물건을 공급하지 않고는 경쟁에서 살아남을 수가 없어 울며 겨자먹기로 점포 늘리기에 동참하고 있다"고 말했다.

문제는 돈. 제대로 된 점포 하나 만드는데 1천억~2천억원이 들어가는데, 이 돈을 어떻게 감당하느냐는 것.

뉴코아가 최근 심각한 자금난에 시달리게 된 것도 과잉투자가 주요인으로 분석되고 있다.

한 전문가는 "점포확장을 부동산투자로 간주하는 일각의 낙후된 사고방식도 문제"라고 지적했다.

하지만 다른 전문가는 현재 수도권 백화점의 경우 하루평균 매출이 7억원 정도인 점을 감안할 때 일단 궤도에만 오르면 전망이 있다는 것.

한국수퍼체인협회 이광종(李光鍾)전무는 "외국 경우에서 보듯이 다점포 전략은 불가피하다"면서 "그러나 수익성을 무시한 지나친 점포 벌이기는 바람직하지 않다"고 지적했다.

현재 유통업체의 매출중 수익비중이 25%에서 20%로 크게 떨어진 반면 일반관리비는 15.3%로 높아져 영업이익이 5%에도 못미치는 것으로 조사됐다.

김시래 기자

【중앙일보 1997. 5. 24】

'텔레마케팅' 유망사업 각광

맞벌이·교통체증등 영향… 2003년 16조원 규모 예상

이중구 기자

기업들이 인건비·물류비등 고비용 구조의 탈출구로 수신자(기업)부담 전화와 PC통신등을 통해 상품을 판매하는 「텔레마케팅」활용을 크게 늘리고 있어 이 분야의 국내 시장이 급성장, 오는 2003년까지 연간 16조원 규모에 이를 것으로 전망됐다.

한국통신의 수신자부담 전화(080 클로버)요금 수입은 지난해 5억원에 불과했으나 올해 22억원으로 늘어날 전망이다. 미국의 텔레마케팅시장은 연간 6천억달러규모에 달한다. 한국통신 마케팅기획국 송영한(宋暎漢)국장은 『국내 텔레마케팅 시장은 금융상품을 제외한 통신판매액 기준으로 올해 6천4백억원 규모이나 2003년께 16조원 이상 규모로 커질 것』으로 내다봤다. 아멕스카드를 인수한 동양카드는 지난달 5백여통의 전화를 고객에게 걸어 골프용품 4천8백만원 어치를 판매했다. 40원짜리 시내전화 통화당 9만6천원의 매출을 올린 것.

기아자동차의 「해피콜」이 올초 성공을 거둔데 자극받은 대우자동차 판매회사인 우리자동차가 텔레마케팅 직판에 나서기로 하고 고객 명단짜기에 한창이다.

이밖에 국민생명·한국배송·대교출판사·장기신용은행카드등이 텔레마케팅을 활발히 펼치고 있다.

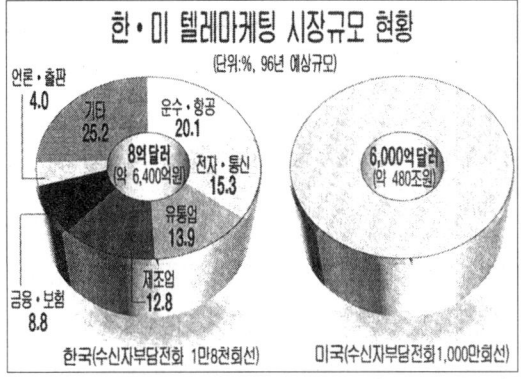

한·미 텔레마케팅 시장규모 현황
(단위:%, 96년 예상규모)
자료:정보통신부

이와 함께 텔레마케팅의 시장 가능성을 내다본 ▶삼성전자·LG정보통신·삼보정보통신 등 통신장비업계 ▶공영DB시스템등 소프트웨어 업계 ▶서울정보산업등 광고대행분야의 우편광고(DM)업계 등이 이분야 영업전략을 강화하고 있다.

관련업계는 국내산업의 텔레마케팅 활성화를 모색하는 세미나와 전시회(텔레마케팅 페어 코리아96)를 오는 17일 서울삼성동 한국종합전시장(KOEX)에서 갖는다.

업계는 텔레마케팅이 각광받는 배경으로 ▶직장여성이 늘어나 빈 가정이 많아지자 방문판매의 효율이 떨어지고 ▶현장 판매원등 인건비가 높아지고 교통체증으로 시간도 많이 걸리며 ▶매스미디어를 활용한 마케팅은 상품정보등 전달 내용이 쌍방향 아닌, 단방향인 한계점이 있다는 점등을 지적하고 있다.

한국통신은 텔레마케팅의 활성화방안으로 080서비스 이용고객을 많이 보유한 기업에 전화요금(통화당 40원)을 할인해주는 대량발신 할인제(WATS)실시도 검토중이다.

◇텔레마케팅=전화로 상품을 판매하거나 상품정보를 제공하는 마케팅기법. 통신수단 발달로 전화외에 PC통신·팩시밀리·케이블TV·인터넷등 매개체가 다양하게 등장하고 있다.

각종 멀티미디어도 새로운 통신수단으로 활용될 전망이다.

【중앙일보 1996. 11. 8】

4. 인구통계적 변화와 소비자 심리의 변화

　인구통계학은 인구와 그 분포특성에 관한 통계적 연구를 하는 학문으로서 특히 마케터에게 중요한 시사점을 제공해 주는데, 그것은 시장이 결국 사람으로 구성되기 때문이다. 이러한 인구통계적 변화와 그로 인한 소비자 심리의 변화가 유통산업에 어떠한 영향을 미치는지에 관한 몇 가지의 예만을 들기로 하자.

(1) 신소비계층의 출현

1) 베이비붐 세대의 전면 등장

　미국과 일본은 우리나라보다 15년 정도 앞선 1960~70년대에 히피 물결을 주도했던, 제2차 세계대전 이후(1946년~1964년) 탄생한 베이비붐 시대를 맞이하여 이들이 사회지도층의 일원으로 성장, 소비시장의 주역으로 등장하고 있다. 현재 미하원 의석의 52%가 베이비붐 세대이며, 대표적 베이비붐 세대인 클린턴 대통령과 고어 부통령이 미국을 이끌어 가고 있다는 사실은 이러한 새로운 흐름을 실증해 주고 있다. 이러한 베이비붐 세대가 늦어도 2005년경에는 미국 사회를 완전히 주도, 미국의 부를 좌우하는 것은 물론 이들의 건강과 자기발전에 대한 관심증대로 금융서비스, 개인생활용품, 실버타운, 레크레이션, 여행, 오락 등에서 유망시장군이 형성될 것으로 보인다.

　우리나라는 1980년대에 들어서면서 기성세대와는 상당히 다른 가치관과 감성적 욕구를 지닌 신세대들이 소비시장에 등장하였다.

　또한 1990년대에 들어서는 1960년대 이후에 출생한 신세대가 사회 전면에 등장하면서 새로운 양식의 생활문화와 의식구조의 형성을 주도하고 있다. 신세대들은 윤택한 성장과정, 높은 교육수준 등으로 자연스럽게 레저·문화 생활에 접할 수가 있었으며, 이들의 소비영역 또한 최신상품·패션상품·고급상품 등 고감각 상품을 선호하는 경향을 나타내고 있다.

제3장 유통산업의 대내외 여건변화 79

베이비붐 세대

국내에도 베이비붐 세대의 실업자가 중요한 실업자群(군)을 형성할 조짐이다. 「베이비붐 실업」이란 현재 30대중반~40대초반의 나이에 있는 베이비붐 세대(55~63년 출생자)들이 직장내에서 조기퇴직, 일자리를 잃고 있는 사례가 늘고 있는데서 비롯된 말.

失職도 '붐'인가

작년말부터 「早退」부쩍 늘어

통계청 40세 전후… "10년은 갈것" 전망

통계청이 조사한 연령계층별 실업자 추이를 보면 30대 실업자가 95년 10~11월에는 7만5천명에서 96년 10~11월에는 8만7천명으로, 40대 실업자도 95년 10~11월에는 4만5천명에서 96년 10~11월에는 5만5천명(96년 10~11월)으로 증가했다.

작년 3분기까지만 해도 비교적 안정된 고용상태를 보이고 있던 베이비붐 세대가 작년 10~11월 들어 일자리를 잃는 경우가 부쩍 늘었다.

농림부가 조사한 귀농인구를 보면 귀농인 3천4백39가구중에서 家長(가장)의 나이가 30대인 가구가 전체의 43.8%로 제일 많았다. 서울 직장을 포기하고 농촌으로 돌아간 전직도 회사원이 39.9%로 가장 많았다. 지난해 연말까지 실업급여를 신청한 사람 1만1백명중에서도 주류를 이룬 층은 30~40대였고, 이들중 절반 가량이 권고사직으로 실직했다.

55~63년생인 베이비붐 세대는 한국전쟁이 끝나고 사회적 안정을 찾아갈 무렵에 무려 9백만명의 또래와 함께 태어나 폭발적으로 인구가 늘어난 세대다.

이들이 막 사회에 진출할 무렵인 80년대 중반에는 베이비붐 실업이 그다지 사회문제가 되지 않았다. 한국경제가 3低(저)호황을 누린 덕에 일자리가 금융권 등에 넘쳐났기 때문. 그러나 전문가들은 한세대 베이비붐 실업은 비단 「에코세대」를 이루는데, 이들이 2000년 이후에는 이들의 취업난도 함께 가중될 전망이다.

LG 경제연구원 鎔體體(김성식) 책임연구원은 「국내 실업문제는 불황으로 인한 경기적 요인이나 우리 경제가 성숙기에 접어들면서 일어나는 구조적 요인 외에도, 인구구조적 요인이 겹쳐 복합적인 성격을 띠고 있다」면서 「베이비붐 실업은 지금부터 본격화, 앞으로 10년 가량 지속될 중장기적인 문제」라고 지적했다.

〈姜京希기자〉

【조선일보 1997. 2. 3】

2) 고령화 사회의 진전

의학의 발달, 건강에 대한 관심 고조, 식생활 개선 등에 따라 인간의 평균 수명은 점차 연장되고 있는 추세에 있다. 이러한 추세는 세계적 현상으로 우리나라도 점차 고령화 사회로 접어들고 있으며 정년퇴직 후에도 고정소득원을 갖고 있는 노인층이 증가함에 따라 실버마켓(silver market)이 독자적인 소비시장을 형성하게 될 전망이다.

미국의 저명한 노년 연구가인 켄 딕트월드는 그의 저서『노년층의 물결』에서 "65세 이상의 노년층이 건강·지능·생산성·성욕 등이 쇠퇴한다는 결정적인 증거가 없다. 현재 50세 이상의 사람들은 미국 전체 인구의 25%에 달하며 이들은 거대한 소비시장을 형성하고 있다. 미국 금융기관의 예금 보유고의 80%와 전체 자산의 77%를 이들이 차지하고 있으며 연간 자동차의 43%를 구입한다. 그리고 그밖의 어떤 연령층 사람들보다 식료품, 의약품, 여행, 레크레이션에 많은 돈을 사용하며, TV를 더 시청하고 신문을 더 많이 구독한다. 미국 전체 소비 시장의 실제 40%가 이 연령층 인구가 좌지우지한다. 때문에 21세기에는 급격히 증가하는 노년층을 주대상으로 삼고 판매 전략을 세워야 된다."고 말하고 있다.

3) 여성의 사회진출 증대

최근 여성의 고학력화, 가사노동의 사회화, 핵가족화, 출산율의 저하, 사교육비의 증가 등 제반 환경요인에 따라 직업을 갖는 여성들이 크게 증가하여, 여성인구 중 절반가량이 직업을 갖고 있는 것으로 나타났다.

제3장 유통산업의 대내외 여건변화 81

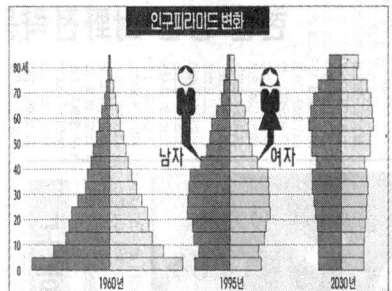

【조선일보 1997. 1. 9】

컴퓨터가 친구… 쇼핑이 즐거움
'Y세대' 떠오른다

중앙일보 기획취재

개인주의와 개방주의 가치관으로 무장한 정보화의 선도계층이자 소비와 유행의 주역.

21세기형 신세대, Y세대가 떠오르고 있다.

Y세대란 70년대 말 이후에 출생한 13~20세의 청소년층을 지칭하는 신조어.

전후의 출산붐 세대(50년대에서 60년대 초 출생)를 부모로 해 태어난 최초의 세대란 특징을 지닌다. 4~5년전 유행했던 X세대론이 당시 청소년·대학생층 중 일부 유행 주도세력을 지칭했던 것과 구별된다. <관계기사 5면>

당시 X세대는 패션이 튀고, 대중문화에 열광하고, 자기주장이 강한 세대로 규정됐으나 이는 전체의 10% 안팎에 불과한 극소수의 특징을 강조한 측면이 강했다.

지금의 Y세대는 과반수가 컴퓨터를 보유(53%)하고 있으며 서구식 사고·생활방식에 거부감이 없고(54%), 쇼핑이 즐겁다(57%)는 최초의 유일한 세대다. 경제한파 이후인 지난 7월 제일기획이 전국의 소비자 2천5백명을 조사한 결과다. 10대를 겨냥한 시장은 상대적으로 불황을 덜 타고 있으며 이들의 가치관과 태도는 IMF로 인한 변화 조짐이 나타나지 않고 있다.

X세대가 대중 소비시장의 떠오르는 세대였다면 Y세대는 주력계층이 됐으며 X세대가 호출기의 세대였다면 Y세대는 컴퓨터 문화가 일반화된 첫 세대다. Y세대는 첨단기기와 서구식 대중문화의 집중 세례를 받으며 자녀수가 1~2명인 소가족에서 경제적 뒷받침과 함께 자기중심적으로 키워졌다는 일반적인 특징을 갖기 때문이다.

21세기를 이끌어 나갈 Y세대는 첫째, 정보화의 첨병 계층이다.

컴퓨터 보유학생의 43%는 하루 1시간 이상 컴퓨터를 쓰며 그 용도는 게임 86%·PC통신 56% 등이다(한국교총·정보통신윤리위 98년 조사).

**13~20세 청소년 21세기 이끌 주역
자기중심적 생활에 가치관 개방적
IMF에도 씀씀이 별영향 안받아**

워크맨·이어폰
귀걸이
머리염색
핸드폰
배낭
점퍼
반품 힐렁한 힙합바지
등산화 같은 "K" 구두

- 컴퓨터 보유: 53%
- 서구식 사고·생활에 거부감 없다: 54%
- 쇼핑이 즐겁다: 57%
- 걱정 안 끼치는게 효도: 52%

그래픽=이정권 기자

고 대답하는 게 지금의 10대"라고 말한다. 컴퓨터에 대한 이들의 지식은 기존의 위계질서를 뒤흔들기도 한다.

청소년문화연구소 윤May진 연구원은 "무인도에 혼자가지만 갖고 가라면 컴퓨터와 이를 연결할 전화선이라

한국전산원의 최성모 기획조정실장은 "아이들에게 컴퓨터를 배울 수밖에 없게 된 어른들이 아이들에게 핀잔을 받는 하극상이 나타나기도 하고 아이들이 비싼 컴퓨터 기기의 구매를 결정하는 소비주체가 되고 있다"고 말했다.

기획취재팀 조현욱·김관종 기자
<poemlove@joongang.co.kr>
제보전화 02-751-5222~7

2면에 'Y세대' 기사 계속됩니다⇨

【중앙일보 1998. 11. 12】

(2) 소득수준의 향상과 소비구조의 변화

1990년대 들어 소득수준의 향상으로 소비행태가 고급화·다양화·개성화되는 고도소비사회로 진입하였으며, 이러한 성향은 더욱 가속화될 것이다.

(3) 수입개방에 따른 소비패턴의 변화

수입자유화로 인하여 국내시장에서 외국상품과의 자유경쟁이 치열해짐에 따라, 소비자들의 선택의 폭이 훨씬 넓어졌다. 최근 우리의 소비형태는 큰 것이 편리하다는 생각에서 대형화된 상품을 선호하며, 소득수준의 향상과 함께 자신의 세련된 라이프스타일을 과시하기 위해 외제 고급품을 지향하는 경향을 보이고 있다.

우리나라 사람들은 외제상품의 구입에 대해서는 대체로 호감을 갖고 있는 편으로, 외제품 구입경험이나 사용에 대한 감정도 긍정적이며, 특별한 감정 없이 수용하는 것으로 알려져 있다. 외제선호가 사회문제화되는 것은 외제이기 때문에 좋을 것이라는 막연한 기대와 무조건적인 외제 수용자세를 가지고 있기 때문이라고 할 수 있다.

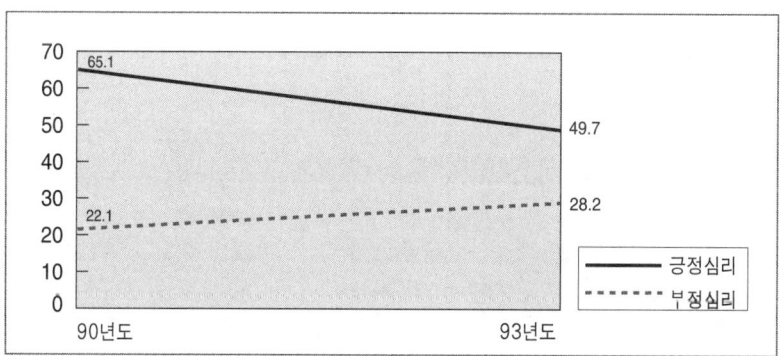

〔 국산품 애용심리의 변화 〕

〈자료 : 한국소비자보호원, 한국의 소비생활지표, 1994〉

(4) 소비자 주권의 강화

최근까지는 소비자가 사업자에 비해 정보나 조직력, 시장지배력 등에서 열등한 지위에 있었기 때문에 크게 보호받지 못했다. 그러나 국제화·개방화 등으로 소비형태가 다양화되고 새로운 업태가 등장함에 따라 소비자들의 선택범위가 넓어지면서 소비자의 힘이 크게 확대되고 있다. 또한 소비자의 의식수준 향상으로 소비자보호의식도 크게 확산되면서 소비자는 물론 사업자도 소비자보호에 적극적으로 참여하지 않으면 안되게 되었고, 정부에서도 소비자보호라는 새로운 관점에서 소비자의 피해를 예방하거나 구제할 수 있는 제조물책임법 등 입법조치를 지속적으로 확대해 나가고 있다.

제 4 장 유통산업의 전망 및 비전

1. 21세기 변화의 트렌드

❶ **정보화** : 21세기에는 정보화의 진전으로 인력과 자원이 네트워크로 연결, 하나의 조직처럼 움직이는 글로벌경영이 가능하다. 정보화의 대표적인 산물로서는 인터넷을 들 수 있는데, 인터넷에 의해 임대료나 점포개발비가 필요 없는 가상쇼핑몰이 등장하고, 인터넷상의 전자화폐 취급은행의 등장, 국경을 초월한 영업이 가능한 가상기업이 등장함으로써 기존 거래관행에 많은 변화를 줄 것으로 보인다.

❷ **세계화** : 21세기에는 국가간의 벽이 없는 무국경화가 고도로 진행되어, 한 그룹이 전 세계에 개발·생산·판매·지원 등의 기능을 분산시키고 시너지 효과를 발휘하는 다국적 경영을 지향하고 있다.

❸ **소프트화** : 21세기에는 상품·에너지 등의 물적 재화보다는 정보 · 지식 · 서비스와 같은 비물적재화의 시장가치가 상대적으로 높아지는 소프트화로 이행하고 있다. 이는 자본집약적 산업에서 지식·정보집약적 산업으로 산업구조가 이전되어야 한다는 것을 의미한다.

❹ **복합화** : 21세기에는 서로 다른 요소와 기술들이 융합하여 시너지를 통한 새로운 가치를 창출하는 복합화가 새로운 흐름으로 등장하는데, 유통업의 경우, 제조 · 도매 · 소매간의 역할과 업종간의 경계가 모호해지며, 무점포 첨단 매체 및 전자결제로 지역의 제약을 극복해 나가는 추세를 들 수 있다.

전자상거래 올 30兆

산자부 전망 작년의 2배…쇼핑몰은 4조

김선걸 기자

전자상거래 시장 규모가 급속도로 커져 지난해 17조원을 넘어섰으며 올해는 30조원에 육박할 것이라고 정부가 16일 전망했다.

산업자원부는 지난해 한국전자거래진흥원에 의뢰해 거래소, 코스닥, 제3시장, 중소기업협동조합중앙회에 소속된 1000개 기업을 대상으로 실시한 기초통계조사에서 이 같은 추정치가 나왔다고 밝혔다.

정부가 전자상거래 시장규모 현황과 전망수치를 조사·발표한 것은 이번이 처음이다. ▶관련기사 3면

보고서에 따르면 조사대상 기업의 전자상거래율과 전체 기업 매출액을 합산한 수치를 토대로 분석한 결과 지난해 우리나라 전자상거래 시장규모는 17조4167억원으로 추정

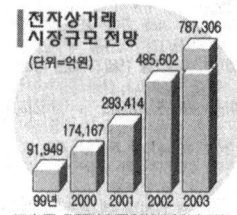

전자상거래 시장규모 전망 (단위=억원)
- 99년: 91,949
- 2000: 174,167
- 2001: 293,414
- 2002: 485,602
- 2003: 787,306

*조사기관: 한국전자거래진흥원(500개 업체 표본조사)

됐다.

이는 99년 시장규모 추정치 9조1949억원보다 89.4% 증가한 것으로 전체 산업 매출액(1050조원) 대비 1.67%에 달한다.

보고서는 연 경제성장률을 7%로 감안해 올해 시장규모를 29조3414억원으로 예상했다.

지난해 전자상거래 시장규모를 산업별로 보면 제조업이 12조7000억원으로 압도적이었고 다음으로 도·소매업(3조8000억원), 숙박·음식점업(3500억원), 운수업(2100억원), 통신업(1700억원) 순이었다.

거래대상별로는 B2B(기업간) 거래가 8조1781억원으로 46.9%를 차지했고 B2C(기업과 고객간)가 17.3%인 3조186억원, B2G(기업과 정부간)가 1.2%인 2000억원으로 나타났다.

또 국내 쇼핑몰업체 1691개를 대상으로 조사한 결과 지난해 쇼핑몰 시장규모는 2조2745억원으로 나타났으며 올해는 지난해 대비 176% 늘어난 4조원으로 추정됐다.

쇼핑몰업체는 매출 중 상품매출 82.8%로 중개수수료 7.9% 순으로 집계됐다.

〖매일경제신문 2001. 2. 17〗

올 인터넷산업 41% 성장

정통부 전망

최용성 기자

지난해 국내 인터넷 산업 규모는 약 40조원에 달한 것으로 나타났다.

또 올해는 이보다 약 41% 증가해 56조원대 시장을 형성할 것으로 전망됐다.

정보통신부(www.mic.go.kr)는 21일 정보통신정책연구원(KISDI)에 의뢰해 국내 처음으로 인터넷산업 규모를 조사한 결과 이같이 나타났다고 밝혔다.

이번 조사는 지난해 9월부터 12월까지 국내 1800여 기업을 대상으로 실시됐다.

KISDI는 이번 조사에서 인터넷산업을 크게 하드웨어 소프트웨어

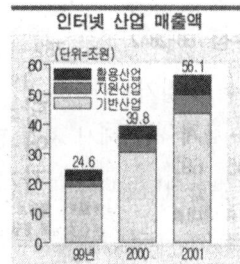

인터넷 산업 매출액 (단위=조원)
- 99년: 24.6
- 2000: 39.8
- 2001: 56.1

(활용산업, 지원산업, 기반산업)

네트워크서비스 등 인터넷 기반산업, 기술지원 사업지원 등 인터넷 지원산업, 응용서비스 콘텐츠 전자상거래 등 인터넷 활용산업으로 구분했다.

조사 결과에 따르면 2000년 인터넷 산업 규모는 39조9000억원으로 광공업 도소매업 서비스업 매출액 대비 4.4%에 달하는 것으로 나타났다.

이는 지난해 정보통신산업 생산액(132조8000억원) 가운데 약 30%에 달하는 규모다.

정통부는 그러나 99~2000년 62%에 달했던 인터넷산업 전체 매출액 증가율이 2000-2001년에는 41%로 하락할 것으로 예상해 올해 국내 닷컴기업 전망이 밝지 않을 것으로 분석했다.

한편 지난해 인터넷산업 고용 규모는 7만5000명으로 1인당 매출액이 5억3200만원인 것으로 나타났다. 올해 고용 규모는 8만6000명 정도로 예상했다.

〖매일경제신문 2001. 2. 22〗

"DVD는 美國서… 아기옷은 프랑스…"
인터넷 해외쇼핑 급증

벤처기업에 근무하는 이모 (35)씨는 최근 6개월 동안 인터넷을 통해 10여가지의 물품을 구입했다. 책과 음악CD, 최신 PDA(전자수첩)와 디지털 인형 '퍼비' 등을 구입하는 데 1000달러 가량의 돈을 썼다고 했다. 이씨는 "국내에 정식 수입된 물건이라도 해외에서 직접 구입하는 것이 쌀 때가 많다"며 "직장 동료들도 옷이나, 디지털 영화 비디오인 DVD 등을 인터넷으로 사곤 한다"고 말했다.

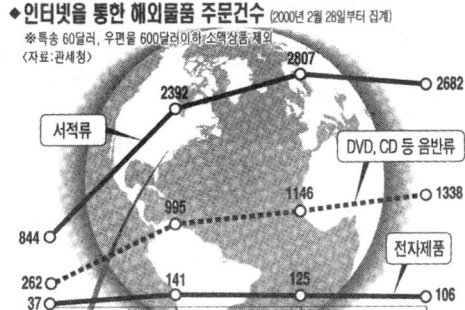

◆인터넷을 통한 해외물품 주문건수 (2000년 2월 28일부터 집계)
※특송 60달러, 우편물 600달러 이하 소액상품 제외
〈자료:관세청〉

서적류: 2392, 2807, 2682
DVD, CD 등 음반류: 995, 1146, 1338
전자제품: 844, 141, 125, 106
262, 37
1분기 2분기 3분기 4분기

개인 수입물품 1년새 두배로

최근 인터넷을 통해 해외에 직접 물건을 주문해 사용하는 사람들이 급증하고 있다. 수입되는 물품의 종류도 서적·유아복·소형가전기기 등 일상용품에서부터 산악용 자전거(MTB)·낚싯대·천체망원경·서바이벌게임용 모의총 등 취미용품으로까지 다양해지고 있는 추세다.

관세청 집계에 따르면 작년 2월부터 12월까지 세관에 통관 신고된 물품은 대략 330만건. 이 중 소비자가 해외기업으로부터 직접 수입하는, 이른바 B2C(기업 대 소비자 전자상거래)를 통한 수입은 1만5907건에, 금액으로는 641만2000달러(한화 76억여원)였다. 관세청 관계자는 "DHL 등 특송의 경우 60달러, 우편물의 경우 600달러 미만의 물품은 통관 신고가 면제되기 때문에 B2C를 통해 수입되는 물품은 훨씬 많을 것"이라고 말했다.

김포세관 관계자는 "개인들이 전자상거래를 통해 국내에 수입하는 물품의 양이 최근 1년 동안 두 배 이상 급증했다"며 "원래 인터넷 주문이 많았던 책·음악CD의 비중이 80% 정도로 여전히 높지만, 최근에는 밍크코트 등 사치품의 반입도 늘어나고 있다"고 했다. 국제우체국 세관출장소 여영수 소장은 "젊은층이 선호하는 페라가모 구두나 프라다 가방 등 고가의 상품들도 적잖게 반입된다"며 "젊은 주부들이 프랑스나 이탈리아 등에서 고가 유아복을 수입하는 경우도 늘고 있다"고 말했다.

특히 의약분업 등의 영향으로 전문 의약품을 해외 사이버 약국에서 주문해 반입하려는 사람들도 급증하고 있다.

살빼는약·성인용품 적발 늘어

23일 서울 목동 국제우체국. 한 20대 여성이 세관 직원과 승강이를 벌이고 있었다. 인터넷을 통해 살빼는 약 '제니칼'을 수입하려다 통관보류 통보를 받고 우체국 내 세관출장소를 직접 찾아 온 것. 한 세관원은 "하루에 40여통 이상의 제니칼이 적발된 적도 있다"고 말했다.

세관출장소 여 소장은 "작년까지는 비아그라나 멜라토닌 등의 수입이 많았지만, 올해 3월 초부터는 제니칼 반입이 급증하고 있다"고 말했다.

교묘한 포장으로 성인용품을 반입하려는 시도도 끊이지 않는다. 김포세관은 매달 인터넷 음란 사이트를 통해 주문된 5~6건의 남녀 성기 등을 본 뜬 성(性) 보조기구 수입을 적발하고 있다.

/金起弘기자 darma90@chosun.com

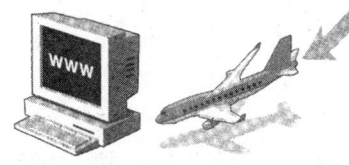

【조선일보 2001. 3. 28】

2. 유통산업의 발전전망

세계 유수의 연구기관이 선정한 2005년의 성장산업을 보면, 정보·통신, 환경, 신유통·물류, 의료·보건 등 서비스업종이 주를 이루고 있다.

특히 무점포판매는 소비자의 쇼핑시간 절약이라는 편의성 제공과 유통단계 축소에 따른 경제성, 그리고 매스미디어의 발달, 여성의 취업 증가, 컴퓨터 보급 확대 등의 요인으로 빠르게 성장할 것으로 예상된다.

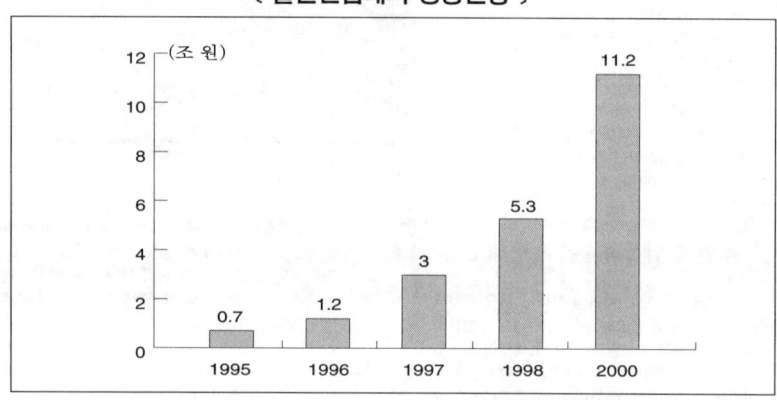

〔 할인신업태의 성장전망 〕

〈자료 : 유통산업연구소, RIDI, 1995〉

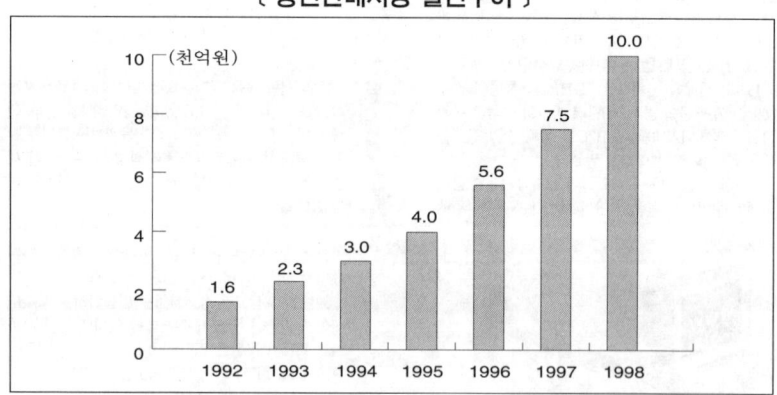

〔 통신판매시장 발전추이 〕

〈자료 : 대한상공회의소, 통신판매현황과 발전 현황, 1995〉

집중탐구:미국

II 미국의 유통시장

미유통업계, 파괴적 경영바람

생산비용 절감이라는 전통적인 경영방식에서 탈피, 유통과정의 과감한 개선 시도

최근 미국 업계에서는 이윤극대 창출을 위한 "유통전쟁" 바람이 거세게 불고 있다. "파괴"라는 혁신적인 개념이 급속히 확산되고 있는 가운데 파격적인 경영아이디어와 운영체계의 개발을 통한 적극적인 마케팅활동이 활발하게 전개되고 있는 것이다.

즉, Wal-Mart, QVC, Nu Skin 등을 비롯한 상당수의 주요 기업들이 "생산비용 절감만이 살길"이라는 전통적인 경영방식에서 탈피, 기업내의 유통과정의 과감한 개선과 전향적인 조정을 통하여 생산외적 가격결정 요소 운영의 효율화를 도모하므로써, 가격에 민감한 대다수 소비계층의 욕구를 보다 효율적으로 충족시키고자 노력하고 있다.

유통업계, 상황변화에 따라 부단한 발전 거듭

이들 미국 기업들은 판매전략의 수립에 있어서 정보화시대에 부응하여 "인터넷마케팅" 활동에 적극 나서는가 하면, 이미 유망 판매방식으로 자리잡고 있는 홈쇼핑부문에도 활발히 진출하고 있어 생산부문외의 비용절감에 많은 관심을 기울이고 있다. 마케팅기법도 TV를 통한 상세한 정보의 전달과 그에 따른 신속한 소비자 구매를 유도하는 인포머셜방식을 적극 활용하여 중간도매상들의 설 자리는 점차 좁아져가고 있다.

2차 대전 이후 미국내 백화점업체들간의 경쟁이 치열해지고 1970년대들어 소비자들의 실질임금이 하락함에 따라 소비자들은 제품 구매시 가격을 결정적인 기준으로 삼는 등 나름대로의 경제 기준을 형성해 나가기 시작했다. 이 시기에 등장하기 시작한 Wal-Mart, Kmart, Jamesway, Bradless등의 대형 할인판매점들은 저렴한 가격정책으로 인한 이익폭의 감소를 극복하기 위해 대량판매에 역점을 두는 이른바 박리다매 정책을 근간으로 삼고 영업활동을 전개하였다. 이들 업체들은 가격을 중요시하는 소비자들의 급증으로 입지가 크게 강화되어 중간 도매상이나 제조업자들과의 각종 계약 또는 거래에서 막강한 영향력을 행사할 수 있게 되었으며, 일부 업체들은 중간도매상을 거치지 않고 제조업체들과 직접 거래하는 과감성을 보이기도 하였다.

다음 단계에서는 의류나 전자제품등 특정품목내의 여러 제품들을 최저 가격으로 구비하여 소비자들의 선택폭을 확대시킴으로써 매출신장을 꾀하는 전문판매점들이 등장, 소비자들의 각광을 받기 시작하였다. 완구전문스토어 Toys "R" US, 전자제품 전문판매점 Circuit City, 사무용 전문판매점 Staples, 컴퓨터용품 판매점인 Comp USA사 등이 대표적인 예로서 이들은 특정 제품범주내에서 소비자들의 제품취향을 충족시키기 위해 최상의 품질을 갖춘 다양한 제품을 저렴한 가격으로 선보이고 있다.

관련기관의 조사에 따르면 지난 1994년 한해동안 일반 백화점, 대형할인매점, 전문판매점 등 체인망을 갖춘 미국내 전체 체인스토어의 총 매출규모는 약 3,000억달러 수준이었으며 작년에는 이보다 다소 증가한 3,165억달러, 1996년도는 3,387억달러 수준까지 성장할 것으로 내다보고 있다.

집중탐구:미국

인포머셜(Informercial)과 홈쇼핑에 업계관심 집중

최근 들어서는 전화, TV 등 통신수단의 발달, 컴퓨터 이용 확대, 그리고 유통체계의 효율적인 정비와 더불어 많은 기업들이 합리적인 가격책정, 효과적 고객관리 등에 체계적인 관심을 보이기 시작하였으며 보다 효율적인 소비자 접촉수단을 마련코자 부심하고 있다. 우편주문방식이 정착화 단계에 돌입하였고, 인포머셜과 홈쇼핑이 업계의 많은 관심을 끌고 있으며, "인터넷마케팅" 기법도 본격화 단계를 맞고 있다.

이중 인포머셜(Informercial)은 정보와 상업광고의 결합을 뜻하는 신조어로서 기존의 TV광고가 약 30초 내외의 짧은 시간에 형식적인 제품설명을 소비자들에게 전하는 것과는 달리, 보통 30분 이상의 충분한 시간을 갖고 제품의 특성과 사용법을 소개하며 TV를 통해 광고가 나가는 중이나 후에 전화나 우편으로 고객들의 주문을 유도하는 방식이다. 중간상이나 유통업자들을 거치지 않고도 생산자가 소비자들을 직접 상대할 수 있어 중간 유통비용이 크게 절감된다.

인터넷방식은 생산자, 전문 유통업자 등 관련 업체들이 컴퓨터넷을 통해 전세계 소비자들과 용이하게 접촉할 수 있으며 또한 비용도 기존매체에 비해 상대적으로 저렴하여 그 이용도가 폭발적으로 늘어나고 있다. 소비자들은 인터넷으로 연결된 PC 화면을 통해 제품에 대한 구체적인 사용법, 설명 등 상세한 정보를 얻을 수 있으며, 또한 자신의 PC를 통해 생산자에게 직접 제품을 주문할 수 있어 컴퓨터 조작이 가능한 많은 소비자들을 주 타겟으로 한 마케팅전략에 효과적이다.

우편판매방식은 생산자가 잠재고객들에게 상품소개서 등 우편물을 직접 송부, 전화나 우편으로 주문을 받는 방식으로 비용이 적게 들 뿐만 아니라 정확한 타겟 고객에게 상품정보를 제공할 수 있으며, 주소 등 특정고객에 관한 정보파일을 마련할 수 있는 이점이 있다. 카탈로그쇼핑은 우편방식과 비슷하나 상품에 대한 보다 상세한 정보와 특징을 다양한 사진과 함께 실은 카탈로그를 잠재고객들에게 송부하여 소비자들의 구매를 유도한다.

미국의 유력 케이블사인 Comcast사와 NIMA에 의하면 케이블 홈쇼핑 시장규모는 현재 연간 약 20억달러선으로 추정되는 등 매우 빠른 성장을 보이고 있고, 카탈로그 사업의 연간 시장규모는 이보다 훨씬 큰 800억달러 수준으로 추산되고 있다.

Wal-Mart Stores, Inc : 전형적인 대형 할인매장 운영

이상 살펴본 바와 같이 최근 가히 혁명적이라 할 만한 급격한 변화를 보이고 있는 미 유통부문은 유통분배방식의 구체적인 활용에 있어서 대표적인 업체들을 탄생시켰는데, 전국적인 유통망을 통해 큰 폭의 가격할인전략을 구사하는 Wal-Mart Stores Inc를 비롯, 홈쇼핑 채널을 활용하는 QVC, 그리고 다단계 유통방식의 Nu Skin International Inc가 그 전형적인 예이다.

1995년 전체 순 매출액 약 825억달러를 기록하는 등 현재 미국 최대 유통업체로 성장한 Wal-Mart사는 저렴한 가격으로 소비자들을 공략, 큰 성공을 거둔 전형적인 대형 디스카운트 스토어로서 산하에 여러 사업부를 두고 다양한 시장공략 전략을 구사하고 있다.

QVC사 : 자체 홈쇼핑 전문채널 운영

하루 24시간 미 전역으로 방송되는 자체 홈쇼핑 전문채널을 통해 직접 광범위한 소비제품을 판매하는 QVC사는 품목당 약 5분에 걸쳐 하루 200여가지 이상을 소개, 연간 8만여 품목을 미국 시청자들에게 집중 선보임으로써 소비자들로부터 엄청난 호응을 얻고 있다.

QVC사는 고객서비스에 있어서 글자 그대로 "품질", "가치", "편리"를 기치로 내세우고 소개될 제품의 선정부터 프로그램 기획, 고

집중탐구·미국

객주문처리, 제품선적 등 모든 업무를 자체 분배센터를 통해 일괄 처리하고 있다.

QVC사는 특히 제품에 대한 소비자들의 불만에 대해서는 구입후 한달 내 100% 현금으로 교환해 주며, 소비자들의 요청이 있을 경우 특정 제품의 소개 프로그램을 재 방영해 주는 시스템을 마련하는 등 대고객 서비스 개선에 열정을 보이고 있다.

NuSkin International, Inc : 광범위한 다단계마케팅 전략 구사

Nu Skin사는 가장 광범위한 다단계마케팅 전략을 구사하는 미국의 대표적인 업체로서, 현재 "Nu Skin personal care"와 "IDN(Interior Design Nutritionals)" 등 2개 사업부로 구성되어 있다.

모발과 피부관리 전문제품을 중심으로 생산활동을 벌이고 있는 Nu Skin personal care 사업부는 현재 남녀노소 연령층에 관계없는 다양한 제품을 선보이고 있으며, Interior Design Nutritionals 사업부는 고객들의 건강, 행복한 삶의 영위 등과 관련된 제품의 전반적인 홍보와 신제품 개발 활동에 기업의 노력을 집중시키는 2원적 경영체제를 구축하고 있다.

Nu Skin사는 특히 최근 건강에 대한 소비자들의 관심이 점점 늘어남에 따라 사업을 크게 확장하고 있는데, 캐나다, 홍콩·대만·일본·호주·뉴질랜드 등 세계 여러 지역에 독립적인 유통망을 두고 현지 종업원을 고용, 활발한 판촉활동을 벌이고 있다.

동사는 확대보상제도와 세계화 시대에 걸맞는 임금체계를 마련, 제품 판매수익의 약 58%까지 중간분배업자(디스트리뷰터)에게 지급토록 함으로써 각 판매원들의 판매활동을 지원하는 등 민첩한 판매전략을 구사하고 있다. 특히 동사가 거느리고 있는 독립적인 유통조직이 계열사가 있는 곳이라면 어느 국가 어느 지역에라도 자유로이 별도의 판매회사를 설립할 수 있도록 허용하고 있어, 사실상 판매극대화를 위한 경쟁을 유도해 나가는 고단위 전략을 구사하고 있다.

우리 기업, 전략적 제휴 등 적극적 활용을…

위에서 살펴본 미국 유통환경의 급속한 변화는 수출환경의 변화로 많은 애로를 겪고 있는 우리업계에 현실적으로 다양한 시장기회를 제공하고 있으며, 이들 업체들과의 전략적인 제휴 등 이의 적극적인 활용을 위해서 조직적인 노력을 경주할 필요가 있다고 판단된다. 실제로 많은 외국업체들이 QVC사와 월마트사를 통한 미국시장 진출에서 큰 성과를 거두는 등 관련업체들의 큰 호응을 얻고 있는 것으로 밝혀지고 있어 빠른 시일 내에 괄목할 만한 성과를 거두려는 대부분 업체들의 핵심적인 마케팅 전략의 하나가 되었다.

이들 대표적인 유통업체들의 광범위한 채널을 통해 우리제품에 대한 소비자인지도를 크게 향상시킬 수 있으며, 나아가 미 소비자들에게 외국브랜드로 인식되어 있는 우리제품의 브랜드를 단계적으로 "미국화"시킬 수 있을 것이다.

다만 미 시장진출시 위의 대표적인 유통업체들을 활용하기 위한 외부업체들간의 경쟁이 치열해짐에 따라 이들 유통업체들은 제휴 파트너를 선정할 때 해당 업체의 재무상태, 과거 매출실적, 평판 등 다양한 기준을 엄격히 적용해 나가고 있으며, 매출이 성공적으로 이루어지지 않을 경우 계약 연장을 거부하는 등 고압적인 입장을 견지하고 있어 세심한 주의가 필요하다는 점을 명심하여야 할 것이다.

성백웅 무역협회 미구주과

3. 유통시장 개방의 영향

(1) 단기적측면… 부정적

1) 수입확대 및 무역적자의 심화

　외국 유통업체들이 자국의 물건으로 최종 소비자를 상대하므로 이는 수입증대로 연결되어 수입확대 및 무역적자가 심화될 것으로 보인다.

2) 외제선호의 생활화와 과소비 우려

　개방화·세계화로 시장개방은 불가피한 추세이나 비누·세제·화장품·건강보조식품·서적·음반류 등 국민의 소비생활·문화생활과 밀접하며 일상적으로 접하는 생활용품들이 외제상품들로 채워질 때 국민들의 외제선호풍조의 확산이 우려되며, 더구나 외제상품에 대한 경각심이나 우려가 없어지고 자연스러워질 때 여타 상품에도 외제선호풍조의 확대가 우려될 수 있다.

3) 국내 신규 유치산업의 보호 육성 차질 우려

　국내기업이 새로운 의욕으로 신규사업에 진출하거나 새로운 기술, 특허, 생산방법의 개선으로 신제품을 개발하는 경우 등과 같이 신규 유치산업을 국가에서 보호 육성할 필요가 있는 경우 외국기업이 미리 시장에 진입하거나 국내 기업의 경쟁력이 아직 형성되지 못한 시점에서 외국제품이 시장에 진입한다면 국내 산업의 보호 육성에 어려움이 예상될 수 있다.

4) 영세업체의 애로 직면

　막강한 자본력을 바탕으로 자국상품을 국내에 싼값으로 공급할 것이므로 경쟁력이 약한 영세업체들은 상당한 타격을 받게 된다.

(2) 장기적측면… 긍정적

1) 유통구조의 개선 및 효율화

선진 유통 노하우를 가진 외국업체의 진출로 국내업체들도 선진유통기법을 습득하고 경쟁력 강화를 위해 조직화·정보화·시스템화 등의 혁신 노력을 계속함으로써 유통비용절감, 대고객서비스 향상 등 유통구조의 효율성이 제고될 수 있을 것이다.

2) 제조업의 경쟁력 강화 촉진

개방화·국제화가 진전되면서 대외경쟁력 강화를 위해 제조업의 비용절감을 통한 경쟁력 확보노력은 갈수록 확산될 수밖에 없다. 시장개방으로 국내시장에서 국산품과 외제상품이 치열하게 경쟁하게 되어 궁극적으로 국내 제조업체의 경영기술 및 경쟁력 향상이 가능하다.

3) 고용 기회의 증대

유통시장이 개방되어 외국 기업이 진출함에 따라 많은 사람들이 고용된다. 외국 기업들이 막대한 자금력을 바탕으로 인재를 스카웃해가면 국내 기업에서는 그 자리를 채우기 위해 또 새로운 사람들을 뽑아서 인재로 양성해야 한다. 이는 국내 기업의 측면에서 볼 때는 당분간 어려움이 있겠지만, 사회 전체적인 측면에서 볼 때는 고용기회의 증대로 인한 긍정적인 면이 강하다.

4) 유통 국제화 진전 및 수출기회 확대

외국업체가 국내시장에 진출하듯이 국내업체의 외국시장 진출기회도 확대되고 외국 유통업체가 국산품을 국제적인 유통망을 통해 판매할 가능성이 높아진다.

4. 국산품 애용과 소비자 의식

(1) 무엇이 '국산품' 인가?

> 다음 중 국산품이 아닌 것은?
> ㉠ 인도의 원자재로 중국에서 제조해 한국에서 기획·판매하는 제품
> ㉡ 원료의 수입의존도가 95%인 제품의 원료를 수입해 한국에서 제조한 제품
> ㉢ 외국자본이 들어와 세운 공장에서 우리 근로자가 만들어 수출 또는 국내 판매하는 제품
> ㉣ 수입사료를 먹여 키운 한우
> ㉤ 국내기업이 외국에서 차관을 빌려와 로열티(기술료)를 지불하고 국내에서 만든 제품
> ㉥ 국내기업이 자기 자본과 자체 기술로 생산하되, 외국의 유명브랜드만을 로열티(브랜드값)를 주고 빌린 외제브랜드 제품

이 중에서 무엇이 국산품이고 무엇이 수입품인지 명확히 구분하는 것은 불가능할 뿐 아니라 무의미한 일이다. 국산품도 대부분 원료 및 자본재 등을 수입해 생산하므로 엄밀한 의미에서 국산품이라 할 상품은 사실상 없다. 국내에서 저임 노동력을 사용해 만든 값싼 국산제품보다, 한국사람들이 상품기획을 하고 연구·개발·가공·조립 등은 지구적 네트워크를 형성해 다른 나라에서 수행해 세계 최고의 제품을 만들어 내면 그것이 정말 좋은 국산품이라고 해야 할 것이다.

80년대 경제위기 속에 국산품 애용운동을 벌였던 미국도 90년대 들어 자국에서 생산되는 일본자동차는 '메이드 인 재팬'이 아니라 '메이드 인 아메리카'로 인식하고 있다. 자본의 국적을 따지기보다 국내에서 생산·판매되는 제품의 가격·품질을 감시, 이를 통해 국산품의 질을 높이는 데 기여하겠다는 의지가 중요하다.

'국산품 논쟁' 소비자는 헷갈려

국내생산 외국상표
"애국심" 광고 공세에
국내업체 "로열티 막대"

 독일의 스포츠신발 아디다스사의 국내 법인인 아디다스코리아는 최근 '태극기 앞에 당당하다'는 제목의 일간지 광고를 냈다. 아디다스쪽은 이 광고에서 "태권도와 민속씨름 등 비인기 민족스포츠에도 많은 투자를 해왔다"며 "(그런 만큼) 아디다스 상표를 떳떳하게 선택해 달라"고 호소했다. 또 국내에서 판매되는 제품 93% 이상이 한국산이라는 설명도 덧붙였다.

 국산품 애용운동에 밀려 숨을 죽이고 있던 국내 진출 외국업체들이 최근 잇따라 반격에 나서고 있다. 이탈리아의 세계적인 스포츠 의류·신발 제조업체인 필라는 지난해말 일찌감치 포문을 열었다. 필라코리아사는 "진정한 국산 제품을 가려달라"는 제목의 광고로 이른바 '국산 색깔논쟁'을 불러일으켰다. 필라는 "한국에서 팔리는 필라제품의 97%를 국내에서 생산하는데도 외국상표라는 이유만으로 무조건 외화를 낭비하는 주범으로 내모는 것은 부당하다"고 주장했다. 지난 6년동안 1조6천억원어치의 신발을 수출해 국가경제에 이바지했다는 점도 내세웠다. 지난해 12월 30%나 떨어졌던 필라의 매출은 이 광고 이후 오름세로 돌아섰다.

 국내 원자재와 노동력으로 생산한 외국상표와 해외에서 생산해 역수입해 들어온 국내상표가 있다면 어느쪽이 더 국산에 가깝느냐는 게 필라쪽 주장의 요지이다.

 다른 업계 관계자들도 개방된 세계경제체제 아래서 상표 출신지만으로 국산과 외국산을 가름하는 것은 불합리하다는 점을 인정한다. 다국적기업의 외국상표라도 국내에서 제품을 생산해 일자리를 만들어 주고 세금을 정상적으로 내고 장사를 한다면 국내 생산활동의 한 주체로 봐줘야 한다는 것이다.

 이에대한 반론도 만만찮다.

 국제상사(프로스펙스) 화승(르까프) 등 국내 업체들은 "외국상표를 사용하는 대가로 연간 매출액의 5~6%나 되는 로열티를 매년 꼬박꼬박 내고 있는 현실을 숨기고 국산행세를 하려 든다"며 못마땅해하는 눈치다.

 국제상사 홍보실 박순찬씨는 "돈버는 일만 생각한다면 외국 상표를 들여다가 손쉽게 물건을 만들지 무엇하러 힘들여 국산상표를 개발하겠느냐"며 "외국 상표들이 국산대접까지 받으며 시장을 죄다 빼앗아 버리면 그나마 경쟁력을 갖춘 우리 상표들마저도 설땅을 잃게 된다"고 말했다.

함석진 기자

〖한겨레신문 1998. 2. 4〗

국산 '외국상표' 화장품 많아

해외 유명브랜드 로열티 4~8%
광고도 원산지 불명확… 오해 소지

국내에서 제조한 화장품에 해외 유명브랜드를 붙여 판매하는 사례가 갈수록 늘고 있다.

피에르 가르뎅, 마리 끌레르, 아놀드 파마, 오마샤리프, 베네통, 모라비토, 필라같은 해외 유명 브랜드가 붙은 화장품들은 영문으로 상표가 표시돼 마치 외제 화장품 같지만 실은 국내에서 제조된 국산 화장품들.

이들 국산화장품은 해외 유명 패션회사, 잡지회사, 의류회사에서 브랜드만 빌린 것이다.

로열티는 대부분 관련제품 매출액의 4~5%, 피에르 가르뎅의 경우 최고 7~8%로 추정되고 있으며, 연간 수십억원씩 지불하는 조건으로 브랜드를 도입한 회사도 있다.

이달초부터 시판되기 시작한 ㈜유니코스의 기능성 화장품 「쑤엘 비딸 레티놀」은 한국화장품에서 제조한 국산화장품.

한국화장품 자회사인 ㈜유니코스가 「피에르가르뎅 파리」라는 브랜드를 사용하고 있다. 이 회사는 오는 12월에도 프랑스 가방회사 「란쉘」 브랜드를 들여와 화장품을 내놓을 예정이다.

또 애경산업의 팀스틱 「마리 끌레르」, 남성화장품 「아놀드 파마」도 자체기술로 만든 상품에 해외 유명브랜드를 빌려 사용하고 있다.

이외에 ㈜아이뉴의 「오마샤리프」, 에쀠드(구 오스카)의 「베네통」, 시선래브의 「모라비토」, 필라코리아의 「필라」 등이 화장품을 생산하지 않는 해외업체들의 브랜드만 빌린 화장품이다.

한국업체나 고객들이 유명브랜드만을 좋아하자, 이를 이용한 외제브랜드들이 적극적인 공세를 펼치는 입장.

얼마전 국내 화장품업계 선두그룹에 있는 A기업에 프랑스 유명잡지회사인 「마담 휘가로」에서 브랜드를 구입하라는 제의가 들어왔다.

계약조건은 매출액의 4~5%를 로열티로 내는 것으로 하고, 상품이 나오기전에 연간 브랜드 사용료중 30%를 미리 달라는 내용이었다. 이 회사는 브랜드만 빌리는 것이 내키지않아 결국 거절했다.

B화장품회사 임원은 『약사법과 공정거래법은 국내제품을 외국제품으로, 외국제품을 국내제품으로 오해할 소지가 있는 광고는 엄격히 규제하고 있다』면서 『국산 해외브랜드 화장품을 만드는 회사들은 그러나 국산인지, 수입품인지 혼동할만한 광고를 하고 있다』고 지적했다.

이들은 광고대행사의 잘못으로 변명하고 있지만 소비자들을 기만하는 행위라는 것이다.

이에 대해 ㈜유니코스측은 『피에르가르뎅측과 기술제휴 협력을 맺고 브랜드를 도입했다』며 『비록 한국화장품에서 생산하고 있지만 원료는 현지에서 수입하고 있다』고 해명했다.

다른 업체들도 『고객층이 커리어우먼으로 수준이 높아 상표 하나 가지고 외제화장품으로 오해하지는 않을 것』이라며 『외제선호에 편승했다는 주장은 말도 안된다』고 반박하고 있다.

<車乘學기자>

◇해외브랜드를 쓰는 국산 화장품들

제조사	브랜드명	국내에서 제조하는 화장품
㈜ 아 이 뉴	오마 샤리프(향수, 비누)	크림, 향수, 로션 등 7품목
애 경 산 업	마리 끌레르(패션잡지) 아놀드 파마(골프웨어)	스킨케어, 메이크업 남성 스킨케어
㈜유니코스	피에르 가르뎅(패션잡화) 란쉘(가방, 잡화)	스킨, 로션 스킨케어, 메이크업
에 쀠 드 (구오스카)	베네통(패션의류)	네일 에나멜
시 선 래 브	모라비토(가죽가방, 잡화)	스킨케어
필라코리아	필라(의류)	스킨케어, 메이크업

※ ( )안은 해당 브랜드로 생산되는 품목들.

〖조선일보 1997. 10. 31〗

무엇이 진정한 국산(國産)입니까?

해외에서 생산해서 국내상표만 붙이면 국산(國産)입니까? 해외상표라도 국내에서 생산한 제품이 국산(國産)입니까?

WTO 체제하에서 국산(國産)제품의 올바른 정의는 무엇입니까?

더 이상 외국에서 생산된 제품이 국산(國産)이라 왜곡되어서는 안됩니다.

이런 기업은 어떻게 평가 받아야 합니까?

외국화자회사로써 240여개 국내업체와 더불어 국내 산업발전에 이바지 하였으며, 국내 판매용 제품의 97%는 국내에서 생산하고 있습니다. 또한, 지난 5년간 1조 6천여원에 달하는 신발류도 수출하였습니다. 이로 맛미암아 상공부 장관의 감사장과 산업포장을 수상하였습니다. 이런 기업은 어떻게 평가받아야 합니까?

지금 우리가 해야 할 일은 분수에 맞게 소비활동을 해 나아가는 것입니다.

FILA KOREA LTD.,

〖조선일보·중앙일보 1997. 12. 29〗

(2) 국산품 애용운동의 허와 실

국산품애용이라는 것은 국가가 서로 대립하고 있던 19세기 산업화시대의 발상이다. 국가가 대립할 때는 군사력이 중요했고, 군사력을 키우기 위해 자국 산업을 보호하는 정책을 폈지만, 지금은 21세기로 가는 정보화시대고 국경을 넘어서 사람·돈·정보 등 모든 것이 이동하는 협력의 시대로 기업의 경쟁력이 중요하다. 기업의 경쟁력을 제고시키려면 국적에 관계없이 모든 자원을 활용해 세계 최고의 제품을 만든다고 하는 세계적 경영이 필요하고 또 국민들은 국적에 관계없이 싸고 좋은 물건이면 산다는 세계적 사고가 필요하다. 일제시대 물산장려운동식의 국산품애용은 우리 기업의 경쟁력을 후퇴시킬 뿐이다.

외화를 절약하기 위해 국산품을 사용하자는 것은 얼른 보기에는 그럴듯하게 들릴지 모르지만, 이것은 외제품과 국산품의 경쟁을 위축시켜 우리 기업들이 비용절감과 품질향상에 최선을 다하지 않게 하여 한국 기업의 경쟁력을 약화시키고 외국기업의 투자를 저해하는 결과를 가져올 뿐이다. 더구나 국산품이라고 해서 같은 품질의 수입품보다 가격이 월등히 높은데도 애국심 때문에 사용한다면, 가계의 생계비는 올라갈 것이고 이는 노동자들의 임금인상 요구를 불러와 상품의 경쟁력을 떨어뜨려 수출을 어렵게 하고 실업증가를 초래할 뿐 아니라, 고비용 저효율의 비효율적인 회사가 살아남아 경제위기의 원인이 되는 것이다.

우리가 IMF 구제금융을 받게 된 이유도 우리가 국산품을 사주지 않았기 때문이 아니라, 오히려 국산품을 사주는 등 너무 보호해 줘 책임경영이 이뤄지지 않아 우리 기업의 경쟁력이 떨어졌기 때문이다. 책임경영은 시장개방을 통해서 수입품도 들어오고 외국 자본도 들어와 경쟁 압력이 조성될 때 이루어질 수 있는 것이다.

은행이 외채를 들여와 방만한 대출을 하고, 기업이 부채를 떠안고 방만한 투자를 하는 한 아무리 국산품을 애용해봐야 소용없는 일이다. 우리 국민은 지금 국산품 애용을 강조할 때가 아니라 합리적이고 건전한 소비 행태를 보여줘야 할 때다. 기업의 경쟁력을 높이기 위해서는 우리 소비자가 경쟁력있는 제품은 사주고 경쟁력없는 제품은 사지 말아야 한다. 수입품이든 국산품이든 따질 필요 없이 싸고 좋은 물건을 사는 것이 중요하다. 국민 개개인으로서도 수입품이 국산품에 비해 품질이나 가격면에서 우수하다면 수입품을 사쓰는게 이롭다. 수입품이라도 좋은 물건을 사는 것은 바로 그 수입품보다 나쁜 물건을 만드는 국내 기업에 대한 경쟁압력이 되어, 우리 기업들로 하여금 책임경영이 이루어지게 함으로써 소비자 기호에 맞는 제품을 개발하고 비용절감 노력을 강화해서 해외시장에서의 치열한 경쟁을 이길 수 있는 능력을 갖추게 될 것이며, 그것이 경제를 활성화시키는 요인이 된다.

IMF 사태 이후 외국(인)에 대한 적대감이 심화되고 있다는 사실은 부인하기 힘들다. 식사도 한식만 먹고, 음료도 커피같은 것은 마셔선 안되며, 옷도 우리 기업의, 그것도 국산 상표만 입어야 한다는 풍토가 은연중에 우리를 강하게 짓누르고 있다. 우리의 이러한 모습은 외국 투자가의 눈에도 그대로 투영되고 있다. 기업의 자율적 성장을 지원하는 정도에 대한 각국의 이미지를 평가한 IMF 순위에서 한국은 말레이시아나 중국보다 낮은 35위에 그쳤다. 뿐만 아니라 거의 대부분의 외국 투자가들이 한국을 최악의 투자대상 국가이자 사회적 불안이 가장 우려되는 나라로 꼽았다. 국제적 매너가 좋지 않고, 시장이 폐쇄적이며, 배타적이고, 신뢰할 수 없다는 것이 한국에 대한 공통적 이미지다. 과연 이러한 풍토 아래에서 외국인들이 이 땅에 투자를 할 것인가? 그 대답은 '노'다.

국산품 애용이나 수입차에 대한 주유거절과 같은 배타적이고 적대적 행위는 오히려 우리가 필요로 하는 외국자본의 유입을 막을 뿐이다. 계속 차입해야 하는 막대한 외채의 원리금을 갚아 나가려면 우리 상품의 수출과 외국인 투자 외엔 길이 없다. 소비절약운동과 반외세운동을 과도하게 벌이는 것은 애국하는 길이 아니라, 우리 스스로 발목을 잡는 행위라는 사실을 깨달아야 한다.

세금은 높고 외제품은 무조건 배격
"韓國에 투자 못하겠습니다"

駐韓 외국기업인 하소연

"외국제품이면 값이건 품질이건 안따지고 무조건 쓰지 말자고 하니 이래서야 한국에 투자하겠습니까."

"세금은 갈수록 오르고 수출입금융은 안 풀리고 우리도 죽을 맛입니다."

정해주(鄭海湑)통상산업부 장관은 15일 낮 무역협회에서 주한 외국기업협회(회장 최인학 한국모토로라사장)소속 외국기업대표 25명과 가진 오찬간담회에서 봇물처럼 쏟아진 외국인들의 하소연에 진땀을 흘렸다.

이들은 ▶최근 외제품 배격운동과 외국인에 대한 적대적 인식의 문제점▶갈수록 무거워지는 세금▶내수를 죽이는 수출드라이브 분위기▶수입품에 대한 각종 규제등이 외국인기업의 대한(對韓)직접투자를 가로막고 있다며 개선을 요구했다. 다음은 간담회에서의 발언내용.

◇마이클 브라운 주한미국상공회의소회장=외국인 투자를 유치하려는 한국정부는 먼저 투자한 우리들의 생각에 귀를 기울이면 많은 참고가 될 것이다. 한국국민들은 외국기업의 투자가 어떤 영향을 미치는지 아직 이해하지 못하고 있는 것 같다. 정부가 나서 외국인투자의 필요성을 인식시켜야 할 것이다. 외국인기업도 세금부담과 금융비용 부담이 갈수록 무거워져 사정이 무척 어렵다.

◇후고 라이머스 주한유럽연합(EU)상공회의소 부회장=국산품애용운동이 외제품배격운동으로 이어져선 곤란하다. 외제품이라도 품질이 좋고 값이 싸다면 쓰는게 정상아닌가.

국제통화기금(IMF)은 치욕이고 외국은 나쁜 의도를 갖고 있다는 식의 시각은 문제가 있다. 미국·일본·유럽연합(EU)등은 국민세금으로 한국에 달러를 대주고 있다. 한국보다 실업률이 훨씬 높은 EU가 혈세로 실업률 낮은 한국을 지원한다는 점을 알아야 한다.

◇아드리안 멩어젠 한국바스프사장=한국정부가 IMF의 요구사항을 수용함에 따라 외국인들은 한국의 값싼 노동력을 착취하고 마음대로 정리해고도 하는등 이득을 본다는 인식은 잘못됐다. 정리해고는 외국의 이익때문이 아니라 한국산업의 경쟁력 제고를 위해 도입하는 것이다.

◇최인학 외국기업협회장=한국정부가 투자유치를 위해 공장부지 지원등 인센티브를 늘리고 있으나 최근에는 최저한세율을 15%로 인상하려 하고 있다. 이래서는 투자유치가 어렵다.　　이재훈 기자

【중앙일보 1998. 1. 16】

(3) 현명한 소비자의 의식 및 행동

　우리 나라는 이제 경제규모나 무역규모로 보아 세계 속에 어울리지 않으면 생존 자체가 불가능하다. 특히 우리 나라는 자원이 빈약한 나라이기 때문에 물건을 외국에 수출하지 않고는 경제발전을 이룰 수 없다. 세계시장의 변화에 따라 우리 물건을 외국에 내다 팔기 위해서는 외국의 물건을 사서 써야 하며, 우리기업들이 해외에 나가 활동할 수 있게 하기 위해서는 외국기업들도 우리 나라에서 장사할 수 있는 분위기를 만들어주어야 한다. 그런데 우리 물건은 수단과 방법을 가리지 않고 팔되 남의 물건은 절대로 사지도 쓰지도 말아야 한다는 것이 오늘의 우리 논리다.

　세계화·정보화 시대에 중요한 사고는 자율과 개방이다. 외제 수입상 앞에서 피케팅 시위를 하고 수입차를 훼손하고 주유를 거절하는 행위는 억압적이고 폐쇄적인 것으로, 우리의 대외 이미지를 흐릴 뿐만 아니라 우리 기업의 경쟁력 제고를 통한 선진국 진입에도 도움이 되지 않는다. 지금은 외환위기에다 대량 실업을 눈앞에 두고 있는 비상사태이기 때문에 외화를 절약하고 고용을 유지하기 위해 수입품 구매를 억제하고 국산품을 애용하는 것이 좋다고 생각하는 것은 당연한 일이다. 그러나 이것은 우리의 소비를 보다 합리적이고 건전하게 만듦으로써 이루어져야지 외국제품에 대한 감정적 거부행위는 바람직하지 않다. 수입품을 사서 나쁜 것이 아니라 과시소비·충동구매와 같은 합리적이지 못하고 건전하지 못한 소비가 문제다. 편협하고 폐쇄적인 방법으로 애국하는 태도에서 개방사회에서 세계시민의 일원으로 동참한다는 세계적 사고가 요구되는 때이다.

　수출을 늘려 외화를 벌어들이는 것 못지 않게 더 많은 외국인 투자를 유치하여 우리 산업의 기반을 튼튼히 하고 일자리를 만들어내야 한다. 새정부가 외화난 타개를 위해 적극적인 투자유치를 표방하고 있지만, 외국인에 대한 뿌리깊은 배타적 인식·제도가 계속 남아있는 한 외국인 투자유치는 물론 국가신인도 제고도 더뎌질 수밖에 없다. 우리 스스로가 외국자본에 대한 인식을 바꾸지 않는 한 제도개혁은 빛 좋은 개살구에 그치고 말 것이다. 물론 외자는 약탈자일 수도 있다. 하지만 우리가 주체적 역량을 가지고 이를 잘만 활용하면 외자는 이 땅에서 우리의 부모·형제들에게 일자리를 제공하고, 우리 자원을 구매해주며, 수출을 늘려 외화수입도 증가시키고, 그들의 선진 노하우를 전수해주는 구원자가 될 수도 있다는 사실을 잊어서는 안된다.

값싸고 양질의 제품을 만드는 회사가 최고지, 비싸고 저질도 'Made in Korea'면 된다는 구시대적 사고는 이제 버려야 한다. 진정한 의미의 경쟁, 그리고 국제화가 무엇인가를 이제는 깨우쳐야 할 때가 왔다. 이는 기업뿐만 아니라 국민 개개인에 대해서도 마찬가지다. 그리고 이 모든 편협된 사고에서의 탈피를 통해 우리는 이 땅을 선의의 경쟁을 통한 동서의 화합, 남북의 화합, 나아가 인류 모든 민족의 공존공영의 장으로 만들어야 할 것이다. *

* 以上은 유종근 대통령경제고문, 이재춘 주유럽연합대사, 노부호 서강대 교수, 박정동 KDI 연구원, 이주선 한국경제연구원 연구원, 강효상 조선일보 워싱턴특파원, 김태진 중앙일보 생활과학부 기자, 이성구 한국경제신문 런던특파원 등이 신문에 피력한 글과 사설을 토대로 필자의 시각으로 재구성하였음.

기획시리즈 **생활문화가 바뀐다**

경제사회 '지각변동' '實用과 實利' 시대로

건설회사에 다니다 작년 말 정리해고를 당한 김수일(45)씨. 그는 4개월간의 방황 끝에 새벽 우유배달을 시작했다. 낮에는 제빵 기술을 배우며 열심히 살려고 하지만 어떻게 해야 할지 막막하기만 하다. 해고의 강풍에서 살아남은 대기업 과장 박종수(37)씨의 마음도 카오스(chaos) 그 자체다. 뭔가 달라져야 하는 건 분명한데 솔직히 어떻게 변신해야할지 도무지 모르겠다. '과연 내가 살아남을까' 자신이 없다. '잘린 자'나 '살아남은 자' 모두가 곤혹스럽긴 마찬가지다. 국제통화기금(IMF) 체제는 이렇게 한국인의 생활 스타일과 가치관 모두를 혼돈 상태로 몰아넣고 있다.

IMF는 우선 '우리' 의식을 뒤흔들고 있다. 그에 따른 현실도피, 복고 경향도 뚜렷하다. 계층간 갈등이 증폭된다. 한탕주의도 잠재돼 있다. 해외 이민과 귀향자가 줄을 잇는다. 낚시와 등산인구도 하루가 다르게 급증한다. 이혼하는 이들도 늘어나고 있다. 심지어는 스스로 생을 포기하는 사람도 적지 않다. 국제화가 외쳐지는가 하면 국수주의가 힘을 얻기도 한다.

이같은 혼돈 속에서도 그러나 사회 구석구석에선 새로운 생활문화, 새 가치관이 싹트고 있다. 다름 아닌 '백 투더 베이직'(Back to the Basic), 그리고 '심플 라이프'(Simple Life)다. 거품을 빼고 기본에 충실한 생활, 여기엔 물론 실용성과 합리성이 스며 있다.

그렇다. IMF는 바로 실사구시(實事求是)다. 소비문화가 그 대표적 예다. 어느샌가 충동구매나 외상구매가 줄어들었다. 체면문화가 사라지고 관혼상제 또한 간소화되는 추세다.

**모든계층이 '경제동물'
혼돈속 새 價値觀 싹터
변화흐름 읽어야 '희망'**

전문가가 존중받으며 '주는만큼 일하고 일한 만큼 받는' 프로시스템도 만들어지고 있다. 평생직장 개념이 급속히 파괴되면서 직업에는 귀천이 없어지고 있다. 회사를 우선하는 취사(就社)에서 직종을 먼저 생각하는 취업(就業)으로 바뀐다. 그런 와중에서 다양성이 존중되는가 하면 '우리' 대신 '나'로 생활의 무게중심이 옮겨간다.

투명성도 '베이직'의 한 축이다. 촌지와 떡값 문화가 사라지고 있다. 선물문화도 바뀌는 추세다. 로비와 인맥이 힘을 잃어가고 있다. 새로운 가치관은 또 자생력 없는 기업을 도태의 길로 이끌고 있다. 외형 중심에서 수익위주로 기업경영이 바뀔 수밖에. 정부도 덩치를 줄이고 효율적인 국정으로 돌아가지 않곤 더이상 'IMF 국민'의 지지를 받을 수 없다.

이 모든 것이 완결형이 아니다. '진행형'이다. 진행형은 앞날에 대한 통찰과 결단을 요구한다. 변화의 큰 흐름을 읽는 눈이 필요하다는 얘기다. 그러나 분명한 것은 IMF가 끝나더라도 결코 '옛날'은 돌아오지 않는다는 사실이다. 봉급 삭감과 자산 디플레로 적게는 30%, 많게는 50% 깎인 소득과 재산이 원상복귀되더라도 '과거'가 반복될 리 없다. 아니 1인당 국민소득이 다시 1만달러, 2만달러가 되더라도 1~2년 전의 '흥청망청'으로 되돌아 갈리 만무하다는 사실을 받아들여야 한다. 그래야 비전과 희망이 생긴다. 희망은 주어지는 것이 아니라 만들어 가는 것. 삶과 일에 대해 열정과 새로운 가치관으로 무장한 국민으로 탈바꿈하는 것. 이것이 진정 IMF를 이기는 길이다. 이 시리즈를 기획한 것도 바로 이런 뜻에서다.

〈강현철 기자 hokang@〉

제 2 부
네트워크마케팅이란 무엇인가?

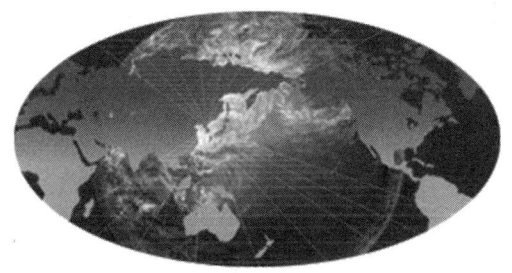

제1장 네트워크마케팅의 역사
제2장 네트워크마케팅의 개념 및 특징
제3장 왜 네트워크마케팅이 21세기 첨단 유통전략인가?
제4장 '건전한' 네트워크마케팅과 '인간사냥' 피라미드 상술과의 차이
제5장 네트워크마케팅의 현황 및 전망

제 1 장 네트워크마케팅의 역사

1. 마케팅(marketing)이란?

(1) 마케팅의 정의

마케팅이란 물질적으로 풍요로운 사회의 산물로서 '기업이 제품 또는 서비스를 고객을 향해 유통(流通)시키는 데 관계된 일련의 체계적 시장지향 활동'이라고 할 수 있다.

마케팅은 고객과 그들에 봉사하는 조직에 초점을 둔 미시마케팅(미시적 관점에서의 마케팅)과 전체적인 생산 - 유통시스템에 초점을 둔 거시마케팅(거시적 관점에서의 마케팅)으로 대별할 수 있는데, 미시마케팅이란 '고객의 욕구를 찾아내고 그러한 욕구를 충족시켜 줄 제품이나 서비스를 생산하여 생산자로부터 고객에게 흐르도록 함으로써 기업의 목표를 달성하려는 활동'으로 정의된다. 즉, 마케팅을 고객의 욕구를 충족시키기 위하여 개별 기업이 수행하는 활동으로 정의하고 평가하는 관점을 '미시마케팅'이라 한다.

한편, 거시마케팅이란 '소비가치를 교환하려는 사회전체 구성원들의 욕구를 효과적 및 효율적으로 해결하기 위하여 한 사회내에서 필연적으로 발전한 사회적 과정'으로 정의된다. 즉, 이질적인 공급능력을 이질적인 수요와 효과적으로 대응시키고 사회의 장·단기 목표를 달성할 수 있도록 전체 경제의 제품과 서비스를 생산자들로부터 소비자들에게 흐르도록 하는 사회경제적인 활동인 것이다.

못먹고 못사는 나라에서는 소비할 사람이 많으므로 굳이 마케팅을 할 필요가 없었다. 그래서 1930년대의 베일(Ronald S. Vail)은 마케팅의 개념을 단순히 '상품에 대한 소유권의 변화(Change of Ownership)'로 설명했다. 상품의 희소성에 의해 만들기만 하면 팔려 나가는(상품의 공급에 비해 수요가 크므로 경쟁이 치열하지 않고, 상품을 만들어내기만 하면 어떻게든 판매는 이루어지므로) 것이 당시의 시대 상황이었기 때문에 기업으로서는 상품을 판매하기 위한 다른 어떤 적극적인 노력을 할 필요가 없었기 때문이었다. 소비자에게는 상품을 선택할 여지가 적었고, 오로지 기업이 생산해내는 그대로를 구매하는 데만 해도 많은 어려움을 겪었던 것이다.

우리나라도 1960년대 이전까지는 별다른 마케팅이 필요없었다. 이때까지는 사람들이 물건을 고를 수 있을만큼 상품이 다양하고 많지가 않았기 때문이다. 그러나 1960년대에 들어서면서 시장 상황이 변동되어, 만들기만 하면 팔려나가던 시대에서 생산된 상품이 남아돌아 소비자들이 선택의 여지를 갖게 되었다. 이와 더불어 소비자의 교육수준 향상 및 소득 향상이 불러온 소비자 욕구의 다변화 내지는 고차원화에 당면한 기업들은 한정된 소비자의 가처분 소득을 놓고 경쟁하지 않으면 안되게 되었다. 이러한 현상은 필연적으로 마케팅의 정의에 '소비자의 욕구 충족 기능'을 강조하는 정의를 포함시키게 만들었다. 따라서, 오늘날 시대적 감각에 맞는 마케팅의 정의를 내린다면 다음과 같다.

"마케팅이란 소비자 및 고객의 욕구를 충족시켜 줄 제품, 서비스 및 지식을 계획하고, 가격을 결정하며, 이들의 구매 및 소비에 필요한 정보를 제공하고 배분하는 데 소요되는 일련의 조화된 인간활동이다."

[한국의 유통 변화]

60년 이전 물자 부족 시대	61년 ~ 87년 물자 충족 시대	88년 ~ 94년 물자 과잉 시대	95년 이후 초가격파괴시대
식사 해결되면 무슨 일이든 좋다	고도 성장 시대 식사보다는 좋은 직장	저성장 시대 여유를 갖게 됨	무한경쟁시대
소비자 > 물자	소비자 = 물자	소비자 < 물자	—
만들어 내기만 하면 팔림 기업주도형 생산	쓸만하게 만들면 팔림 유통회사 주도형 생산	제품을 골라서 씀 소비자주도형 생산	생산자와 소비자의 화합시대

(2) 마케팅의 기능

마케팅은 대체로 수요를 규제하는 기능과 창출된 수요를 충족시키는 기능을 가진다. 이러한 기능을 효과적으로 수행하기 위하여 마케팅은 여러 가지의 활동으로 구성되는데, 그것은 모두가 교환이 효율적으로 이루어지도록 하기 위하여 필요한 것들이다. 시장의 성격(예를 들면, 구매자가 산재된 시장과 집중된 시장, 대량구매고객과 소량구매고객 등), 제품의 성격, 유용한 인적자원의 가용성, 기업의 경영철학 및 전통 등이 마케팅 계획을 수립하고 마케팅 기능을 수행하는 구체적인 방법에 영향을 미치도록 각 기업이 수행하는 마케팅의 기능은 약간의 차이를 보일 수 있다.

일반적으로 잘 조직된 시장경제가 운용되고 있는 곳에서는 새로운 투자의 기회가 많으며 기업활동이나 고용의 수준이 높다. 그러나 마케팅 활동이 소홀히 되고 있는 곳에서는 간혹 낮은 경제성장이나 침체가 특징적으로 나타나며 효율적인 마케팅시스템이 존재하지 않아 빈곤의 악순환에 빠져들 위험도 있다. 마케팅 활동은 시장수요의 창출을 통하여 빈곤의 악순환을 타개하기 위한 활력소를 제공해 주는 것이다. 또한, 마케팅은 경제발전의 가장 중요한 승수이며 무엇보다도 마케팅의 발전은 한 경제가 이미 가지고 있는 자원과 생산능력을 경제적으로 통합하고 극대로 활용할 수 있도록 하는 것이다.

〔 마케팅의 기능과 활동 〕

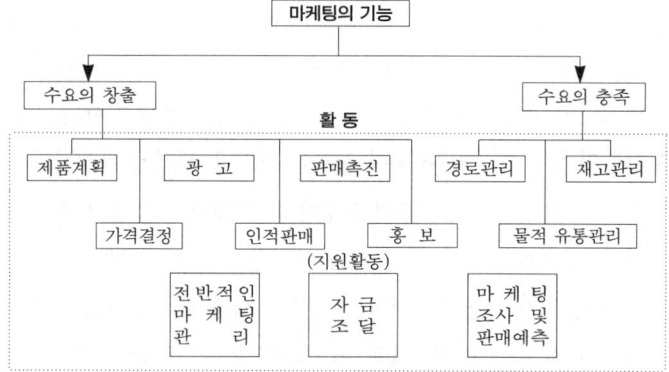

2. 네트워크마케팅의 탄생

(1) 새로운 마케팅 개념 — '전략 마케팅'의 출현

전통적인 일반 마케팅이 점포를 전제로 하여 불특정 다수의 소비자에게 상품에 대한 홍보활동을 하거나 내점 촉진활동을 하는 데 비하여, 다이렉트마케팅은 사람과 미디어를 주된 수단으로 특정한 소비자 개인을 대상으로 직접적인 반응을 얻기 위한 활동을 한다.

국내외의 많은 기업들이 이미 시장 변화에 대응하여 더 이상 경쟁력이 없는 구태의연한 판매방식에서 과감히 탈피하여 새로운 마케팅 체제로 돌아서고 있다. 이러한 판매체제로의 전환은 이에 적합한 상품의 기획·생산·관리조직의 재정비에서 기업 이념의 재검토에 이르기까지, 기업 전체에 대한 대혁신이라고 하겠다. 이렇게 단순한 상품의 판로뿐 아니라 기획·생산·관리체제·경영 등 기업의 운영 전반에 걸친 종합적인 마케팅 정책이 바로 '전략 마케팅'의 개념이다.

이렇게 새로 도입되는 전략적 차원의 마케팅 방법들에는 여러 가지가 있는데, '프랜차이징(Franchising)' 기법에서부터 '24시간 편의점(CVS : Convenience Store)', '창고형할인판매점(General Merchandise Store)', 그리고 전화 주문판매(Tele Marketing), 인쇄매체에 의한 통신판매(Direct Mailing Sales), 케이블TV나 컴퓨터를 이용한 통신판매·다단계판매(Network Marketing) 등을 포함하는 '다이렉트 마케팅(Direct Marketing)' 방식이 최근 주위에서 볼 수 있는 대표적인 조류들이다.

전략 마케팅의 개념은 이렇게 다양한 마케팅 방법들을 자사의 기업환경, 상품특성에 맞게 조합, 재구성하여 통합된 새로운 체제를 탄생시키는 것을 의미한다. 이러한 추세에 발맞추어 탄생한 신 마케팅 기법 중에서 보다 새롭고 독특하며, 강력한 위력을 지닌 전략 마케팅이 바로 네트워크마케팅이다. 네트워크마케팅은 이러한 과정에서 도출된 21세기 최첨단 유통 시스템으로, 기존의 여러 가지 마케팅 기법들과 비교해서 실로 막강한 경쟁력을 갖추고 있다는 점에서 전략 마케팅의 표본으로 설명할 수 있는 대표적인 예라고 할 수 있다.

(2) 점포 없는 프랜차이즈

경제의 발전과 더불어 새로운 마케팅 기법들이 속속 출현하던 1940년대 미국에서 새롭게 출현한 마케팅 중의 하나가 프랜차이즈 방식이었다.

프랜차이즈 방식이란 본부에서 기존의 성공한 사업의 브랜드와 판매 방식 그리고 영업 형태 등의 권리와 노하우를 제공하고, 가맹점에서는 가맹료와 수수료를 지불함으로써 본부 입장에서는 다점포를 보유하게 되어 대량구매 등의 이점으로 강력한 경쟁력을 갖출 수 있고, 체인점은

① 경험이나 기본이 없는 아마추어도 경영할 수 있으며, 개점시부터 유명점의 오너가 되고,
② 비교적 소자본으로 단기간에 사업을 궤도에 올려 놓기가 용이하며,
③ 본사의 노하우와 시스템을 따르기 때문에 리스크가 적다는 이점이 있다.

그런데 이 프랜차이즈 방식은 반드시 점포가 있어야 하기 때문에, 의욕은 있으나 자본이 없는 사람들에게 비싼 임대료의 점포는 부담스러운 것이 사실이다. 그래서 사람들은 '점포가 없어도 되는 프랜차이즈'를 생각하게 되었고, 점포가 아닌 사람, 즉 유통업자를 프랜차이즈 방식으로 해서 일종의 점포 없는 유통조직을 만들어 보면 어떨까 하고 구상한 결과, 탄생한 것이 네트워크마케팅이다.

프랜차이즈 방식은 근처에 비슷한 가맹점이 들어서면 매출에 지장이 생길 확률이 높다(뒷면 기사 참조).

1950~60년대에는 '맥도널드' 같은 프랜차이즈 회사를 악덕기업으로 보는 부정적인 인식이 팽배했었으나, 오늘날에는 너무나 당연한 것으로 받아들이고 있다. 네트워크마케팅도 아직까지는 인식부족과 네트워크마케팅의 장점을 모방한 악덕 피라미드 기업으로 인해 부정적인 시각으로 보는 사람들이 많지만 늦어도 21세기에는 가장 보편적인 유통방식으로 자리잡게 되리라는

것이 전문가의 견해이다.

　오늘날 미국에서는 약7천6백억달러 규모로 총 거래량의 1/3이 프랜차이즈 산업에 의해 거래되고 있다. 무점포 프렌차이즈 사업이라고 정의할 수 있는 네트워크마케팅. 시대를 앞서 바라보는 혜안으로 일찍이 네트워크 산업에 종사했던 사업자들 중에서는 벌써부터 많은 성공자들이 속속 배출되고 있다.

경험없이 나선 명퇴자·주부들
체인점사업 피해 급증
보증금 거둬 부도내고 잠적
장식비 과다요구도… 두달새 60건이상 신고

〖조선일보 1997. 4. 12〗

'無점포 대리점' 확산

'점포나 사무실이 필요없는 대리점을 모집합니다.'

불황이 장기화되면서 본사로서는 무리한 점포확장에 따른 출혈이나 부실화를 방지할 수 있고 대리점·체인점주는 큰 밑천 안들이고 사업을 시작할 수 있는 '무점포 대리점·체인점'이 새로운 마케팅전략으로 부상하고 있다.

집 등에 전화·컴퓨터통신장비를 갖춰 놓고, 고객의 주문을 받은후 본사에 연락하면 본사에서 물건을 손님에게 배달해 주는 방식이다. 대리점 주인에게는 일정 수수료가 주어진다.

대리점주는 자신의 책임하에 다시 직원을 고용할 수가 있어 넓은 의미의 방문판매라고 할 수도 있는데, 최근 불황을 타고 여러 분야로 확산되고 있다.

在宅근무하며 본사-고객 연결
업체 "출혈·부실화 위험 적다"
不況시대 새 마케팅전략 浮上

◇CC마트=중고컴퓨터 판매업체 CC마트(080-966-8000)는 기존의 60여개 체인망과는 별도로 이달부터 무점포 대리점 모집에 나섰다.

대리점 자격으로는 사무실은 필요없고 재택근무할 수 있는 컴퓨터 및 통신망을 갖추고 있으면 된다.

필요한 자금은 본사에 내는 가맹비 5백만원과 운전자금 1백여만원 정도. 최소한 6천만원이 들어가는 기존 대리점에 비하면 훨씬 부담이 적다.

CC마트측은 "영업은 컴퓨터 통신망·팩시밀리·전화로 하고 본사를 물류창고처럼 사용할 수 있어 사업실패시 재고부담도 없다"며 "마진이 15%선으로 기존 대리점보다는 5%포인트정도 낮지만 밑천이 적게 드는데다 컴퓨터사용법 교육등으로 부수적인 수입을 올릴 수도 있다"고 말했다.

◇에스티씨=자동차원격시동경보기를 생산·판매하는 ㈜에스티씨(02-3412-2722)도 최근 무점포 체인점 모집에 나섰다.

차량 1대와 휴대폰·삐삐만 있으면 물품구입비 5백만원과 보증보험료 6만원으로 누구나 개설자격을 갖는다.

본사에서 무료기술교육을 시켜주고 영업에 필요한 카탈로그등 홍보자료를 계속 지원해주기 때문에 특별히 더 들어갈 것은 없다.

체인점주는 지역내 자동차영업소 등을 수시로 방문, 카탈로그및 홍보물을 배포하고 새 차를 사는 사람이 경보기를 설치할 때 자동차영업사원이 연락을 취해줄 수 있도록 협조관계를 맺어 놓으면 된다.

연락이 오면 바로 해당 자동차영업소로 달려가서 설치해주면 되는 것이다.

에스티씨측은 "경보기 하나 설치해줄때 4만~5만원의 이익이 떨어진다"고 말했다.

◇전자랜드21=가전및 컴퓨터양판점 전자랜드21(02-7074-882)도 최근 재택근무사업부를 신설, 김해·진주·구미·경산등 직영점을 출점하기에 시장이 좁은 소도시를 무점포 영업소로 공략키로 했다.

현재 29개의 직영점망을 갖춘 이업체는 1개 직영점을 출점하기 위해 점포임대·매장인테리어·상품전시용등으로 평균 20억원 정도를 투자해왔다.

그러나 무점포 영업소의 경우 사업주가 팩시밀리·컴퓨터등을 갖추면 본사가 운영비용 월 20만원을 지급하고, 매출액의 5%(직영점 마진과 같다)정도를 실적에 따라 지급한다.

전자랜드21측은 "무점포 사업은 투자의 최소화로 매출회전의 극대화를 실현하기 위한 방법"이라며 "신규출점에 따른 제반비용을 줄이는 동시에 침체된 내수시장에 활기를 불어 넣을 것으로 기대된다"고 말했다. 유진권·이기원 기자

【중앙일보 1997. 12. 30】

3. 네트워크마케팅의 발전

(1) 미국의 네트워크마케팅

1934년	⇨	1959년	⇨	1963년	⇨	1980년	⇨	1984년	⇨	1992년	⇨	2001년
뉴트릴라이트		암웨이		메리케이		허벌라이프		뉴스킨		USANA		Unicity

미국에서 네트워크마케팅 방식을 처음으로 도입한 회사는 1934년 캘리포니아에서 출범한 '뉴트릴라이트'라는 작은 비타민 제조회사였다. 이 회사는 자사의 고객이 대부분 구두로 추천을 받아 제품을 사용한다는 사실, 즉 제품에 만족한 고객이 이 회사의 비타민을 친구나 친지에게 추천하고, 이 친구나 친지는 다시 자신의 친구에게 전달하는 식으로 제품의 광고가 계속되고 있다는 것을 깨달았다. 그래서 회사의 경영진은 기존의 광고계획을 철폐하고, 대신 구전 광고체계인 네트워크마케팅을 도입하여 놀라운 성장을 거듭하였다.

그후 1956년에는 건강식품과 화장품을 파는 '샤클리(Shaklee)'라는 회사가, 1959년에는 세제류를 판매하는 '암웨이(Amway)'가 탄생하였고, 그후 미국 내에는 수많은 네트워크마케팅 업체들이 들어서면서 많은 발전을 하게 되었다.

1950년대에 본격적으로 나타나기 시작하여 1960년대에 들어 붐을 이루듯이 우후죽순처럼 생겨난 네트워크마케팅 기업은 이념이나 철학이 없이 단지 '돈을 벌 수 있다'는 이유만으로 회사를 설립한 결과로 소위 '피라미드 상법'을 전개하여 엄청난 사회적 물의를 일으키며 전 미국을 휩쓸어 갔다. 이에 대해 1960년대 후반부터 1970년대까지 美연방거래위원회 (FTC : Federal Trade Commission)는 비합법적인 상법을 채택하고 있는 기업들을 차례로 적발하여 제재를 가하기 시작했다. 이 때 정통적인 네트워크마케팅 방식을 채택한 회사들도 덩달아 사업이 부진하게 되어 네트워크마케팅 기업의 발전 속도는 급속히 가라앉게 되었다.

1975년에는 암웨이도 FTC에 의해 법원에 제소되었고, 암웨이사는 이러한 제소에 맞서 1979년까지 4년이라는 세월과 4백만달러 이상의 비용을 들여가며 싸운 재판에서 승리함과 동시에, '암웨이의 방식은 국가 경제에 활력을 주는 것이다' 라는 결론을 얻었고, 이 때를 기점으로 세계적인 기업으로 급성장하였다. 이 사건을 계기로 네트워크마케팅이 피라미드나 그와 비슷한 종류의 비합법적 판매 방식과는 다른 정당한 비즈니스 방식임을 최초로 사회적·법적으로 인정을 받게되었다.

또한 네트워크마케팅에 대한 기업가들의 인식이 바뀌었을 뿐만 아니라 사회적인 관심이 고조되어 네트워크마케팅은 제2의 중흥을 맞게 된다. 그리하여 그 당시의 포춘誌에 기재되어 있을 정도의 미국을 대표하는 기업들도 이 네트워크마케팅 방식을 이용하여 상품을 유통시키기에 이르렀다.

그 결과 1979년에 200여개였던 네트워크마케팅 회사가 1983년에는 1,500~2,000개로 그 수가 급증하였고, 디스트리뷰터의 수도 약 400만명을 헤아리게 되었다. 미국에서는 여러 가지 네트워크마케팅 기업들이 설립되었다가는 사라지고, 사라졌다가는 설립되곤 하였는데, 소수의 회사가 2~3년의 수명을 유지한다고 할 수 있고, 5년 뒤에 성공을 거둘 수 있는 회사는 1,000개 중 겨우 1개 정도라고 한다. 미국 직접판매협회(DSA: Direct Selling Association)에 의하면 현재 미국내에는 600여개 직접판매업체가 등록되어 있으며 판매원은 930만명에 이르고 있고, 매출은 매년 10%안팎의 증가율을 보이고 있으며, 1996년에는 지난해 대비 8.4% 증가한 208억달러, 1997년에는 5.9% 증가한 220억2천만달러의 실적을 올렸다.

미국 네트워크마케팅 업계는 주로 '먹고, 입고, 쓰는' 생필품 시장에서 출발했으나, 현재는 상품 판매의 단계를 지나 통신·보험·서비스 등의 분야로 응용 범위가 넓어지고 있는 실정이다.

> "Network Marketing(NWM) is one of America's fastest-growing methods of marketing and distribution. It's growing at a rate of between twenty and thirty percent per year, in or out of the broad economic cycle of recession and expansion." < *The Greatest Opportunity in the History of the World* >
> "네트워크마케팅은 미국의 최단기 성장 마케팅 및 유통 방식의 하나이다. 성장률은 연간 20~30%인데, 광범한 경제 주기의 경기 후퇴와 팽창에도 영향을 받지 않고 있다." 〈세계역사상 가장 위대한 기회〉

「소비자=판매자」…다단계판매의 천국

백만장자 20% 배출 "곧 유통의 50%이상 차지할 것"

김정수 〈한국MLM연구소 소장〉

미국에는 현재 50만명의 백만장자가 있다. 이들 가운데 20%가 지난 6년동안 다단계판매방식(MLM)으로 재산을 형성한 것으로 최근 민간통계자료에서 나타났다.

지난 6년동안(86~91년) 탄생한 미국의 백만장자 가운데 부동산 관계자가 18%, 주식종사자가 10%, 다단계판매 종사자는 무려 20%인 10만명으로 가장 많아 관심이 집중되고 있는 것이다.

45개국에서 중요사업으로 자리매김

미국의 힘이 다단계판매방식에 있다고 해도 과언이 아닐 정도인 셈이 됐다. 미국을 宗主國으로 하는 이같은 다단계판매방식은 워싱턴에 위치한 직접판매협회(DSA) 자료에 따르면 현재 전세계 43개국에서 다단계판매가 중요한 사업으로 자리잡았음을 보여주고 있다.

현재 전세계의 디스트리뷰터(다단계판매원)수는 1천9백90여만명에 이르고 매출액은 약7백20억달러에 이른다.

물론 매출액만 봐서는 일본(약3백억달러)이 미국(약 1백79억달러)보다 다단계판매사업이 더 앞선 것으로 나타나지만 이 사업에 관여하는 디스트리뷰터 수를 보면 총 7백20여만명으로 일본(2백만명)을 크게 앞질러 세계 1위를 달리고 있다.

미국서 다단계판매방식을 처음 채택한 회사는 1940년대 초의 캘리포니아 비타민社였다. 당시 이 회사는 직접판매와 함께 각기 다른 단계의 수당지급방식을 채택하게 된다. 이른바 다단계방식인 셈이다.

그런데 미국인들은 피라미드방식을 얘기할 때면 의례 「폰지 시스템」이나 「폰지 사기」라는 표현을 흔히 쓴다. 이는 1919년 미국 보스턴에서 폰지라는 사람에 의해 소개된 수법인데 피라미드 사기방식이라 볼 수 있고 그후의 다단계 판매의 원조가 된 것이다.

폰지는 세계 21개국에서 통용되는 구매 쿠폰사업을 벌이는 것처럼 위장해 투자자들을 모은 후 처음 투자한 사람들에게는 나중에 끌어들인 사람들의 돈으로 약속한 이윤을 배당해주는 방법 등으로 6개월만에 1천만달러라는 그 당시로는 천문학적인 돈을 끌어 모으게 된다.

암웨이로 인해 재번창 계기

그 뒤 1940년대에 캘리포니아 비타민社는 「뉴트라이트」로 회사명을 바꾸게 되는데 이 회사 유력한 판매원의 위치에 있던 리치 디보스와 제이반 앤델이 1959년 독립하여 공동으로 세운 회사가 바로 현재 세계 최대의 다단계판매회사인 암웨이다. 암웨이는 70년대 후반 운영난에 처한 뉴트라이트도 인수했다.

변호사·회계사들까지 참여

이같이 성장하던 다단계마케팅은 미국에서 70년대 중반의 피라미드 스캔들에 휘말려 일대 타격을 입게 되지만 암웨이의 신념에 찬 투쟁으로 이 마케팅은 재도약의 계기를 맞게 된다. 미국에는 현재 약 6천여개의 회사가 다단계마케팅을 채택하고 있는 것으로 추정되며 앞서 본 것처럼 7백20만명 이상의 사람들이 이 사업에 종사하고 있을 정도로 번창하고 있다.

대부분의 전문가들은 유통업의 궁극적인 방식은 소비자와 생산자를 직접 연결시키는 직접판매가 될 거라는 전망을 하고 있다. 다단계판매방식은 소비자들에게 단순한 소비자로서 끝나지 말고 판매자, 즉 사업자가 되어 주변사람들에게 그 제품을 권해 달라는 것이다.

이 마케팅은 회사에 등록한 디스트리뷰터(갑)가 일반유통단계를 거치지 않고 회사로부터 제품을 구매, 사용해 보고 품질이 마음에 들면 이웃에게 권하고 이 물건을 사용해 본 소비자가 다시 디스트리뷰터(을)가 되어 다른 소비자에게 자기의 제품을 권하는 회원제 무점포 판매방식을 말한다. 이 과정을 통해 (갑)은 자기가 후원한 하위 판매자(을)의 판매액에 대한 「후원 수당」이란 수수료를 받는다. 이렇게 본다면 이것은 직접판매방식의 한 형태라고 볼 수 있다.

또 소비자 입장에선 디스트리뷰터가 직접 유통을 담당하므로 중간마진이 생략돼 제품의 가격이 비교적 싸다는 이점이 있다. 이 마케팅은 소비자가 디스트리뷰터가 되고 또한 디스트리뷰터의 가입이 순차적이며 단계적으로 확산되면서 「소비자=판매자」인 수 많은 사람들이 동참하게 되어 있다.

과거에는 주부들이나 블루칼라, 저임금 노동자들이 대부분이었던 다단계판매사업이 오늘날에 와서는 기업의 사장들이나 주식브로커, 변호사, 유명 회계사들까지도 끌어당기는 매력을 지니게 됐다.

한편 미국의 회사들이 다단계마케팅을 채택해 유수한 회사로 성장한 사례는 셀 수 없이 많다. 미국의『포천』誌가 선정한 1백대 신장기업 대열에 끼어 있는 다단계업체를 보면 에이본화장품, 샤클리, 암웨이 등과 메리케이화장품 등은 전통을 자랑하는 회사들이며 이웃 말레이시아 시장에서 선두를 달리고 있는 옥시 프레시와 영양제 회사인 릴리브, 특히 아시아권에서 강세를 보이고 있는 뉴스킨 등은 신생회사로서 단연 두각을 나타내고 있다.

일반적으로 다단계판매회사는 화장품이나 영양제 등을 주력제품으로 취급한다고 알려져 있으나 플라스틱제품 회사인 타파웨어, 보험회사인 윌리엄스 등도 이 마케팅을 채택하여 성공을 거두고 있는 회사들이다. 콜게이트 팜올리브와 질레트 등의 대기업과 MCI, 유에스 스프린트 등의 통신회사도 다단계판매방식을 채택하고 있다.

이런 현상들에 대해 『무제한의 부(Unlimited Wealth)』의 저자인 켄 딕트월드는 "오늘날 생산단가는 아주 낮아져 소매상품의 85% 이상이 유통가격에 해당된다. 그러므로 90년대의 가장 큰 기회는 유통가격을 낮추는 자들을 기다린다"고 말하고 있다.

바로 이같은 기대를 다단계마케팅이 충족시켜 준다고 해도 과언이 아니다. 많은 회사들은 아직도 리모컨 때문에 외면당하고 있는 TV광고에 엄청난 돈을 투자하고 있고 상품은 슈퍼마켓의 수 많은 경쟁 진열장에서 좀 더 눈에 띄게 진열하기 위해 더욱 많은 돈을 쓰고 있다는 지적이다. 그러나 다단계판매사업가들은 소비자들에게 바로 직접 물건을 소개한다. 소비자는 흔히 친구, 친척 혹은 소비자의 신용을 얻고 있는 동업자들이다.

"성장가능성 무궁 무진"

미국의 다단계판매관련 회사의 중역들은 "미국의 최단기 성장마케팅 유통방식의 하나가 다단계판매방식"이라며 "성장률은 연간 20~30%인데 광범위한 경제주기의 경기후퇴와 팽창에도 거의 영향을 받지 않아 앞으로 성장가능성이 무궁무진하다"고 입을 모으고 있다.

이를 뒷받침 하듯 미국의 저명한 경제지 월스트리트저널 최근호에는 "90년대 후반에는 미국의 모든 상품과 서비스의 50~60%가 다단계판매방식을 통해 판매될 것이다"라는 전망을 내놓고 있어 주목받고 있다. ◎

【이코노미스트 1996. 10. 1, 8 한가위 합본호】

(2) 일본의 네트워크마케팅

어떤 상품이든 삽시간에 수천, 수만 개를 팔 수 있다는 이 마법의 상술은 일본으로 건너갔다. 일본의 네트워크마케팅은 미국에서 건너온 외국 상술을 자기 나라 토양에 맞는 새로운 방법으로 개량해서 일본식 수익구조를 만들었다는 특징이 있다. 미국을 대표하는 네트워크마케팅 기업이 암웨이사라면, 일본을 대표하는 회사는 재팬라이프사라 할 수 있다.

경제적으로 안정되고 생활수준이 향상됨에 따라 많은 사람들이 건강하고 행복하게 살아가는 것에 눈을 돌리기 시작했을 때 일본 건강증진회와 재팬라이프사는 1975년 비슷한 시기에 성인병 예방 효과가 있다는 자석 건강 침구를 판매하여 경이적인 판매 실적을 이루었다. 특히 재팬라이프사는 1978년부터 급성장을 했는데, 1978년부터 불과 5년 사이에 3백배라는 놀랄만한 매출 신장을 이룩했다. 그러나 후에 재팬라이프사는 피라미드식 사기판매와 비밀 정치자금 제공 등으로 사회적 물의를 빚기도 했다.

이와 같이 일본에서도 미국과 마찬가지로 피라미드에 의한 부작용이 문제화되어 1979년에 「방문판매등에 관한 법률」과 「무한연쇄판매방지에 관한 법률」을 제정, 멀티상법과 피라미드식 사기판매를 강력하게 규제하기에 이르렀다. 이러한 과정을 통해 지금은 안정기를 거쳐 호황을 누리고 있다. 일본 내에는 무수한 네트워크마케팅 회사가 있으며, 취급하는 품목수도 천차만별이다.

1997년 현재 약 250만명 정도가 네트워크마케팅 사업에 종사하고 있고, 연간 매출액은 미국의 약 1.5배 정도를 올리고 있는 것으로 추산된다. 일본 통상성의 1997년도 상업통계 속보에 따르면 소매의 10.5%가 방문판매이다. 이 수치는 소매업의 연간판매액 비중을 의미하는데 '점포판매'가 79.7%, '방문판매'는 10.5%를 차지한 것으로 나타났다. 한편, 최근 유력 문예지 《文藝春秋》 1998년 6월호에 '일본암웨이, 마음을 조종하는 상법의 악몽'이란 제목으로 체험자의 비판적 시각을 게재하는 등 네트워크마케팅에 관한 부정적 시각이 여전히 존재하고 있는 것도 사실이다.

다단계 판매 암웨이社 日서 열풍

곳곳에 物流창고網
人間 매개 판매技法
복잡한 日시장 평정

"제조업체가 사실상 지배하고 있는 복잡하기만한 유통망을 봤을 때 오히려 기뻤습니다."

일본 암웨이사의 리처드 존슨 사장이 포브스지 최근호 인터뷰에서 성공배경으로 밝힌 말이다.

'복잡한 유통망'이 우리 기업들에는 일본시장에서 부진한 이유에 대한 '변명'으로 사용되지만 암웨이에는 오히려 기회였다.

현재 일본 암웨이에 가입된 방문판매요원등 개인사업자들은 약 1백만명. 올 8월까지 총 19억달러의 매출(전년대비 증가율 19%)을 올려 암웨이 세계전체 매출의 약 3분의 1을 차지하면서 코카콜라에 이어 일본시장에서 가장 성공한 두번째 기업으로 꼽히고 있다.

암웨이는 정수기·비누·화장품·영양제등으로 대변되는 판매품목에 앞으로는 가전제품까지 포함할 계획이다.

기존 피라미드 판매가 상품가치의 3~4배에 달하는 엄청난 가격을 책정한 뒤 차액을 피라미드 조직끼리 나눠먹는, 즉 '상품을 매개로 한 인간판매'였다면 암웨이의 경우는 '인간을 매개로 한 상품판매'가 영업전략이다.

그리고 이러한 유통방식은 결국 복잡한 소매점·대리점·협회등이 얽히고 설킨 일본 유통망을 강타했다.

여기에는 초기의 부진에도 불구하고 일본 곳곳에 물류창고건설등 유통망 개선에 집중적인 투자를 해온 암웨이 미국 본사의 판단도 한몫을 했다. 20명으로 구성된 상품개발팀이 미국 미시간 본사에 있는 기술팀의 지원을 받아가며 암웨이제품을 일본인의 기호에 맞게 변형시킨 것도 적중했다. 1천 3백30달러짜리 정수기의 경우 좁은 일본 부엌에 맞게 크기를 축소하고 자외선 램프와 필터를 보강시킨 덕분에 1년동안 2억 5천만달러어치나 팔렸다. 건강식품으로 마늘에 대한 관심은 높은 반면 그 냄새는 질색하는 일본인의 취향을 겨냥, 미국내에서 팔리는 마늘캡슐에다 감초성분을 추가하면서 엄청난 인기를 끌게 됐다. 하지만 일본 소비자들은 고민중이다. 암웨이가 일으킨 유통혁명의 긍정성은 인정하지만 상품전체의 65%를 미국에서 들여오고 주식의 83%를 미국에서 쥐고 있는 부분들이 일본소비자들의 보수성을 자극하고 있는 것이다. 〈이효준 기자〉

미국 미시간에 있는 암웨이 본사. '인간을 매개로 한 상품판매' 기법인 다단계 판매로 일본을 비롯한 세계 여러 곳에서 성공을 거두고 있다. 오른쪽은 일본암웨이 리처드 존슨 사장.

【중앙일보 1996. 12. 6】

(3) 한국의 네트워크마케팅

우리나라에 네트워크마케팅 방식이 도입된 시기는 1980년대 초반, 외국 여행객들에 의해 네트워크마케팅과 유사한 형태의 판매 방식이 국내에 소개되면서부터라고 할 수 있다. 당시 에스프리, 스마일 등 초창기 다단계식 유통업체들이 등장하여 상당한 규모에까지 성장하였는데, 이 시기는 암웨이, 폴라, 샤클리 등의 세계적 네트워크마케팅 회사들이 일본 시장에 진출하던 시기를 전후한 것이다.*

공식적으로는 79년 당시 미국에서 건너왔지만 우리나라 실정에 맞지 않아 실패한 후 자취를 감추었다가, 1983년 세계적인 화장품 회사인 일본 폴라사와 합작한 한국 폴라가 본격적으로 네트워크마케팅 방식을 도입한 이후 수많은 회사들이 우후죽순처럼 생겨났다. 그러나, 일부를 제외하고는 일본과 마찬가지로 초기의 피라미드적 요소로 인해 사회적 물의를 빚어 매스컴의 호된 질타와 여론의 비난 속에 대다수가 도산하거나, 방식을 바꿔 영업하고 있는 실정이다.

90년대 초반에 이르러 암웨이, 썬라이더 등 건전한 외국계 네트워크마케팅 기업들이 국내에 들어왔지만, 이미 피라미드 기업들이 판치는 국내 시장에 건전한 네트워크마케팅이 뿌리를 내리기는 어려웠다. 피라미드식 판매에 의한 사회적 물의는 더욱 극심해져서 사실상 도박행위처럼 되었으며, 심지어는 사람이 자살하기까지 하였고, 이에 따른 언론·방송의 무차별 공격성 보도로 인하여 다단계판매에 대한 대중의 인식은 최악에 이르렀다. 결국 1993년 7월경에는 한국 암웨이, 선라이더, 재팬라이프 등 다단계판매 회사의 외국계 간부들이 모두 전격 구속되는 사태에까지 이르게 되었다.

이로써 한국에서는 다단계판매가 전면 금지되는 듯 보였다. 그러나 다단계판매의 잠재적 장점과 가능성까지도 도외시되어서는 안된다는 의견과 최근 세계화의 조류를 타고 전세계가 하나의 시장으로 되어가고 있는 사회적 현실 속에서 미국, 일본 등 선진국에서 인정되고 있는 다단계판매를 무조건 규제

---

* 김준녕, '다단계 시장개방의 의의와 국내시장 현황 및 전망' 『다이렉트 셀링』 1995. 11

하는 것은 현실적으로 이치에 맞지 않는다는 여론이 대두되었다.

이로 인해 1994년 5월경, 당시 상공자원부(현 통상산업부)는 건전한 다단계판매의 허용을 골자로 하는 '방문판매 등에 관한 법률' 개정안을 전격 발표하게 되었다. 정부의 이러한 발표는 당시 다단계판매에 대한 부정적인 고정 관념에 사로잡혀 있던 사회에 피라미드의 폐해 못지않는 커다란 충격을 안겨 주었다.

다단계판매의 본질을 이해하지 못하는 사회 각계에서는 거센 반발 의사를 표명했고, 신문지상에서도 찬반양론에 대한 논쟁이 줄을 이었다. 그러나 통상산업부는 소신을 가지고 동 개정안을 9월 정기국회에 상정하였고, 12월말 국회 본회의를 통과, 95년 7월 6일 본격적으로 효력을 발생하였다. 이로써 한국에도 다단계판매의 본격적인 시장이 형성되게 된 것이다.

95년 7월 방문판매법이 개정되고 다단계판매에 대한 전면 허용이 이루어진 이후 많은 업체들이 다단계판매시장에 뛰어들어 등록업체수는 98년 11월말 현재 16개 외국업체를 포함해 모두 233개 업체(서울 194호, 부산 14호, 대구 9호, 대전 4호, 광주 1호, 경기 9호, 경남 1호, 경북 1호)로 증가했으나, 이 가운데 45.9%인 107개 업체가 휴·폐업중인 것으로 나타났으며, 실질적으로 영업을 한 업체는 98년 6월 현재 76개사였다.

사회 전반적인 구조조정의 여파 속에서도 매월 2~3개 업체가 신규 설립되고 있지만 휴·폐업되고 있는 업체는 7~8개에 달해, 그동안 다단계판매업계에 일었던 과열 거품이 제거됨으로써 내실있는 업체들이 재도약을 위해 영업 기반을 다지고 있는 것으로 보인다.

통상산업부에 따르면 95년 1,611억원이었던 다단계판매시장 연간 총 매출액이 96년에는 뉴스킨·렉솔 등 외국계 대형 다단계 업체들의 본격적인 진출이 시작되고, 후반에는 LG·진로·웅진·풀무원 등 대기업의 진출로 다단계판매시장이 급속히 팽창되어 연간 총 매출액이 7,695억원에 이르렀다. 연말의 재조정기를 거쳐 97년 1월 870억원에서 시작한 업계 월매출은 3월에 1,000억원을 돌파하여, 다단계판매업계의 장밋빛 미래에 대해 의심을 품는 사람은 없었다.

그런데 97년 3월 동유럽 알바니아에서 세계를 떠들썩하게 했던 금융피라미드 사기 사건이 터졌고, 마케도니아에서도 피라미드식 사기 저축회사의 파산으로 수많은 사람이 거액의 재산을 날리는 사건이 발생할 즈음, 한국소비자보호원에서 다단계판매회사인 한국암웨이의 주방용세제의 세척성능과 환경오염지수가 광고사실과 다르다는 발표를 함으로써, 한국암웨이와 한국비누세제협동조합 사이에 공방전이 격렬하게 불붙었다. 그로 인해 업계 선두를 달리던 한국암웨이의 매출은 큰 타격을 받고 곤두박질치기 시작하였고, 경제불황에 따른 대기업의 연이은 부도사태로 다단계판매시장의 매출은 그 끝을 모르고 떨어졌다. 재도약을 위해 전열을 가다듬던 업체들은 연말 몰아닥친 단군이래 최대의 '환란(換亂)'인 IMF의 된서리에 여지없이 무너지고 말았다. 하지만 이런 우여곡절을 거쳤음에도 97년 업계 총매출은 9,195억원으로 전년 대비 19.5%가 증가했다.

98년에 접어들면서 반등하리라던 기대는 여지없이 무너지고, 연초부터 IMF로 급증하고 있는 실업자와 명퇴자들을 상대로 사기행각을 벌이고 있는 피라미드 조직에 대한 검찰과 경찰의 대대적인 단속이 이어져, 업계 매출 1위인 SMK의 대표를 비롯하여 98년 2월 한달동안 107명이 구속되는 과정에서 다단계판매업계는 활동이 크게 위축되었다. 이 과정에서 건실한 국내 다단계판매업체로 꾸준한 성장세를 기록하며 업계 10위권을 차지하던 NHB가 부도를 당하고, 외국계 회사인 니켄코리아·엔리치코리아·GNLD인터내셔날·캐어코리아는 우리나라 시장환경 악화와 매출 부진으로 폐업을 선언하고 한국에서 철수하였다. 다단계판매업체로 이 땅에 뿌리를 깊게 박는다는 것이 얼마나 어려운지를 실감케 하는 일련의 사건들이었다.

97~98년 다단계판매업계 매출 순위에 오른 상위 50개사를 분석해보면 다음과 같은 점을 발견할 수 있다.

첫째, 상위 5위권 이내 최선두를 달리는 업체들의 매출액은 시장 환경과 소비자의 인식, 그리고 사회 여건의 변화에 따라 큰 폭으로 달라졌지만, 10

위 이내의 비교적 건실한 업체들은 큰 기복없이 꾸준히 매출 순위를 지켰다.

둘째, 상위 50개 회사의 매출이 국내 다단계판매시장의 97%을 차지하고 있으며, 기타 120여개사의 비중은 3%에도 채 미치지 못한다. 또한 활동업체의 월평균매출도 96년에는 8억2025만원, 97년에는 7억4983만원, 98년 전반기에는 4억3250만원으로 대폭 감소하였다. 업계 전반에 걸친 심각한 불황의 여파라 하더라도, 업계의 영세성은 극복해야 할 과제 중의 하나다.

셋째, 상위 50위 회사중 외국계회사는 11개, 국내회사는 39개로서, 97년에는 39개 국내회사의 매출이 51.1%, 11개 외국계회사의 매출이 48.9%로 한국 다단계판매 역사상 외국계회사보다 많은 매출을 달성한 최초의 해다.

넷째, 새로 설립된 회사는 대부분 6개월 이내에 50위권에 진입하지만 그 성장세를 이어가지 못하고 해마다 퇴출을 거듭하는 양상을 보이고 있다. 이는 의욕적으로 사업을 시작하는 신규 업체들이 시장분석 능력이나 경영 경험, 제품의 수준 등에서 충분한 준비를 갖추지 못하고 있기 때문인 것으로 보인다. 우리나라 다단계판매시장에서 1년 이상 50위권을 유지할 수 있는 확률은 66%, 2년 이상 유지할 수 있는 확률은 38%로, 회사를 건실하고 순탄하게 유지하는 것이 만만한 일이 아님을 알 수 있다.

> **참고** ① **네트워크마케팅의 다른 이름**

  네트워크마케팅을 일컫는 용어들은 너무 많아서 혼란스러울 정도이다. 하지만 이렇게 많은 용어들은 각기 나름대로의 시각과 존재 이유를 가지고 있기 때문에, 현존하는 용어들을 정리해 보는 것은 네트워크마케팅의 기본 개념을 이해하는 데 많은 도움이 될 것이다.

① 다단계판매(多段階販賣) : 국내「방문판매 등에 관한 법률」에서 사용하고 있는 용어로, 국내에서는 가장 기준적이고 일반적인 용어라고 할 수 있다. 점두판매, 방문판매 등에 대응하는「판매」의 개념으로서, 생산자에서 소비자에게로 상품이 유상이동하는 상행위의 측면을 중심으로 해서 일컫는 용어이다.

② 다단계마케팅(Multi Level Marketing : MLM) : 다단계식 판매방법을 단순한 판매(sales)의 수준에서 탈피하여 보다 조직화되고 체계화된 '마케팅적 측면'을 강조하여 부르는 말로, 미국에서 조성되어 일본을 거쳐 국내에 들어온 용어이다. 다단계마케팅은 기존의 방문판매의 개념에 기업적인 마케팅 측면이 가미된 것으로, '다단계판매'라는 용어보다는 적당한 용어로 생각된다.

③ 멀티상법(Multi商法) : 일본에서 다단계식 판매를 일컫는 용어이다. 일본에서도 다단계판매는 악덕 다단계판매와 건전한 측면의 기업을 구분하고 있는데, 이 용어는 허용 가능한 비교적 건전한 다단계마케팅 기업을 일컫는 말로 사용되고 있다.

④ 조직판매(組織販賣) : 네트워크마케팅은 근본적으로 사람과 사람이 엮여 꽉 짜여진 조직을 통해 판매가 이루어지는 시스템이다. 이러한 측면을 중심으로 해서 일컫는 것이 바로 '조직판매'라고 할 수 있는데, 조직이라는 단어는 일사분란한 단체행동이 강요 또는 구속을 암시하는 듯해서, 개인의 자유와 존엄성을 최우선으로 하는 네트워크마케팅의 기본 정신과는 거리감이 있다.

⑤ 커뮤니케이션 비즈니스(Communication Business) : 일본에서 기존의 'MLM'이나 '멀티상법' 등의 용어들이 심하게 오염되어, 건전한 네트워크마케팅 이미지 조성의 일환으로 만들어졌는데, '입에서 입을 통해 전파되는' 네트워크마케팅의 한 속성을 중심으로 일컫는 용어이다.

⑥ 퍼스널마케팅(Personal Marketing) : '개인적인' 혹은 '사람에 의한' 이라는 뜻의 'Personal' 이라는 단어와 'Marketing' 이라는 단어의 결합어로서, '사람 개개인이 실행하는 마케팅 시스템' 을 의미하며, 종래의 기업 중심 마케팅과 대응되는 '개인 중심 마케팅' 의 새로운 개념이다. 국내에서 기존의 다단계판매, MLM 등의 용어들이 심하게 오염되어 피라미드 판매라는 개념과 동일시되고 있기 때문에, 이 용어들과 차별하여 좀 더 건전한 네트워크마케팅 시스템을 일컫고자 하는 필요성에 의해 김준녕(한국 전략마케팅 연구소장)씨에 의해 만들어진 용어이다.*

② '다단계' 판매라는 명칭의 모순

'NETWORK' 은 '거미줄' 혹은 '그물' 이라는 뜻의 'NET' 와 '일하다' 의 뜻인 'WORK' 을 결합한 것으로 '망상조직', '방송망' 혹은 '연락망' 의 뜻을 가지고 있으며, 네트워크마케팅(NETWORK MARKETING)은 '수많은 사람들이 그물처럼 연결되어 만들어진 조직에 의한 판매활동' 즉 '조직판매' 를 뜻하며, 다단계판매의 어원인 MLM(Multi Level Marketing)과도 비슷한 뜻으로 볼 수 있다.

다단계판매의 원어인 멀티레벨 마케팅(Multi-Level Marketing: MLM)의 멀티는 '많다(多數)' 의 뜻이며, 레벨은 '수평(의), 동등한' 을 뜻한다. 따라서, MLM 을 우리말로 풀어보면「많은 분야의 사람들이 함께 모여 동등한 입장 또는 수평선상에서 서로 도와가며 판매활동을 하는 사업」이라고 할 수 있다. 즉, 네트워크마케팅은 보스 개념이 전혀 없는 독립 자영사업가들의 집합체이기 때문에 상하의 의미가 뚜렷한 다단계의 뜻과는 반대가 된다. 그러나, 다단계판매라고 하는 우리말 명칭에서 '다단계' 란 위아래의 높낮이가 뚜렷한 것이 특징으로 되어 있는 '계단' 들의 집합체를 의미하므로 사실상 원래의 뜻과는 정면으로 배치된다.

또한, 다단계판매라는 명칭이 뜻하는 대로라면 상품이 본사에서 디스트리뷰터에게 전달되는 과정에서 많은 단계들을 거쳐야 하며 공급 가격도 단계를 내려올수록 높아질 수밖에 없는데, 이것은 다름아닌 전형적인 피라미드판매이다. 그러나, 네트워크마케팅에 참여하는 각 디스트리뷰터는 단계를 거치지 않고 본사로부터

---

* 김준녕, 『다단계 마케팅』 21세기북스, 1997

상품을 직접 전달받으며, 같은 상품에 관한 한 모든 디스트리뷰터들에게 공급되는 도매가격은 동일하다. 건전한 MLM의 실체를 잘 모르는 사람들은 '다단계' 라는 말을 들으면 곧 반 윤리적이고 불법적인 피라미드 판매를 연상시켜 주기 때문에 네트워크마케팅 또는 MLM을 '다단계판매' 라고 부르는 것은 결코 바람직하지 못하다.*

그런데, 우리 나라「방문판매 등에 관한 법률」에서 '방문판매'·'통신판매' 와 함께 '다단계판매' 를 공식 명칭으로 쓰고 있다. 언어는 사회적 약속이기 때문에 비록 오해의 여지가 있는 용어라 할지라도, 법으로 정확한 의미를 정의했고 사회적으로 널리 쓰이고 있는 만큼 그대로 쓰는 것도 큰 문제는 없다고 본다. 따라서, 본서에서는 본래의 의미에 충실한 '네트워크마케팅' 이라는 용어를 쓰는 것을 원칙으로 하되, 서술 및 이해의 편의를 위해 '다단계판매' 라는 용어도 가끔 쓸 것이니 독자 제위께서는 같은 의미로 이해하시기 바란다.

---

* 신동욱,「네트웍마케팅」, 현대 미디어, 1996

인터뷰 찰스킹 美 일리노이 주립대 교수

다단계판매는 유용한 판매방식

『네트워크 마케팅은 최근 들어 첨단제품과 서비스상품까지 가능, 전문화가 가속되고 있습니다』

최근 내한한 찰스 킹 美일리노이주립대 시카고분교 교수는 유통혁명 시대를 맞고 있는 요즘 미국과 한국은 물론 전세계적으로 네트워크 마케팅 바람이 갈수록 확산될 것이라고 밝혔다.

그는 『과거에도 그랬고 현재도 마케팅에 있어 가장 강력한 홍보수단은 사람의 입을 통한 전달』이라며 『다단계판매로 불리는 네트워크 마케팅이 한국에서도 빠른 속도로 자리잡을 것』이라고 전망했다.

킹교수는 『일부 피라미드식 판매업체의 부작용으로 인한 부정적 이미지로 고전했음에도 불구하고 한국의 네트워크 마케팅시장이 지난해 4천억원 이상의 규모로 성장한 것이 이를 잘 뒷받침하고 있다』고 말했다.

지난 30년대 미국에서 등장한 것으로 네트워크 마케팅은 이러한 점에서 매우 유망한 판매방식이라고 그는 말했다.

킹교수는 『한국의 경우 다단계 판매방식에 의한 시장이 빠른 속도로 성장하고 있지만 관련업계는 이러한 판매방식을 일반 소비자가 긍정적으로 인식하게 하는데 더욱 노력을 경주해야 할 것』고 강조했다.

그는 『네트워크 마케팅은 개개인이 학력 연령 성별에 구애받지 않고 자신의 사업을 운영할 수 있는 좋은 기회를 제공한다』며 『판매자들이 성취도와 한계를 자신이 직접 정할수 있는 장점을 지닌 만큼 업계에서도 자신감을 가지고 판매자들과 소비자들에 대한 교육에 힘쓸 쏟아야 할 것』이라고 덧붙였다.

〖매일경제신문 1996. 11. 7〗

아! 그렇군

정재승 박사·예일대 연구원

▨세상은 얼마나 좁은가!

나는 한때 영화배우 안성기씨와 같은 동네 비디오대여점을 이용했고 안성기씨는 배우 심은하씨와 '미술관 옆 동물원'을 함께 찍었다. 따라서 나는 두 다리만 건너면 심은하씨와 아는 사이다. 우리 실험실의 박사과정 학생인 데이빗은 레오나르드 디카프리오와 함께 '로미오와 줄리엣'에 출연했던 클레어 데인즈와 친구다. 내가 만약 데이빗을 조른다면, 데인즈를 통해 디카프리오의 사인을 수 있고, 북극의 에스키모에게 뉴질랜드의 마오리족 친구가 있어야 한다. 그러나 현실적으로는 내가 살고 있는 도시만 벗어나도 아는 사람의 수는 급격히 줄어든다. 인간 관계를 주변 사람들로만 국한한다면, 서울 한복판에 살고있는 사람이 줄리아 로버츠의 사인을 건네 받기 위해서는 1000만명의 손을 거쳐야만 한다는 계산이 나온다.

실제로 우리는 이런 극단적인 두 상황의 중간 어디쯤 놓여 있다.
1998년 미국 코넬대학교 응용 물리

'네 다리' 건너면 모두 아는 사이

건네받을 수도 있다. '여섯 다리만 건너면 세상 사람들은 모두 아는 사이'라는 서양 속담이 실감나는 대목이다.

한 계산에 따르면, 우리는 일생동안 대략 3000명의 사람을 소개받고 150명과 친구로 지낸다고 한다. 한 사람이 대략 알고 지내는 사람을 300명이라고 가정해도 한 다리 건너 아는 사람은 그 제곱인 9만 명. 4단계 건너 아는 사람은 무려 81억명. 지구 위에 사는 60억 인구가 4단계면 모두 아는 사이라는 얘기다.

물론 이 계산법에는 사람들이 거리의 제한없이 인간관계를 맺고 있다는 가정이 숨어 있다. 이 가정대로라면, 아프리카의 추장이 알고 있는 300명 중에는 샤론 스톤이 끼어 있을

학과 박사과정 던컨 와츠와 그의 지도 교수 스티브 스트로가츠는 실제 인간 관계에 대한 컴퓨터 시뮬레이션 결과를 '네이처'에 발표해 화제가 됐다. 그들의 논문에 따르면, 잘 짜인 네트워크 연결에서 몇 가닥만이라도 엉뚱하게 가지가 뻗으면 '다른 사람에게 도달하는데 필요한 단계'가 급속도로 줄어든다고 한다. 먼 동네 사람을 몇 명만 알고 있어도, 이 거대한 사회가 몇 단계만에 누구에게든 도달할 수 있는 '작은 세상'으로 변하는 것이다.

이제 누군가 당신에게 찾아와 『내가 청와대에 아는 사람이 있는데…』해도 넘어가지 마시라. 당신도 알고보면 그 사람만큼 청와대와 가깝다.

jsjeong@boreas.med.yale.edu

【동아일보 2000. 6. 10】

제 2 장 네트워크마케팅의 개념 및 특징

[네트워크마케팅 개념도]

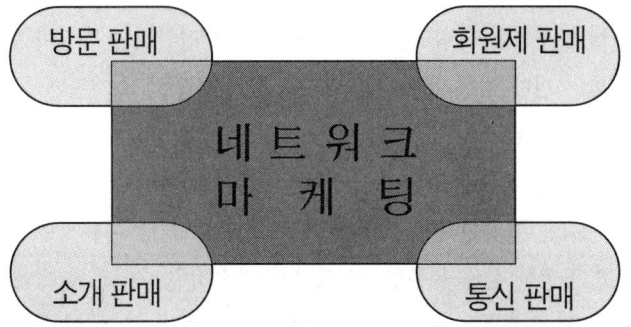

네트워크마케팅은 방문판매·소개판매·회원제 판매·통신판매 등이 결합되고, 여기에 인적 후원마진 제도를 도입하여 마케팅의 궁극적 목표인 무한연쇄 소개판매를 추구하는 직접판매방식(Direct Marketing)의 한 부류로, 사회적으로 사행심 조장과 소비자 피해를 유발해 내는 피라미드 (Pyramid) 기업들과는 구분되는 정상적인 상행위의 한 방법론으로 평가받고 있다.

❶ 디스트리뷰터는 단순한 영업사원이 아니라, 자기 사업을 영위하는 자영사업가의 개념이 된다.
❷ 가가호호 방문이 아니라 자신이 아는 사람들에 대한 판매로 끝나며, 무한정 신규 고객을 개척할 필요가 없다. 지인(知人)판매, 연고판매를 지향하기에 가장 호소력 있는 방문판매 기법이다.
❸ 상품을 판매하는 것은 물론 '판매원을 모집' 하는 역할을 한다. ― 현대의 모든 소비자는 부수입을 필요로 한다는 점에 착안하여 소비자를 자사의 판매원으로 만듦으로써 소비자의 욕구를 충족시켜 주고 자사의 상품도 판매한다.
❹ 출퇴근하는 사무실이 정해져 있지 않고, 어떤 조직에도 속하지 않은 '프리랜서' 적인 성격을 지닌다.
❺ 상품과 함께 회사가 전하는 '이념' 이나 '삶의 방식' 을 전달하는 데 힘쓴다.

1. 네트워크마케팅의 개념

네트워크마케팅의 핵심 개념을 정리해 보면,

『네트워크마케팅이란, [1)]네트워크마케팅 회사가 제공하는 상품을, [2)]사용해 본 소비자가 그 상품의 우수성에 탄복하여, [3)]스스로의 의사로 그 회사의 디스트리뷰터(distributor:상품의 분배자, 판매자)로 등록하여, [4)]상품의 애용자가 됨과 동시에, [5)]판매원이 되어 주위 사람들에게 권하여 상품을 나누어 쓰게 되고, [6)]이렇게 형성된 소비자가 다시 판매원으로 전환되는 과정이 반복됨으로써, [7)]상품의 판매 범위가 점차로 넓어지는 '무한연쇄 소개판매'를 추구하는, [8)]직접판매(Direct Marketing)이론을 기반으로 한 방문판매·통신판매·회원제 판매·소개판매·무점포 판매·개인형 프랜차이즈방식 등의 유통기법을 적절히 결합시킨 고차원적인 신 유통기법이며, [9)]마케팅 이론적으로는 가장 이상적이고 공정한 상품 유통방식으로서, [10)]부수적인 수입과 함께 인간적인 교류를 얻는 전혀 새로운 방법의 비즈니스 시스템』이라 할 수 있다.

이와 같이 네트워크마케팅이란 본래 매우 합리적인 유통방식으로서 [①]소비자로 하여금 광고나 홍보에 의한 충동구매가 아닌, 가장 공정하면서도 합리적인 의사결정으로 상품을 구매하게끔 하며, [②]중간유통마진이 제외된 싼 가격으로 양질의 상품을 구매할 수 있고, [③]가장 적절한 시기에 가장 편리한 방법으로 상품을 구매할 수 있는, [④] '다이렉트마케팅(Direct Marketing)의 꽃' 이라고 불리우는 직접판매 방식의 한 조류이다.

이런 여러 가지 장점들을 가지고 있어 선진 각국에서는 새롭고 강력한 마케팅 방법의 하나로 주목받으며 서서히 안정되어가고 있다.

이것은 단순한 카달로그 판매나 메일링 판매 등의 우리 주위에서 흔히 볼 수 있는 판매 방식이 아닌, 엄청난 판매망 확장속도를 지닌 자생력있는 판매 방식이라는 점에서 이제까지 볼 수 없었던 독특하고 혁신적인 판매방식이다. 왜냐하면, 물건을 구매하는 사람이 단순한 소비자의 차원을 넘어 판매자가 되고, 그것이 더 나아가 이 조직 내의 사람들에게 많은 돈을 벌게 해주어 부의 축적은 물론 자아실현의 기회를 열어주는 새로운 이점을 제공해 주기 때문이다.

즉, 네트워크마케팅 플랜은 회사측면에서 보면 하나의 마케팅 전략이지만 디스트리뷰터의 입장에서 보면 사업(비즈니스)으로서의 성격을 강하게 지니고 있다.

새로운 소매업태로 부각되고 있는 창고형 할인매장이나 24시간 편의점에서는 아무리 많은 상품을 구매하고 또 주위 사람들에게 널리 알린다고 해도 결국 언제까지나 소비자일 뿐이지 그 상품이 판매됨으로 인한 수익이나 기타 혜택에 대해서는 소비자 자신이 아니라 낯 모르는 그 누군가의 것일 뿐이다. 하지만, 네트워크마케팅 시스템 내에서 소비자는 회원제 판매와 마찬가지로 할인된 가격으로 상품을 구매하고, 더욱이 그 상품을 남에게 권해서 판매함으로 수익을 얻을 수 있는 반면, 타인을 자신의 휘하 판매원으로 양성해서 빠른 속도로 전파되는 조직 구성을 통해 많은 상품 판매 수익을 얻게 될 수도 있다.

결국 네트워크마케팅은 상품의 유통에 필요한 비용 모두를 소비자에게 환원하는 셈이며, 다른 어떤 유통구조도 이 이상의 소비자 환원시스템을 갖고 있지 않다. 단순히 직거래를 통한 유통마진을 소비자에게 환원한다는 것에 머물고 있지 않고, 소비자를 중심으로 조직화되고 판매가 이루어지는 한 단계 진보한 '소비자 중심'의 판매 시스템이다. 이러한 이유 때문에 네트워크마케팅을 채택한 세계의 여러 기업들이 강한 경쟁력을 지니고 지속적으로 성장을 계속하고 있는 것이며, 학계에서도 진지하게 연구되고 있다.

참고 네트워크마케팅과 일반 방문판매의 차이점

　방문판매의 목적은 오직 상품의 판매에만 한정되어 있지만, 네트워크마케팅은 상품 판매와 동시에 동료 판매원을 만들어 나간다는 데에 더욱 큰 중점을 두고 있다는 것이 가장 큰 차이점이다. 즉, 이전의 세일즈 방식이 판매자가 일단 집안에 들어오게 되면 마지막까지 무엇이든 팔고 가려고 안간힘을 쓰는 반면 소비자는 이 영업사원을 어떻게 돌려보낼까를 걱정했던 방식이라면, 네트워크마케팅은 판매원과 소비자가 서로 동료가 되어 그 사이에서 신뢰와 믿음의 관계가 싹트는 방식인 것이다.

　상품을 써 본 고객이 진정으로 그 상품이 좋은 물건이라고 믿고 있다면, 주위의 사람들에게 권유하기 마련이고, 주위에 권유한다는 것은 결국 그 상품의 훌륭함을 인정해 주는 동료를 늘려가는 결과를 가져오게 되는 것이다. 일반 방문판매의 경우에도 상품을 써 본 고객이 좋은 상품이라고 인정하여 그 주위의 사람들에게 소개를 하면 소정의 사례비를 받는 경우가 있기도 하지만, 대부분은 어떠한 보상을 받지 못하기 때문에 강력하게 권유하지 않는다.

　그러나 네트워크마케팅에서는 본인이 소개한 사람뿐만이 아니라 그 사람이 소개한 사람, 또 그 사람이 소개한 사람이 산 물건에 대한 리베이트를 준다. 회사에 따라서는 자기로부터 7단계 또는 무한대의 사람이 산 물건에 대해서까지 리베이트를 주기 때문에, 진실로 탁월한 품질과 저렴한 가격을 갖춘 상품은 엄청난 파워와 속도로 시장을 형성해 갈 수밖에 없다.

　특히, 소비자를 판매원으로 변신시키는 활동을 각각의 개인에게만 맡겨두지 않고, 그것을 위해 극히 유효한 교육 시스템이 존재하여 소비자를 판매원으로 전환시키는 작업이 그룹차원에서 조직적으로 이루어지기 때문에 다소 능력이 부족한 사람도 큰 성공을 거둘 수 있는 것이 네트워크마케팅의 매력이라고 할 수 있다.

일반유통	
제조원가	25%
광고비	15%
도매	25%
소매	35%

소비자환원

네트워크마케팅	
제조원가	25%
R&D, D/C	15%
소비자	60%

※ R&D : 연구 개발비
　 D/C : 할인 판매액

〔유통시장의 변화〕

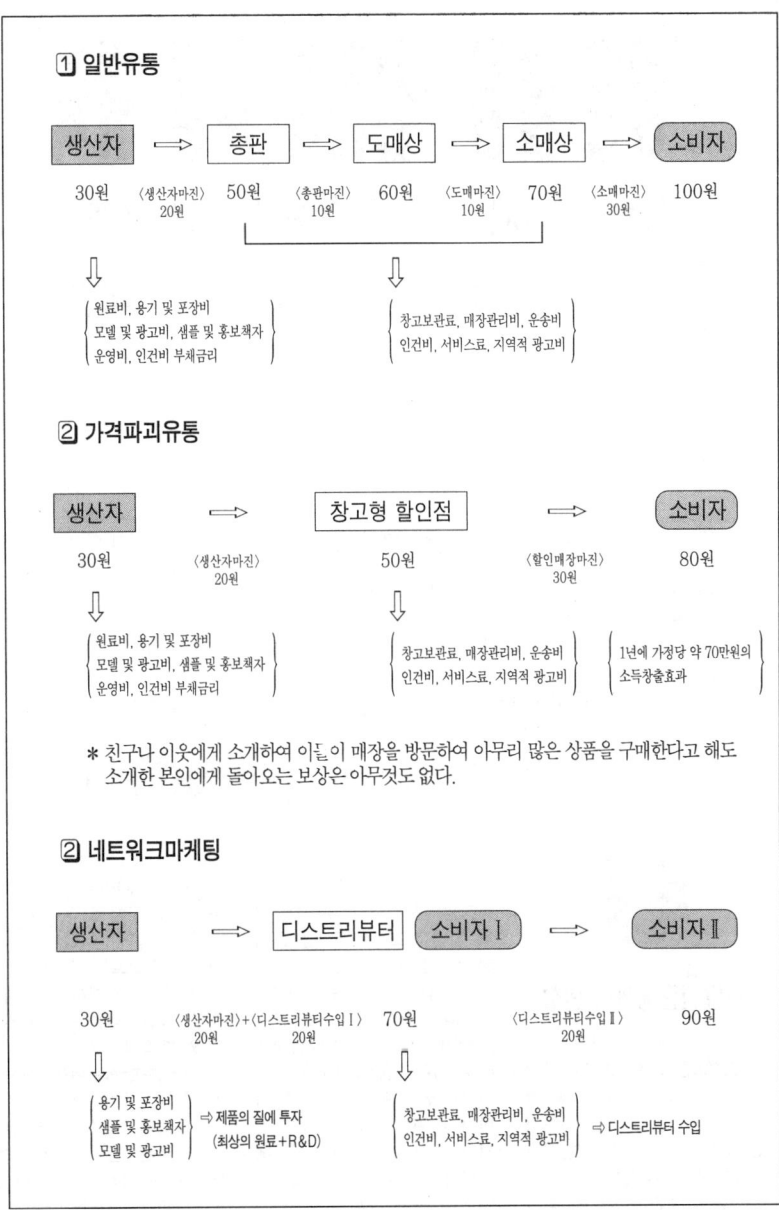

직접판매·다단계판매 이렇게 다르다

"'방판' 급증… 전문점 시장 위축"

모순점 내재… "일정수준 성장엔 한계"

'직접판매, 다단계판매, 통신판매, 편의점, 양판점, 창고형 할인매장…' 우루과이 라운드(UR)의 조류를 타고 전세계가 하나의 시장으로 바뀌어 가면서 국내에서도 과거에는 보지도 듣지도 못했던 새로운 기법의 유통형태들이 하루가 다르게 속속 출현하고 있다. 이같은 새로운 유통형태들은 한결같이 유통마진을 줄여 소비자가 한푼이라도 싸게 상품을 구입할 수 있도록 한다는 점을 장점으로 내세우고 있으나 상대적으로 기존의 유통조직에 대해서는 막대한 피해를 가져다 주고 있다.

전문점시장을 급속히 잠식해 들어가고 있는 신방판과 다단계, 다단계와 피라미드 등 방문판매의 종류별 특징과 차이점, 그리고 실태를 알아본다.

다단계 판매

판매원 이익 보장

다단계판매가 전통적인 방문판매와 다른 점은 무엇보다도 방문판매가 안고 있는 무한 고객 개척의 어려움을 보완한 것이라는 점이다.

방문판매의 가장 근본적인 한계는 판매원들이 지속적으로 원의 판매성과에 따라 판매수당만을 지급하는 데 비해 직판은 판매수당외에 하위 판매원 모집에 대한 후원수당을 지속적으로 지급함으로써 판매원 모집의 한계점과 신규 고객개척의 어려움을 극복하고 있다.

또 판매원의 안정적인 수입 보장을 위해 일정액의 기본급을 상시적으로 지급하는가 하면 소속감과 사명감을 고취시키기 위해 직급제도를 도입, 승진의 기회를 주기도 한다.

다만 직판이 다단계판매와 다른 점은 다단계판매의 경우 판매수당과 판매원 모집에 대한 후원수당이 여러 단계에 걸쳐 연계돼 지급되는 데 비해 직판은 이들 수당을 1단계까지만 허용된다는 점이다.

직접판매 전통방판에 다단계 장점 가미

'후원수당' 제도 보완… 안정적 이익 다단계판매

직접 판매

수당 1단계까지 인정

'신방판'으로 불리는 직접판매(DIRECT SALE)는 과거 회사-대리점-방판원으로 연계된 유통라인을 가진 전통적인 방문판매를 다소 변형시킨 판매형태를 일컫는다.

기존의 방판은 오로지 방판

새로운 고객을 개척해 내야 한다는 데 있다. 물론 한번 상품을 구매한 사람을 지속적으로 관리해 재구매 고객으로 만들어간다는 측면이 있기는 하지만 근본적으로 방문판매는 판매원 자신이 판매한 것에 대한 수당 이외는 다른 수입의 원천이 없는 것이다.

반면 다단계판매는 직접판매 이외에 다른 사람을 후원해 판매하도록 독려함으로써 얻어지는 '후원수당' 또는 '교육수당'이라는 것이 있어 일단 안정된 세일즈 그룹을 만들어 놓

방문판매와 다단계판매의 조직운영 형태 비교

구분		방문판매의 특성	다단계판매의 특성
	방문판매법	제2조 3호	제2조 11호, 16조, 17조, 28조, 30조
조직 운영 형태	내용	2조3호: "방문판매조직이란 방문판매업자와 방문판매원으로 구성된 판매조직을 말한다." - 방문판매조직은 방문판매업자와 그에 고용된 직원 및 방문판매원으로 구성된 것을 알 수 있다. - 방문판매업자에게 고용된 직원은 사무직원과 판매관리자로 구분할 수 있다. - 이들은 모두 정규적인 업무를 가지며, 가시적인 업무활동을 하고 있다. - 또한 회사의 강력한 통제를 받아 출근, 정규업무 등의 의무를 지고 있다. - 회사가 정한 지역에 가서 회사가 정한 방법에 따라 근무하여야 하며, 그 결과 일정한 급여(사무직은 정액의 급여, 판매관리자는 실적에 따른 인센티브)를 받게 된다. - 물론 판매원 중에서 선발되어 판매관리자로 성장하는 자도 있으나, 판매원 출신이라는 점이 절대적 필수요건은 아니다. - 또한 회사의 명령에 따라 자기가 관리하던 조직과 분리되어 다른 지역에서 별도의 조직을 만들어 동일한 관리업무를 할 수 있다. - 방문판매조직에서 판매관리자는 인원이 한정되어 있으며, 회사의 임명에 의하여 관리기능을 가지게 된다. - 그리고 판매관리자가 관리하는 방문판매원은 판매관리자가 증원한 계보만 있는 것이 아니라 타계보 출신의 방문판매원도 존재한다. - 판매관리자는 이들 전부의 판매활동을 관리, 지도하고 그들의 총 실적에 의한 일정액을 성과급으로 받는다. - 그러므로 이때 판매관리자가 받는 '관리수당'은 계약에 의한 성과급으로 보아야 한다. - 판매업자가 소유하거나 부담하는 비용으로 일정장소를 임차하여 이곳에 판매원을 출근시켜 판매교육을 시키고 있음.	2조11호: "다단계판매조직이란 다단계 판매업자와 순차적, 단계적으로 가입한 다단계 판매원으로 구성된 판매조직을 말한다." 16조: "법에 의한 제한을 받는 자(한청치산자, 실형을 받은자등)는 다단계 판매업자가 될 수 없다." 17조: "다단계 판매원은 다단계 판매조직에 등록하고, 등록증, 수첩을 교부받아야 한다" 28조: "다단계 판매원은 소매이익 외에 하위 판매원에 대한 후원수당을 법이 정하는 범위 내에서 받을 수 있다" 30조: "다단계 판매조직 및 다단계 판매원의 지위는 양도, 양수할 수 없다" - 다단계 판매원은 항상 상위 판매원과 하위 판매원으로 분리되어 있다. - 그리고 상위 판매원은 하위 판매원이 몇명이든지 간에 하위판매원에 대해 후원(관리, 지도등) 하여야 한다. - 즉, 상위판매원은 하위판매원을 단 1명이라도 가입시키면 회사의 임명에 의하지 않아도 자동적으로 상위판매원이 된다. - 또한 상위판매원은 직원과 같이 회사에 출근, 관할지역, 담당업무, 보고의무등 제반 관리활동에 대해 준수해야 하는 의무가 없으며, 하위판매원에 대한 지도, 후원도 비가시적이다. - 그리고 상위판매원이 얻는 소득도 주수입을 하위판매원으로부터 올라오는 후원 수당들로부터 얻지만 자신의 판매에 의한 소매이익을 받드시 포함하고 있다. - 즉, 다단계판매의 상위판매원은 다단계판매원중 먼저 시작한 사람이 끝까지 기득권을 유지하면서 하위판매원에 대한 실질적인 관리·후원을 하지 않고도 후원수당의 명목으로 높은 소득을 올리게 된다. - 상위판매원은 자기 바로 아래 단계원을 교육, 관리하므로 일정한 공간과 장소가 필요없이 다방등에서 후원활동을 함.

기만 하면 장기간에 걸쳐 안정된 수입이 보장된다는 점이 있다.

요약하면 다단계판매는 방문판매가 가진 '수입의 불안정성' 및 '수입규모의 한계성'이라는 두가지 제한점을 '후원수당'이라는 제도로 보완한 것이라고 할 수 있다.

사회적 피해 커

피라미드판매는 기본적으로 다단계판매와 유사하나 취급상품의 질이나 판매원의 모집방법, 판매방식, 환불처리 등 몇가지 면에서만 차이가 있을 뿐 수당의 지급방법은 같다.

다단계판매가 피라미드 판매와 구분되는 것은 '상품의 우수성을 인정한다'는 부분과 '스스로의 의사로 주위 사람들에게 상품을 판매한다는 섬', 그리고 '스스로의 의사로 판매원이 된다'는 점에 있다.

만약 이같은 점들이 지켜지지 않으면 그 회사는 여러가지 면에서 편법을 도입하게 되므로 불공정하거나 사회적인 폐해를 미치는 위험한 기업(피라미드 기업)으로 전락할 위험이 있는 것이다.

예컨대 자연적인 소개판매가 아니라 '단기간에 돈을 많이 벌게 해준다는 유혹을 앞세워 그 시스템 회사가 가입하는 조건으로 상품을 판매한다'거나, 스스로의 의사가 아니라 기만·사기·강박·착오의 유발 등의 수법에 의해 판매원을 모집하는 행위중 어느 하나라도 행하는 판매는 피라미드판매라고 단정지을 수 있다.

〈김래수 차장〉

【화장품신문 1996. 10. 28】

2. 네트워크마케팅의 특징

(1) 유통비용을 소비자에게 100% 환원 … 다이렉트마케팅의 꽃

네트워크마케팅은 다이렉트마케팅의 하나로서 생산자와 소비자와의 직거래를 통하여 중간 유통과정을 생략함으로써 유통마진을 소비자에게 되돌려준다는 아주 단순한 원리에 기초해 있다. 즉, 〈생산자 → 총판 → 도매상 → 소매상 → 소비자〉와 같은 일반적인 중간 유통경로를 거치지 않고, 직접 소비자에게 상품을 전달함으로써 유통마진을 절약하여 저렴한 가격으로 소비자에게 전달한다는 취지를 가진 '직접판매(Direct Marketing) 방식'의 하나이다.

(2) 모든 구성원이 본사와 1:1 계약을 맺은 대리점 사장

네트워크마케팅에서 모든 계층은 수직적 관계가 아니라 서로 돕는 수평적인 관계이다. 모두가 똑같은 사장인 동시에 직원의 성격을 갖고 하나의 판매주체를 이루므로 한 사업자는 다시 자신의 밑에 여러 명의 사업자를 거느릴 수 있는 것이다. 즉, 네트워크시스템 내에는 단위조직(사장과 판매원을 합친 마케팅의 주체)이 여러 계층으로 존재하는 셈이다.

네트워크마케팅을 시작하는 사람들은 기존에 형태가 갖추어진 일정한 조직체계 내에 말단사원으로 들어가 일을 해가며 승진하는 것이 아니라, 한 사람 한 사람이 말단이면서도 사장인 상태로 출발한다. 즉, 자신의 판매활동 자체가 곧 자기의 사업이며, 다른 어느 누구의 간섭도 받지 않는다. 때문에 사업을 시작함과 동시에 능력에 따라 얼마든지 많은 휘하 판매원을 거느릴 수도 있는 것이다.

네트워크 비즈니스의 모든 수익은 자신과 하부조직으로부터만 발생한다. 그래서 시스템 속에서 관심을 갖고 중요시하는 조직은 자신보다 상위에 있는 조직이 아니라 하위에 있는 조직일 뿐이다. 그러나 자신의 수익은 상위에 있는 조직원의 수익과 직결되기 때문에, 자신에게 사업을 할 수 있는 기회를 준

상위의 조직원은 자신이 사업을 잘 할 수 있도록 교육과 후원을 해 줄 필요가 있게 되는 것이다.

(3) 기하급수적 무한연쇄의 확장구조

　네트워크마케팅의 기본 속성은 상품을 사용해 본 소비자가 판매원으로 전환되어 여러 명의 새로운 소비자들을 모집하고, 그렇게 모집된 소비자가 다시 판매원으로 전환되어 또 다른 소비자들을 모집하는… 이렇게 무한히 반복되는 시스템구조에 있다. 네트워크마케팅의 기본적인 특징은 바로 이렇게 '입에서 입으로' 전달되며 확산되는 놀라운 확산력에 있다.

　이러한 네트워크마케팅의 확장 구조를 이해하기에 가장 쉬운 사례는 아마 '행운의 편지' 일 것이다. 기하급수적으로 증가하여 순식간에 엄청난 숫자로 성장해 버린다. 예를 들어, 최초의 한 사람이 일곱 통의 편지를 누구에겐가 보냈다고 하고, 이 편지를 받은 일곱 명의 사람들은 각기 다른 일곱 사람에게 편지를 쓰고, 또 편지를 받은 49명이 각각 7통의 편지를 쓰는 식으로 여섯 단계가 지났을 때, 그동안 이 편지를 접하게 된 사람의 수는 〈7+49+343+2401+16807+117,649 = 137,256〉로 불과 여섯 단계만에 한 사람이 13만 명이 넘는 엄청난 숫자로 불어나게 된다. 이처럼 엄청난 속도와 위력을 지닌 확장 구조, 이것이 바로 네트워크마케팅의 근간이 되는 기하급수적 증가원리인 것이다.

　이와 같이, 네트워크마케팅에서는 생산자와 소비자 사이의 신뢰 관계를 형성시킨 상품을 새로운 유통 시스템에 의해서 제공하는 것을 목적으로 하고 있기 때문에, 소비자가 그 상품을 사용하여 사람들에게 권할 수 있을 만큼 '우수함' 을 가지고 있지 않으면 판매 시스템으로 성립되지 않는다.

(4) 레버리지에 의한 높은 보상 시스템

　폴 게티(John Paul Getty)는 "I would rather have one percent of the efforts of a hundred people than a hundred percent of my own efforts.(자신의 노력 100%를 갖는 것보다 다른 사람 100명의 노력 1%를 갖는 것이 낫다)"고 말했다.

한 가지 예로 회사의 비상연락망을 가동한다고 생각해 보기로 하자.

내가 사장이고 19,530명의 직원들에게 직접 일일이 연락하려고 하면 한 사람에게 전화를 해서 내용을 설명하고 통화를 끝내는 데 걸리는 시간을 3분이라고 했을 때, 19,530(명)×3(분) = 58,590(분) = 976(시간) = 약 40(일)

즉, 전 직원에게 혼자서 연락하려면 하루 종일 24시간 내내 쉬지않고 계속해서 40일 동안 전화를 해야 한다. 사람인 이상 24시간 내내 그것도 하루 이틀이라면 몰라도 40일 내내 전화 통화를 한다는 것은 도저히 있을 수 없는 일이다. 그래서 하루 평균 근무시간을 8시간으로 잡고 이 8시간 내내 전화 통화를 한다고 하면 120일 즉 4개월이라는 시간이 소요된다. 그러나, 조직을 활용한다면 본인이 5명에게 15분에 걸쳐 연락하고, 이 5명이 각 5명씩 25명에게 전화하는데 15분, 다시 각 5명씩 125명에게 전달하는데 15분, 다시 각 5명씩 625명에게 전달하는 데 15분, 이런 식으로 6단계를 거치게 되면 최종적으로 19,530명에게 연락하는 시간은 15(분)×6(단계) = 90(분) 즉, 1시간 30분밖에 걸리지 않는 것이다. 혼자서 하면 4개월이라는 시간이 소요되는 일을 단 1시간 30분만에 해낼 수 있는 것이다.

이렇게 조직을 이용하면 혼자서 하는 것의 무려 650배라는 시간적 효과를 볼 수 있는 것이다. 이러한 효율적인 조직을 이용하여 상품의 판매에 적용한다면 실로 엄청난 위력을 발휘할 수 있다. 아무리 능력있는 판매원이라 할지라도 650년 동안 팔 물건을 단 1년만에 팔아 치우지는 못할 것이다. 하지만 네트워크마케팅 시스템에서는 가능한 이야기이며 실제로 우리 가운데 일어나고 있는 현실인 것이다. 이 기하급수적 성장법칙이 액면 그대로는 아닐지라도 상당한 정도 실제로 판매에 적용 가능하다는 것은 이미 네트워크마케팅을 채택한 기업들의 경이적인 성장 형태가 여실히 증명해 보여주고 있다.

다시 말해, 다단계식 확장 구조는 현실적으로 불가능한 판매를 가능하게 만드는 잠재력을 가진 경이적인 법칙이자, 인간 각자가 가진 자그마한 힘을 한 가지 목적으로 서로 합치면 현실적으로 전혀 불가능해 보이는 일도 달성해 낼 수 있는 교훈적인 진리의 표본이라 할 수 있다.

소비자 중에서 1명의 디스트리뷰터를 발굴하여 교육시키는 데는 많은 시간이 소요된다. 반면에 그 시간에 상품의 판매에 시간을 투자하게 되면 당장 눈앞에 보이는 소매판매수입은 늘어날 것이다. 그러나, 네트워크마케팅 시스템에서는 앞서 설명한 바와 같이 단순판매에 의한 수입보다는 시간이 걸리더라도 조직원들을 교육시키고 조직형성이 이루어짐에 따라 점차 매출액은 폭발적으로 늘어날 수밖에 없는 것이다.

판매활동이란 결국 불가능에의 도전이며 시간과의 승부라 할 수 있다. 여기에 불가능을 가능으로 만드는 능력있는 사람들이 들어간다면, 아니 판매시스템 자체가 들어오는 보통사람들을 이런 능력있는 사람들로 둔갑시킬 수 있다면, 그리고 이런 사람들이 한두 명도 아니고 수백, 수천명에 달하게 된다면, 실로 놀라운 일이 아닐 수 없다. 이런 판매조직이 성장하지 않는다면 아마도 그것이 도리어 이상한 일일 것이다.

'다단계'를 알고 싶다

"판매원=사장" 연쇄판매로 고성장

중간유통비·광고비 줄여 이득 남겨
사기성 피라미드와 끝없는 논쟁

다단계 판매란

다단계판매(Multiple Level Marketing)란 상품을 사용해 본 소비자가 그 상품이 좋다고 판단, 자의로 주위 사람에게 소개하고 이 과정에서 판매 수당을 받는 마케팅 기법이다. 한 사람을 소개하면 그 사람이 또 다른 사람을 소개하기 때문에 한 사람을 통해 연쇄적으로 수많은 사람들이 다단계판매 상품을 팔아주게 된다. 물론 상품과 가격이 소비자 마음에 들었을 때만 이런 연쇄적인 판매가 자연스레 이뤄진다. 이런 의미에서 다단계판매는 새로 형성된 소비자가 다시 판매원으로 전환되는 과정이 무한히 반복됨으로써 상품의 판매 범위가 점차로 넓어지는 「무한 연쇄 소개 판매」라고도 불린다.

다단계판매는 또 중간 유통상을 거치지 않고 소비자에게 직접 판매한다는 점에서 직접판매(다이렉트 셀링 : Direct Selling)에 속한다. 직접판매 중에서도 회사나 가정을 직접 방문해 상품을 판매하기 때문에 방문판매와 가장 비슷하다. 그러나 판매에 대한 수당을 어떻게 지급하느냐에 따라 다단계판매와 방문판매는 크게 달라진다. 방문판매는 자신이 직접 판매한 상품에 대해서만 수당을 받고 자신이 회사에 소개한 판매원이 상품을 팔았을 때는 이에 대한 수당을 따로 받지 않는다. 자기만 열심히 팔면 되지 주위 사람이나 자신과 관련된 사람이 잘 팔고 못 팔고는 관계가 없다. 반면 다단계판매는 자신이 회사에 소개한 판매원은 물론 판매원을 통해 연쇄적으로 연결된 사람들이 물건을 팔 때마다 일정 정도의 보상금을 받을 수 있다.

직접유통…매장·상품진열 필요 없어

다단계판매회사의 회원들에게 지급되는 보상금은 중간 유통망을 절약해 생긴 유통비용과 광고를 줄여 생긴 광고비에서 나온다. 일반 소매제품의 경우 제조업자→도매업자→소매업자→소비자 등과 같은 여러 단계의 유통망을 거친다. 다단계판매는 회사에서 판매원에게 상품을 파는 한단계 유통망이거나 판매원이 다시 다른 사람에게 물건을 파는 두 단계 유통망이 대부분이다. 중간 유통망을 몇 단계씩 거치면서 마진을 떼내지 않아도 될 뿐만 아니라 상품 매장이나 진열대를 마련하지 않아도 되기 때문에 유통비용을 대폭 절감할 수 있다. 또 주로 회원을 중심으로 한 소개판매이므로 신문이나 TV에 광고를 할 필요도 없다.

일반 기업의 영업 조직과 다단계판매의 영업 조직을 비교해 보면 차이가 더 분명해 진다. 일반 기업의 영업 조직은 사장이 한 사람이고 나머지 계층은 모두 직원이다. 부장이건 과장이건 말단 직원이건 관계 없이 사장을 주축으로 이뤄지는 마케팅 조직의 일원일 뿐이다. 회사의 직원은 각각이 하나의 마케팅 주체라기보다 하나의 마케팅 주체를 구성하는 구성원의 하나이다. 다단계판매의 영업조직에서는 모든 구성원이 판매원인 동시에 사장이다. 한 사람 한 사람이 모두 똑같은 사장이 돼서 자신의 밑에 여러 명의 사업자를 거느릴 수 있다. 한 사람의 사업자가 다른 사업자에게 물건을 판매하면서 서로 연결돼 있는 형태다.

그러나 한 단계에서 다른 단계로 넘어갈 때 각 단계마다 무한히 마진을 받을 수 있는 것은 아니다. 암웨이나 뉴스킨코리아 앨트웰 NHB인터내셔날 등 매출액 순으로 10위 안에 들고 업계에서 건전하다고 어느 정도 인정을 받는 회사의 경우 조직망과 매출액이 일정 이상이 되면 그 라인에서 한 그룹을 분리, 독립시키도록 유도한다. 밑으로 무한히 내려가는 것이 아니라 서로 동등한 그룹을 여러 개 만들어 회사에 늦게 들어온 판매원도 자신의 상위 판매원보다 돈을 더 많이 벌 수 있는 기회를 주기 위해서다. 물론 한 라인에서 분리된 그룹이 많을수록 새로운 그룹 탄생에 공이 큰 판매원의 수당을 올려준다. 이 수당도 무한히 많아지는 것이 아니라 몇 개의 등급이 정해져 있다.

각 회사마다 수당을 주는 방식이 제각각이므로 어떤 식으로 다단계 마케팅 활동을 펼쳤을 때 얼마만큼의 돈을 버는지는 회사에 따라 다르다. 다만 법적으로 판매원이 얻을 수 있는 보상금은 최종 소비자가의 25%, 판매원 가격의 35%를 넘지 못한다. 이 한도 내에서 각 회사는 자기 나름의 마케팅 계획을 세우고 수당 체계를 확립하는 것이다.

다단계판매 제품에는 보통 두 가지 가격이 있는데 회사가 판매원에게 판매하는 할인가와 최종 소비자에게 판매하는 권장 소비자가다. 판매원들은 제품을 회사로부터 할인가에 구입, 다른 소비자에게 판매한다. 이 때 할인가로 판매해도 되고 일반 소비자가로 판매해도 된다. 단지 권장 소비자가로 판매하면 판매원이 할인가와 권장소비자가의 차액을 이익으로 더 얻을 수 있다.

판매원에게 보상금으로 지급할 수 있는 금액을 최종 소비자가의 25%라고 정해 놓은 국가는 세계적으로 우리나라밖에 없다. 통상산업부 산업정책국 유통산업과 한상록 사무관은 『다단계판매가 정착되기 위해서는 몇십년 이상의 축적된 노하우가 필요한데 우리나라 다단계의 역사는 실질적으로 2년 반이 좀 넘었을 뿐』이라며 『불법 사기성 다단계를 원천적으로 막기 위해 수당 한도를 정했다』고 설명한다.

물품 판매·판매원 모집
…강요하면 불법

실제로 다단계판매는 수당 체계가 복잡한 데다 고도로 발전된 신 마케팅 기법이기 때문에 제대로 이해하기가 어렵다. 결과적으로 피라미드 판매로 자주 오인받으며 매도당해 온 것도 사실이다. 미국에서도 다단계 판매는 「불법의 여지가 많다」는 논쟁에 오랫동안 휘말려 왔다. 다단계판매의 역사가 2년 반 남짓한 우리나라의 경우 대부분의 일반인들이 다단계와 피라미드를 같은 유형의 사기 판매로 생각하고 있는 것도 무리는 아니다. 그러나 다단계와 피라미드를 구분하는 방법은 의외로 간단하다. 물품 판매와 판매원 모집을 강요하는가, 돈을 많이 벌 수 있다고 유혹하는가 하는 두 가지만 살펴보면 다른 복잡한 규정과 체계를 살표보지 않아도 그 회사에 사기성이 있는지 없는지는 금방 판별할 수 있다.

불법 다단계판매 판별하는 법

1. 시장성이 없는 상품을 판매한다.
2. 가격이 턱없이 비싸다.
3. 회사 제품을 강제적으로 구매하게 한다.
4. 재고 부담을 판매원이 안아야 한다.
5. 과도한 현금 투자가 필요하다.
6. 제품을 구입할 때 함께 사는 부속품이 너무 많다.
7. 판매원들에 의한 구매 없이는 더이상의 판매가 이뤄지지 않는다. 회사 제품의 거의 1백%를 돈을 벌려는 판매원들이 구입한다.
8. 판매원 활동을 그만둘 때 팔지 못한 재고품을 스스로 떠안아야 한다.
9. 제품과 가격이 마음에 들어서라기보다 수당을 받기 위해 물건을 구입하고 다른 사람에게 물건을 구매하라고 강요하는 경우가 많다.
10. 다른 회사의 뛰어난 판매원을 스카웃했을 때 수당을 지불한다.
11. 매출에 대한 수당이 최종소비자가격에 기초하지 않고 책정됐다.
12. 상품 판매보다 회원 모집에 더 중점을 둔다.
13. 판촉을 위한 성의있는 노력보다 우연히 복권에 당첨돼 상금을 타는 것 같은 「일확천금」을 강조한다.
14. 설명회 때 소득이 많다고 과장되게 설명한다.

【한경 Business 1998. 3. 10】

제3장 왜 네트워크마케팅이 21세기 첨단 유통전략인가?

1. 생산자의 욕구 충족

　네트워크마케팅은 의심할 여지없이 대부분의 기업들이 제품과 서비스를 유통시키는 가장 빠르고, 가장 수월하고, 가장 효율적인 방법이다. 이것은 상품을 이동시키는 측면에서 가장 비용이 적게 들고 믿을 만한 방법이며, 거대 기업들이 미국 전역에서 활용하고 있는 방법이다.

(1) 고품질, 저가격을 실현할 수 있다
　네트워크마케팅 회사는 일체 광고를 하지 않기 때문에 비싼 모델을 쓸 필요가 없고, 포장이나 판촉자료를 만드는 데 드는 비용을 절감할 수 있으며, 매장판매를 하지 않고, 도매점·소매점 등과 같은 전국적·세계적 조직망을 관리할 필요가 없으므로 많은 경비를 절감할 수 있다. 때문에 제품의 질에 비해 상상외로 저렴한 가격으로 본사에서 소비자에게 직접 판매가 이루어짐과 동시에 디스트리뷰터들에게 많은 수입을 되돌려 줄 수 있는 것이다. 이와 같이 네트워크마케팅 회사는 제품의 '우수한 질'과 '낮은 가격'을 무기로 삼아 전세계 유통시장을 공략하고 있다.
　반면에, 품질이 좋지 않은 상품을 가진 기업은 절대로 성장할 수 없도록 만드는, 어떤 면에서는 잔혹하리만치 냉철한 한계성을 지닌 마케팅 방법이 바로 네트워크마케팅인 것이다. 때문에 자본력이 풍부한 대기업이라 할지라도 섣불리 손대기 어려운 부분들이 존재하는 지극히 까다로운 마케팅 방법 중의 하나이다.

(2) 목표 고객을 명확히 설정할 수 있다

네트워크마케팅의 특징은 미사일 발사형이라고 불리우듯 자사가 가지고 있는 독자 능력에 비추어서 목표고객을 명확히 설정할 수 있고, 이러한 목표고객을 향해서 능동적이고 효과적인 마케팅을 전개하여, 반응(response)의 적중률을 높이고자 하는 데 전략적인 목적이 있다.

중요한 점은 얼마나 자기 고유의 목표고객층을 구체적이고 독특하게 설정하는가와 그렇게 설정된 목표고객층의 잠재수요력을 얼마나 정확하게 파악할 수 있는가이다. 네트워크마케팅은 다음과 같은 편의성을 제공하기 때문에 점점 비중이 높아지고 있다.

① 상권이라고 하는 지리적 공간의 제약을 받지 않고, 통신수단을 통해 목표 고객에게 접근할 수 있다.
② 고객에 대한 직접적인 정보전달과 고객정보처리시스템의 기능이 중시된다.
③ 소비자에게 상품의 구매의사 결정을 하기까지의 상품탐색비용, 즉 구매시간·관련비용이나 교통비 등이 필요없게 해 준다.
④ 사람이나 미디어를 통해서 점포에서는 찾기 어려운, 품질이나 양에 비해 값이 저렴한 상품정보, 얻기 힘든 상품정보 등을 집에 앉은 채로 입수할 수 있다.
⑤ 수신자부담 전화 제도 등을 이용하면 상품주문비용이 필요없게 되고 나아가 상품주문시간도 자유롭게 선택할 수 있게 된다.
⑥ 구매상품이 가정까지 배달된다.
⑦ 국제화 정보화의 물결로 인해 홈쇼핑을 위한 상품정보의 이용범위는 국내뿐만아니라 해외까지도 확대된다.

(3) 신상품 출시와 관련된 비용이 거의 들지 않는다

신상품 개발은 놀랄 정도로 비용이 많이 들며, 이러한 제품을 시장에 내보내는 것도 마찬가지로 비용이 많이 든다. 대기업은 수백억원을 들여서 신상품을 시장에 출시하고, 같은 정도의 돈을 광고 예산에 편성하고 있다. 그런데 네트워크마케팅은 유통망이 이미 갖춰져 있고, 소비자의 수용 여부가 훨씬 더 예측 가능하므로, 신상품 출시와 관련된 비용을 거의 들이지 않고 시험해 볼 수 있기 때문에 대부분의 전통적인 마케팅 프로그램보다도 상품 소개에 있어서 위험성이 훨씬 낮다.

(4) 기술 위주의 중소기업의 활로가 될 수 있다

네트워크마케팅은 '자본경쟁'이 아니라 '품질경쟁'을 지향하고 있어, 상품력은 있으나 마케팅이나 유통력이 없는 중소기업들도 대기업과 경쟁할 수 있다. 기술력 하나로 우수한 품질의 제품을 만들고도 광고비나 판매망이 없어 유통업체의 '횡포'에 시달리는 영세업체들이 직접 소비자에게 품질로 호소할 수 있는 길을 열어놓고 있기 때문이다.

네트워크마케팅은 오늘날 많은 기업들의 사업 형태를 빠르게 변화시키고 있다. 예를 들어, AT&T는 두 라이벌 회사인 MCI와 Sprint에게 장거리 시장 지분을 25% 이상 잃었는데, 이 두 회사 모두 고객을 끌어들이는 방법으로 네트워크마케팅을 이용하고 있다.

다단계시장 '원포원' 브랜드 급신장

한국암웨이 '원포원' 성공 정착

한국암웨이(대표 데이빗 어써리)가 현지화 전략의 일환으로 시작한 '원포원' 프로젝트가 오는 4월 1일 3주년을 맞이한다.

원포원 프로그램은 한국 암웨이가 국내 중소 기업 및 대기업과 제휴해 국내 기업이 생산하는 우량제품을 'One-for-One'이란 브랜드로 암웨이 판매망을 통해 판매하는 사업. 대기업은 물론 유통채널이 확충되지 않은 중소 기업에 암웨이 마케팅 시스템과 네트워크를 활용한 판로 확대의 기회를 제공하는 윈윈 전략의 일환이다.

사업 첫해인 97·98회계년도에 총 89개 제품으로 시작된 원포원 프로 그램 매출은 약 80억원에 달했다.

이듬해인 98·99년에는 16개 신제품이 추가돼 280억원 상당의 매출을 올렸고 99·2000 회계년도에 들어서는 500억원 매출을 기록했다. 그 결과 한국암웨이는 외국 업체 가운데 현지화에 힘쓰는 선두 기업으로 자리매김했다는게 자체평가다.

한국암웨이 관계자는 "이 원포원 상품은 유통망이 취약한 중소기업에게 판로확대를, 암웨이에게는 현지시장 토착화의 기회를 제공하는 윈윈 전략에서 도입된 것"이라고 설명했다.

2001년 2월 현재 원포원 제품은 한국암웨이 총 매출액의 20%를 차지하고 있으며 35개 업체와 제휴해 140개 제품을 판매하고 있다. 〈박인상 기자〉

【매일경제신문 2001. 3. 8】

매일경제 2001년 8월 22일 수요일 벤처/중소기업

연필·면도기도 온라인 판매

인터넷 생활화…굴뚝기업, 쇼핑몰 직접 운영

김은표·조소연 기자

그 동안 재래식 유통망에 의존해 온 이른바 '굴뚝' 업체들이 온라인 경영체제를 적극 도입하고 있다.

소비자를 대상으로 한 도자기·문구·소형가전 등 소비재 생산업체들이 인터넷을 이용한 온라인 직접 판매에 나서고 있는 것.

이들 업체는 유명 쇼핑몰에 입점해 제품을 판매하는 방식에서 벗어나 자체적으로 쇼핑몰을 운영하거나 이미 보유하고 있던 오프라인 유통망과 온라인을 결합하는 등 새로운 판매방식을 도입하고 있다.

■소비재 업체 앞장

모나미는 야심차게 준비해 온·오프라인 결합방식의 전자상거래 사이트 '메이(www.maay.co.kr)'를 구축하고 필요한 물품을 주문하면 제휴한 학교 근처 문구점과 서점을 통해 제품을 공급한다.

학생들은 모나미와 제휴한 근처 문구점과 서점 카운터로 찾아가 결제한다.

소매점 역시 재고부담을 안을 필요없이 인터넷에서 수천 가지의 다양한 제품을 선보일 수 있다.

메이 사이트에서는 학생들이 관심을 가질 만한 모든 팬시제품·문구 생활용품·잡화 등도 판매한다.

이를 위해 모나미는 학교 근처 서점과 문구점을 대상으로 메이카운터 200여 곳을 모집했고 앞으로 2000개가 넘는 오프라인 매장과 제휴해 유통망을 활성화한다는 계획을 세웠다.

지난해 11월부터 온라인 판매를 시작한 행남자기는 올해는 전 품목으로 이를 확대하고 있다. 할인율은 일반제품이나 최신제품도 20%에서 35%까지 할인받을 수 있

온라인 판매 추진중인 굴뚝기업

업체명	운영사이트	내용
모 나 미	maay.co.kr	인터넷으로 주문하고 근처 문구점·서점에서 팬시용품·문구·생활용품 수령
유 닉 스 전 자	unix-elec.co.kr	헤어드라이어 고데기 이발기 등 온라인 판매
조 아 스 전 자	joashave.com	전기면도기 등 할인판매, 택배로 배달
행 남 자 기	haengnam.co.kr	도자기 20~35% 할인판매, 5만원 이상 구매시 택배무료
한국특수정밀	sunstar-korea.com	인터넷으로 자수기·재봉기 판매상담 온라인 AS실시
삼 화 페 인 트	spi.co.kr	전문가들과 소비자들에게 품목별로 할인 판매
동 화 기 업	solareshop.com	각종 목재 인테리어 건자재 판매

문구 도자기 가전업체 주도
도료 목재 등 생산재로 확산

는 것이 특징이다.

행남자기 이병건 팀장은 "아직 온라인 판매를 시작한 지 1년이 지나지 않았지만 처음에 비해 접속건수와 매출액이 40% 가량 늘었다"고 설명했다.

헤어드라이어와 전기면도기 등 소형가전을 생산하는 유닉스전자 조아스전자 등도 소비자를 대상으로 한 온라인 쇼핑몰을 강화해 본격적인 운영에 나서고 있다.

지난 99년부터 인터넷을 이용해 판매한 조아스전자는 최근 홈페이지를 아예 회사소개 부문과 쇼핑몰로 이원화해 적극적으로 기업·고객간(B2C) 상거래에 나서고 있다. 지난해에는 월 100만원 정도의 매출이 일어났지만 최근에는 매출이 1000만원 선까지 늘었다. 내년 월평균 매출은 1500만원 선을 예상하고 있다.

■생산재 업체로 확산

최근에는 소비재를 생산하는 업체뿐 아니라 기업간 전자상거래(B2B)에 관심을 갖던 산업재 생산업체까지 이런 움직임이 확산되고 있다.

대표적인 건자재 업체인 삼화페인트도 홈페이지를 통해 직접 재고까지 하고 있다.

이 회사 페인트클럽에 가입하면 전문가는 물론 일반 소비자도 제품을 구입할 수 있다. 역시 오프라인보다 할인 혜택을 주고 있다.

하지만 대표적인 품목은 오프라인 대리점을 고려해 대량판매는 자제하고 있다.

자수기와 재봉기 등을 전문생산하는 한국특수정밀은 이미 탄탄한 국내외 영업망을 바탕으로 온라인 판매와 AS를 결합한 예. 이 회사는 바이어들과 고객들에게 인터넷

을 통해 ID를 부여하고 대부분의 판매와 AS를 온라인으로 해결하고 있다.

목재전문업체인 동화기업은 기업간 거래에까지 활용할 수 있는 솔루션을 도입하고 온라인 판매에 적극적으로 나서고 있다.

관계사인 솔라이비즈(www.solarebiz.com)가 목재제품 전자상거래 솔루션을 국내에서 첫 개발해 본격적인 판매에 돌입한 것.

이 솔루션은 기업에게 고객관계관리(CRM) 기반으로 현황과 분석기능을 제공하고 고객에게는 구매기능을 중심으로 상품정보와 주문 기능을 제공하고 있다.

■왜 온라인 유통 나서나

제조업체들이 온라인 유통에 적극적으로 나서는 이유는 실익과 명분 두 가지 측면이 있다.

조아스전자 이재복 부장은 "물론 전체 매출 중 온라인 판매 비중이 적은 것은 사실이지만 소비자와 직거래가 가능해 오프라인 판매에 비해 30% 가량 이익을 볼 수 있다"며 "소비자들이 회사에 대해 긍정적인 이미지를 갖게 되고 회사 제품에 대한 충성도도 높아지기 때문에 온라인 판매는 중요하다"고 설명했다.

삼화페인트 김경호 실장은 "온라인 판매는 오프라인을 통해서는 찾기 어려운 새로운 유통채널을 확보할 수 있는 계기"라며 "기존 거래처 외에 다른 경쟁사의 대리점이 사이트로 접속해 자신들이 구할 수 없는 품목이나 제품을 요구해 이 거래가 오프라인으로 이어지는 사례도 적지 않다"고 설명했다.

또 B2B가 부진한 만큼 우선 B2C 온라인 판매를 통해 경험을 쌓고 오프라인의 브랜드파워를 온라인으로 이어가려는 의도도 있다.

동화기업 이성진 과장은 "과거에는 특정한 품목을 인터넷에서 구입하는 사람은 종합 쇼핑몰에 접속했지만 이제 대표 브랜드를 가진 기업은 소비자나 대리점이 직접 해당업체 사이트에 들러 물건을 주문하는 시대가 올 것"이라며 "생산재를 만드는 회사들도 고객과의 접점에서 이를 회사경영에 즉각 반영하지 못하면 생존에 어려움을 겪을 것"이라고 설명했다.

【중앙일보 1996. 11. 22】

2. 소비자의 욕구 충족

　소비자들은 네트워크마케팅이 '잘게 썬 빵 이래로 최고의 발명'이라고 생각하고 있다. 이는 소비자들이 고품질의 상품이나 서비스를 전통적인 가격보다 싼 가격에 살 수 있을 뿐만 아니라, 그들이 사업에 동참하여 그들의 다운라인이 구입한 것 때문에 회사로부터 커미션을 받으면 돈을 버는 셈이 되기 때문이다.

　비용 이외에도 그들은 쇼핑하러 차를 타고 가게에 갈 필요조차 없다. 많은 경우 네트워크마케팅에 직접 제품을 주문하거나 서비스를 요청할 수 있고 제품이나 서비스는 직접 집으로 배달된다. 소비자는 손해볼 것 없는 셈이다.

(1) 소비자 니즈의 변화

　소비자 니즈(Needs)의 변화는 소비시장의 성숙화를 초래하였다. 이는 고도성장시대로부터 안정성장시대로의 이행에 따른 불가피한 현상이다. 오늘날 소비자는 '자신이 정말로 원하는 것, 꼭 필요한 것을 산다'는 점에서 다음과 같은 특징을 가지고 있다.

- 고급지향적이다 : 과거에는 제품의 질이 다소 나쁜 것이라 하더라도 값이 싼 것을 선호했다면, 지금은 보다 비싸더라도 좋은 것, 자신의 마음에 드는 것을 선택하려고 한다.
- 편리 · 절약형이다 : 제품을 구입하는 데에 많은 시간, 수고, 비용을 들이는 대신에 자신의 취미나 레저에 관심을 돌리고자 한다.
- 건강 · 자연지향적이다 : 빈곤에서 벗어나기 위해 우선적으로 가치를 두었던 물질적 만족감에서 이제는 정신적 풍요로움을 중시함에 따라 소비자는 자신의 '몸의 건강, 마음의 건강'을 중요하게 생각한다.
- 즐거움을 우선으로 한다 : 하루 일과 중에서 자신만의 생활과 공간을 갖고 싶어한다.

(2) 라이프 스타일의 변화 … 풍요로운 시대의 소비자 행동

　라이프 스타일(Life Style)이란 한마디로 말해 '삶의 방식'이라 할 수 있다. 사람들의 삶의 방식은 언제나 일정한 것이 아니라 시대에 따라, 사회 환경에 따라, 경제적 상황에 따라, 사회적 의식의 변화에 따라 함께 변해간다. 그리고 이렇게 변화된 라이프 스타일에 의해 사람들은 또다시 영향을 받는다. 따라서 소비자의 라이프 스타일의 변화를 파악한다는 것은 곧 현 상태의 소비자 생활 모습이 어떤 것인가를 정확하게 파악하고, 사회적인 흐름을 고려하여 현재의 소비자 의식, 혹은 취향이 어떤 방향으로 변해갈 것인지, 또 언제쯤 변해갈 것인지, 그 속도는 어떠한 것인지 등을 판단하는 것이다. 따라서, 오늘날에는 고객의 라이프 스타일을 무시한 마케팅 전략은 존재할 수가 없다.

　우리나라에서도 선진국형이라고도 할만한 인구 통계적(demographic)인 구조변화가 진행되고 있는데, 이미 현실로 나타나고 있는 특징적인 변화는 다음과 같은 점일 것이다.

　① 인구증가율의 둔화, ② 핵가족 세대의 증가, ③ 일하는 여성의 증가, ④ 맞벌이 세대의 증가, ⑤ 고학력화의 진행, ⑥ 고령자 인구의 증가

　이러한 인구통계학적인 구조변화는 당연히 새로운 유형의 소비자층의 출현과 소비 스타일의 변화를 가져온다. 즉, 직업을 갖고 있는 여성, 독신자, 고학력자, 고령자 등 소비에 영향력을 갖는 새로운 집단이 출현하고 있는 것이다.

　그 중에서도 가처분소득과 자유시간의 면에서 여유가 있는 유형일수록 보다 합리적이고 쾌적한 라이프스타일을 지향하고 있다. 소비라는 측면에 있어서도, 물적 가치뿐만 아니라 정보·서비스 가치를 중시하며, 물건을 소유하는 면에 있어서도 양적인 만족보다는 질적인 만족을 중시한다.

　현대의 소비자는 한정된 시간 속에서 자아실현욕구를 충족시키기 위해서 시간가치(時間價値)를 중시하는 경향을 보이고 있다. 네트워크마케팅이 소비자에게 제공하는 서비스는 단순히 구매시간의 절약뿐만 아니라, 정보제공 서비스도 있고, 생활의 질을 향상시켜 주는 서비스의 제공도 있다.

　또한, 광고의 홍수 속에서 정확한 정보의 선택이 어려워진 상황에서 친밀한 사람의 체험을 통하여 믿을 수 있는 정보를 획득할 수 있다.

매장없는 점포 홈쇼핑 급부상

"목 좋은 곳 장사 잘된다" 옛말
백화점도 신업태 공세로 불안

■ 어디서 무엇을 사나

소비자들은 이제 물건 하나를 사도 쇼핑 장소를 따져가며 결정한다. 이 때문에 판매하는 물건의 종류와 값이 비슷한 업태간에는 소비자를 놓고 천적(天敵)관계가 형성되고 있다.
구멍가게와 편의점은 대표적인 천적 관계다. 구멍가게는 과자류·음료류·담배·우유등 기호품이나 간식류 비중이 높고 편의점은 과자류보다 라면·주류·음료를 찾는 비율이 다소 높을뿐 상당 부분이 겹친다.

< 조사개요 >

▶조사목적: 14개 유통업태에 대한 이용실태조사
▶조사방법: 1대1 직접개별면접
▶표본추출: 서울시민을 구별 인구비에 의해 20세이상 성인 남녀 1천15명을 할당추출
▶조사일시: 11월1~9일
▶표본오차: 95% 신뢰수준에서 ±3.1%

동네 재래시장과 중대형 슈퍼는 야채·생선·부식류·과일·음료수·생활용품등의 품목에서 소비자를 끌어안기 위한 줄다리기를 계속하고 있다.
또 백화점과 남대문·동대문등 대형 재래시장, 그리고 대형 할인매장은 의류와 부식류·생활잡화등 일용품 전반에 걸쳐 치열한 경합관계를 이루고 있다. 차이가 있다면 백화점과 재래시장은 의류쪽, 대형할인매장은 일상생활용품을 찾는 소비자가 각각 더 많다는 정도다.

■ 소비자 만족도및 이용도

소비자 만족도와 이용도는 경쟁력에 직결된다.
경쟁업태별로 볼 때 구멍가게는 만족도가 32.8%로 편의점의 46.0%보다 낮다. 전년대비 이용증감률도 구멍가게는 '늘었다'가 13.1%로 '줄었다'(29.2%)보다 낮았다. 반면 편

소비자 어디서 어떤 물건을 사나 : 유통업체 이용실태 本紙조사

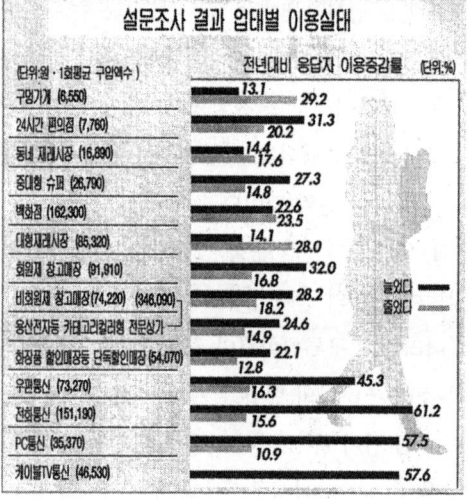

설문조사 결과 업태별 이용실태

의점은 '늘었다'가 27.3%로 '줄었다'(14.8%)보다 높았다. 편의점의 경쟁력이 우위에 있는 것이다.
또다른 천적관계인 재래시장과 중·대형슈퍼마켓은 어떨까. 만족도는 각각 49.1%, 57.4%다. 전년대비 이용률은 재래시장은 '늘었다'보다 '줄었다'가 다소 많은 반면 중·대형슈퍼마켓은 '줄었다'보다 '늘었다'는 쪽이 더 많다. 재래시장의 영역을 중·대형슈퍼마켓이 서서히 잠식해 가는 것을 알 수 있다.
한편 백화점과 대형재래시장은 전년대비 이용률에서 '줄었다'(각각 23.5%, 28.0%)는 답변이 많은 반면 대형할인매장(회원제 창고 32.

0%, 비회원제 창고매장 28.2%)은 늘어나는 대비를 보여주었다. 백화점과 대형재래시장이 '넓은 주차장·저렴한 가격의 일괄구매'로 치고 나온 대형할인매장이라는 복병을 만난 것이다.
흥미로운 것은 대형 할인매장을 비롯해 우편(60.2%), PC(65.6%), 케이블TV(65.6%)등 새로운 유통방식으로 주목받고 있는 신업태의 만족도가 60%를 웃돌 정도로 높다는 점이다.

〈김행 조사전문기자·김규철 컨설턴트〉

【중앙일보 1996. 11. 22】

3. 전통적인 영업방식의 퇴조

전통적인 마케팅에서 네트워크마케팅으로의 패러다임의 변화가 전세계에 걸쳐 갑작스럽게 발생하고 있다. 이것은 일시적인 유행도 아니요, 매디슨 애비뉴에서 만들어낸 또 하나의 몽상적인 마케팅 플랜도 아니다. 이것은 손이 미치는 모든 사람에게 이익을 주는 현실이다.

우리는 평생에 지금까지 일어난 패러다임 변화 중 가장 큰 변화를 목격하고 있다. 기업의 세계에서 경영합리화가 실제로 발생하고 있고, 많은 사람들이 추가의 수입원, 재정적 안정과 자유를 찾고 있는 가운데 패러다임 변화가 실제로 일어나고 있고 그 변화는 네트워크마케팅 쪽으로 흘러가고 있다.

네트워크마케팅은 세계 경제의 모든 분야에 미래의 선택을 대변하고 있다.

(1) 점포형 유통시스템의 퇴조

소득수준이 높아짐에 따라 소비자의 구매심리가 다양화·고급화되고, 자신만의 삶의 질을 추구하는 '개성화'의 시대로 접어들었다. 그래서 잠시동안 물건을 사더라도 기왕이면 좀 더 넓고 깨끗한 곳, 에어콘이 가동되는 시원한 곳을 찾는 경향이 생겼다. 따라서 더욱 더 고급화·대형화된 환경을 고객들에게 제공하지 못하면 그 점포는 고객들로부터 외면당하고 결국 문을 닫게된다. 그런데 극심하게 상승한 부동산 가격에 의한 점포세의 급등과 목이 좋은 장소에는 당연히 지불해야 하는 권리금 등 소비자의 구미에 맞는 점포를 개설하려면 대자본이 투입되어야만 한다. 거기다 날로 높아가는 인건비의 부담으로 인해 매장 판매의 전반적인 수익감소도 필연적이 되었다.

이에 무엇인가 신선하고 경쟁력있는 새로운 유통방법의 필요성이 대두되게 되었다. 많은 회사들이 막대한 고정비를 지출하며 앉아서 손님을 기다리기 보다는 소비자가 있는 곳을 찾아 다니는 방법을 선호하기 시작했다. 즉, 매장의 고정비를 줄임으로써 얻어지는 싼 가격으로 고객을 유혹하는 방법이나, 발로 뛰어 가망고객을 찾아낸 후 집요하게 물고 늘어져 자신들의 상품을 사도록 설득하는 방법을 강구해내야 했다.

(2) 방문판매의 한계

　방문판매에는 다음과 같은 사회적인 변화로 그 한계를 나타내고 있다.

　첫째, 자동차의 증가로 출퇴근 시간뿐만이 아니라 하루종일 극심한 교통체증이 일어나, 예전보다 두세 배의 시간이 걸리기 때문에 자연히 영업사원이 하루에 방문할 수 있는 고객의 수가 급격히 줄어들어 효율이 낮아지게 되었다.

　둘째, 여성의 고용기회 증대로 낮에는 집에 사람이 없다. 그렇다고 직장으로 방문한다는 것은 곤란하다.

　셋째, 헝그리 정신이 없고, 적게 먹고 작게 살자는 생각이 팽배해 있다. '하면 된다'로 무장해야 했던 시기가 고도 성장시대였다면 지금은 저성장 시대인 것이다. 누구를 설득해서 팔아야 하는 때가 아니고, 일상적인 대화 속에서 매출을 올려야 하는 시대인 것이다.

할인점·홈쇼핑·전자상거래에 밀려…
대리점 줄줄이 퇴장

커버 스토리

제조업체의 매출을 일선에서 떠받쳐주는 유통망인 대리점 체제가 크게 흔들리고 있다.

그동안 제조업체와 소비자 사이에서 고유의 상권을 보장받고 상대적으로 '편하게' 장사해온 대리점들이 국제통화기금(IMF)체제 이후 극심한 매출부진을 견디다 못해 몇달새 최고 1백여개씩 문을 닫는 등 급속한 사양길을 걷고 있는 것이다.

특히 유통단계를 과감히 줄인 할인점·TV홈쇼핑·인터넷 전자상거래 등 '신업태'로 고객들이 몰려들고 있어 대리점의 입지는 갈수록 좁아질 전망이다.

이에 따라 제조업체들은 전체 매출의 70~80%를 올려주는 대리점 체제를 유지하기 위해 안간힘을 기울이고 있으며 유통업체들은 제조업체가 주도해온 시장을 뺏기 위해 서비스경쟁에 나서고 있다.

◇대리점 체제 붕괴=LG전자의 대리점은 올초만 해도 1천5백50개에 달했으나 현재 1천4백50여개로 약 1백개나 줄어들었다. LG 관계자는 "매년 30~40개씩 늘어나던 대리점이 IMF 영향을 받으면서 사상 처음으로 감소세를 보이고 있다"고 말했다. 또 삼성전자 대리점(1천4백여개)은 연초보다 50여개, 대우전자(8백68개)는 43개나 줄었다.

생활잡화·식품 분야도 초대형 할인점의 직거래가 활성화하고 가격파괴 공세가 거세지면서 대리점 조직의 경쟁력이 뚝 떨어졌

다. 유통업계 관계자는 "모든 업종에 걸쳐 판매물량이 지난해보다 30% 이상 감소하고 있어 대리점의 부도는 당분간 더 계속될 것"이라고 내다봤다.

특히 가전제품의 경우 내년부터 일본제품에 대한 수입규제가 풀리면 가전대리점 체제를 유지하기가 더 어려워질 것으로 보인다.

◇직판점·양판점·무점포판매 두각=가전업계 관계자는 "월마트·까르푸 등 외국계 대형할인점의 진출로 수십년 전통의 대리점 체제가 존립 자체를 위협받고 있다"며 "메이커가 앞장서 대리점을 해체할 수는 없다 보니 자율조정을 기다리는 입장이지만 나름대로 다각적인 대응책은 강구중"이라고 말했다.

전문가들은 결국 국내 유통망도 미국·일본 등 선진국처럼 여러 회사 제품을 한 장소에서 파는 양판점이나 딜러제·직판점 체제로 재편될 것으로 내다보고 있다. 특히 쇼핑시간을 절약하고 유통단계를 축소한 통신판매·TV홈쇼핑·인터넷 전자상거래 등 다양한 형태의 무점포 판매망이 대리점 기능을 대신해 나갈 전망이다.

대한상공회의소 민중기(閔仲基)유통이사는 "일본의 경우 제조업체가 대리점에서 올리는 매출 비중이 30% 안팎에 불과하다"며 "국내기업들도 대리점 의존도를 대폭 낮춰야 국제경쟁에서 살아남을 수 있다"고 말했다. LG경제연구원의 조성호(曺星鎬)연구위원은 "대리점들이 지역 특성에 맞는 소형 양판점 형태로 변신하는 것도 하나의 방편"이라고 제시했다. ◎ 김시래 기자
<srkim@joongang.co.kr>

가전품·옷·식품·생활잡화등 가격경쟁력 상실
판매 30%감소… 몇달새 100곳 문닫은 업체도

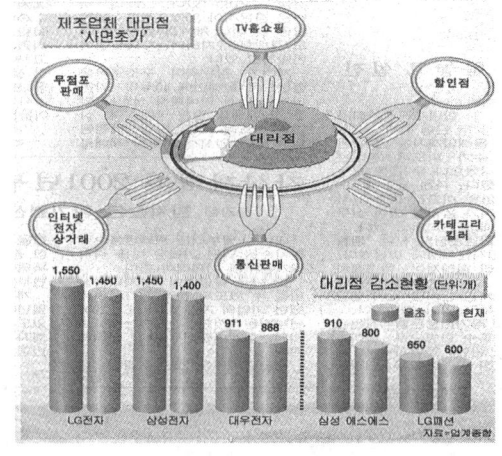

【중앙일보 1998. 10. 23】

4. 유휴인력의 효율적 활용 및 고용창출의 기능

대부분의 정부는 시민들의 생활수준이 향상되기를 바라고 있다. 생활수준을 향상시키고 그토록 필요로 하는 소비자 제품을 도입하고, 자유 기업의 정신을 점화하기 위해서 네트워크마케팅 회사가 자국 내에 번창하도록 하는 것보다 더 나은 방식이 무엇이 있겠는가? 다시 말하거니와, 네트워크마케팅은 손해 볼 일이 없는 사업이다.

(1) 유휴인력의 효율적 활용

네트워크마케팅은 거대자본이나 시설이 없이도 건강한 사람은 누구나 사업에 참여할 수 있으며 최근의 명예퇴직, 조기퇴직 등으로 자리를 잃고 실업에 처한 유휴 전문인력·고급인력 등의 일자리를 제공할 수 있으며 국가적으로도 실업률 저하와 고용창출 효과를 얻을 수 있다.

또한 네트워크마케팅은 소규모 자본과 개인이 갖는 인적관계에 기초한 Network를 이용하여 자기능력에 맞게 사업을 영위할 수 있고, 흩어져 산재해 있는 소규모 자본들을 모아 유통부분에 투입함으로 재화의 장소적·공간적 효용을 늘려, 부가가치를 창출하는 데 이용할 수 있다.

(2) 재취업 또는 창업의 완충역할

네트워크마케팅은 실업자들이 다른 직업을 얻기 전에 옮겨가는 과정에 있는 징검다리로서 실업자 구제 역할을 하고 있다. 실업자들이 취직이나 창업을 하기 전에 네트워크마케팅을 하는 이유는 초기비용이 거의 들지 않기 때문이다. 직장을 가졌거나 사업을 했던 사람이 많은 자금이 투자되는 새로운 일을 하게 되면 80~90%는 실패하는 것으로 나타나 있다. 하지만 네트워크마케팅처럼 투자자금이 들지 않는 직접판매에서 새로운 사회생활에 적응하는 실습기간을 거친다면 그는 새로운 삶의 에너지를 충전할 수 있게 될 것이다.

고학력 下向취업 급증
大卒 31% 단순노무직

男20%·女50%가 월급 80만원도 안돼

기업체들의 구조조정으로 실업자가 늘고 신규 일자리는 큰 폭으로 감소하면서, 대학 졸업자 이상 고학력자들의 '하향(下向) 취업'이 크게 증가하고 있는 것으로 나타났다.

노동부 산하 중앙고용정보관리소는 14일 발표한 '3분기 한국 고용동향'을 통해 이 기간 중 전체 구직자가 일자리 하나를 놓고 1.8명씩 경쟁하는데 비해 대졸 이상 고학력자들의 경쟁률은 이보다 두배가 높은 3.7명에 달했다고 밝혔다.

고용정보관리소는 이 기간 중 취업한 대졸자 1만6175명 중 절반 가까운 7298명과 대학원 졸업자 66명이 고졸 및 전문대졸 가량의 학력을 원했던 직장에 하향 지원해 합격했으며, 특히 31%가량인 5000여명이 건설일용직, 운반직 등 단순 노무직으로 취업했다고 밝혔다.

중앙고용정보관리소 박천수(朴天洙) 연구원은 "고학력자의 기준을 전문대학 졸업자 이상으로 볼 경우 최근 석달 사이에만 8000여명 이상이 학력을 낮춰 취업한 것으로 조사됐다"며 "IMF 이후 감소하던 하향 취업 추세가 재연되고 있다"고 말했다.

이같은 현상이 나타나면서 올 3분기 대졸 취업자 가운데 남성의 19.2%, 여성의 50.5%가 평균 월 임금이 80만원 미만으로, 노동부가 집계한 50대 그룹 평균 신입사원의 연봉 1800만원(월 평균 150만원)보다 훨씬 낮은 저임금을 감수하는 것으로 드러났다.

고학력자들의 하향 취업은 노동부가 지난 12일부터 내년 2월 고교 및 대학졸업 예정자를 대상으로 모집 중인 '정부 인턴사원' 모집에서도 뚜렷이 나타나고 있다.

3개월까지 근무하면서 매달 50만원씩이 지급되는 정부 인턴사원 모집 공고가 나가자 노동부 산하 각 지방노동사무소에는 전화문의가 쇄도하고 있으며, 서울 동부노동사무소 신기창(申基昌) 소장은 "인턴사원뿐 아니라 최근 월 50만~60만원 가량인 구직 세일즈 직원 모집 때도 대졸자가 40% 이상 증가했다"고 말했다.

/文甲植기자 gsmoon@chosun.com
/韓在賢기자 rookies@chosun.com

■ 고학력과 취업알선 실적 (자료:노동부)

학력	구인(명)	구직(명)	취업(명)	경쟁률(%)	취업률(%)
대학원졸	90	1446	156	16.1	10.8
대졸	8877	60919	16175	6.9	26.6
전문대졸	23318	55860	17678	2.4	31.6
전체	32285	118225	34009	3.7	28.8

《매일경제신문 2000. 12. 15》

서울大 인문대 박사 10명중 7명 실업자

작년 학위취득자 분석

'고학력 실업'이 심각한 사회문제로 대두되고 있는 가운데 작년 서울대 박사학위 취득자 중 인문대의 경우 10명 중 7명이 일자리를 얻지 못한 것으로 나타났다.

서울대가 26일 국회 교육위 황우여(黃祐呂·한나라당) 의원에게 국감자료로 제출한 '박사학위 수여자 중 대학별 실업자수'에 따르면 박사학위 취득자는 96년 749명, 98년 822명, 올해 853명으로 계속 증가했으나 취업률은 96년 93%(695명)에서 98년 90%(736명), 올해 85%(724)로 크게 낮아졌다.

특히 인문대의 경우 96년 79명의 박사학위 취득자 중 56명이 취업해 71%였던 취업률이 98년 43%(68명 중 29명), 올해 31%(61명 중 19명)에 그쳤다.

/張一鉉기자 ihjang@chosun.com

《조선일보 2000. 10. 27》

5. 정보통신 사업의 활성화에 의한 환경의 변화

(1) 정보전달 처리기술의 향상

네트워크마케팅의 성립을 촉진시킨 제3의 배경은 파는 측과 사는 측을 연결시켜주는 여러 가지 기술혁신의 진전에서 찾을 수 있는데, 이러한 기술혁신 중 한 가지로서, 커뮤니케이션 기술로서의 정보전달 및 정보처리기술의 현저한 발달을 들 수 있다. 예컨대, 카달로그 제작기술과 영상기술의 발달로 현물 상품의 재현성(再現性)효과가 높아졌고, 일련의 업무 운용처리에 있어서 고도의 컴퓨터시스템을 도입하여 수주처리시스템, 상품관리시스템, 물류관리시스템, 대금결제시스템, 고객관리시스템, 품목별 매출실적관리시스템, 수요예측시스템 뿐만 아니라 네트워크마케팅에서 빠뜨릴 수 없는 고객 데이터베이스의 구축이나 활용이 가능해졌다. 컴퓨터기술을 구사한 고객정보의 장악에 있어서도 최근에는 개인의 프라이버시를 저촉할 정도의 영역에까지 다다르고 있다.

(2) 물류시스템의 혁신

네트워크마케팅의 한 가지 특징은 주문받은 상품을 가정까지 배달하는 데 있다. 상품을 택배하는 수단은 여러 가지가 있지만 물류업자에게 위탁하는 경우가 많다. 따라서, 물류업자와의 제휴활동이 중시되며, 물류업자는 주문 상품을 확실하고도 신속하게 택배할 책임을 진다. 네트워크마케팅의 발달은 이러한 물류업자의 기능혁신을 통해서 더욱 촉진되어 왔다.

수주에서 택배까지의 소요시간이 짧을수록 고객의 만족은 높아지고, 반대로 그 시간이 늘어지면 늘어질수록 고객으로부터의 불만이 늘어나게 되는 것이다. 매출규모가 커질수록 당연히 물류량은 증대한다. 늘어나는 주문상품을 신속히 처리하기 위해서는 입고에서 출고까지 이르는 일련의 업무운용(operation)을 효율적으로 관리할 필요가 있기 때문에, 상위권의 기업일수록 자사의 물류센터에 적극적인 투자를 하는 경우가 많다.

인터넷 쇼핑을 망설이는 진짜 이유는…

네티즌들이 전자상거래를 꺼리고 있는 가장 큰 이유는 눈으로 직접 보고 만져볼 수 없기 때문인 것으로 지적됐다.

지난 9월 한 달 동안 가격비교 사이트 베스트바이어(www.bestbuyer.co.kr)가 800여명의 네티즌을 대상으로 설문 조사한 결과에 따르면 응답자의 46%가 인터넷 쇼핑을 하지 않는 이유로 '상품을 직접 눈으로 볼 수 없기 때문'이라고 답했다.

그 뒤를 이어 쇼핑몰의 신뢰도 부족(35%), 제품 정보 부족(8%), 긴 배송 기간(6%), 한정된 제품(5%) 등이 인터넷 쇼핑을 저해하는 요인으로 나타났다.

또 인터넷 쇼핑을 할 때 가장 중요한 기준이 되는 것은 저렴한 가격(48%), 쇼핑몰의 신뢰도(37%), 배송기간(3%), 각종 부가서비스(12%) 등인 것으로 조사됐다.

베스트바이어 관계자는 "인터넷 쇼핑의 이런 단점들을 극복하기 위해 쇼핑몰 업체들이 3D 입체 사진, 동영상 등을 경쟁적으로 도입하고 있지만 여전히 실제로 보고 만지는 것과는 큰 차이가 있는 것으로 보여진다"고 말했다.

〖내외경제신문 2000. 10. 5〗

가짜 건강식품 인터넷 판매 2명 구속기소

서울지검 특수2부는 19일 중국산 마늘과 살구씨 등으로 만든 건강보조식품을 인터넷을 통해 특효약처럼 광고해 판매한 혐의로 정모(37)씨와 문모(43)씨 등 2명을 구속, 기소했다. 약사 권모(59)씨와 식품수입업자 고모(34)씨 등 19명은 불구속 또는 약식 기소 했다.

정씨는 지난해 10월부터 중국산 마늘로 건강보조식품을 제조한 뒤 원산지를 국산으로 속여 인터넷 광고를 통해 '당뇨병 특효약'으로 판매하고, 식품에 사용이 금지된 살구씨를 넣은 또 다른 건강식품을 만들어 4억여원 어치를 판매한 혐의다.

서울 강남에서 약국을 운영하는 권씨는 올 6월부터 인터넷 홈페이지를 통해 외국산 '식초콩'을 동맥경화와 당뇨병 특효약이라고 선전, 200여만원 어치를 판 혐의다.

식품수입업자 고씨는 96년부터 미국, 일본 등에서 수입한 해초류와 꽃가루를 이용, 건강보조식품을 만든 뒤 인터넷에 '제2의 비아그라', 항암·당뇨병 특효약 등의 광고를 내 41억원어치를 판 혐의를 받고 있다.

검찰은 "이들 건강보조식품 등 수입품의 경우 국제우편으로 반입되는 소형 우편물은 검역과 세관검열이 제대로 이뤄지지 않는 점을 악용해 소비자들로부터 인터넷으로 주문을 받은 뒤 국제우편으로 소비자들에게 직접 배달시켰다"고 말했다.

〖동아일보 2000. 9. 19〗

"인터넷 소매기업 내년 멸종"

온라인에만 의존하는 인터넷 소매기업(B2C)은 내년엔 사라지게 될 것이다.

얼마전 〈월스트리트저널〉의 주간지인 〈배런스〉가 인터넷 기업들의 자금 운용상황 악화를 근거로 사망시간표를 내놓은 데 이어 인터넷 기업들에 대한 우울한 전망이 잇따르고 있다. 정보통신분야의 권위 있는 조사연구기관인 〈포레스트리서치〉는 12일 공개한 '닷컴 소매업체의 몰락'이라는 제목의 보고서에서 인터넷에만 의존하는 소매기업은 취약한 재무구조, 점점 가중되는 경쟁압력 그리고 투자자들의 이탈로 인해 2001년에는 대부분 파산하게 될 것이라고 전망했다.

50개 주요 전자상거래 기업의 인터뷰를 근거로 작성된 이 보고서는 파국적인 상황이 임박했다면서 "온라인 소매업의 허니문은 끝났다"고 진단했다. 보고서의 작성자인 인터넷분석가 조서 이어는 "지난 3개월여동안 지명도가 있는 비욘드컴, 사이버숍 등이 소매 거래를 중단했고 아마존이나 부컴 등은 직원들을 해고 했으며 월가에서 이들의 주가는 두들겨 맞기 시작했다"고 말하면서 이들 기업은 매출감소에 따른 수익률 악화와 비용 급증이라는 이중의 압박을 받고 있다고 덧붙였다.

여기에 월마트나 토이즈러스 같은 전통 소매기업이 잇따라 온라인 시장에 참여하게 되면서 경쟁은 더욱 치열해질 것이며 이에 반해 벤처캐피털 등 투자자들의 관심을 상실하게 되면서 재정적 지원마저도 기대하기가 어려워졌다. 이밖에 아마존과 같이 규모가 크고 브랜드 인지도가 있는 온라인 기업들이 미래의 구매자에 대한 시장마저 선취함으로써 소규모 온라인 소매업체 들은 설자리를 잃고 있다는 것이다.

회계컨설팅회사인 언스트 앤 영의 벤처기업 컨설턴트인 마크 돌도 "현재 3만여개의 온라인 소매기업들이 있지만 아마 2만5000개는 없어질 것"이라면서도 이런 흐름은 거대 온라인 기업들에는 바람직한 상황이 될 것으로 내다봤다. 시장에서의 경쟁 악화는 이들 기업의 수익률을 높이는 호조건을 만들어 내리라는 것이다. **뉴욕/외신종합**

■ 포레스터리서치 보고서
취약한 재무구조·경쟁과열 투자자 이탈로 대부분 파산

【한계레신문 2000. 4. 14】

▷ "인터넷은 '행운의 편지'처럼 부(富)를 돌고 돌게만 할 뿐."
…미 제 2위의 갑부 워런 버핏, 인터넷은 새로운 부를 창조하지 못해 투자가치가 없다며.

6. 동양인의 가족위주의 정서

아시아의 문화는 네트워크마케터들에게는 거름이 잘 되어진 옥토와 같은 환경이다. 특히 한국은 지역사회의 중요성을 강조하는 사회이므로 네트워크마케팅의 가족같은 분위기는 디스트리뷰터들에게 이미 갖추어진 잇점인 것이다. 그리고 한국인들은 일과 레저를 분리시키지 않는다는 점이다. 일하는 사람들은 늦은 저녁 식사시간에도 일하는 데 익숙해 있으므로, 개인시간을 제품을 팔거나 세미나에 참가하여 새로운 사업자들을 리쿠르팅하는 데 투자할 것이다.

이외에도 일부 마케팅연구소들이 NWM을 혁신적인 마케팅기법으로 내세우고 있는 것은 다음과 같은 이유에서다.
① 아무리 좋은 제품을 개발해도 광고와 영업이 없이는 판매가 불가능하다.
② 광고비와 영업비는 점차 증가되고 있는 반면에 그 효과는 점차 줄어들고 있다. 미국의 한 조사에 의하면 TV 광고를 보고 구매 동기를 얻는 소비자는 7명 가운데 1명에 불과하며, 나머지 6명은 그 상품을 실제로 사용해 본 사람에게서 전해 들은 정보를 기초로 하여 상품 구매를 결정하게 된다고 한다.
③ 지가의 상승 등으로 사무실 임대료가 차지하는 비중이 큰 부담이 된다.
④ 판촉사원을 비롯한 인건비가 높아졌다.
⑤ 인사관리가 고통스럽다.
⑥ 유통구조의 문란으로 대리점 관리 문제가 복잡하다.

네트워크마케팅은 미래를 위해 당신을 준비시킬 좋은 기회이다. 우수한 기술이 네트워크마케팅을 그렇게도 단순하고 효율적으로 만들어서 문자 그대로 어느누구라도 오늘날 이 기회를 활용할 수 있고 원하는 만큼 부자도 될 수

혈연 중시하는 나라 다단계 '천국'

일본 36조 시장 1위
한국·대만은
3년간 100% 고성장

세계방문판매협회(WFDSA)가 2001년 발표한 자료에 따르면 다단계 업체들이 진출해 있는 100여 개 국가 가운데 가장 큰 시장규모를 형성하고 있는 나라는 일본인 것으로 조사됐다.

일본은 2001년 말 현재 36조원 규모 시장을 형성해 다단계 업체의 전 세계 총매출 가운데 29.0%를 차지했다. 미국이 31조2000억원 규모로 두번째 큰 시장인 것으로 나타났고, 프랑스 브라질 독일 멕시코 한국 대만 등이 5조원 미만으로 일본이나 미국과는 상당한 격차를 보이며 그 뒤를 이었다.

하지만 한국은 대만과 함께 최근 3년 간 연평균 100% 이상씩 고속성장세를 구가하며 신장률 면에서는 단연 선두권을 차지했다.

일본이 최대시장으로 부상한 이유는 첫째, 사회적인 측면에서 가족주의적 사고방식과 둘째, 경제적인 측면에서 장기불황에 따른 직업인식 변화를 꼽을 수 있다.

특히 일본 경제는 90년대 초 거품 붕괴 여파로 종신직장 개념이 무너지고 실업률이 5%를 넘나드는 등 최악의 경제상황을 맞고 있다.

'선진국이 불황을 겪을 때가 최고의 시장'이라는 다단계 업체들의 집중적인 표적이 되고 있는 셈이다.

대만도 아시아에서 가장 빠른 속도로 시장이 커지는 국가에 속한다. 대만은 국립대학인 선야트-센 대학이 '직접판매연구소'(DSRC)를 설립해 놓고 학문적으로 이를 연구할 정도다.

오세조 연세대 교수는 "판매방식상 혈연 학연 지연 등을 중시하는 온정주의(溫情主義) 문화가 큰 영향을 미칠 수밖에 없다"며 "일본 한국 대만 등에 이어 중국과 동남아시아 시장이 최대 시장으로 곧 부상할 것"이라고 전망했다.

세계 다단계시장 규모 (단위=억원·%)

국가	시장규모	세계시장 점유율
한 국	38,200	2.6
일 본	360,000	29.0
대 만	15,600	1.3
말레이시아	12,300	1.0
인도네시아	2,800	0.2
홍 콩	1,300	0.1
미 국	312,000	25.2

※ 자료=엘트웰, 2001년 말 기준.

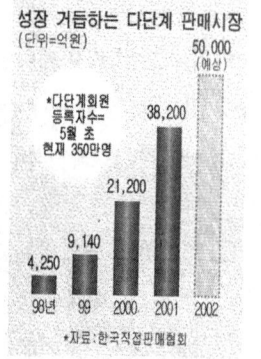

성장 거듭하는 다단계 판매시장 (단위=억원)
· 다단계회원 등록자수= 5월 초 현재 350만명
98년 4,250 / 99 9,140 / 2000 21,200 / 2001 38,200 / 2002 50,000(예상)
※ 자료=한국직접판매협회

〔매일경제신문 2002. 5. 17〕

21세기에는 노년층 대상 판매 전략을 세우라

21세기에는 급격히 증가하는 노년층을 주대상으로 삼고 판매 전략을 세워야 된다고
미국의 저명한 노년 연구가인 켄 딕트월드는 그의 저서 "노년층의 물결"에서 주장하고 있다.
앞으로 미국의 65세 이상의 노령 인구는 다음과 같이 증가할 것으로 내다보고 있다.

1950년 1천2백만명 전 인구의 8%

2000년 3천5백만명 전 인구의 13%

2050년 6천7백만명 전 인구의 21.8%

딕트월드는 65세 이상의 노령층이 건강, 지능, 생산성, 성욕 등이 쇠퇴한다는
결정적인 증거가 없다고 말한다.
이들 노인은 지병만 없으면 건강한 생활을 유지할 수 있고 생산성도 감소하지 않는다.
노령 인구의 10%만이 기억력이 감퇴하나
계속 연마하면 정신력이 쇠퇴하지 않는다고 주장한다.
또한 97%의 노령 인구가 성(性)에 관심을 갖고 있다고 한다.
현재 50세 이상의 사람들은 미국 전체 인구의 25%에 달하며 이들은 거대한 소비 시장을 형성하고 있다.
미국 금융기관의 예금 보유고의 80%와 전체 자산의 77%를 이들이 차지하고 있으며
연간 자동차의 43%를 구입한다.
그리고 그 밖의 어떤 연령층 사람들보다 식료품, 의약품, 여행, 레크리에이션에 돈을 많이 사용하며,
TV를 더 시청하고 신문을 더 많이 구독한다. 미국 전체 소비 시장의 실제 40%가
이 연령층 인구가 좌지우지한다고 딕트월드는 말하고 있다.

제4장 '건전한' 네트워크마케팅과 '인간사냥' 피라미드 상술의 구별

네트워크마케팅이 여러 가지 마케팅 기법의 장점만을 결합하여 만들었다는 것은, 역으로 여러 가지 마케팅 기법들이 요구하는 조건들을 모두 충족시켜야만 하며, 만약 이에 대한 모든 뒷받침이 충분치 못할 경우, 오히려 이 여러 가지 기법이 지닌 문제점이나 단점들만이 표출될 수도 있다는 것을 의미한다. 그래서, 네트워크마케팅을 '야누스(註: 앞뒤로 서로 다른 두 개의 얼굴을 가진 로마 신화에 나오는 신)적 두 얼굴'을 가진 '양날의 칼'이라고 표현하기도 한다. 충분한 노하우를 바탕으로 잘만 활용된다면 안정적이고 높은 성장률과 함께 사회적·경제적으로 크게 기여할 수 있는 기업으로 성장할 가능성을 지닌 반면, 그렇지 못하면 거꾸로 커다란 사회적 폐해와 피해자를 양산시킬 수 있는 위험성을 동시에 내포한 마케팅 방법인 것이다. 악덕기업과 선량한 기업과의 차이는 시스템에 달려있기 보다는 오히려 그것을 운영하는 기업주의 양심과 책임의 문제인 것이다.

과거 사회적 물의를 빚었던 피라미드 상술은 피라미드 구조의 하부에 위치한 많은 사람들의 가입금으로 상부에 위치한 몇몇 사람에게 부당한 이득을 안겨주는 불법적인 사기행각이다. 즉, 상품의 우수성에 의한 자연적 소매판매가 아니라, '단기간에 많은 돈을 벌게 해 준다'는 유혹을 앞세워 그 회사에 가입하는 조건으로 상품을 품질에 비해 고가로 책정하여 반 강제적으로 판매하거나, 승진·수당지급 등을 미끼로 은근히 상품의 구입을 유도하여 상품의 판매가 아니라 사람을 끌어들이므로 직접적으로 수익이 발생되는 사람 장사적 요소가 짙고, 판매원 스스로의 의사가 아니라 기만·사기·강박·착오의 유발 등 비정상적인 상행위를 통해 유지되기 때문에 환불 및 품질보증제도가 미비한 폐단이 있었던 것이 피라미드 기업이다. 이러한 악덕 기업들로 인해 많은 사람들이 선의의 피해를 보았고, 건전한 네트워크마케팅회사를 보는 시각이 아직도 곱지 않은 것이다.

피라미드 상술은 법률로 금하고 있기 때문에 피라미드 운영자들은 자기네 조직을 네트워크마케팅 회사로 위장하는 경우가 많다. 네트워크마케팅 회사로 위장하기 위하여 피라미드 조직은 일련의 소비재 상품을 취하여 이를 소비자에게 판매하는 사업을 벌이고 있다고 주장한다. 그러나 실제 제품 판매를 위한 노력이나 활동은 거의 또는 아예 없으며 이윤의 대부분은 피라미드 상술의 전형적인 방법, 즉 참가자가 내는 고가의 가입비로 얻게 된다. 피라미드 조직은 생산 원가가 싸고 뚜렷한 시장도 형성돼 있지 않은 엉터리 상품, 즉 사탕발림으로 가득찬 기적의 묘약이라든지 듣도 보도 못한 이상한 물건을 들고 나오기 때문에 실제 이 제품들의 시장성이 있는지 없는지를 가입자들이 쉽게 판단할 수 없다.

국내에 네트워크마케팅에 대한 인식이 많이 오염되어 있는 이유는 그간에 존재했던 불건전한 피라미드판매 기업들이 배출해 냈던 피해사례의 영향 때문이다. 그 기업들의 피해사례가 사회적으로 큰 물의를 일으키게 됨으로써 미리 고정관념의 두꺼운 장막을 쳐버리고, 사람들로 하여금 그 장막 내부의 실상을 들여다보기를 꺼려하게 만든 것이다. 따라서, 내막을 잘 알지 못하는 일반인들에게 마치 그 전체가 몹쓸 것인양 비춰지게 된 것이 우리나라 네트워크마케팅 시장의 현실이다.

다단계판매는 '방문판매 등에 관한 법률'에 따라 규제받고 있으며 공정거래위원회 전자거래보호과가 방판법을 관장하고 있다. 방판법은 99년 5월 정부조직법 개정에 따라 소관 부서가 산업자원부에서 공정위로 변경됐다.

> http://www.antipyramid.org : 안티피라미드운동본부연대
> …피라미드 판매 피해 접수 인터넷 전문사이트

다음에 제시하는 내용에 맞춰 비교하면 정상적인 네트워크마케팅 회사와 피라미드 기업을 정확하게 구별할 수 있을 것이다.

❏ 미국 연방거래위원회의 피라미드 기업 판단 기준
　1979년 美연방거래위원회(FTC:Federal Trade Commission)는 피라미드 기업과 건전한 네트워크마케팅 기업을 구분하는 데 다음 3가지 기준을 사용하였다.
　① 사람을 가입시키는 행위만으로도 수익이 발생하는가?
　② 제품의 반품 및 환불 규정이 합리적인가?
　③ 어떠한 형태로든 제품을 강매하는가?

❏ 롱아일랜드 대학의 스릭멀 라오 교수의 6가지 사항
　소비자가 네트워크마케팅 디스트리뷰터로서 활동하고자 할 때 생각하지 않으면 안될 6가지의 사항을 다음과 같이 지적하였다.
　① 우선 상품이 좋은지 안 좋은지를 직접 시험해 본다.
　② 회사의 경영 상태를 체크해 본다.
　③ 선배 디스트리뷰터들의 활동상황을 유심히 살핀다.
　④ 재고에 대한 책임감이 있는지 없는지를 알아본다.
　⑤ 판매 행위에 강매라는 인식을 받은 적이 있는지 없는지를 생각해 본다.
　⑥ 회사의 모든 면이 윤리적인지를 판단해 본다.

❏ 미국 MLM협회 회장인 토니케스라씨가 지적한 네트워크마케팅의 3가지 사항
　① 최초의 투자를 필요로 하지 않는다.
　② 재고의 반품은 자유스러워야 한다.
　③ 소매 활동을 중시하는 것이 네트워크마케팅 방식이다.

제4장 '건전한' 네트워크마케팅과 '인간사냥' 피라미드 상술의 구별 161

	내 용	피라미드 기업	건전한 네트워크마케팅 기업
회사비교	기업주의 마인드	단기적 안목의 장사형 마인드로 조직 개념이나 기업마인드, 책임감 등이 없음.	기업형 마인드로 장기적 안목의 투자 체제. 기업형 조직 개념, 기업가로서의 책임감 등이 갖추어져 있고 기업주의 경영 역량 및 경영 정신이 투철.
	재 정 상 태	개인 자본, 개인 회사 상태로 소자본 또는 영세 자본.	기업 자본, 주식회사 또는 안정적 기반의 개인 자본 등으로 재정적 안정성이 있음.
	종 업 원	개인과 관련된 사무조직 형태. 각각의 개인이 업무에 적합하지 않거나 업무 영역이 불명확.	공채 등에 의한 공식인 조직 형태로 각각의 개인이 업무 영역이 명확하고 처리능력이 있음.
	판 매 조 직	개인적 관계에 의한 사조직 형태.	회사와 거래에 의한 공적 조직의 체계가 갖추어져 있음.
	광 고 · 홍 보	자사의 정당성에 대한 기업 광고, 로비에 역점.	사회 사업, 건전한 사회적 캠페인에 참여.
	기 업 문 화	없거나, 있어도 형식적 수준.	체계화된 기업 문화
	서 류 양 식	판매 매뉴얼, 구매 계약서 등 각종 서식류 등이 없거나 형식적.	매뉴얼, 계약서, 각종 서식류 등을 명확하게 제시하고 처리함.
	전 산 시 스 템	없거나 형식적인 수준. 혹은 전시 효과를 위한 하드웨어만 보유.	충분한 용량의 하드웨어와 소프트웨어를 갖추고 실제로 운영할 수 있는 인력 보유.
	사 업 설 명 회	배타적, 폐쇄적, 강제적, 위협적, 질의 응답 거부, 인위적, 정형적, 부자연, 비공개적이고 은밀, 사행심이나 불안감을 조성.	개방적이고 자유스러우며, 질의 응답을 수용.
상품비교	목 적	금전 배당의 합리화 수단.	정상적인 상품의 유통.
	종 류	고가의 내구재 상품이라 수년 간 반복 구매가 발생하지 않음. 단일 상품인 경우가 많음. 조직 확장 정체시 수익이 발생하지 않아 많은 피해자가 발생.	우수한 품질의 소비재 상품이기 때문에 계속적인 반복 구매가 발생. 조직 확장 정체시에도 수익이 발생하기 때문에 피해자가 없음.
	품 질	조악한 품질로 현실적으로 판매가 불가능한 제품(유한 계층에 한정, 고가품)	동종의 타사 제품보다 우수한 품질의 제품으로 경쟁력이 있어 실제로 판매가 가능한 제품(계층에 제한 없는 저가품 고품질)
	가 격	통상적인 유통마진보다 훨씬 높은 마진. 구입가에 차등이 있음.	통상적인 유통 마진과 같거나 약간 낮은 수준. 구입가에 차등이 없음.
	권 유 형 태	회사에 가입하는 조건으로 사실상 강제구매 유도.	품질의 우수성으로 인맥에 의한 소개 판매. 소비 또는 판매를 위한 필요한 시기에 자유의사로 구매.
시스템비교	입 회 비	가입비, 교육비, 시용 상품, 재고 등 다양한 명목으로 높은 입회비 요구.	무료이거나, 교육 교재, 판매 보조 용품 등의 구입에 의한 낮은 입회비.
	강제 구매 유도	판매원 등록시 일정량의 상품을 구입하게 하거나 월별 강제 구매액, 승진 등의 빌미로 사실상 상품을 강제 구매하도록 유도함.	어떠한 경우에도 상품 구매는 자유의사에 달려 있고, 은연중에 강제 구매를 요청당하는 일이 없음.
	수익의 근거	사람을 가입시키는 행위만으로도 수익이 발생(사람장사, 인간사냥, 부당이득)(매출액=사람수×상품가격)	하위 조직원의 지도에 의한 제품 판매에 의해서만 수익발생(노력에 의한 수익 발생). 광고 및 영업비, 샘플 및 판촉자료 제작비, 중간 유통마진 등의 절감에 의한 수익을 판매원들에게 환원해 줌.(매출액=매출량×상품가격)
	보 수	도박 심리 및 한탕주의로 단기간 내에 손쉽게 큰 돈을 벌 수 있다고 홍보. 매출액에 대한 직위를 뒤 높이 올라가고자 하는 사람의 심리를 이용함.	정당한 노력에 의한 대가로 수익이 지불됨. 안정된 수익으로 장기적으로 수익이 보장됨.
	확 장 구 조	휘하의 판매원 수를 제한.	휘하의 판매원 수 제한 없음.
	재 고 부 담	강제적·의도적 재고 부담 규정. 총 매출액에 의해 정해지는 직급별로 구입가에 차등을 둠으로써 실질적으로 재고를 떠안을 수밖에 없음.	본사와의 직거래로 인하여 재고 부담의 강요는 물론 필요가 없음. 단, 사업을 원활하게 펼쳐나가기 위하여 약간의 재고를 갖고 있을 필요가 있을 수 있음.
	추 월 구 조	하위 판매원이 상위 판매원을 추월 불가능. 노력의 대가가 아닌 기득권의 대가이기 때문.	노력 여하에 따라 하위 판매원이 상위 판매원을 수익면에서나 직급면에서 추월 가능함. 수직적인 조직과 수입에는 한계를 두나, 수평적 조직과 수입에는 한계가 없기 때문임.
	반품 및 환불	재고 상품의 반품 및 환불 규정이 아예 없거나 있더라도 사실상 지켜지지 않음. 회사의 상호 및 주소, 전화번호 등을 수시로 바꿈.	제품의 판품 및 환불 규정이 합리적이고 실제로 지켜지고 있음.(법적으로 규제 명시)
	권 유 형 태	처음부터 전업으로 활동할 것을 은근히 강요함.	부업의 개념임을 분명히 강조함.

알고 시작하자…피해사례들
가입비 요구…반품거부는 "불법"

지난 7월27일 현재 우리나라에 등록된 다단계 판매회사는 90개다. 이들 회사와 관련해 지난 1월부터 각종 소비자보호단체협의회에 접수된 고발 건수는 3백22건이다. 이들 가운데 대부분은 제품상의 문제이고 다단계 판매업과 직접 관련된 사항은 20~30여건이었다. 다단계 판매회사들 중에는 겉과 속이 다른 곳이 있다. 즉 겉으로는 합법적인 다단계 회사의 모습을 띠지만 실제로는 피라미드 조직의 형태로 움직이는 회사들이 있다. 대부분의 제보나 고발 사항은 이러한 불법조직에 대해서다. 구체적으로 사례를 분석하면 가입비 강요, 반품 거부, 탈퇴 금지, 이윤 착복 등이다.

경기도 고양시에 사는 신아무개씨는 지난 3월 ㅁ다단계 회사를 그만두면서 8백87만원어치의 화장품을 반품했다. 하지만 회사측은 이를 받아들이지 않았다. 신씨는 현재 ㅁ사를 상대로 소송을 준비중인 것으로 알려지고 있다. 이것은 명백한 실정법 위반이다. 개정된 방문판매법은 반환을 명시하고 있다.

최아무개씨(ㄱ대 휴학생)는 지난해 9월 물품 구입비로 3백만원을 내고 다단계 판매회사에 입사했다. 회사측에서는 최씨를 높이 평가하면서 직급까지 올려주었다. 그러나 최씨는 조직관리를 위해 5백만원의 돈을 더 써야 했다. 3개월 뒤 그는 손해만 보고 회사를 그만두었다. 이 경우에는 들

탈퇴금지·이윤착복도…가입전 충분한 조사를

어갈 때 가입비를 받은 것부터 불법행위였다.

지난해 10월 남자친구 권유로 다단계 판매회사에 들어간 유아무개씨는 한달 뒤 수면제를 먹고 자살을 기도했다. 그 이유는 자신이 끌어들인 친구가 1주일 만에 "그만두겠다"며 가입비 3백만원을 돌려달라고 요구했으나 회사측은 이를 거부했고, 그녀의 남자친구마저 외면했기 때문이라고 한다. 이 경우 가입비는 물론 반환을 거부하는 것도 불법행위다.

지난 1월10일 서울 은평경찰서에 폭력으로 구속된 정아무개씨(24)의 경우도 눈여겨볼 만하다. 정씨는 대학후배인 권아무개양을 취직시켜주

다며 자석을 판매회사인 B사에 데려갔다. 그는 권씨를 집중적으로 교육시키던 중 권씨가 그만두려 하자 회사 교양숙소로 끌고가 84시간 동안 감금한 혐의였다.

지난 4월 군에서 제대한 뒤 복학을 준비하고 있던 김아무개씨(24)는 고등학교 친구인 오아무개씨로부터 오랜만에 전화를 받았다. "닷새 동안 번역 아르바이트를 하면 큰돈을 벌수 있으니 함께 하자"는 제의였다. 김씨는 번역사무실이 있다는 서울 포이동에 들러서야 비로소 그곳이 피라미드 판매회사 사무실이라는 것을 알고 "돌아가겠다"고 주장했다. 그러자 오씨는 "친구 부탁인데 닷새도 못 있느냐"며 사실상 김씨를 감금하다시피 했다. 김씨는 감시가 소홀한 틈을 타 간신히 도망쳤다고 한다.

이러한 불법 다단계판매조직은 대체로 과거에 피라미드 조직을 해서 한몫 잡았던 사람들이 재건한 회사인 것으로 알려져 있다. 이들 회사가 만들어놓은 덫에 걸리지 않으려면 무엇보다 지혜로운 판단이 요구된다. 즉 합법적인 다단계 판매회사와 불법적인 피라미드 조직을 구별하는 방법을 제대로 알아야 한다는 뜻이다.(도표 참조)

한편 합법적인 다단계 판매조직도 정부의 감시가 소홀한 틈을 타 편법을 사용하곤 한다. 지난 2월 전산설비 미비 등을 이유로 7개 업체가 등록을 취소당했던 게 대표적인 예다. 컴퓨터 한대도 갖추지 않고 복잡한 다단계 판매의 이윤 배분을 어떻게 할 수 있는지 의문이 생기지 않을 수 없다. 서울 연희동에 사는 오아무개씨(50)의 한번이 귀담아들을 부분이다. 그는 ㅇ다단계 판매회사의 판매원으로 등록해 2개월 동안 1백만원어치의 세제 등을 사들여 팔았다고 한다. 그런데 그의 구좌에는 세금을 빼고 2만원만 입금되었다고 한다. 오씨는 회사측에 대해 "처음에 말했던 조건과 다르다"고 주장했지만 받아들여지지 않았다. 우리나라의 경우 다단계 판매회사의 역사는 5년 안팎에 지나지 않는다. 합법적인 활동기간만 치면 겨우 1년이 넘었다. 따라서 법적인 조치를 강화시키는 것만큼이나 소비자들의 적극적인 관심이 필요한 실정이다. 소비자 보호단체의 관계자들은 "시작하기 전에 상담 등을 통해 충분히 조사하는 것이 중요하다"고 입을 모으고 있다.

다단계 판매와 피라미드식 판매조직 다른점 10

합법적인 다단계	구분	피라미드
낮은 입회비 또는 무료	입회비	높은 입회비(가입비로 1백만원 이상을 요구하기도 한다)
우수한 품질의 다양한 생활용품(암웨이의 경우 60여종, 뉴스킨은 26종)	주요상품	내구성 고가품이 주류(예를 들면 1백만원 이상의 자석요 등)
1백% 환불보증제도(법적으로 구입 뒤 3개월까지는 전액 환불, 3-6개월은 10% 공제후 환불)	환불제도	환불 보증이 없음
장기적인 비즈니스(인맥관리가 중요한 사업의 일부)	판매방식	단기간에 손쉽게 돈을 버는 판매방식
판매실적에 따른 보상제도	보상제도	직위를 돈으로 사는 경우도 있음
재고의 부담이 없음	재고부담	재고의 부담이 따름
교육비 무료	교육비	교육비 부담
상품구입은 자유의사	구매방식	강제구매 유도
부업으로 권유	권유방식	전업을 권유
제품판매	주수입원	판매원 등록비

【일요신문 1996. 8. 4】

인터넷 쇼핑몰 분양 미끼 다단계조직 5명 영장

서울경찰청 사이버범죄수사대는 8일 미국 업체가 운영하는 인터넷 쇼핑몰을 분양받게 해준다며 다단계 판매형식으로 회원들을 끌어모아 수당을 챙긴 혐의(방문판매 등에 관한 법률 위반)로 이창호(58·무직·서울 강북구 미아동)씨 등 5명의 구속영장을 신청했다.

이씨 등은 지난해 5월부터 월드트로닉스, 스카이비즈 등 미국의 인터넷 다단계 업체가 운영하는 쇼핑몰 홈페이지를 분양한다고 선전해 1인당 130~199달러를 받고 모두 1만5천여명을 회원으로 가입케 한 뒤, 이들 업체로부터 3만달러의 수당을 챙긴 혐의를 받고 있다.

경찰조사 결과 이들 인터넷업체가 분양한 홈페이지는 기억용량이 턱없이 적고 연결이 잘 끊겨 쇼핑몰로 이용하는 것이 거의 불가능한 것으로 드러났다.

경찰은 "부실한 외국 인터넷업체의 홈페이지 분양대금으로 지금까지 200만 달러 이상이 유출됐다"며 "회원수를 늘리려는 외국업체들의 국내 영업조직이 더 있는 것으로 보고 수사를 확대할 방침"이라고 밝혔다.

김희승 기자 honesty@hani.co.kr

〖한겨레신문 2001. 3. 9〗

유사금융사 단속이후도 '불법영업 계속'

한신21 월드라이센스 나라포탈스 아이스월드 테마랜드 등 유사금융업체들이 검·경찰이 단속에 들어간 이후에도 개인들로부터 자금을 모집, 운용하는 불법영업을 계속하고 있는 것으로 드러났다.

29일 금융감독원에 따르면 한신21은 지난2월 대표이사 등 3명이 "유사수신행위의 규제에 관한 법률(이하 유사수신법)" 위반 혐의로 구속됐으나 여전히 개인들에게 돈을 모으는 수신행위를 계속하는 것으로 확인됐다.

이 회사는 작년 9월부터 오락기임대업에 1백만원 이상 투자하면 1주일 단위로 연 81.6%에 해당하는 배당금을 지급한다고 투자자에게 광고, 1천여명으로부터 3백78억여원을 모집했다가 적발됐었다.

월드라이센스사도 작년12월 "교통범칙금 대납업"이라는 신종 유사수신 행위로 대표이사 등이 구속됐으나 그 이후에도 회원이 늘어나고 있다. 대표이사 구속당시 이 회사의 회원수는 8만여명이었으나 3달 여만에 18만명으로 증가했다.

이 회사는 "월 회비 7~11만원만 내면 횟수나 액수에 상관없이 교통법규 범칙금을 대신 내준다"며 다단계 판매방식으로 회원을 모집, 34억원의 회비를 받아챙긴 혐의를 받았다.

유사수신법(2조4항)은 "당국의 허가없이 경제적 손실을 금전 또는 유가증권으로 보전해 줄 것을 약정하고 회비 등의 명목으로 금전을 수신하는 행위"를 유사 수신행위로 규정하고 있다.

금감원 관계자는 "여러 유사금융사들이 단속후에도 여전히 고배당·고금리를 미끼로 영업을 계속하고 있다"며 "투자자들의 피해가 우려되는 유사수신행위에 대해 발본색원할 수 있는 보다 철저한 단속활동이 필요하다"고 지적했다.

박수진 기자 parksj@hankyung.com

〖한국경제신문 2001. 3. 29〗

목돈유혹 '금융 피라미드' 성행

"한달 1,000만원 수익"에 솔깃 수천명 가입

서울江南에만 4~5개社… 돈날린 투자자 항의소동

금융불안과 경제난을 틈타 소규모 투자자들을 유인하는 금융피라미드 조직이 활개치고 있다. 이중 일부 조직은 투자자들에게 해외은행에 계약금과 회비를 내도록 해 외화가 유출되기도 한다.

26일 오후 서울강남구삼성동의 한 건물에서 1백여명이 모인 가운데 열린 'B투자주식회사' 투자설명회. 회사측은 3백만원만 투자하면 회원이 되고 이후 다른 회원의 투자를 유치하면 3단계까지 투자금의 5%를 배당, 한달에 1천만원까지 이득을 올릴 수 있다고 선전했다.

이들은 투자자가 우선 3백만원을 내면 2백20만원이 예금된 시중은행의 통장을 주고 나머지 80만원은 윗단계 4명의 소개비 60만원과 운영비 20만원으로 사용한다고 설명했다.

결국 아랫단계의 투자자들로부터 계좌당 80만원을 받아 이를 윗단계의 투자자가 갖게 되며 신규회원이 투자자를 유치하지 못할 경우 80만원의 손해를 보게 되는 전형적인 피라미드조직인 셈이다.

B회사측은 "현재 전국적으로 1천여명의 회원이 확보됐으며 강남일대에만 4~5개의 비슷한 회사가 성업중"이라며 "어떤 피해도 발생하지 않을 것"이라고 주장했다.

그러나 투자설명회가 열리고 있던 이날 부산에서 상경한 박우만(朴優萬·24·부산시북구구포동)씨는 "지난 2월 3백만원을 송금했는데 투자자를 유치하지 못해 배당을 받지 못했다. 원금을 돌려달라"며 사무실의 집기를 부수다 서울강남경찰서에서 조사를 받는 소동이 벌어졌다.

서울서초구서초동에 사무실을 두고 있는 또 다른 B회사도 비슷한 형태의 금융피라미드조직. 미국에 본사를 두고 있다는 이 회사의 회원이 되기 위해서는 캐나다·멕시코·러시아 등 외국은행에 1백달러를 송금해 계좌를 만들고 매달 회비 50달러를 입금해야 한다.

그뒤 3명의 회원을 소개할 경우 소개회원 1인당 50달러를 받고 이후 하위 6단계까지의 회원들이 내는 회비의 5~20%를 계좌에 입금시켜 준다.

이들은 이런 방식을 통해 7단계의 피라미드가 완성될 경우 3만달러의 소득을 올릴 수 있다고 투자자들을 유혹하고 있다.

이같은 피라미드조직은 그 범위가 확대돼 더 이상 회원을 모집할 수 없는 순간 마지막 단계의 가입자들이 고스란히 피해를 보게 되며 올초 알바니아에서는 대규모 금융피라미드조직의 붕괴로 내전까지 발생하는 등 그 피해가 막대했다.

공정거래위원회는 27일 "회원모집을 통해 이익을 배당하는 금융피라미드조직은 방문판매 등에 관한 법률위반"이라고 밝혔으며 실제로 검찰은 지난 3월 수법이 동일한 외국계 피라미드조직을 적발해 사법처리했었다.

한편 B회사측은 "소액의 투자자들이 많은 이득을 얻도록 하는 건전한 사업"이라고 해명했으며 또 다른 B사측도 "피라미드 형식을 띠고는 있지만 7단계로 배당을 한 정치는 등 피라미드와는 다른 것"이라고 주장했다.

이재국·이상언 기자

【중앙일보 1997. 12. 28】

제4장 '건전한' 네트워크마케팅과 '인간사냥' 피라미드 상술의 구별   165

금융피라미드 사기 무기刑

수천명 1200억원대 피해…이례적 중형선고

나영필 기자

수천 명에게 1200억원대 피해를 입힌 금융 피라미드 사기 주범에게 이례적으로 법정최고형인 무기징역이 선고됐다.
서울지법 형사합의21부(재판장 장해창 부장판사)는 7일 다단계 금융피라미드 회사를 설립한 뒤 '고수익 사업에 투자해 시중금리보다 훨씬 높은 이자를 줄 수 있다'고 속여 투자자들에게서 2500억원 이상을 끌어들인 유용상 리빙벤처트러스트 부사장에게 특경가법상 사기죄 등

을 적용해 무기징역을 선고했다.
또 같은 회사 박호영 전무(42)와 양정조 상무(34)에 대해 각각 징역 20년과 17년의 중형을 선고하고 나머지 10명의 피고인에게도 징역 9-2년의 실형과 집행유예 등을 선고했다.
재판부는 판결문에서 "피고인들은 벤처열풍을 이용해 '유명벤처에 투자해 높은 수익을 낸다'는 감언이설로 피해자들을 속이고 거액을 끌어들여 1200억원대 피해를 입혔다"며 "대부분 서민인 피해자들이 고통에 빠져있고 피고들이 변제에도 성

의를 보이지 않아 중형 선고가 불가피하다"고 밝혔다.
유씨 등은 지난해 8월 3단계 조직으로 이뤄진 리빙벤처트러스트를 설립해 "투자자를 끌어오면 권유자에게 투자금 중 3%를 주고 100만원 이상 투자하면 매월 출자금의 21~26%를 배당금으로 지급한다"고 속여 투자금을 받아 가로챈 혐의로 지난 4월 기소됐다.
이들은 재판과정에서 부하직원을 위증토록 교사해 또 다른 주범인 이 회사 대표이사 윤용주 씨가 보석으로 풀려나도록 해 윤씨가 또 다시 범행을 저지르도록 도와준 혐의로 추가기소됐다.

《매일경제신문 2000. 11. 8》

금융피라미드 사기 無期刑

서울지법, 주범에 선고

고수익을 보장한다며 수천명으로부터 2500억여원을 끌어들인 금융 피라미드 사기단 주범에게 법정 최고형인 무기징역이 선고됐다.
서울지법 형사21부(재판장 장해창·張海昌)는 7일 '고수익 사업에 투자해 높은 이자를 주겠다'고 속여 투자자들로부터 2500억여원을 끌어들여 1200억여원의 피해를 준 혐의로 기소된 금융피라미

드회사 리빙벤처트러스트 부사장 유윤상(47)씨에게 무기징역을 선고했다.
또 같은 회사 박모(42) 전무와 양모(34) 상무에 대해서는 각각 징역20년과 17년을 선고하고 나머지 10명의 피고인들에게도 징역 9년~2년의 실형과 집행유예 등을 선고했다.

/鄭佑相기자 imagine@chosun.com

《조선일보 2000. 11. 8》

금융피라미드 사기 투자자 30%책임

나영필 기자

금융 피라미드 상품에 투자했다가 피해를 보았다면 투자자에게도 30% 책임이 있다는 판결이 나왔다.
서울지법 동부지원 민사3부(재판장 조승곤 부장판사)는 3일 이 모씨(49)가 단기간에 고수익을 올리도록 해주겠다는 권유에 속아 돈을 투자했다가 손해를 입었다며 N투자신탁 전무 고 모씨(52)를 상대로 낸 손해배상 청구소송에서 "피고는 원고에게 8336만7998원을 지급하라"며 원고 일부승소 판결을 내렸다.

재판부는 판결문에서 "피고는 원고 등 불특정 다수의 투자자를 현혹해 단기간에 고수익을 올릴 수 있다고 유인함으로써 투자명목으로 돈을 편취한 사실이 인정된다"며 피고는 원고에게 사기행위로 가로챈 투자금을 배상할 의무가 있다고 밝혔다.
그러나 재판부는 "원고는 사실상 실현불가능한 투자이득 약속에 따라 돈을 투자하면서도 그 가능성을 문의하거나 확인하지 않은 과실이 있다"며 "투자금 중 원고의 과실비율 30%를 제한한 70%를 지급하라"고 말했다.

《매일경제신문 2000. 10. 4》

피라미드판매 피해사례

패가망신, 심하면 자살기도까지

일확천금 꿈꾸다 친구·친척 잃고 감금·폭행 일쑤

지난 6월 19일, 서울 장안동에 있는 한 용역회사(인재파견업)의 노조위원장인 K씨는 때이른 무더위에도 아랑곳하지 않고 소비자보호원 YMCA 통상산업부 등에 열심히 다이얼을 돌렸다. 「도대체 피라미드판매가 뭐길래」라는 의문을 풀기 위해서였다.

다단계판매인지 피라미드판매인지 모르는 K씨가 이런 의문을 갖게 된 것은 조합원들이 판매원을 한다고 하나 둘씩 퇴직하면서부터.

『한달전 한 친구로부터 FTC(미국 국제전화카드판매업자)가 파는 전화카드 판매사업을 해 목돈을 벌지 않겠느냐는 전화를 받았다. 그냥 잊고 지냈는데 최근들어 조합원들이 일확천금의 꿈을 찾아 직장을 떠나는 것을 보고 뭔가 조직적인 대응을 해야 한다고 생각했다』는게 그의 설명이다.

그러나 그의 이날 노력은 그다지 좋은 성과를 얻지 못했다. 누구나 알 수 있는 「피라미드 판매는 무엇인가」라는 법적인 설명외에 그가 알고 싶어했던 「어떻게 하면 유혹에서 벗어 날 수 있고 피해를 당했을 때는 어떻게 보상 받느냐」는 것에 대해선 명확한 답을 얻지 못했다. 피라미드판매의 실상은 이런 것이어서 가봐야 손해만 본다는 것을 분명하게 알아 조합원에게 전달하려던 그는 답답하기만 했다고 털어놓는다.

K씨의 이같은 답답함은 아직 구체적 피해가 발생하지 않았다는 점에서 그나마 다행이다. 지난해 7월부터 다단계판매가 법적으로 인정된 이후 한동안 잠잠하던 피라미드피해가 늘어나고 있다. 피해는 경제적 손실외에 폭력이 동반된다는 점에서 심각성이 있다.

지난 1월 10일 서울 은평경찰서에서 「폭력행위 등 처벌에 관한 법률」위반 혐의로 구속된 정모씨(24)가 대표적인 예다. 정씨는 대학후배인 권모양(23·D대 4학년)에게 일본계 회사인 히타치에 취직시켜주겠다고 속인뒤 자석요 판매회사인 B사(서울 양재동 소재)로 데려가 교육을 시키던 중 권씨가 그만 두려 하자 회사 교양숙소(성남시 소재)로 끌고가 48시간 동안 감금한 혐의다.

지난해 10월 남자친구 권유로 서울 신사동에 있는 모판매업체에 들어갔던 유모양(22·K대 2년)은 한달만에 수면제를 먹고 자살을 기도했다. 가까스로 목숨을 건지긴 했으나 아직까지도 대인기피증에 시달리며 신경정신과 치료를 받고 있다. 유씨는 1주일만에 그만두겠다며 가입비 3백만원을 돌려달라고 하자 회사가 이를 거부하고 남자친구마저 외면해 목숨을 끊으려 한 것으로 알려졌다.

선전도 요란 · 불나비처럼 빠져들기도

지난 4월 군에서 제대한 뒤 복학을 준비하고 있는 김모씨(24·H대 2년)는 고등학교 친구인 오모씨로부터 오랜만에 전화를 받았다. 「닷새 동안 번역 아르바이트를 하면 큰돈을 벌수 있으니 함께 하자」는 제의였다. 김씨는 번역사무실이 있다는 서울 포이동에 있는 P빌딩에 들러서야 비로소 피라미드 판매회사 사무실이라는 것을 알고 돌아가겠다고 했다. 그러자 오씨는 「친구 부탁인데 닷새도 못 있느냐」며 사실상 감금해 감시가 소홀한 틈을 타 간신히 도망쳤다는 게 김씨의 설명이다.

구모씨(24·S대 3년 휴학)의 경우는 「자발적」으로 참여해 폭력행위 등의 피해는 없었으나 경제적 손실을 입은 사례다. 그는 지난 3월 물품 구입비로 3백만원을 내고 피라미드 판매회사에 들어갔다. 회사는 구씨의 능력을 높이 사 이사로 키워주겠다며 회사가 관리하던 하부조직의 몫까지 구씨의 실적으로 만들어 줬다. 이게 아닌데 하며 회의를 느끼고 3개월 뒤 그만뒀을 때 구씨는 물품구입비를 포함해 5백만원의 손해를 입고 있었다. 하부조직 관리비가 수입을 넘어서 버린 것이다.

피라미드판매가 갖고 있는 기본적인 한계 때문이다. MLM이 성공하기 위한 전제조건은 조직원들의 지속적인 확대다. 끊임없는 자기번식을 해야만 늦게 들어온 조직원들이 이익을 볼 수 있다. 그러나 이같은 조건은 충족되기가 불가능하다. 어느정도까지는 확대될 수 있어도 인구구성상 추가 확대는 어렵기 마련이다. 또 피해사실이 점차 알려지면서 성장 속도도 둔화되게 되면 부작용들이 한꺼번에 드러나게 된다. 피라미드판매회사들이 초기엔 벌떼처럼 성장했다가 1~2년후에는 흔적도 없이 사라지는 것은 이런 까닭에서다.

이렇게 피해를 입을게 뻔한데도 소비자들이 「불나비」처럼 뛰어드는 것은 무엇 때문인가. 한마디로 일확천금으로 현재 상황에서 벗어나고 싶다는 꿈과 이들 회사의 현란한 선전의 합작품이라고 할 수 있다.

이는 위의 피해사례들이 대부분 휴학생이거나 복학준비생 및 실업자나 불완전 취업자들이라는 점에서 그대로 나타난다. 현재의 답답한 상황에서 탈출하기 위해서는 「단시간」안에 「목돈」을 거머쥘 수 있다는 「미끼」를 물기 쉽기 때문이다. 피라미드판매회사가 판매원들을 교육시킬 때 「욕심이 많고 진취적인 사람을 데려와야 한다」는 것을 「인간사냥의 제1원칙」으로 제시하는 것은 이런 이유에서다.

선전도 요란하다. 긴가민가하던 사람들도 세미나에서 사람들의 화려한 성공담을 들으면 대개가 흔들린다. 『세미나나 사업설명회가 종교단체의 부흥회와 비슷하다. 냉철한 이성보다 군중심리의 열기에 휩쓸려 자기도 모르게 빠져들기 쉽다』(소보원C부장)는 지적이다.

이 세상에는 「공짜점심」은 없다. 무엇이든 대가가 필수적이다. 『희망과 꿈만 있고 구체적인 사업계획이 없다. 일단 시작하면 돈을 벌 수 있다고 주장할 뿐 실례를 들어보라고 하면 아무런 설명도 하지 못한다』(S기업 노조위원장). 피라미드판매에 대한 인식을 정확히 하는 것만이 피해의 손아귀에서 벗어날 수 있는 유일한 길이다.

〖한경Business 1996. 7. 2〗

다단계 인터넷 사기
'대박 좇다 당한다'

신종 사이버 범죄 극성
550억 챙긴 3개사 적발

인터넷을 이용한 신종 경제범죄가 극성이다.

특히 인터넷의 특성인 익명성이나 빠른 전파력을 악용한 소위 '다단계 영업 방식'이 잇따라 경찰에 적발되고 있다.

경찰은 "이들의 과대선전에 현혹돼 회원이 됐다가 돈을 날리는 사람이 대다수"라며 "특히 30~40대 실업자나 주부들의 주의가 요망된다"고 지적했다.

◇극성 부리는 다단계 영업=서울경찰청 사이버범죄수사대는 18일 인터넷 쇼핑몰 사이트를 분양해 주겠다며 다단계 방식으로 회원을 모집해온 혐의(방문판매업 위반)로 I업체 대표 權모(36)씨 등 세 업체 임원 네명을 구속하고 직원 27명을 불구속 입건했다.

權씨 등 I업체 직원들은 지난해 3월 인터넷 쇼핑몰을 만든 뒤 다단계로 모집한 회원 3만3천여명에게 개인 쇼핑몰 분양금 명목으로 1인당 99만원에서 1백65만원까지 모두 3백50억원을 끌어모은 혐의다.

경찰에 따르면 이들 3개사의 회원 수는 5만5천여명, 업체들이 분양금 명목으로 이들에게 거둔 돈이 모두 5백50억원에 이르지만 실제 거래를 통한 매출액은 전체 수익의 10% 남짓인 60억원대로 밝혀졌다.

◇이렇게 당한다=다단계 업체들은 인터넷상 광고를 통하거나 이미 가입한 회원들을 통해 신규회원을 모집한다.

기존 회원이 새 회원을 가입시키면 가입비(분양금)의 0.5~10%까지를 수당으로 준다. 또 회원들이 분양받은 쇼핑몰 등을 통해 매출실적을 올리면 매출액의 3%를 지급하는 방식으로 회원들을 확장하고 있다.

경찰은 그러나 "회원의 대부분은 회원 확장이나 매출을 못해 분양금을 날리고 있다"고 지적한다.

◇인터넷 상거래 사기=인터넷 쇼핑몰 등에서 돈만 받고 도주하는 사기 범죄도 급증세다.

지난 2월 인터넷 쇼핑몰에서 '노트북 컴퓨터를 판다'고 속여 60여명에게 4천여만원을 받아 챙긴 金모(26·구속)씨 등 10여건의 쇼핑몰 사기사건이 최근 적발됐다.

◇사실상 모두 불법=서울경찰청 강승수 사이버범죄수사대장은 "인터넷에서의 다단계 조직을 통한 피라미드식 영업은 모두 범죄행위로 보고 있다"며 "마치 떼돈을 벌 수 있는 것처럼 과장된 광고에 시민들은 경계를 해야 한다"고 강조했다. 손민호 기자
<ploveson@joongang.co.kr>

【중앙일보 2001. 7. 19】

인터넷 다단계로 15억 챙겨

"쇼핑몰 사이트 분양" 800여명에 돈 받아내

인터넷을 통해 쇼핑몰 사이트를 분양해주겠다며 다단계 방식으로 회원을 모집, 15억원을 챙긴 인터넷 쇼핑몰 업자가 경찰에 붙잡혔다.

서울 수서경찰서는 7일 수백명의 회원으로부터 회비를 모으는 소위 다단계 영업을 한 혐의(방문판매에 관한 법률 위반)로 C쇼핑몰 대표 池모(31)씨를 구속하고 직원 8명을 불구속 입건했다.

경찰에 따르면 池씨 등은 지난해 9월 쇼핑몰을 만든 뒤 분양광고를 내 "판매망을 확대하면 단계별로 직급이 올라가 최고 64억원까지 벌 수 있다"고 선전, 8백여명으로부터 1백99만원씩 15억원을 받은 혐의다.

경찰 조사 결과 이들은 C쇼핑몰이 생활용품 등 3천여종을 판매하는 대형 사이트인 것처럼 광고했다.

그러나 실제로는 9개월여 동안 영업실적이 3천2백만원에 불과했던 것으로 드러났다. 경찰은 "8등급까지 세분화된 다단계 조직을 통해 주로 인터넷에 능통한 대학생과 젊은 실직자들을 상대로 회원을 모아왔다"고 밝혔다.
손민호·김혜수 기자
<ploveson@joongang.co.kr>

【중앙일보 2001. 7. 9】

물품 10배 폭리… 8개월새 4500억 매출
피라미드 업체 불법영업

건강보조식품이나 화장품·생활용품을 원가의 10배에 팔고, 회원을 많이 모집하면 한 달에 수억원도 벌 수 있다며 대학생·주부·교사 등을 상대로 불법 다단계 판매를 해 온 혐의로 주코그룹 회장 주수도(45)씨와 자회사인 '불스코코' 대표 신동석(41)씨가 검찰에 적발됐다.

주씨는 상공부 차관을 지낸 H(69·불구속)씨를 또 다른 자회사인 'JU 네트워크' 회장으로 영입하고, 위성방송 채널을 빌려 회원들을 관리하는 등 신종 피라미드 수법으로 작년 6월 이후 불과 8개월여 만에 5만여명의 회원을 모집, 4500억원대의 불법 매출을 올린 혐의를 받고 있다.

주씨 등은 불법영업에 대한 수사를 피하기 위해 박동주(朴東周·51·경무관·불구속) 전 행자부 치안정책관에게 1000만원을 줬고, 단속 정보 제공의 대가로 서울지검의 목(45·수배) 경사 등 2명에게 수백만원과 수천만원을 줬다고 검찰은 밝혔다.

주씨 등은 강남구 신사동에 마련한 본사에 신용카드 대리점을 유치, 회원들에게 신용카드를 발급해준 뒤 카드 한도까지 최대한 물건을 구입하도록 유도해 회원들 상당수가 신용불량자로 전락한 것으로 조사됐다고 검찰은 밝혔다.

서울지검 형사6부(부장 정기용·鄭基勇)는 이 같은 혐의로 주씨와 신씨 등 4명을 구속기소하고, H씨 등 23명을 불구속 기소했다.

/方聖秀기자 ssbang@chosun.com
/崔宰赫기자 jhchoi@chosun.com

《조선일보 2002. 4. 9》

6천원이 석달뒤엔 8억?

"1500명에 메일보내면 적립해준다"
'피라미드식 돈벌이' 검찰 수사나서

김병호 기자

'이런 메일을 주의하세요.'
'돈 6000원에 1500통의 전자메일만 보내면 3개월에 8억 가능.'
이 같은 문구를 담은 일종의 '피라미드식 돈 적립'을 부추기는 메일이 나돌면서 검찰이 법률 검토와 함께 수사에 착수했다. 사행심을 조장하는 불건전한 정보 유포를 더이상 방치할 수 없다는 것이다.

피라미드식 돈 적립 메일은 메일을 받은 사람이 6명의 상위그룹에 각각 1000원씩 송금한 뒤 상위그룹 6명 중 맨 윗줄에 있는 사람 이름을 빼고 자기 이름을 넣어 무작위로 고른 1500명에게 메일을 보내는 것. 1500명에게 메일을 보내면 보통 회신율이 1%대. 즉 15명만 메일과 함께 돈을 보낸다. 이어 15명이 1500명에게 다시 메일을 보내고 다시 이 중 15명이 1500명에게 메일을 발송하는 방식이 다섯번 반복된다.

왜냐하면 메일 발송단계에서 상위그룹 6명 중 한 명씩 빠지기 때문에 여섯번째 단계에서 자기 이름이 빠지게 되기 때문.

이런 식으로 메일이 발송되면 75만9375명(15×15×15×15×15)에게서 1000원씩 받고 메일에서 사라진다.

결국 1단계부터 5단계까지 돈을 받기때문에 총 8억1361만5000원을 챙기는 셈이다.

서울지검 컴퓨터수사부 관계자는 "법률 검토와 함께 조만간 본격 수사를 진행할 예정"이라며 "무작위로 메일을 보내 피라미드식 돈벌이를 조장하는 행위는 방문판매 등에 관한 법률(방판법) 위반이 될 가능성이 높다"고 말했다.

방판법상 물품판매 부담을 지우는 것은 아니지만 상위 피라미드 구성원에게 돈을 송금한 뒤 메일을 보내 하위 피라미드를 소식케 하는 것은 일정한 부담을 지우는 행위가 될 수 있다는 판단이다.

컴수부 관계자는 "돈을 보냈기 때문에 인터넷 금융기관으로 인정받아 법적 문제가 없다는 주장은 근거 없다"며 "타인을 귀찮게 하는 메일은 국민경제를 좀먹는 행위로 처벌 대상"이라고 말했다.

피라미드식 돈적립 개요도
(상위 6명에게 1000원씩 납부 한다고 가정할 때 단계별 수익금)

○○○○○○ → 1000원씩 납부
1500명에게 이메일 송부 (회신율 1%)
○○○ (15명) 15,000원
○○○ (225명) 225,000원
○○○ (3375명) 3,375,000원
○○○ (50,625명) 50,625,000원
○○○ (759,375명) 759,375,000원

《매일경제신문 2001. 10. 19》

제5장 네트워크마케팅의 현황 및 전망

1. 네트워크마케팅 시장의 현황 및 세계적인 추세

〔WFDSA(세계직접판매협회연합) 세계 직접판매 현황 발표〕

순위	국가명	회계 연도	연간 총 매출액(억 달러)		디스트리뷰터 수
			최근	직전연도	
1	미국	2000	255.7	245	11,000,000
2	일본	2000	228	310	2,000,000
3	대한민국	2001	29	21	3,050,000
4	프랑스	2001	28.84	35.72	300,000
5	멕시코	2000	26.5	26.5	1,765,500
6	독일	2001	25.57	35.69	337,000
7	브라질	2001	24.96	26.8	1,211,111
8	영국	2001	20.24	18.29	501,000
9	이탈리아	2001	17.36	18.5	260,000
10	대만	2000	12	12.17	2,900,000
11	호주	2001	12	12	650,000
12	아르헨티나	2001	11.35	11	468,000
13	캐나다	2001	8.23	10	937,648
14	베네수엘라	2000	6.81	4.5	502,000
15	스페인	1999	5.16	5.16	109,000
16	말레이시아	2001	4.65	11.2	3,000,000
17	폴란드	2001	4.57	3.04	510,000
18	콜롬비아	2000	4.5	4.2	310,000
19	태국	2000	4.44	4	3,200,000
20	인도네시아	2001	3.43	2.61	4,277,186
...	...		...	...	...
총	49개국		774.49	849.73	42,302,184

〈2002년 6월 17일 현재〉

전세계 직접판매업계의 국제적인 연합체인 세계직접판매협회연합(World Federation of Direct Sales Association : WFDSA)에 의하면, 1990년 한해 동안에 WFDSA에 가입된 32개국의 927만명의 디스트리뷰터가 올린 매출액이 402억 달러였으며, 그후 1994년에는 630억 달러, 1995년에는 750억 달러, 1996년에는 796억 달러, 1997년에는 809억 달러의 매출을 기록했다. 이 중 일본이 302억 달러로 세계 전체 판매액의 37.3%를 차지하여 세계 1위를 기록했고, 2위는 27.2%인 미국으로 220억 2천만달러의 매상을 올렸으며, 3위는 5%인 브라질로서 40억5천만 달러의 매상을 올렸고, 독일은 전체 매상고의 4.5%인 36억 달러로 4위를 차지했다.

한편, 전세계의 직접판매회원수는 1997년 현재 3,112만명으로 미국이 930만명(29.9%), 일본은 250만명(8.1%), 대만은 236만명(7.6%), 브라질은 184만명(4.3%), 독일은 33만5천명(1.1%) 순으로 나타났다. 이 숫자에는 비회원 회사에 가입하고 있는 디스트리뷰터와 중국에 있는 200만~500만명의 디스트리뷰터는 포함되어 있지 않다. 이 숫자를 모두 합치면 전세계에서 직접판매활동을 하고 있는 디스트리뷰터 수는 족히 5,000만명에 달하는 것으로 보인다. 닐 오펜(Neil Offen) 미국직접판매협회 회장은 앞으로 10년 안으로 직접판매업계에 줄잡아 2억명 이상이 참가하게 될 것으로 전망하기도 했다.

(1) 미국

미국은 네트워크마케팅의 종주국이다. 세계 최대의 네트워크마케팅 회사인 암웨이(Amway)사를 비롯하여, 뉴스킨(Nu Skin), 썬라이더(Sunrider), 허벌라이프(Herbalife), 샤클리(Shaklee), 에이본(Avon), 폴라(Pola), 타파웨어(Tupperware), 론제비티 네트워크(Longevity Network), 뷰티콘트롤사, 네이쳐스선샤인프로덕츠(NSP), 유니시티 네트워크(Unicity Network) 등 수많은 회사들의 최고 경영자는 미국인이며 본사가 미국에 있다.

97년에는 전세계 직접판매 매출액의 27.2%인 220억2천만 달러의 매상을 올렸으며, 전세계의 직접판매회원(3,112만명)의 29.9%인 930만명이 네트워크마케팅 사업에 종사하고 있다. 이것은 1996년의 850만명에 비해

9.4%가 증가한 숫자다.

미국직접판매협회(DSA)에 의하면 미국내에서 직접판매에 의한 매상액은 전체 매상액의 9.6%를 차지하고 있다고 한다. 통신판매가 8.3%를 차지하고 있으며 소매판매는 5.3%인 것과 좋은 대조를 이룬다. 미국의 직접판매업계는 지난해 고도성장했으며 앞으로도 계속 이 성장속도를 유지할 것으로 내다보았다.

미국직접판매협회에 의하면 1992년에는 미국 디스트리뷰터의 90%가 여성이었는데, 1997년에는 64.9%로 떨어졌다고 한다. 여성 디스트리뷰터 수가 이렇게 감소한 것은 DSA에 가입한 네트워크마케팅 회사가 지난 몇 년 동안 대거 증가했기 때문이라고 〈머니 메이커 먼슬리〉지는 지적했다.

이밖에 업계가 변한 내용 중 두드러진 특징중의 하나는 근무시간의 변화로, 1992년에는 1주에 30시간 이상 근무하는 직접판매업 종사자는 11.8%에 불과하였으나 1997년에는 이 숫자가 19.4%로 증가하였다.

미국의 다단계판매법은 각 주마다 다른 것으로 조사되고 있는데, 일리노이주의 경우에는 다단계판매에 대한 특별한 등록절차 없이 자유영업을 보장하고 있다. 다단계판매는 피라미드법규, 영업활동법규, 다단계판매법규, 프랜차이즈 및 보안법규와 주(洲)복권법규들에 대해 복합적으로 영향을 받고 있으며, 다단계판매에 관련된 법률은 계속 변경되고 있는 상태다.

미국내의 다단계판매회사들은 주로 신문광고나 우편 등을 통하여 판매원을 모집하는 것으로 보아 특별한 광고규제는 없는 것으로 나타났으며, 일부 미국내 대학에서는 네트워크마케팅을 경영학의 한 과목으로 강좌를 개설한 사례도 있다.

얼마 전에는 미국의 클린턴 대통령이 자국의 네트워크마케팅을 비롯한 직접판매 종사자들에게 행한 격려 연설에서 '직접판매인들은 미국 경제 회생의 주역'이라고 격찬할 정도로 네트워크마케팅이 미국의 국부에 기여하는 바가 매우 크다는 것을 알 수 있다.

제5장 네트워크마케팅의 현황 및 전망 173

"AT&T도 네트워크마케팅에 의한 희생물이 되어버렸다. 일반 유통방식에 의존해온 AT&T는 강력한 네트워크마케팅의 파워로 무장한 US SPRINT와 MCI에 의해 지난 5년간 그들의 장거리 전화서비스 시장을 무려 15%나 잠식당했던 것이다. 코카콜라 역시 네트워크마케팅을 통해 그들의 부드럽고 조그만 음료수를 판매하고 있으며, 세계적인 치약회사인 COLGATE나 세계적인 면도기로 알려진 GILLETE 역시 네트워크마케팅을 진행하고 있는 회사들이다."

〖SUCCESS 1992년 3월호〗

"이제 네트워크마케팅의 세계화는 놀랄만한 일이 아닌 현실로 다가온 것이다. 사업가들 중 누가 감히 이러한 사업 즉, 네트워크마케팅보다 효과적으로 세계시장을 석권할 수 있는 사업형태를 제시할 수 있을 것인가? 이제야말로 국제적인 비밀, 즉 어떻게 이들 네트워크마케팅 회사들이 국제적인 성공을 거두고 있는가 하는 비밀은 더 이상 존재하지 않는다. 이제는 그 네트워크비즈니스를 위하여 뛰어야 할 때이며 내 자신 예견하기를 이러한 엄청난 성공은 이제 겨우 그 서막을 올린 것에 불과한 것이다."   〖『SUCCESS』 1994년 3월호〗

"오늘날 생산 단가는 아주 낮아져서 소매 상품의 85%이상이 유통의 가격에 해당한다. 그러므로 90년대의 가장 큰 기회는 유통가격을 낮추는 자들을 기다린다."   〖UNLIMITED WEALTH(무제한의 부)〗

특별 인터뷰/Interview

"미국내 訪販종사자 7백20만여명 퇴직 샐러리맨 새 일자리로 각광"

닐 오펜(Neil H Offen)美방문판매협회(DSA)회장

경기가 급강하 하면서 기업마다 감량경영이 한창이다. 불황에 대비하는 가장 쉬운 길은 인력을 줄여 몸무게를 가볍게 하는 것이다. 때문에 직장마다 명예퇴직 「붐」이 불어 40~50대 중년 실업이 크게 늘고 있다. 미국도 다운사이징이 한창일 때 일자리를 잃은 샐러리맨들이 방문판매 회사를 찾아 새인생을 개척하는 사례가 많았다. 별 뭣도 없이 스트레스 안받고 자기사업을 시작할 수 있기 때문이다. 미국방문판매협회 회장을 맡고 있는 닐 오펜씨를 워싱턴D.C. 백악관이 바라 보이는 그의 사무실에서 만나 방문판매의 전반에 관해 들어보았다.

〈워싱턴D.C. =金元泰 이코노미스트 主幹〉

―한국 소비자들에게는 방문(직접)판매가 일종의 외판원에 의한 판매형태로 인식되고 있는데요. 이곳에 와보니 미국의 방문판매협회 가입회원의 거대한 조직과 규모에 놀랐습니다. 한국에서는 방문판매의 일종인 다단계판매의 열풍이 불고 있습니다만 미국에서도 신장률이 높은가요.

작년 방문판매 실적 8.4% 늘어

『88년부터 매년 10% 안팎의 증가율을 유지하고 있습니다. 작년엔 소매기준으로 1백79억4천만달러의 실적을 올려 전년동기에 비해 8.4%가 신장됐습니다. 총 판매원은 13.7%가 증가한 7백20만명에 이르고 있고요. 좋은 가격에 품질이 우수한 제품을 취급하다보니 소비자들의 신뢰를 받게된 모양입니다.』

―판매원이 이렇게 늘어나는 이유는 어디에 있다고 보십니까.

『최근 몇년동안 기업들이 다운사이징을 통해 수많은 중간관리직이 일자리를 잃은 현실과 무관하지 않을 듯싶습니다. 새로운 직장을 잡기가 어려운 상황에서 방문판매참여로 새인생을 개척하려는 경우가

방문판매는 정직과 신뢰를 바탕으로 해야 한다는 닐 오펜회장.

많다고 봅니다. 남성이 24%나 되는 것을 봐도 이제 방문판매가 여성 전유물이 아님을 알 수 있지요. 전체 판매원 중 독립계약자는 99.8%로 대다수를 차지하고 있고 종업원은 0.2%에 불과합니다. 모두 독립해서 자영형태로 사업을 꾸려나가고 있습니다.』

―그렇다면 학력이 높은 사람도 상당수 참여하고 있겠네요.

『석사학위 이상이 5%, 학사학위 16%, 준학사학위 8%, 대학중퇴 32% 등으로 고급인력이 많습니다.』

―자신이 사장이고 원하는 시간에 일할 수 있다는 장점도 크게 작용하겠지요.

『협회가 조사(복수응답)한 결과, 73.1%가 그런 이유였고 제품을 좋아하고 신뢰한다는 응답이 90.7%였습니다. 또 파는 일 자체를 즐기는 경우도 48.5%나 됐구요. 연령구성을 보면 아무래도 25~34세가 32.2%로 가장 많고 다음이 35~44세 30.8%, 45~54세 15.3%, 55~64세 9%, 18~24세 7.9%, 18세 미만 0.2%이고 65세이상도 4.5%에 이릅니다.』

―사회보장제도가 잘되어 있는 미국에서도 노인들의 참여가 늘고 있는 원인이 궁금한데요.

『요즘 65세는 옛날 45세 정도로 활력과 의욕이 넘치고 신체도 건강하지요. 특히 긴축재정 여파로 갈수록 사회보장연금이 줄어들고 있는 것도 한몫 하고 있습니다. 방문판매 수입으로 노년을 여유있게 보내는 경우가 많아졌습니다.』

―판매는 아무래도 집에서 이뤄지는 경우가 많겠지요.

『그렇습니다. 집에서 판매하는 방식이 59%, 전화 및 직접접촉이 15.9%, 일터 14.8%, 공개행사 4.3%, 기타 6%로 나타나고 있습니다.』

제5장 네트워크마케팅의 현황 및 전망 175

―어떤 품목들이 취급되고 있습니까.

『화장품·보석류·피부손질 등 개인관리 제품이 아무래도 많고(38.8%) 청소·취사도구·칼붙이 등 가정·가족관리제품(34.4%), 서비스·잡화·기타 (10.3%), 건강제품(9.2%), 레저용품 (7.3%) 등의 順입니다.』

인종·성별·장애자 차별없는 일자리

―방문판매업계에서 人種이나 신체장애자, 여성차별문제 같은 것은 없나요.

『일반 직장에선 인종차별 문제가 때론 심각한데요, 이곳에서는 차별이 전혀 없습니다. 아시아계, 美원주민, 라틴아메리카계, 아프리카계 할 것 없이 모두 참여하고 있습니다. 신체장애자도 약 8%를 차지하고 있습니다. 여성에 있어 승진의 한계, 이른바「글래스 실링」같은 관행도 없습니다. 연 10만달러 이상을 버는 여성들도 많습니다. 일반직장에서 남성이 1달러를 벌 때 여성은 72센트를 버는 것으로 조사되고 있습니다만 방문판매의 경우 거의 동등해요.』

―여러 인종의 벽을 뛰어넘어 방문판매가 확대될 수 있다는 뜻으로 받아들이고 싶습니다만 그래도 단일민족이 사는 나라보다는 판로개척이 어렵지 않겠습니까.

『나는 유태인입니다. 미국의 유태인들은 절반 이상 비유태인과 결혼합니다. 2050년이 되면 유태인 지역사회가 없어

<닐 오펜 회장은 누구?>
23년째 DSA회장 맡아

유태인계로 헌스 대학을 졸업하고 조지 워싱턴 대에서 법학박사 학위를 받은 뒤 변호사와 로비스트로 활약. 미국내 1백 80개 방문판매업체(판매원 7백20만명)가 등록되어 있는 86년 전통의 방문판매협회(Direct Selling Association)회장직을 73년부터 맡고 있다. 현재 43개 회원국을 보유한 국제방문협회연맹(WFDSA)의 국제 사무총장직도 겸임하고 있다. 94년에는 클린턴 대통령에 의해 Inter-American Foundation 이사로 임명되는 등 烏정계에서 마당발로 통한다. 89년부터 90년까지는 烏협회경영인학회와 백악관의 연결창구 역할을 수행하기도 했다. 83년에는 방문판매업계의 최고 영예인 방문판매 명예의 전당(Direct Selling Hall of Fame)대상자로 선정됐고 87년에는 우수협회 경영인상을 수상하기도 했다.

질 것으로 예상합니다. 문화를 서로 공유하면서 동화될 것이라는 이야기지요. 아시아계도 잘 적응하고 있고 특히 베트남인들의 성취도는 놀라울 정도입니다.』

―일부는 일확천금의 신기루를 좇아 방문판매 전선에 뛰어들기도 하는데요 단시일내에 큰 돈을 벌 수가 있나요.

『허황된 꿈은 금물입니다. 가장 나쁜 것은「단시일내에 얼마를 벌 수 있다」며 판매원을 모집하는 경우일 것입니다. 미국의 경우 전체 방문판매원 중 47%가 연 5백달러 이하밖에 못벌고 있지요. 물론 이들의 본업은 따로 있고 파트타임으로 일하는 경우이지요. 결국 풀타임(주당 40~60시간)으로 일하더라도 평균 연 5만달러를 벌기가 쉽지 않다는 이야기입니다. 연간 10만달러 이상 수입을 올리는 경우는 0.6%에 불과합니다. 다시 강조하지만 돈이 저절로 들어오지는 않으며 하룻밤에 이뤄지지도 않습니다.』

―한국에서도 요즘 경제사정이 안좋아 대량해고의 바람이 불고 있는데요. 실직자들에게 다단계판매에 뛰어드는 것을 권유하시겠습니까.

『직장을 갖고 있을 때 시간을 내 단계적으로 시작하는 것이 좋습니다. 본업에서 기본 생활비는 충당되는 상태에서 부업으로 시작한다면 성공확률이 높지요. 막상 실직상태에서 허겁지겁 참여하면 아무래도 성공하기가 어렵습니다.』

―방문판매가 세계적으로 확산되는 요인은 무엇입니까.

『국경이 없다는 것이 장점이지요. 세계방판협회 회의장면은 마치 UN총회 같은 인상을 줍니다. 한국의 디스트리뷰터가 중국 또는 베트남에서 일 할 수 있습니다. 앞으로는 인도 인구가 중국을 능가할 것으로 보기 때문에 이곳에서의 가능성도 열려있지요.』

―디스트리뷰터들이 강제판매 등 물의를 일으킬 때는 어떤 조치를 취하는지요.

세계 訪販員 행동강령 곧 나와

『「독립사업자이므로 컨트롤 할 수 없다」는 핑계는 금기시 합니다. 회사가 이를 모른척할 때는 집행관을 통해 벌금을 물리는 등 제재를 가합니다. 곧 새로운 세

세계 방문판매현황 (96년8월 현재)		
국명	연도	판매액(백만달러)	판매원수(명)
아르헨티나	95	902	380,000
호주	95	1,600	615,000
오스트리아	95	300	20,000
벨기에	95	163	12,000
브라질	95	3,000	800,000
캐나다	94	844	600,000
칠레	95	125	90,000
체코	93	22	18,630
덴마크	94	35	3,620
핀란드	95	79	8,000
프랑스	95	2,100	300,000
독일	95	2,670	191,000
그리스	93	22	24,000
홍콩	95	78	98,000
헝가리	94	59	115,700
인도	95	70	12,000
인도네시아	94	160	600,000
아일랜드	95	19	5,000
이스라엘	94	45	7,500
이탈리아	95	2,170	400,000
일본	95	30,400	2,000,000
한국	95	1,680	475,988
말레이시아	95	640	1,000,000
멕시코	95	1,200	1,000,000
네덜란드	93	130	33,750
뉴질랜드	95	132	68,000
노르웨이	95	80	8,000
페루	94	160	100,000
필리핀	92	74	420,000
폴란드	95	130	180,000
포르투갈	93	83	33,500
싱가포르	95	94	33,000
슬로베니아	94	28	4,900
남아공	94	300	100,000
스페인	93	691	84,270
스웨덴	94	100	31,000
스위스	93	196	5,700
대만	95	1,920	2,000,000
태국	95	562	310,000
터키	94	75	110,000
영국	95	1,230	474,000
미국	95	17,940	7,200,000
우루과이	95	29	22,000
합		72,337	19,999,588

자료: 국제방문판매협회연맹

계행동강령이 인준될 것입니다.』

―한국에서는 암웨이 성공으로 대기업들이 잇따라 다단계판매에 뛰어들고 있는데요. 어떻게 전망하십니까.

『기존 유통망을 유지하면서 동시에 다단계판매형태를 추진하기는 어렵지요. 왜냐하면 販賣價가 차이 나기 때문입니다. 브랜드를 달리하면 모르지만요.』

―다시 태어 난다면 무슨 일을 하고 싶습니까.

『저널리스트가 되겠습니다. 美언론자유를 위해 정직과 성실을 무기로 뛰고 싶습니다.』 ◎

【THE WEEKLY ECONOMIST 1996. 9. 24】

클린턴 대통령 DSA(미국직접판매협회) 연설문 전문

미국 경제 성장의 역군이자 아메리칸 드림을 가능케 하는 판매인 여러분께 말할 기회를 갖게 돼서 기쁩니다.

직접판매원들은 세계경제운동의 주역입니다.

미국에서는 규칙을 준수하면서 열심히 일하고 자신과 가족에 대한 의무를 기꺼이 지키는 사람들 모두에게 밝은 미래에 대한 기회가 제공됩니다. 그것은 미국의 근본적인 약속입니다. 저도 그렇게 해서 대통령이 되었으며 그것은 직접판매가 추구하는 목표이기도 합니다.
여러분 개인의 성공은 경제와 나라를 튼튼히 할 뿐 아니라 다른 이들에게 기회를 제공합니다. 여러분은 세계경제운동의 주역들인 것입니다. 직접판매는 이미 전세계에서 비약적인 성공을 거둔 바 있습니다. 미국에서는 지난해 700만명 이상이 직접판매 업계에서 활동했으며, 매주 7만명이 신규판매인으로 새롭게 참가하고 있습니다. 직접판매는 여러분들에게 새로운 기회를 제공해 주며, 여러분들은 직접판매를 통해 새로운 공동체를 만들어가고 있습니다.
직업과 인종, 신념을 초월해서 모두들 직접판매, 네트워크마케팅의 기회를 잡으려하고 있습니다. 그중에는 30만명 이상이 65세가 넘는 노인입니다. 각종 장애인도 50만명이 넘습니다. 또한 3/4은 여성입니다. 이들은 모두 가족을 부양하고 자녀를 양육하면서도 역경을 헤치면서 전진하고 있는 것입니다.

미국 경제회생의 주역인 여러분들을 자랑스럽게 생각합니다.

여러분은 미국의 보편적 가치를 전세계에 전파했습니다. 현재 50개국에서 3000만명이 디스트리뷰터로 종사하고 있습니다. 업계의 수년간 성장속도를 본 저는 놀랄 수 밖에 없었습니다.
개방된 러시아에서는 디스트리뷰터가 10만명, 중국에서는 60만명이나 됩니다.
여러분들은 지난 4년동안 미국 경제를 회생시켰으며 그런 여러분들을 자랑스럽게 생각합니다. 물론 여러분들의 성공에도 도움이 되었죠.
1000만개가 넘는 새 일자리가 창출되었으며, 재정적자가 60% 삭감되었습니다. 남북전쟁 이후 처음으로 4년 연속 재정적자가 줄었습니다. 또한 7년 반만에 가장 낮은 실업률을 기록했으며, 180만명이 최저 연금 수혜자에서 벗어났습니다. 아동복지 기금은 40% 증대됐으며 지난 3년간 '스몰비즈니스'는 계속 성장기록을 갱신중입니다.
저는 특히 많은 자영업자가 생긴다는 사실이 자랑스럽습니다. 정부도 최대한 지원할 것이며 백악관도 모든 스몰비즈니스 지원 방안을 강구 중입니다.

직접판매인들에게는 더 많은 기회가 제공되어야 합니다.

SBA(중소기업청) 대출절차 간소화는 그 좋은 예입니다. 정부는 여성에 대한 대출을 300% 증대시켰으며 자영업자에 대한 세금은 250% 감소시켰습니다. 스몰비즈니스에 투자하는 모든 분은 감세의 대상입니다.
또 퇴직 보험에서 제외함으로써 판매원 확보를 용이하게 했습니다. 최근에는 세금부담을 더욱 줄이자는 의미에서 건강보험을 이익잉여금에서 충당토록 조치했습니다. 아무쪼록 이런 조치가 큰 도움이 되길 바랍니다.
하지만 아직도 판매인들에게는 더 많은 기회가 제공되어야 합니다.
여러분의 성공도 그런 기회에서 비롯된 것이기 때문입니다. 그것이야말로 아메리칸 드림입니다.
직접판매에 종사하시는 여러분들께서 사람들에게 꿈을 심어 주고 보다 많은 사람들에게 꿈을 갖게 한 것에 감사드립니다.
여러분의 노고를 치하하며 미국과 여러분들에게 축복이 있기를 기원합니다.

(2) 일본

일본을 빼놓고는 네트워크마케팅을 논할 수 없다. 일본은 전세계 네트워크마케팅 시장의 40% 가량을 차지하는 세계 최대의 네트워크마케팅 시장을 형성하고 있다. 97년에는 방문판매를 합해 302억 달러의 매출을 올렸으며 판매원의 수는 250만명에 이른다. 미국에서 수많은 우여곡절 끝에 자리를 잡아온 네트워크마케팅이 일본에서 꽃을 피웠다고 한다. 때문에 전에는 미국에서 설립된 회사가 수년 후 일본에 진출하는 경우가 대부분이었지만 요즘은 미국계회사가 일본에서 동시에 오픈하거나 오히려 일본에서 먼저 사업을 시작하는 경우도 있다.

네트워크마케팅의 역사가 우리나라보다 오래된 일본의 경우 이미 엄청나게 많은 네트워크마케팅 회사들이 저마다의 독특한 제품과 판매보상계획을 가지고 일본 시장에서 성공하기 위한 치열한 경쟁을 벌이고 있다. 그만큼 일본 유통업계에서 네트워크마케팅이 차지하는 비중이 날로 높아져 가고 있는 추세인데, 이는 네트워크마케팅에 대한 일반 서민들의 관심도 날로 증가하고 있다는 뜻이며, 현재 여러 출판사에서 쏟아져 나오는 네트워크마케팅 회사들에 대한 안내 책자들의 분량만으로도 가히 짐작해 볼 수 있다. 이들 여러 책자 중에는 이미 수십만권 이상이 팔려 베스트셀러가 된 책자들도 상당수 있다.

일본은 네트워크마케팅을 하기에 천혜의 조건을 갖추고 있다. 일본은 미국처럼 땅덩어리가 광활하지도 우리나라처럼 좁지도 않으며, 인구 1억3천만명으로 시장이 좁지도 않으며, 인구밀도가 높고 사람들 사이에 친밀한 인간관계가 형성되어 있다. 일을 시작하기 전에는 치밀하게 계산하지만 일단 시작한 일은 끈기있게 추진하기 때문에 한번 조직이 구축되면 쉽게 무너지지 않는다. 또한 일본은 소득수준이 높고, 네트워크마케팅의 필수 제품인 화장품 및 건강식품에 대한 인식도 높아, 좋은 품질의 제품이라면 가격에 대한 저항감이 없이 쉽게 접촉할 수 있다.

〔 일본 네트워크마케팅 기업의 연간 매상고 랭킹 30위 〕

순위	회 사 명	매상고(100만엔)	전년대비(%)	결산월	주력상품
1	일본암웨이	111,112	-6.6	8월	화장품
2	三基商事	97,000		1월	영양보조식품
3	뉴스킨재팬	59,350	-13.2	12월	화장품
4	샤를레	46,040	-0.1	3월	속옷
5	노에비아	36,140	-4.0	9월	화장품
6	FLP재팬	33,000	3.4	9월	영양보조식품
7	다이아나	31,000	4.7	6월	속옷
8	사미트인터내쇼날	29,175	-0.1	9월	속옷
9	高陽社	27,800	19.3	4월	영양보조식품
10	샨데르	26,000		3월	속옷
11	허벌라이프오브재팬	25,680	-24.3	12월	영양보조식품
12	일본엔리치그룹	24,700		12월	영양보조식품
13	뉴웨이즈재팬	21,100	16.0	8월	영양보조식품
14	일본타파웨어	19,630	1.0	12월	주방용품
15	에리나	17,870	4.0	12월	화장품
16	재팬헬스사미트	17,048	-6.5	3월	영양보조식품
17	일본샤크리	16,606	-0.7	3월	영양보조식품
18	모린다인터내셔널일본지사	15,600	77.2	12월	영양보조식품
19	마르코	15,281	-21.4	8월	속옷
20	이온화장품	14,359	-7.0	5월	화장품
21	크리스티	13,000	15.0	3월	미용기기
22	MPG	12,590	-12.0	10월	정수기
23	아슈란	10,791	-5.0	6월	화장품
24	베르세레쥬	10,250	5.7	7월	화장품
25	로얄코스모	10,101	-8.0	9월	침구류
26	御木本제약	9,775	-15.0	12월	화장품
27	크리오	9,391		4월	영양보조식품
28	KSB	8,640		6월	침구류
29	네이쳐케어재팬	8,300		6월	영양보조식품
30	夢源	8,208		6월	영양보조식품

※ 연간매상고는 2000년 10월부터 2001년 9월까지 사이에 결산기를 대상으로 했음.

(3) 타이완

타이완은 국민 대비 사업자의 비율이 가장 높은 나라로서, 인구(2200만명)의 13%인 280만명이 직접판매에 참여하고 있으며, 12억 달러(1998년)의 매출을 올리고 있다. 수많은 작은 규모의 가족 중심의 회사들로서 경제를 형성해가는 타이완은 직접판매의 성공에 필요한 요건들인, 가까운 가족 유대, 일에 대한 열정, 사업적인 기질 등을 모두 갖추고 있어, 성공적인 시장을 형성할 것으로 기대된다. 2006년까지 100%의 성장을 이룰 것으로 전망돼, 25억 달러의 매출과 500만명의 디스트리뷰터 확보를 이룰 것으로 보인다.

(4) 중국

중국은 막대한 인구, 저렴한 노동력, 넓은 국토, 풍부한 자원이 있어 세계 최대의 네트워크마케팅 시장으로 떠오르고 있는 곳이다.

현재 중국에서 다단계판매 사업을 하고 있는 37개 업체 가운데 최대 다단계판매업체로 자리를 굳힌 중국암웨이는 95년 4월 10일 중국에 진출하여 지금까지 모두 1억달러를 투자하였고, 현재 1,200여명의 직원과 8만여명의 디스트리뷰터들이 활동하고 있으며, 97년도에는 1억7800만달러의 매출을 올렸다.

그런데, 98년 4월 중국 농민 12만여명이 대만계 자회사가 운영하는 피라미드 업체에 돈을 날려 5만여명이 환불을 요구하는 시위가 발생하여(중국〈工人日報〉), 중국 국무원에서는 '다단계판매 경영활동 금지에 관한 통지'를 통해 4월 21일부터 어떠한 형태의 다단계판매활동도 금지하며 이전에 그러한 허가를 받은 기업도 모두 그같은 판매활동을 중지해야 한다고 밝혔다. 국무원 통지는 소비자의 합법적인 권익보장, 공정한 경쟁촉진, 시장 경제질서와 사회안정 유지를 위해 이같은 조치를 취한다고 밝히고, 다단계판매는 중국 현실에 맞지 않으며 이미 커다란 위험과 손해를 야기하고 있다고 지적했다. 이로 인해 이미 허가를 받고 영업중인 미국의 유명한 다단계판매회사인 암웨이·에이본·메리케이·터퍼웨어·샤클리 등 37개의 업체들은 영업기반을 잃고 매장판매나 방문판매로 전환했다.

중국의 다단계판매 금지와 관련하여 국내외적으로 비난의 소리가 높은 가운데, 유럽직접판매협회연맹(FEDSA)과 미국직접판매협회(DSA)의 지속적인 노력으로 중국의 조처에 맞선 결과 중국 당국은 새로운 법령을 발표하였다. 새 법령에 따르면 직접판매회사들은 점포를 가지고 있어야 하며, 판매사후서비스를 보장해야 하고, 판매원에게는 서명 날인된 계약서를 발부하여 판매원에 대한 법적 책임을 지게 된다. 또한 판매원은 재판매를 위해 회사에서 제품을 구입할 수 없으며, 자신이 직접 판매한 제품에 대해서만 수당을 지급받을 수 있다. 중국의 다단계판매금지 조치는 소비심리가 위축된 가운데 법규 개정논의를 진행하던 국내 업계에 적지않은 영향을 미쳤다.

(5) 독일

세계직접판매협회(WFDSA)의 98년 국가별 직접판매 매상액과 판매원수에 관한 자료를 보면, 독일은 방문판매나 다단계판매 등 직접판매로 유통되는 매출액이 연간 36억달러로 일본과 미국, 프랑스에 이어 세계에서 4번째로 큰 직접판매 시장을 형성하고 있는 나라다.

독일이 세계에서 네 번째로 큰 직접판매 시장을 형성하고 있으면서도, 판매원수는 세계 15번째 수준인 455,000명선을 유지하고 있는 것은, 독일에서 판매원이 되기 위한 절차가 까다롭기 때문이다. 다단계판매를 하고자 하는 사람은 정부에 사업자등록을 해야 하며, 다단계판매회사에서도 사업자등록을 한 사람에 한해서만 회원으로 가입받고 있어 사업자등록을 하지 않은 일반인을 판매원으로 가입시키는 것은 불법이 된다. 그래서 독일에서 다단계판매에 종사하는 판매원들은 다른 나라에 비해 상대적으로 정예화되어 있으며 수준도 비교적 높다고 한다.

(6) 프랑스

프랑스의 직접판매실적은 96년 기준으로 11억달러, 직접판매원의 수도

제5장 네트워크마케팅의 현황 및 전망 181

【일요신문 1996. 8. 4】

17만명선에 불과하다. 이처럼 직접판매시장의 성장이 미미한 것은 문화적인 토양이 다르고, 유통방식이 하이퍼마켓과 슈퍼마켓을 중심으로 발달해 왔으며, 직접판매의 주된 품목인 퍼스널케어 제품의 품질이 세계 최고 수준에 있어 싼 제품이 발을 붙이기 어려웠기 때문이다. 따라서 프랑스에서 활동하고 있는 다단계판매회사들에 대한 대중의 인식도 매우 낮은 편이다.

최근들어서야 다단계판매 등 직접판매에 대한 관심도가 점증하고 있고, 직접판매를 기존의 유통업에 대한 새로운 도전으로 인식하고 있다. 정부에서도 직접판매방식이 신규 고용창출의 효과가 있다는 점을 감안해 관련 조합의 설립을 유도하는 등 직접판매방식의 발전을 장려하고 있다.

현재 프랑스에서 시행되고 있는 다단계판매 마케팅은 법에서 규정하기 이전에 성행했던 기존의 피라미드 방식에서 나타난 폐해를 없애고 제도적인 차원에서 양성화 및 활성화한 것으로 정착단계에 접어들고 있다. 제도의 양성화 과정을 거쳐 다단계판매방식으로 정착한 요즘은, 매장운영비 등의 추가비용이 들지 않는 다단계판매 상품이 일반 슈퍼마켓이나 백화점보다 저렴한데다 새롭고 매력적인 제품으로 친근하게 다가가고 있어 소비자의 인식이 호전되고 있다.

(7) 캐나다

캐나다는 유엔 인간개발본부가 전세계 160개국의 교육·평균수명·구매력·사회경제발전·깨끗한 환경·범죄율·주택수·레저시설 등의 지표를 활용하여 생활의 질을 측정한 결과, 생활의 질이 가장 높은 1위 나라로 선정했다. (2위 스위스, 3위 일본, 4위 스웨덴, 5위 노르웨이, 6위 프랑스, 7위 호주, 8위 미국, 9위 네덜란드, 10위 영국, 29위 한국, 52위 태국, 83위 말레이시아, 121위 베트남)

정부 통계에 의하면 캐나다의 네트워크마케팅 회사수는 430개, 등록된 디스트리뷰터수는 438만명으로 회사당 평균 1만명의 디스트리뷰터가 등록되어있는데, 이는 한 사람이 여러 네트워크마케팅 회사에 중복 등록되었기 때문인 것으로 추정된다. 그러나 네트워크마케팅 관련 하청업체, 네트워크마케팅회사 종업원, 제조업자, 인쇄업자, 컴퓨터 관련업체, 변호사, 운송업자, 소비자 등을 포함하면 캐나다의 네트워크마케팅산업에 종사하는 인원은 엄청난 숫자에 달할 것이다.

　캐나다의 네트워크마케팅 시장은 매우 활기를 띠고 있어, 캐나다의 각 지역에서 매우 많은 회사가 창업하고 있으며, 미국 국경을 넘나들며 네트워크마케팅 사업을 하는 사람들이 많다. 특히 캐나다를 해외진출의 시금석으로 삼는 미국의 네트워크마케팅 회사가 많다.

지구촌을 휩쓰는 네트워크마케팅

다단계회사에 가입하는 인구는 주당 평균 15만명에 이른다고 한다. 주말을 제외하면 하루 3만명이 다단계 사업을 시작하는 셈이다. 다단계 사업으로 올리는 수익은 한 해에 1,000억 달러에 이르고, 해마다 10%씩 늘어나고 있다. 엄청난 숫자다. 이 숫자는 앞으로도 더 늘어날 것이다. 가정주부·변호사·건설업 종사자·회계사 등 사상 유례없는 각계 각층의 사람들이 모여들고 있다.

위험부담이 적은 반면 수익성이 높고 우수한 제품을 취급한다는 장점 때문에 사람들은 네트워크마케팅에 이끌리게 된다. 그러나 네트워크마케팅을 폭발적으로 성장하게 하는 원동력은 인간관계이다. 사람들을 도와주고 사람들과 더불어 자라고 사람들에게 봉사하는 인간관계라는 것이다.

미국에서 시작된 네트워크마케팅은 오늘날 전세계 125개국에서 크게 번창하고 있다. 특히 한국·일본·중국 등이 있는 동아시아 지역에서 특히 기세를 떨치고 있는 것은 놀라운 일이 아니다. 일본은 오늘날 세계 최대의 네트워크마케팅 시장이다. 세계직접판매협회연합(WFDSA)에 따르면 일본에는 현재 200만명의 디스트리뷰터가 있고 1년간 매상고가 300억 달러에 이른다고 한다. WFDSA는 직접판매협회의 회원인 회사의 숫자만 다루고 있기 때문에 실제로는 이들 숫자를 훨씬 웃돌 것이다. 일본암웨이만해도 100만명이 넘는 디스트리뷰터를 거느리고 있다. 회사는 매상액을 신고해야 할 의무가 있는데 이 실적은 가히 기록적이라 할 수 있다. 일본 네트워크마케팅 업계는 그야말로 밑도 끝도 없이 계속 뻗어나가고 있는 것이다.

한국과 대만은 네트워크마케팅 분야의 세계 10대 시장 중 상위권에 자리잡고 있다. 이 두 나라의 연간 매상액이 20억달러에 이른다. 대만 사람 12명 가운데 1명은 네트워크마케팅 업무에 종사하고 있다. 미국 일리노이 시카고 대학 네트워크마케팅 세미나의 창설자인 찰스 킹 박사는 서울에서 〈다이렉트 셀링〉지와 공동으로 네트워크마케팅 세미나를 2회 개최하였고 서울을 발판으로 이 세미나를 세계 각국에 퍼뜨려 나갈 계획을 세워두고 있다.

국부(國富)의 대부분이 소수의 손 안에 집중되어 있는 말레이시아에서도 100만명

이상의 디스트리뷰터들이 활동중이며, 이들은 한 해에 10억달러에 가까운 매상을 올리고 있다. 동남아로 가는 관문 중의 하나인 태국의 경제도 호황을 누리고 있다. 수도 방콕의 인구만 해도 1400만명이나 된다. 네트워크마케팅 회사가 방콕에 몰려있는 이유를 알 만하다.

유럽경제공동체(EEC)에는 경제 강국이 많이 있고 인구도 4억이나 된다. 큼직한 네트워크마케팅 시장이 4개 있고 매우 유망한 시장이 여럿 있다. 독일·이탈리아·프랑스의 연간 매상고는 20억 달러가 넘고 영국은 10억달러가 넘는다. 유럽경제공동체의 결성은 네트워크마케팅의 성공에 크게 기여하였다. 유럽에서는 네트워크마케팅 사업가가 주와 주, 나라와 나라 사이를 자유롭게 왕래한다. 개방과 더불어 유럽 전체를 취급하는 사업 근거지를 마련하는 것이 가능해진 것이다. 유럽에서 가장 관심의 대상이 되고 있는 곳은 동유럽권 나라들이다. 재래식 유통구조 때문에 입을 통한 광고와 직접 전달에 의존할 수 밖에 없는 상황이 네트워크마케팅을 크게 번지게 하고 있다. 암웨이가 루마니아에 진출한 지 1년 남짓 지나자마자 이 나라 인구의 1% 이상이 암웨이 사업에 참가하였다. 참으로 엄청난 비율이다. 슬로베니아, 폴란드, 체코공화국, 러시아, 헝가리에서도 마찬가지다.

'태양의 나라' 스페인에서는 7억 달러어치의 제품이 팔렸고, '푸른 산악의 나라' 오스트리아에서는 3억 달러, 알프스산이 솟은 스위스에서는 2억 달러, 그리고 스웨덴·노르웨이·핀란드 등의 스칸디나비아 각국에서는 수억 달러가 넘는 연간 매상이 기록되고 있다.

세계에서 세 번째로 큰 네트워크마케팅 시장은 남미에 있다. 남미 최대의 국가이며 스페인어를 사용하지 않는 유일한 나라인 브라질에는 거의 100만명의 디스트리뷰터들이 있고, 1년에 30억 달러 이상의 매상고를 올린다. 아직 손도 대지 않은 광물자원과 자연자원의 보고인 브라질의 잠재 경제력은 엄청나다. 미래를 바라보는 사람은 모름지기 브라질에 눈을 돌려야 한다. 브라질을 제외한 남미의 나머지 지역에는 스페인어를 사용하는 나라들이 자리잡고 있다. 이들 나라에서는 제품의 질을 중요시한다. 제품설명회·홈미팅 등은 주로 여성 네트워크 마케터가 주재하는데, 이런 행사를 통하여 네트워크마케팅 사업은 계속 성장한다. 라틴 문화권에 있는 사람들은 용모를 중요시하므로 퍼스널케어 제품이나 건강보조식품이 잘 팔리게 마련이다. 이런 면에서 아르헨티나는 특히 네트워크마케팅이 크게 성공할 수 있는 나라로 꼽을 수 있다. 연간 매상고는 약 10억 달러.

비교적 네트워크마케팅이 진출하지 못한 지역이 아프리카지만 남아프리카만은 예외다. 남아프리카의 네트워크마케팅 시장 규모는 연간 매상액이 3~4억 달러에 이른다. 나머지 아프리카 국가들은 경제여건상 네트워크마케팅 회사가 진출하지 못했다. 그러나 몇몇 나라에서는 천연자원 덕택으로 경제 상태가 호전되어 제품을 구입할 수 있는 현금 여유가 생기기 시작했다. 제품 유통 인프라가 전혀 없는 상태였지만 점점 경제가 개발되어 가기 때문에 네트워크마케팅 사업 성공의 기틀이 잡혀가고 있는 지역이다.

마지막으로 유망한 지역은 인도다. 7억의 인구를 가지고 있는 이 대국(大國)의 90%는 '중산층'이다. 이들은 교육수준이 높고 사업 수완이 뛰어나며 부지런하다. 게다가 대부분의 인도인은 영어를 사용한다. 인도는 네트워크마케팅의 '세계 최대의 잠자는 거인'이다.

얼마 전에 개척자들은 자유와 부, 보다 나은 삶을 찾아 포장마차를 타고 서부의 평원을 달려갔다. 우리가 지금 지향하고 있는 일은 결국 개척자들이 추구한 것과 같은 것들이다. 예전에 양치기는 자신의 양모와 농부가 만든 버터나 대장장이가 만든 연장을 바꿔 쓰곤 했다. 우리가 네트워크마케팅을 통하여 퍼스널 케어 제품을 팔고 그 대신 장거리 전화 서비스를 받는 것도 마찬가지 이치다.

네트워크마케팅은 한마디로 말해서 인간관계다. '내 등을 긁어주면 네 등도 긁어주겠다'는 속담이 있다. 서로 도와주고 밀어주는 네트워크마케팅은 옛날 우리 조상들이 하던 방식을 따르고 있다. 그러나 이 상거래는 전세계에 걸쳐서 미래의 마케팅으로 엄청난 힘을 발휘하며 자리를 잡아가고 있다.

　　　　　　　　리즐리 골즈버러(Ridgely Goldsborough), 미국 「업라인」지 사장

〔*International Network Marketing Directory*, 1998년판〕

2. 국내 다단계판매시장의 현황 및 전망

(1) 다단계판매업계의 현황

경제평론가 엄길청 교수는 다음과 같이 말한다.

"진정한 소비자 중심의 네트워크 망을 형성할 수 있는 네트워크마케팅 방식이 바로 21세기가 요구하는 경제이며 사업형태이다. 따라서, 경제의 주체가 공급자 중심에서 소비자 중심으로 옮아가고 있는 바로 지금이야말로 네트워크마케팅 방식의 사업이 호황을 누릴 수 있는 적시(適時)다"

1) 네트워크마케팅 시장의 전성기 - 2001년 총매출 3조 8286억원 달성

95년 1610억의 매출을 기록했던 네트워크마케팅 시장은 96년 7694억, 97년 9195억 등을 기록하며 폭발적인 신장세를 보이다, IMF 사태로 98년 4450억으로 매출이 급감, 시장 존속에 대한 위태로움이 업계 내부적으로 대두되기도 했지만, 99년에 9146억이라는 매출을 기록하며 어려운 고비를 넘겼다. 이어 2000년에는 99년 대비 118% 상승한 2조원이라는 기록적인 매출을 달성하였고, 2001년에는 2000년 대비 93% 성장한 3조 8286억원의 매출을 달성함으로써, 한국 네트워크마케팅 시장은 또한번 도약의 기회를 맞이하며, 21세기 새로운 유통시장의 판도를 변화시킬 수 있을만큼 거대 규모를 형성하게 되었다.

◇ 연도별 총매출 변화그래프(1995년~2002년)

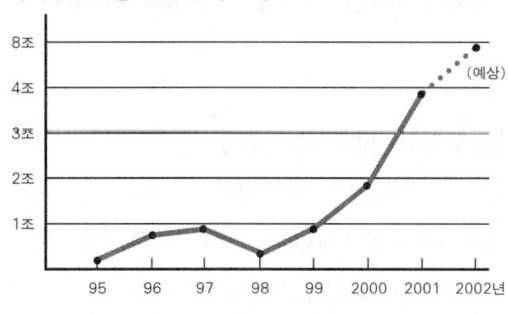

연도	연간총매출액
1995년	1,610억원
1996년	7,695억원
1997년	9,195억원
1998년	4,458억원
1999년	9,146억원
2000년	2조원
2001년	3조8286억원
2002년	8조원(예상)

2) '한국 1000대 기업'에 네트워크마케팅 5개사 랭크

〈매일경제〉가 발표한 '2000년 한국 1000대 기업'의 매출 순위에서 네트워크마케팅 업체인 한국암웨이(344위), 앨트웰(560위), SMK(571위), 한국허벌라이프(973위) 등이 순위에 올랐다. 순이익면에서는 앨트웰(174위), 한국암웨이(247위), 한국허벌라이프(416위), 썬라이더코리아(585위) 등이 올랐으며, 특히 순이익 증가율 순위에서는 한국암웨이가 전체 17위를 기록하는 등, 네트워크마케팅 회사들이 한국 1000대 기업 상위권에 랭크되었다는 것은 유통시장에서의 다단계판매의 위상이 매우 높아졌다는 것을 의미한다.

3) 외국 네트워크마케팅 회사들의 한국 진출 러시

니켄, 메리케이, 유니시티, 에이본, 트루웰네스 등 대규모 외국 네트워크마케팅 회사들이 한국에 진출하고 있다는 것은 현 한국 시장 정세가 '매우 긍정적이고 잠재력이 있다'는 증거라고 할 수 있다. 특히, 유럽에서는 이미 널리 알려진 106년 전통의 건강식품 전문 다국적 기업 '로얄 누미코'가 엔리치와 렉솔을 인수 합병하여 새롭게 탄생시킨 '유니시티네트워크'는 모회사인 로얄누미코의 공신력과 자본력, 엔리치와 렉솔의 제품력과 네트워크망 등이 조화를 이룬 거대한 네트워크마케팅 회사로서 '업계 Top3' 진입을 빠른 시간내에 달성할 것으로 보여 업계 관계자들을 긴장시키고 있다. 외국에서 이미 검증받은 제품력과 회사 인지도, 네트워크망 등을 무기로 한국시장에 진출한 이들 회사들은 한국 직접판매 시장의 수준을 한층 업그레이드시키며 승승장구하고 있다.

4) 각종 제조사 및 중소기업 등과의 전략적 제휴 활발

한국암웨이의 원포원 전략을 시작으로 한국허벌라이프, 엔에스이코리아, 네이쳐선샤인코리아 등 업계 상위권을 달리고 있는 회사들과 중소기업간의 전략적 제휴가 러시를 이루고 있다. 중소기업 입장에서도 요즘처럼 경영에 어려움을 겪고 있는 상황에서는 이보다 더 좋을 수는 없을 것이다. 전문적인 기술을 보유하고 있는 제조업체들과의 제휴 러시는 네트워크마케팅 업계의 발전을 도모함은 물론 소비자 만족을 우선하는, 예전과는 다른 시장 분위기를 반영하고 있는 셈이다.

5) 인터넷과 네트워크마케팅의 접목 … 온·오프라인의 조화

모든 것이 인터넷으로 연결되는 현실에서 네트워크마케팅 시장에서도 변화의 물결이 거세다. 앞으로 인터넷에 관련된 사업은 더욱 번창할 것이라는 것이 공통된 의견이다. 지금까지 네트워크마케팅 경쟁력의 원천을 사람, 제품, 보상플랜 등 3가지로 구분했다면 앞으로는 여기에 IT가 추가될 것이다.

온라인 활성화의 가장 큰 목적은 신속한 서비스, 예비 네트워커 확보를 위한 교육 시간의 절약, 세계를 무대로 한 글로벌 마케팅의 완성 등을 꼽을 수 있다. 부업 개념이 강한 네트워크마케팅 시장에 불기 시작한 대기업 직장인들과 교원들의 네트워커 활동에 온라인이 결합한다면 시간상의 문제와 무리한 사업 참여 요구 등으로 몸살을 앓고 있는 직장인과 교원 집단의 네트워커 활동은 한결 수월해질 것이다.

또한 온라인상에서 제품 전시, 보상플랜, 회사 소식, 매출 등록, 철회 등을 할 수 있어 사측 입장에서는 시설투자를 위한 자금을 상품 개발 및 고객서비스를 위한 자금으로 선회할 수 있어 일거양득이라 할 수 있다.

6) 사회적으로 긍정적인 인식변화

실직을 한 화이트칼라 계층들이 '무자본으로 부담없이 시작할 수 있는 다단계 사업을 시작해보자'는 생각으로 IBO로 활동을 하게 되고, 이들의 성공에 자극 받아 또다른 사람들이 사업을 시작하는 '긍정적인 순환'이 계속되고 있다.

이런 일련의 변화들은 네트워크마케팅 회사들의 사회활동 등이 활성화되면서, 사업 외적인 면에서도 사회·경제·문화 등에 기여하는 바가 커짐에 따라 인지도가 높아진 것과 아울러 제품의 질, 가격 경쟁력, 후원수당의 매력, 건국대 경영대학원 네트워크마케팅 CEO 과정 신설 등이 알려지면서 더욱 가속화된 것이라고 볼 수 있다.

7) 네트워커 수준 한 단계 업그레이드

2000년 네트워커 의식조사에서 응답자 중 46%가 대졸이상의 학력을 가진 것으로 나타났다. 이는 IMF 체제와 근래 경기불황의 여파를 타고, 화이트칼라 계층등이 대거 네트워크마케팅 시장으로 유입된 결과로 볼 수 있다. 때문에 이들 화이트칼라들의 사업 진행은 구태의연한 관행을 타파하는 것은 물론 합리적인 마인드로 업계에 새바람을 불어넣고 있다.

현직 의사, 변호사 등 전문직 사업자들의 부업 참여와 인터넷 쇼핑몰과의 만남 등으로 2001년 네트워크마케팅 시장은 폭발적 성장을 기록했다.

8) 다양한 상품 - 여행상품권이나 소프트웨어도 팔아요!

네트워크마케팅 회사에서 취급하는 제품의 종류도 매우 다양해졌다. 가장 보편적인 건보식, 화장품, 각종 생활용품은 물론 DVD소프트웨어, 자동차용품, 여행상품권, 기능성 속옷, 정수기, 기(氣)제품, 적립식 카드, 통신관련 제품 등 그 종류와 다양성면에서 눈부실 만큼 발전했다. 앞으로도 소비자가 원하는 모든 제품들을 취급할 수 있도록 끊임없는 연구와 노력이 지속돼야 할 것이다. 반면 이러한 시장 활성화에 편승해 한몫 잡으려는 불법 피라미드업체들이 기승을 부리고 있는 상황이므로 회사 선택시 신중한 판단이 요구된다.

연도별 매출순위 30위(1998년~2001년)

연도\순위	1998	1999	2000	2001(매출액:억원)
1	한국암웨이	한국암웨이	한국암웨이	한국암웨이(1조)
2	SMK	SMK	앨트웰	앨트웰(5,400)
3	한국허벌라이프	앨트웰	SMK	다이너스티(3,800)
4	앨트웰	한국허벌라이프	한국허벌라이프	SMK(1,900)
5	썬라이더코리아	썬라이더코리아	다이너스티인터내셔날	하이리빙(1,700)
6	에스티씨인터내셔날	에스티씨인터내셔널	한국롱제비티	월드라이센스(1,700)
7	뉴스킨코리아	하이리빙코리아	한국사미트인터내셔날	GTS(1,500)
8	세모에스엘	한국롱제비티	하이리빙코리아	한국사미트(1,275)
9	하이리빙 코리아	엔에스이코리아	썬라이더코리아	허벌라이프(1,270)
10	실크리아	세모에스엘	에스티씨인터내셔날	썬라이더(910)
11	제이드마운틴	다이너스티인터내셔날	엔에스이코리아	롱제비티(840)
12	한국사미트인터내쇼날	한국사미트인터내쇼날	네이쳐스선샤인코리아	엔에스이(670)
13	게란티	네이쳐스선샤인코리아	월드라이센스	에스티씨(630)
14	한국롱제비티	제이드월드	렉솔코리아	주코네트워크(620)
15	풀무원생활	아이킹콩닷컴	세모에스엘	나라콤(440)
16	그린피아코스메틱	한국엑스트라엑셀인터내셔날	쎌컴인터넷	유니시티(430)
17	네이쳐스선샤인코리아	그린피아코스메틱	고려한백인터내셔날	NSP(410)
18	챌린지이즈석쎄스	렉솔코리아	뉴웨이스인터내셔날코리아	세모에스엘(230)
19	한초인터내셔날	동양메이트인터내셔널	풀무원생활	
20	동양메이트	풀무원생활	한국포에버리빙	
21	렉솔코리아	파워네트인터내셔날		
22	NBC인터내셔날	이웰코리아		
23	파워리치코리아	엔비씨인터내셔날		
24	한국포에버리빙	챌린지이즈석쎄스		
25	캐어코리아	좋은마음챔프		
26	갈채인터내셔날	에이치디엔		
27	웰링턴교역	뉴웨이스인터내셔날코리아		
28	썬웨이브 인터내셔날	21C통신네트워크FORYOU		
29	뉴셀코리아	동구마을		
30	한국이·엑셀인터내셔날	한국포에버리빙		

2001년 월별 매출액 현황(서울시)

자료 : 서울시 소비자보호과

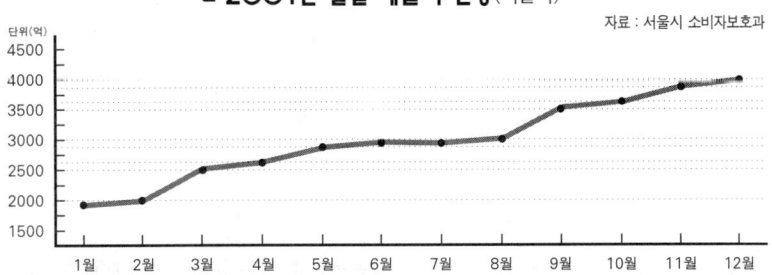

(2) 왜 다단계판매가 엄청난 회오리를 불러 일으켰는가?

지금은 IMF와 사회 전반적인 경제 침체로 재조정국면에 접어들고 있지만, 96년부터 국내 유통업계 판도를 뒤흔들 정도로 다단계판매 방식이 커다란 회오리를 불러 일으켰다. 경제가 활성화되고 사회가 안정되면 다단계판매는 좀더 세련된 모습으로 우리 앞에 또다시 화려하게 등장할 것이다.

그렇다면 왜, 다단계판매가 국내 유통업계의 판도를 좌우할 정도로 엄청난 반향을 불어일으켰는지 그 이유는 다음과 같다.

첫째, 최근 경기불황으로 번지고 있는 감원바람과 명예퇴직제 등과 관련한 직장인들의 미래에 대한 불안심리와 연관되어, 부업삼아 하거나 여차하면 전업으로 나설 생각을 갖고 있는 사람이 많기 때문이다.

둘째, 혈연·지연·학연 등 인맥관계를 총동원하기 때문에 일반 광고보다 효과가 10배나 되는 구전(口傳)광고를 무기로 회원을 모집하고, 판매회원에겐 판매실적에 따라 일정비율의 마진을 보장해주므로 영업력이 여타 유통망과는 비교가 되지 않을 정도로 엄청나다.

셋째, 사회경제적인 변화, 비싼 집값과 높은 사교육비로 맞벌이 부부가 일반화되고 있는 추세에 있어 고학력 여성들의 사회활동 욕구는 분출하고 있으나 이들에게 제공될 일자리는 한정되어 있어 대부분의 여성들은 다단계판매업을 당장 뛰어들기 쉬운 일터로 생각한다.*

---

* 손동찬, 산업이슈-다단계판매시장의 현황과 향후 전망, (주)제일금융연구원 1996. 12. 31

"회사에만 내 장래 맡길순 없다"
직장인들 은근슬쩍 副業바람

"직장에 인생을 걸 수 없는 시대다" "이제 월급에만 매달려 살 수는 없다."

요사이 천리안·유니텔등의 컴퓨터통신 게시판에 쏟아지는 직장인들의 푸념이다. 명예퇴직·감량경영등으로 중도퇴직자들이 늘어나고 한보·삼미·진로·대농·한신공영등 부도나 부도위기를 겪는 기업들이 속출하면서 직장인들의 앞날에 대한 불안감은 전에없이 커지고 있다.

이러한 세태를 반영하듯 요즘 직장인들중엔 은근슬쩍 부업·창업·전직·자격증 취득을 준비하는 사람들이 부쩍 늘고 있다.

◇부업·창업=모 대기업 국제영업부에 근무하는 姜(39)과장은 최근 부인과 상의해 성남시분당의 자기집 부근에 부업용 양품점을 냈다. 5평 남짓한 점포 임대료는 전세금 1천만원에 월세 20만원.

취급품목은 숙녀복·아동복및 액세서리등의 잡화다. 개업한지 채 1개월이 안됐지만 하루 평균 매상액은 30만~40만대. 다른 곳보다 20%가량 싸게 팔아 재미가 쏠쏠한 편이다. 또 직장에 근무하면서 짬을 내 자기수준에 맞는 부동산투자나 증권·채권투자등의 재테크에 열을 올리는 샐러리맨들도 부쩍 늘어나는 추세다.

적금을 넣기보다 수천만원을 융자해 부동산에 투자하고 적금을 넣듯 이자·원금을 갚아나가는 신세대형 재테크도 늘고 있다.

한국사업연구소(02-501-0897)의 나대석(羅大錫)소장은 "1천만~1억원대 밑천을 들여 부업이나 창업전선에 뛰어드는 직장인들이 늘고 있다"고 말한다.

한편 교보문고 창업서적코너 담당 최순애(崔順愛)씨는 "불황 이어서인지 직장인들이 창업·부

업관련 서적을 꾸준히 사간다"고 말했다.

이밖에 중소기업은행의 창업안내 무료강좌(02-729-7270), 한국경영기술지도사회의 창업교실(02-569-8121), 한국생산성본부의 창업강좌(02 734 6513)등에도 직장인들이 몰리고 있다.

◇전직=㈜아카데미과학의 강석안(姜錫安·39)차장은 전업에 성공한 사례. 그가 지난해 10월까지 무역부장으로 몸담았던 H사는 1회용 라이터를 만들던 중소재조업체. 동업사들이 중국업체들의 저가공세에 밀려 하나둘 부도로 쓰러지자 불안감에 시달리던 그는 전직을 결심했다. 한국경영자총협회가 운영하는 고급인력정보센터(02-3270-7393)에 구직신청을 낸지 두달만에 그는 현재의 직장으로 자리를 옮겼다. 직급은 깎였지만 월급은 오히려 20%가량 올랐다. 姜차장은 전직을 생각하는 직장인들에게 "비전이 안 보일때는 다른 일을 찾아보고 과감하게 일을 바꾸는 것도 한 방법"이라고 조언한다.

경총 고급인력정보센터의 한 관계자는 "지난해 문을 연 이래 현재 2천여명의 구직자가 등록되어 있다"고 전했다.

◇자격증 취득=요리사·정보처리기사등 각종 자격증 수강학원에도 직장인들의 발길이 잦다. 서울방배동 소재 동경요리학원의 저녁반 강좌는 일과를 끝낸 직장 수강생들로 붐빈다.

"30~40대 직장인들이 대다수며 남자의 비율도 절반에 가깝다"고 이 학원 이미정(李美貞)실장은 소개한다. 졸업반 학생들이 주로 찾던 서울종로 서울정보처리학원의 최희준(崔熙俊)교육부장은 "최근 학원을 찾는 직장인 수가 30%정도 늘어났다"고 전했다.

유권하 기자

【중앙일보 1997. 4. 14】

구멍가게라도 내사업 해봐?

창업개발硏 20개 아이템 소개

인생을 살다보면 누구나 한번쯤은 창업을 생각해 보게 된다. 국제통화기금(IMF) 관리체제 이후 고용의 안정이 무너지면서 "구멍가게라도 내 사업을 하자"는 창업 분위기가 확산되고 있다. 창업은 잘 만하면 큰돈을 벌 수 있다. 직장 상사에게서 스트레스를 받을 필요도 없다.

사이버학원-인쇄편의점등 유망 1순위
테마노래방-토속음식점도 도전해볼만

문제는 아이템이다. 종목을 잘 선택해야 하는 것이다. 자신의 자본력과 유행 그리고 입지 등을 과학적으로 분석한 다음 창업에 나서야 실패를 막을 수 있다.

한국창업개발연구원(원장 유재수)은 창업을 준비하는 사람들을 위해 최근 가이드성 보고서를 내놓았다. '2000년 소자본 창업 중간 결산 및 하반기 전망'이란 이름의 보고서다. 이 보고서는 하반기에 가장 유망한 20개 아이템을 제시하고 있다. 우선 주목을 끄는 것은 컴퓨터를 이용하는 방법이다.

인터넷상으로 교육을 하는 사이버 학원 프랜차이즈와 컴퓨터 인쇄를 해주는 온라인 인쇄편의점 등이 1순위에 올랐다.

또 △테마노래방 △환경위생업 △아동도서방문대여 △어린이전용치킨점 △즉석반찬 등도 유망업종에 올랐다. 신발이나 속옷, 아동복 등의 가격 할인을 전문으로 하는 매장도 여전히 강세. 이밖에 햄버거 피자 등 패스트푸드점에 맞서 우리 고유의 맛으로 승부하는 '신토불이음식점'도 크게 늘었다. 보쌈이나 고기부페 전문점, 맥반석 고기구이 전문점 등도 급증하고 있는 추세다.

인터넷을 기반으로 한 창업은 초기 비용이 1000만원 정도로 저렴하다. 특히 최근에는 온라인과 오프라인을 결합한 사이버 비즈니스에 대한 관심이 높아졌다. 인터넷을 이용해 교육프로그램을 제공하는 사이버 프랜차이즈 사업, 인터넷 서점과 오프라인 서점의 장점을 결합한 서점 프랜차이즈업, 고객이 원하는 인쇄물을 제작 배달해주는 온라인 인쇄편의점, 사진을 이용해 다양한 형태의 주문 상품을 제작해주는 디지털 사진 전문점 등이 각광받고 있다.

스트레스 증가에 따라 건강과 오락에 대한 관심이 높아지면서 개성있는 분위기를 내는 테마노래방이나 해충구제, 항균 시공 등을 통해 쾌적한 생활 환경을 조성해주는 환경위생 서비스업도 인기다. 특히 생활지원 관련 창업으로는 반찬전문점이나 낡고 오래된 욕실을 새롭게 꾸며주는 욕실리폼업도 눈길을 끌고 있다.

이밖에 아웃소싱이 보편화되면서 전문인력소개업이나 청소대행업도 크게 늘었고 일본식 돈가스나 선술집형 생맥주 전문점, 그림화환 전문점 등도 유망 창업 아이템으로 분석됐다.

〈이훈기자〉
dreamland@donga.com

트렌드	업종	창업비용	예상수익
정보화	사이버학원 프랜차이즈사업	200만~500만원	100만~200만원
	온라인 인쇄의점	200만~300만원	150만~200만원
건강 오락	테마노래방	1억5000만~2억	1500만~2000만원
	환경위생서비스업	500만~1000만원	250만~300만원
어린이 교육	아동도서 방문대여업	380만~500만원	100만~200만원
	어린이전용 치킨전문점	5000만~6000만원	300만~500만원
생활지원	즉석 반찬전문점	5000만~6000만원	300만~500만원
	욕실리폼업	1400만~2000만원	300만~400만원
	방문 드라이클리닝사업	1200만~2000만원	200만~400만원
아웃소싱	전문인력소개업	1억~1억5000만원	500만~1000만원
	청소대행업	1400만~2000만원	250만~500만원
가격할인	멀티브랜드 신발 할인점	6000만~7000만원	400만~600만원
	속옷 할인점	6000만~7000만원	400만~600만원
	아동복 할인전문점	4000만~5000만원	350만~500만원
신토불이	보쌈전문점	5000만~6000만원	400만~600만원
	퓨전요리 전문점	3000만~4000만원	400만~500만원
	맥반석 고기구이 전문점	1억3000만~1억5000만원	600만~1000만원
신규업종	일식 돈가스 전문점	4000만~5000만원	400만~500만원
	선술집형 생맥주 전문점	6000만~7000만원	300만~500만원
	그림화환 전문점	2500만~3000만원	200만~300만원

【동아일보 2000. 7. 28】

(3) 외국업체들의 독무대에서 국내업체들의 약진

통상산업부가 발표한 자료에 의하면 다단계판매가 법적으로 허용된 95년 7월부터 96년 6월까지 1년간 외국업체의 매출액은 3천256억원으로 전체시장의 73%를 차지하고 있다. 이러한 수치는 당시 총 96개인 다단계판매업체 중 외국업체는 13%인 13개사에 불과하다는 점을 감안하면 매우 놀라운 수치이다.

이러한 이유는 정부와 일부 언론들이 다단계판매를 불법 피라미드 판매의 연장선상에 있는 것으로 오해하여 국내기업들의 다단계판매활동에 제약을 가했기 때문에, 외국업체와의 경쟁이 가능할만큼 자금력과 지명도를 가진 국내 대기업이 참여를 꺼렸고, 중소기업도 이런 이유들로 해서 영업이 위축되었기 때문이다. 즉 정부가 다단계판매에 대한 법적허용을 뒤늦게 95년 7월에 단행하였고 국내업체를 보호하는 대비책을 미리 내놓지 못했으며, 국내 언론도 피라미드판매의 문제점이 발생할 때마다 이를 다단계판매와 연결시켜 함께 비판했고 최근에도 그러한 보도가 나오고 있는 형편이다.

이 틈을 이용해 외국업체들이 국내 다단계판매업을 석권하며 눈부신 성장을 이룩하자, 이대로 두면 백화점 등 국내의 기존 유통업체와 제조업체에도 심각한 타격이 가해질 것이라는 위기감이 확산되어 정부와 언론의 태도가 바뀌어, 다단계판매업이 21세기형 신유통기법이고 국내 대기업들이 다단계판매에 나서야 한다고 부추기고 있는 상태다. 이러한 분위기에 힘입어 국내 대기업들도 다단계판매 시장에 진출하기 시작했는데 LG생활건강, 풀무원생활, 진로하이리빙, 김정문알로에, 한국바이오에너지, 세모, 한국화장품 등이 주요 참여업체이다.

96년까지 외국계회사의 독무대였던 다단계판매시장이 97년부터는 근소한 차이로 국내업체의 시장점유율이 높아졌다. 97년에는 상위 50위 회사중 39개 국내회사의 매출이 51.1%, 11개 외국계회사의 매출이 48.9%로 한국 다단계판매 역사상 외국계회사보다 간신히 많은 매출을 달성하였고, 98년 들어서 한국암웨이의 매출 부진과 외국계 회사의 잇단 철수 등으로 98년 1/4

분기에는 외국계회사의 매출이 37.0%로 떨어졌고, 이에 비해 국내업체의 시장점유율은 61.6%로 크게 상승했다. 그러나, 앞으로도 많은 외국계회사들이 한국 진출을 준비하고 있어 역전 현상이 언제까지 이어질지는 미지수다.

【조선일보 1997. 5. 13】　　　　　　　【조선일보 1996. 5. 31】

다단계판매 건전육성한다

서울시, 가격제한 규정 폐지등 법규 크게 보완 추진

　서울시는 14일 다단계 판매의 사기적 요인을 없애고 건전하게 정착하도록 방문판매 등에 관한 법률등 관련법규를 대폭 보완키로 했다고 밝혔다.

　시는 유통시장의 본격개방을 앞두고 선진 유통체계인 다단계판매의 건전한 육성이 시급하다고 보고 100만원미만의 물품만 취급하도록 돼 있는 가격제한규정을 없애는등 다단계판매업의 장애요소들을 제거해나갈 방침이다.

　다단계판매회사에 대한 지도감독권한을 가진 시는 통산산업부 주관으로 지난달 7~19일 실태조사를 실시, 업체의 의견을 반영한 다단계판매업 개선안을 마련중이다.

　시는 우선 단품당 최고액을 100만원(부가세 포함)미만으로 제한하고 있는 현행규정이 세계에서도 찾아보기 어려운 비정상적인 상거래관행이라고 보고 관련규정을 폐지해줄 것을 통산부에 건의할 방침이다. 가격제한이 없어지면 화장품 세제 건강식품 등으로 국한된 판매물품이 미국이나 일본처럼 고가의 전자제품등으로 확산될 전망이다. 시는 또 다단계를 통해 구입한 제품은 1년이 지난 뒤에도 반품이 가능하도록 돼 있는 반품규정을 바꿔 일반상품과 비슷한 반품유효기간을 적용토록 할 계획이다. 이밖에 ▲판매요원의 마진(후원수당금) ▲회원들의 교육비 납부문제 등도 개선될 것으로 알려졌다.

　95년 7월 합법적으로 허용된 다단계판매는 소비자가 판매요원이 돼 제품을 다른 소비자에게 소개하면서 판매망을 넓혀나가는 유통방식으로 소비자들이 가지치기식으로 회원을 확보하므로 조직성장속도가 빠르다. 또 회원들에게 판매실적에 따라 일정비율의 마진을 보장해주므로 영업실적이 뛰어나다.

　다단계판매는 93년 시장규모가 200억원대에 불과했으나 올해 매출규모가 1조원대를 웃돌 것으로 전망되는 등 폭발적인 신장세를 보이고 있으며 업체수도 급속히 늘어나 5월현재 시에 등록된 업체는 앨웨이, 뉴스킨코리아, 세모 등 137개에 이른다.

〈변형섭 기자〉

【조선일보 1997. 5. 15】

제5장 네트워크마케팅의 현황 및 전망 197

"한국에 가야 아시아시장 잡는다"
다국적기업들 앞다퉈 상륙

커버 스토리

'아시아 시장을 공략하려면 한국을 선점하라'.

내로라하는 다국적 기업들이 앞다퉈 한국에 몰려오고 있다. 인건비는 일본보다 싸고 기술은 동남아·중국보다 앞서 있는 한국을 발판삼아 아시아 시장을 넘겨다보기 위한 것이다.

이들이 투자하는 분야도 자동차부품·중장비·제지·화학 등으로 다양해지고 있으며, 연구소·디자인센터를 세우는 등 당장의 이익보다 장기적 안목에서 투자하는 추세가 두드러지고 있다.

삼성경제연구소 최봉 수석연구원은 "국제통화기금(IMF)체제 이후 국내기업 인수가격이 싸져 외국 기업의 진출이 늘고 있다"며 "핵심 인력·기술이 외국으로 빠져나가는 부작용이 일부 나타나고 있지만 전체적으로 긍정적인 측면이 더 많다"고 말했다.

재정경제부 관계자도 "한국의 투자환경에 대한 해외의 인식이 나아져 올해 외국기업의 국내 투자 규모가 지난해(89억달러)보다 두 배 가량 늘어난 1백50억~2백억달러에 이를 것"이라고 전망했다.

◇어느 분야에 몰리나=세계 수준의 기술을 갖춘 자동차·중장비·제지·화학분야 등에서 두드러진다.

올들어 외국기업의 진출이 가장 활발한 분야는 자동차부품.

◇왜 들어오나=일본에 진출하려면 돈이 많이 들고, 동남아는 기술이 미덥지 않기 때문이다. 보워터한라제지 서인석 과장은 "한국의 제지기술은 세계 2위로, 1위인 일본에 비해 큰 차이가 없는데 인건비 등 경비가 싼 이점이 있다"고 밝혔다.

다국적 자동차부품 업체들은 한국이 세계 최대의 잠재시장인 중국에 인접해 있는 데다 기술력을 갖추고 있어 아시아 부품생산기지로 삼겠다는 복안.

고현곤 기자
<hkkoh@joongang.co.kr>

인건비 日보다 싸고 기술력도 좋아
자동차부품·중장비·제지분야등 확산

【중앙일보 1999. 2. 22】

(4) 향후 전망 및 과제

새로운 외국의 다단계판매업체가 대거 상륙하고, 국내 대기업들도 그간의 관망자세에서 벗어나 본격적인 진출을 서두를 것으로 전망되고 있어, 다단계 판매시장을 둘러싼 국내업체와 외국업체간의 뜨거운 시장 쟁탈전이 벌어질 것으로 보인다.

취급제품도 세제류와 화장품, 건강보조식품 등 저가의 생활용품 위주에서 벗어나 가전제품, 주방기구 등 본격적인 고가전략을 펼칠 것으로 예견되어 취급제품의 수요에 따라 업체간 매출액에 차별성이 심화될 것으로 보인다.

96년 하반기부터 일부 예견된 상황이지만 통신서비스 등 다단계판매 조직을 이용한 서비스 상품도 더욱 활발해질 것으로 보인다.(기사 참조)

최근 보험업계에서도 설계사와 대리점 일변도의 영업패턴을 새로운 영업방식과 접목시킨다는 점에서 다단계판매 회사의 영업조직을 보험영업에 연계시키는 방안을 검토해 왔으나, 보험감독원에서 다단계판매 조직을 이용한 보험영업 행위를 모험질서 위반으로 보고 단속하겠다는 입장이 나온 뒤 소강국면에 접어들었다.

국내 다단계판매시장이 외국업체의 독무대가 되고 있는 것은 무엇보다도 정부의 정책부재와 언론의 편견 등 부정적인 인식에 근거한다. 외국에서는 일찍이 다단계판매업이 21세기형 선진 유통기법으로 각광받고 있지만 국내에서는 그동안 몇몇 업체들의 피라미드식 판매로 인해 사이비유통방식으로 잘못 인식되었던 것이 사실이다. 다른 업종에 비해 이제 막 걸음마를 떼기 시작했다고 할 수 있는 우리나라의 다단계산업에서 외국 기업들의 경영 노하우나 세계적인 유통망은 꼭 필요하다. 조금씩 이루어지고 있는 외국 다단계판매업체의 현지화 노력을 받아들이려는 자세가 필요하다.

한국암웨이는 '원포원(One for One) 전략'을 통해 우리나라 21개 기업의 제품을 유통시키고 있으며, 외국산 화장품이라는 비난을 듣던 뉴스킨코리아도 매출이 어느 정도 규모를 갖추자 전량 수입해오던 화장품류 가운데 국내 수요가 많은 품목을 우리나라에서 현지 생산하고 있다. 앞으로는 퍼스널케어

전 제품을 현지생산하는 등 그 폭을 확대하겠다는 계획이다.

　다단계판매가 성공하기 위해서는 무엇보다도 판매 상품의 품질이 뛰어나야 한다. 소비자가 신뢰하는 최고의 품질을 보유하여야만 지속적으로 판매망이 확장되고 이익이 창출될 것이기 때문이다. 따라서, 기존제품과는 달리 판매제품에 지속적으로 충분한 연구개발비를 투자하여, 소비자의 욕구에 부응하고 디자인과 포장 등에서도 한발 더 앞선 제품을 개발하지 못한다면 설 땅을 잃어버리게 될 것이다.

　그리고, 다단계판매가 유통업의 특성상 초기 투자비는 제조업 등에 비해 극히 적을지 모르지만 그 파급효과는 선진국의 경우에서 보듯이 결코 적지 않다. 사업 초기에 일어날 수 있는 부작용은 방지하면서 건전하고 생산적인 기업 활동은 국내외 기업을 가리지 말고 격려해주고 진지하게 개선점과 제도를 마련하는 것이 지구촌 경제시대에 정부나 업계에서 해야 할 일인 것이다. 다단계판매를 건전하게 육성시킴으로써 우수한 제품의 판로 개척은 물론 국내 중소기업도 육성할 수 있다는 인식의 전환이 필요한 때다.

「구조조정」 불황 그림자
다단계 급증, 붕어빵 밀집

다단계 급증

불황에 따른 고용불안이 장기화되면서 다단계 판매업체들이 급증하고, 무직자 뿐만 아니라 일반 직장인들까지 이들 업체에 무더기로 몰려들고 있다. 또 이들 업체의 영업 양태도 사이버 공간으로까지 확대되고 있다.

11년 경력의 자동차 세일즈맨 김아무개(43)씨는 20일 오전 다단계 사업자를 위한 입문교육을 받으러 서울 강남구 ○사를 찾았다. "다단계판매에 대한 사람들의 시선이 곱지 않아 몇 번을 망설였지만, 별달리 선택의 여지가 없었습니다."

부도가 난 (주)대우자동차판매 직원으로 사실상 정리해고가 예정돼 있는 그는 "이렇다할 사업밑천도 없고 그간의 판매경험을 살릴 수 있을것 같아 다단계판매업체의 문을 두드렸다"고 했다.

이날 약 1천명의 교육참가자 가운데는 김씨 말고도 30·40대 직장인들이 대부분을 차지했다.

골프·콘도 회원권 중개업을 하고 있다는 최아무개(34)씨는 "최근 사업이 워낙 안돼 부업으로 해보려 한다"고 말했다. 또 "실직 6개월째"라는 유아무개(38)씨는 "놀면 뭐하냐, 교육이라도 받아보라"는 친구의 권유로 왔다고 털어놨다.

○사 관계자도 "올 5월 이후 신입(다단계)사업자들이 크게 늘고 있다"며 "퇴출 예정기업들이 본격 정리해고에 들어가는 내년초에는 더욱 늘어날 것"이라고 내다봤다. 실제 이 회사쪽은 소속 사업자수가 4만3천명으로 지난 10개월 새 1만5천명이 늘었다고 밝혔다.

다단계판매업체 숫자도 크게 늘어 서울시의 경우 지난 10일 현재 등록된 다단계업체 수는 257개로 98년말보다 60개가 늘었다. 서울시 관계자는 "지방업체까지 포함할 경우 전체 업체수는 300여개, 가입자(사업자)는 300만명선을 넘을 것"이라고 추정했다.

최근엔 사이버 공간에까지 '다단계판매'가 등장해 실직자나 잠재적 실직자를 유혹하고 있다. 20만~30만원의 회비를 내고 가입하면 미국 다단계회사로부터 쇼핑몰 홈페이지를 배정받아 영업하는 '온라인 다단계판매' 방식은 홈페이지 제작과 운영에 노하우가 있는 정보통신 분야의 실직자들이 주 타깃이다.

지난 여름 한 인터넷 관련 벤처기업에서 실직한 김아무개(35)씨는 지난 2일 20만원의 가입비를 내고 미국의 온라인 다단계회사인 '월드트로닉스'의 사업자로 가입했다. 김씨는 "단 사흘만에 4명의 가입자 모집에 성공했다"며 "젊은 네티즌들이 많은 관심을 보인다"고 말했다.

이에 대해 민주노총 김태현 기획실장은 "실직자와 고용불안에 시달리는 노동자들이 다단계판매에 빠져들고 있는 것은 일방적인 구조조정 때문"이라며 "유통마진을 단계별로 나눠먹는 비생산적인 다단계에 노동력이 집중되는 것은 사회적 손실로 안타깝기 그지없다"고 말했다.

〈강남규 기자 kang@hani.co.kr〉

붕어빵 밀집

"붕어빵 장사라도…"

요즘들어 광주시내 작은 네거리에 '체감경기의 잣대'인 붕어빵 장사가 속속 생겨나고 있다. 운림동이나 운암동, 화정동, 새로 단지가 된 풍암동까지 크다는 아파트 단지 앞은 두군데 이상이 경쟁을 벌이고 있고, 일반 주택가도 작은 네거리까지 새로 나온 잉어빵 아니면 붕어빵 장사가 문을 열고 있다. 초겨울로 접어든 날씨 탓이라기보다는 다시 불어닥치고 있는 '경제한파' 탓이다.

엊그제부터 전남도청에서 150m 떨어진 광주시 동구 남동 네거리에서 붕어빵을 급기 시작한 한천수(41·광주시 남동)씨도 3개월 전만 해도 식당주인이었다. 여름부터 손님이 줄더니 가을로 접어 들면서 하루내내 한명도 찾지 않자 '문을 열면 그만큼 손해'라는 생각이 들어 식당을 접어 치우고 붕어빵 손수레를 끌기 시작했다.

"붕어빵과 오방빵까지 합하면 이 부근 사방 100m 안에만 벌써 3군데나 생겨 이것도 별 재미가 아직 없네요." '자리에 따라 한달 수입이 200만원도 넘는다'는 말만 믿고 거의 100만원을 들여 빵틀과 가스통이 달린 손수레를 사서 장사를 시작했지만 이마저 주변에 경쟁자가 많아지면서 "하루 평균 3만원 수입도 올리기가 쉽지 않을 것 같다."고 불안해 했다.

거의 1년 내내 광주시 동구 운림동 아파트 단지 앞에서 붕어빵을 구워온 이아무개(45·여)씨도 올 겨울이 불안하다. 이씨는 "다른 곳과 달리 3년전 아이엠에프 때와 같이 천원에 다섯마리를 주고 있지만 평소 들러주던 아저씨들까지 '호주머니를 닫고' 그냥 지나치는 경우가 많다"고 했다. 반죽을 대주고 있는 식당 아저씨로부터 "올해는 붕어빵 장사가 많아져 벌써 광주시내에 2백군데도 될 것"이라고 말을 들었다.

〈광주/박화강 기자 hkpark@hani.co.kr〉

【한겨레신문 2000. 11. 20】

직접판매(다단계판매)업체의 시장 전망

◇ **경제는 어렵다는데 MLM(다단계판매)은 급성장**

IMF에서 완전히 벗어났다고 큰 소리를 쳐서 그랬을까, 성급하게도 샴페인을 너무 일찍 터트려서 그랬을까, 새로운 천년의 시작인 2000년도는 우리들에게 또 한 번 교훈을 남겨준 한 해였다. 다시 찾아온 경제위기, 구조조정의 뒤안길에는 그 늘진 삶이 사회를 더욱 어렵게 만들었고 실업자가 양산, 4%에 이르고보니 취업의 문은 더욱 좁아졌다.

◇ **2000년은 MLM의 해**

1999년 다단계판매회사의 매출 총액이 9,146억원이었으나 2000년도 다단계판매 총액이 2조12억원을 기록, 2000년은 다단계판매의 금자탑을 이룬 한해가 되었다. 이는 직접판매업계가 고용 창출에 한몫을 했으며, 일부 우려했던 직종인 디스트리뷰터가 안전적인 직업으로서 자리매김한 결과일 수도 있다. 그와 함께 상위권 업체들의 매출 상승과 중위권 업체들의 상승폭이 눈에 띄고, 직접판매시장은 타업종과 비교할 수 없을 만큼 뜨거워지는 현상에서 2000년을 마감했다.

◇ **건국대에 네트워크마케팅 과정 개설**

경제가 어려워졌다는데, 살기가 무척 힘들어졌다는데 왜 직접판매시장만이 이렇게 호황을 맞이했을까? 앞에서도 말했듯이 고용 창출에 큰 몫을 했고, 다단계판매가 유통시장에서 뿌리를 내린 결과일 수도 있다. 더구나 역사상 처음으로 건국대학교에 네트워크마케팅 최고경영자 과정이 개설, 학문적으로도 직접판매를 뒷받침했으며, 더더구나 신뢰받을 수 있는 상품으로 소비자 신뢰를 높인 것도 빼놓을 수 없겠다.

◇ **성장한 회사들**

한국암웨이의 원포원 프로젝트가 크게 성공, 다국적기업들이 국산품을 선별 판매함으로써 전체매출의 20%를 차지하는 새로운 마케팅이 회사의 이미지 개선 및 판매고에 큰 몫을 했다. 한국암웨이가 4,850억원(99년 2,430억원)의 매출로 부동의 1위이고, 앨트웰이 3,066억원(99년 1,331억원)으로 2위, SMK가 2,665억원(99년 1,045억원)으로 3위, 허벌라이프가 1,264억원으로 4위를 했고, 롱제비티가 1,100억원, 다이너스티, 사미트, 하이리빙이 상위권으로 집계됐다. 또한 썬라이더, 엔에스이, 선샤인, STC, 세모, 월드라이센스, 렉솔의 성장세가 업계의 주목을 받고 있어 2000년도 말 현재 서울 265개 지방 32개 회사이며, 이중 휴·폐업회사가 153개 회사이다.

◇ **전망**

2001년은 방문판매법률이 개정되어 직접판매의 변화가 예상된다. 공정거래위원회는 개정법률(안)에 소비자피해 보상보험 가입 의무화, 소비자 등의 금지청구권, 다단계판매업자의 책임 등 업계의 현실을 이해하지 못한 법안을 상정해 놓고 있다. 우리업계는 지난해의 엄청난 판매고에 고무되어 괘지나 칭칭을 노래해서는 안된다. 업계가 직면한 현실을 파악, 무엇이 진정 소비자를 보호하며 건전 유통이 정착할 수 있는 길인가를 정부에 건의하고 자숙할 줄 아는 성숙된 모습으로 21세기를 맞이해야 할 것이다.

〖한국방문판매협회 2001. 2. 14〗

다단계 판매 건전하게 육성해야

다단계판매에 사람과 돈이 몰리고 있다. 경기침체에 직장을 구하지 못하는 사람들이 다단계업체에서 일자리를 찾고 있다.

다단계시장이 팽창하자 올 1월에만 서울지역에서 18개 업체가 새로 문을 여는 등 신규업체 설립 붐도 거세다. 그러나 다단계 판매 팽창은 구설수를 동반한다. 불법 피라미드 판매업 체에 피해를 당한 사례를 모은 '안티 피라미드(www.antipyramid.org)'에는 수많은 사람들이 방문, 서로의 경험을 나눈다는 소문이다. 다단계사업을 소개하는 자리 못지않게 다단계의 피해를 역설하는 곳에도 사람들로 북적거리는 현상이 나타나는 셈이다.

소비자보호원 등 공식적인 소비자보호창구를 찾는 다단계 피해자가 예상보다 적지는 몰라도 다단계판매에 대한 적대적인 세력이 만만치 않다는 점에서 다단계판매에 대한 불신의 폭을 짐작할 수 있다. 그렇다고 다단계판매가 법으로 금지된 것도 아니며 다단계로 판매되는 제 품들이 소비자들의 외면을 받지도 않는다. 다단계시장은 팽창하고 그만큼 불신도 증폭하는 이중적인 현상이 공존할 뿐이다.

다단계업계 종사자들 수가 급증하고 있음에도 불구, 그들 중 상당수가 다단계업계 종사자임을 떳떳하게 밝히지 못하는 사회 분위기도 여전하다. 마치 우리사회가 '돈은 부러워하면서도 부자는 결코 존경의 대상이 아니다'는 이중적인 가치체계를 지닌 것과 매한가지이다. 이같은 상황이 지속된다면 다단계시장의 건전한 발전을 기대하기란 애당초 불가능하다. 뿐만 아니라 소비자 피해 등 우리사회가 짊어져야 할 부담도 커질 수밖에 없다. 다단계 시장을 음지에서 양지로 끌어내야 하는 이유도 여기에 있다.

물론 현재 방문판매에 관한 법률이 다단계 판매를 인정하고 있기는 하다. 이 법률이 합법적인 업체와 불법적인 업체를 구분하는 잣대가 되고 있으며, 여기서 한발 더 나아가 다단계 판매와 통신판매를 규율하는 법체계를 구분하는 입법작업이 진행 중에 있음도 사실이다. 그러나 법만으로 다단계를 양지로 이끌기는 어렵다. 다단계판매에 대한 우리 사회의 일반적 인식이 바뀌어야 다단계판매는 비로소 햇볕드는 쪽으로 나설 수 있다.

대부분 전문가들은 다단계판매가 부작용과 사회적인 문제 야기에도 불구, 순기능을 지니고 있다는데 동의한다. 학력과 지연, 혈연, 연고주의가 판치는 사회에서 다단계는 맨손으로 노력하는 사람에게 성공 기회를 열어주는 몇 안되는 시장이다.

백화점이나 할인점, 슈퍼체인 홈쇼핑의 좁은 문턱을 넘지 못한 중소 제조업체에 판로를 뚫어주는 구실도 한다.

인터넷 보급으로 소비자를 으뜸으로 치는 최근 마케팅경향에서도 '판매원=소비자'를 등식으로 삼는 다단계마케팅은 소비자 만족을 극대화시킬 가능성을 분명 지니고 있다.

제품 품질을 높여 국외 시장을 개척하는 지렛대 역할도 해낼 수 있다.

무엇보다 다단계판매가 양성화되면 유통채널간 경쟁으로 소비자들이 좀더 값싸고 품질 좋은 제품을 대할 수 있게 된다는 데 의미가 있다.

다단계판매의 순기능이 발휘되기 위해서는 우선 부정적인 이미지를 태동시키는 탈법적인 행동을 자제하려는 업계의 자정노력이 필요하다.

판매원에게 일확천금의 환상을 심어주는 강제 교육, 회원들의 충성심을 노리고 제품 개발은 뒷전에 둔 채 조악한 제품으로 폭리를 취하는 행위가 없어져야 한다.

다단계판매 원리대로 점포유지비나 마케팅비용을 절약하는 데서 얻는 몫을 소비자에게 돌려야 하며 소비자들이 원하는 제품개발에 전력을 기울여야 한다.

제품 개발을 외면한 채 인적 네트워크만으로 조직을 유지하려는 한 다단계판매는 판매강요 등 갖가지 부작용을 빚게 된다.

소비자단체들도 다단계마케팅 그 자체를 부정하기보다는 다단계의 순기능과 역기능을 철저히 분석, 역기능을 없애고 순기능이 제대로 발휘하도록 유도해야 한다. 그래야 다단계판매를 이용하는 소비자뿐 아니라 모든 소비자가 시장경쟁 혜택을 누릴 수 있기 때문이다.

정부도 다단계판매를 골치아픈 존재로 외면할 것이 아니라 일자리를 창출하는 산업으로 여기고 정상적으로 발전할 수 있도록 조정자로서의 역할을 해야 한다.

〖매일경제신문 2001. 3. 5〗

다단계 판매업체 부도때 소비자피해 보상 쉬워져

공정위 보험가입 의무화

암웨이 등 다단계 판매업체를 이용하는 사람들은 7월 1일부터 다단계 판매업체가 폐업하거나 부도가 나더라도 구입한 물품을 보다 쉽게 반환할 수 있다.

다단계 업체들이 소비자의 물품반환에 대비해 3개월분 매출액 규모만큼을 소비자 피해보상보험에 의무적으로 가입해야 하기 때문이다.

인터넷상에서 이용할 수 있는 전자상품권 등을 발행하는 전자결제업체도 소비자보호를 위해 5년 간 전자상품권 발행잔액 중 50%이상의 금액을 피해보상보험에 가입해야 한다.

또 다단계 업체들이 팔 수 있는 1개 물품 가격이 현재 최고 100만원에서 150만원으로 오른다.

공정거래위원회(www.ftc.go.kr)는 30일 이런 내용의 '방문판매 등에 관한 법률'과 '전자상거래 등

방문판매·전자상거래법 달라지는 내용

- 다단계 업체 피해보상보험 가입 의무화
  - 3개월분 매출액
- 다단계 제품의 1개 가격 상한 조정
  (100만 → 150만원)
- 농·수·축산물, 방문판매법 규제 안받아
- 재판매업자도 소비자로 인정
- 전자상품권 발행업체 피해보상보험 가입 의무화
  - 5년 간 발행잔액 중 50% 이상
- 전자상거래 기록 3년 간 의무보존

에서의 소비자보호에 관한 법률' 시행령 및 시행규칙을 입법예고하고 7월부터 시행한다고 밝혔다.

공정위는 다단계 업체가 400여 개에 달해 피해보상이 시급하다고 보고 보험가입을 통해 보상규정을 강화했다. 지금까지는 다단계 업체들이 매월 매출액의 일정부분(10% 내외)을 법원에 공탁해왔으나 폐업·부도로 인해 소비자가 구입대금을 돌려받으려면 시간이 오래 걸리는 등 불편이 많았다.

공정위는 방문판매법의 적용대상에서 가공하지 않은 농·수·축산물을 판매하는 소규모 농수산물 행상을 규제 대상에서 제외하는 대신 두 단계로 조직된 방문판매업체라도 운영체계가 다단계 업체와 유사할 경우 적용대상에 포함시켰다.

특히 다단계 판매원 모집 때 수당의 평균과 분포를 반드시 고지토록 해 허위·과장광고를 막고 청약철회 때는 판매원과 연락이 되지 않으면 소비자가 직접 다단계 업체에 청약철회를 할 수 있도록 했다.

공정위는 두 법의 시행령에서 법적용대상인 소비자 범위를 '사업자가 제공하는 재화·용역에 대한 전문지식없이 다른 소비자와 동일한 지위·조건인 경우'를 포함했다.

김정욱기자 jungwook@mk.co.kr

〖매일경제신문 2002. 5. 1〗

"통신비가 기가 막혀"

91년 1만원→95년 2만원→2000년 20만원까지 껑충

'먹는 것이 중요한가, 통하는 게 중요한가.'

엥겔계수에 이어 정보통신(IT)계수가 생활의 질을 가늠하는 척도로 떠오르고 있다.

수년전만 해도 가계부에서 통신비는 교통비 안에 포함되어 있었다. '교통통신비'로 한데 묶일만큼 지출규모도 크지 않았다. 하지만 지금은 교통비를 상회하면서 '독립된' 가계의 주요 지출항목으로 떠올랐다. 최근 조사결과 서울 수도권지역 가구당 정보통신비 지출은 평균 16만원을 넘어섰다.

유선전화에 이어 휴대전화와 PC통신, 그리고 비대칭디지털가입자회선(ADSL) 서비스가 급속히 확산되면서 생활비에서 T비용이 차지하는 이른바 'IT계수'는 갈수록 늘어나고 있다. IT서비스 요금을 감당하지 못해 '신용불량자'로 낙인찍히는 사람도 생겨나고 있다. 가정에서는 과도한 휴대전화요금을 둘러싼 부모 자식간의 실랑이를 흔히 볼 수 있다.

▽가계부에 비친 정보통신비=전형적인 서울 중산층 가정의 알뜰주부 박미숙씨(44·서울 서초구 반포동)의 가계부를 91년치부터 들여다 보자.

1991년부터 1993년까지 월평균 통신비는 1만원대였다. 1994년부터는 1997년까지도 월평균 통신비는 2만원대에 머물렀다. 1998년 들어 상황이 바뀌기 시작했다. 전화비는 2만원대였지만 남편 오명수씨(48)가 휴대전화를 쓰면서 통신비는 5만원대로 껑충 뛰었다. 하지만 아직 부담을 느낄 정도는 아니었다.

99년 4월 자녀들이 PC통신을 시작하고 부부 모두 휴대전화를 쓰기 시작하면서 통신비 지출은 하루가 다르게 늘어났다. 첫째 아이와 둘째 아이가 PC통신에 한창 관심을 보이던 2000년 2월에는 통신접속에 따른 전화비만 14만4000원이 나왔다. 1999년 4월~2000년 4월중 월평균 통신비는 10만4840원.

작년 5월 초고속통신망인 ADSL(월정액 3만6000원)을 들여놓으면서 PC통신을 끊자 전화비는 잠시 3만원대로 떨어졌다. 그런데 진영이와 가영이에게 휴대전화를 장만해주자 통신비 지출은 다시 걷잡을 수 없이 폭증했다. 두 자녀의 휴대전화를 해지하기 전인 작년 10월까지 박씨 가정의 월평균 통신비는 20만원을 넘어 30만원에 육박했다.

"중학교 2학년이던 둘째의 휴대전화요금이 많을 때는 6만원까지 냈어요. 한달에 문자메시지만 800~1000건을 보내는 것 같더라고요. 같은 반에 여학생이 13명인데 10명이 휴대전화를 갖고 있답니다."

두 자녀의 휴대전화를 해지하고나자 월통신비는 절반수준인 10만~11만원대로 떨어졌다.

▽휴대전화가 정보통신비 증가 주도=서울YMCA 시민중계실이 작년 서울 경기 지역 주부 358명을 대상으로 조사한 결과 이들 가정의 월평균 통신비는 16만5000원으로 나타났다. 통신서비스별로는 휴대전화가 9만6000원, 유선전화 4만7000원, 인터넷 2만2000원 등의 순이었다.

특히 휴대전화의 경우 비용이 높은 만큼

수도권 1가구당 정보통신비 평균 16만원 넘어서
연체료 눈덩이… 부모 자식간 '휴대전화 不和'도

심리적인 부담도 큰 것으로 조사됐다. 82.7%가 "휴대전화 지출이 소득에 비해 매우 크거나 다소 크다"고 응답했다. 인터넷은 이 비율이 63.4%였고 유선전화는 55.0%였다. 서비스의 편리성과 유용성에 비해 이동전화의 가격이 저렴하다고 한 응답자는 한 명도 없었고 93%가 "매우 비싸다"거나 "다소 비싸다"고 답변했다.

▽정보통신비 왜 늘어나나=산업사회에서 지식정보사회로 넘어가는데 따른 당연한 현상이라는 것이 전문가들의 설명이다. 그러나 최근의 증가추이를 보면 '통신 과소비'로 인한 거품도 많다는 지적이다.

70년대에는 전화비를 한 푼이라도 아끼려고 자물쇠로 잠가놓은 전화기가 흔했다. 또 80년대에도 집안에 전화가 있지만 집밖 공중전화부스에서 시외전화를 거는 사람들이 적지 않았다. 90년대 초 중반에도 지갑 안에 공중전화카드 몇장을 넣어다니는 것은 당연한 일이었다.

이에 비해 지금은 '조용한' 공중전화 부스안에서도 휴대전화를 거는 모습이 낯설지 않다. 한국통신의 공중전화 통화료 수입은 1998년 7228억원에서 1999년 6191억원, 2000년 4520억원으로 급감하고 있다. 2년 사이 37% 이상 감소했다.

▽통신 과소비의 귀결="너 어디야?" "지금 가고 있어." 휴대전화의 내용 가운데는 불필요해 보이는 통화내용이 흔하다. 이같은 통신과소비는 결국 신용불량자까지 양산하고 있다. 한국신용정보와 한국신용평가정보 등 2개사가 정보통신회사들로부터 '대신 받아달라'고 위임받은 연체료 잔액은 1998년말 1000억원에서 1999년말 1600억원, 2000년말 3000억원, 올해 3월말 3200억원으로 눈덩이처럼 불어나고 있다.

한국신용정보 등이 위임받은 연체료는 낼 시기가 9개월 이상 지난 악성 연체료 중 일부. 따라서 정보통신회사들이 자체적으로 떠안고 있는 연체료까지 합하면 천문학적인 규모에 이를 것으로 추산되고 있다.

〈천광암기자〉
iam@donga.com

【동아일보 2001. 4. 30】

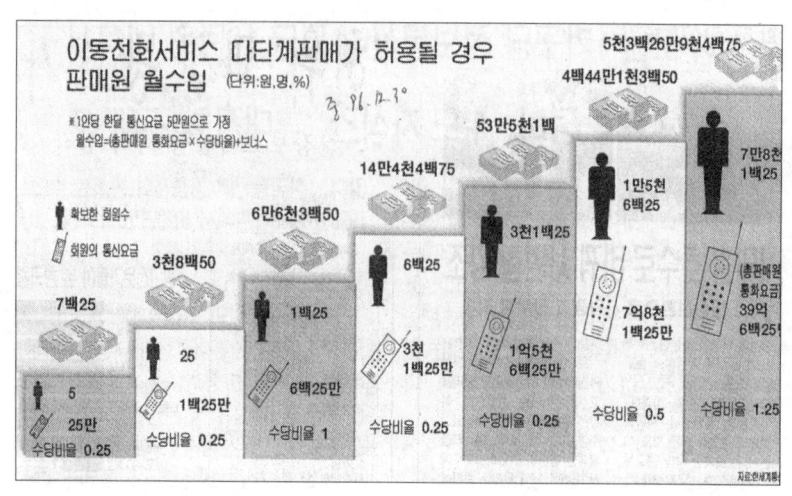

통신다단계판매 물밑경쟁 뜨겁다

"직장 다니며 高소득" 내세워 판매원 확장 勢몰이

"최소한 자신의 휴대폰 사용요금은 빠져요. 일단 가입만 해놓으세요."
"그럼 휴대폰과 호출기만 갖고 있으면 판매요원 자격이 된다는 말입니까." "그럼요. 일체의 판매요원 가입비나 물건을 구입해야 하는등의 돈이 들지 않습니다. 현재의 직장을 그대로 다니면서도 본인의 노력 여하에 따라선 매월 수백만원의 수입을 거뜬히 올릴 수 있는 것이 통신서비스 다단계 판매입니다."
김옥희(金玉熙·39·자영업)씨와 한 통신 다단계판매원 사이의 대화 내용이다.
웬만한 직장인·자영업자에서부터 가정주부들에 이르기까지 주변에서 이같은 통신다단계판매 가입 권유를 들어보지 않은 사람이 드물 정도다.
그러나 한마디로 통신서비스 다단계판매는 현재 법으로 금지돼 있을 뿐더러 통신다단계판매업체가 통신업체로부터 통신서비스 판매대행 계약을 체결한 사례도 아직 없다.
규제가 풀릴 경우 공산품 다단계판매에서 얻을 수 없는 안정된 수익이 보장된다는 매력 때문에 통신다단계판매의 이상 열풍이 일고 있는 것으로 업계 관계자들은 풀이하고 있다.
관련업계에 따르면 통신서비스 다단계판매를 위해 설립된 한세계통신은 판매원(업체에서는 '회원'으로 부름)만 30만여명에 이르고 있다.
아직 사업자등록은 안했지만 회원을 모집하고 있는 '하나로'(가칭)도 전국에 50여만명의 회원을 확보한 것으로 알려지는등 아직 불투명한 통신서비스 다단계판매업에 이처럼 뜨거운 시장 선점경쟁바람이 불고 있다.
한세계통신의 경우 조직 구성방법은 한사람에 하부조직으로 7계단, 1계단마다 횡으로 5명씩 구성할 수 있는 것으로 하고 있다. 이럴 경우 한사람 밑에 모두 7만 8천1백25명이 종횡으로 연결되게 된다.
이 사람들이 사용한 휴대폰 사용요금이 한달 39억원이라고 가정한다면 이 조직의 최상단에 있는 사람은 이들의 총 통화요금의 1.25%와 하부조직 관리비등을 매월 수당으로 받게돼 이 경우 월 5천3백여만원을 챙길 수 있다는 것이 다단계판매회사의 계산이다. 3단계에서 수당비율이 크게 높은 것은 이 단계의 판매원 관리가 하부조직 확대에 많은 영향을 미친다는 업체 분석에 따른것.
조직원 그 누구나 자신 밑에 이

런 7계단의 조직을 연쇄적으로 만들어 나갈 수 있다는 것.

통신서비스업체는 현재 신규 가입자를 확보할 경우 대리점에 휴대폰은 매월 사용료의 5%, 무선호출은 10%를 지급하고 있다. 다단계 판매회사들이 판매원들에게 수입을 보장하겠다는 것은 바로 이 성과급. 이같은 다단계판매회사들의 달콤한 제안도 다단계판매에 대한 규제가 풀릴지 안풀릴지도 모르는 현재로서는 어디까지나 '희망사항'일 뿐이다.

게다가 회원 모집이 생각만큼 쉽지 않다는 것을 감안하면 섣불리 일확천금을 꿈꾸고 이 사업에 뛰어들어서는 안된다고 전문가들은 충고하고 있다.

전문가들은 또 "통신서비스 판매를 빙자, 회원을 모집한 후 일반 공산품 강매등 한때 사회적 물의를 빚었던 피라미드 판매로의 변질등을 경계해야 한다"고 지적한다.

〈박방주 기자〉

법적문제 없나

통신서비스 다단계 판매는 법적으로 문제가 없는가.

국내에서 다단계 판매를 규정하고 있는 법은 방문판매등에 관한 법률.

쟁점이 되고 있는 것은 상품과 서비스를 막론하고 판매와 동시에 소유권 이전이 이루어지고 있느냐 여부다.

공산품이나 식품처럼 판매와 동시에 소유권 이전이 이루어지면 문제가 없지만 통신서비스는 판매시점에서 소유권은 여전히 통신업체가 소유하고 있기 때문에 현행법(45조 2항)에 저촉된다는 지적이 있다.

그러나 공중전화카드나 골프장 회원권등 시설이용권처럼 금액이 표시돼 있어 소유권 이전이 분명한 경우는 이와 다르다.

주무부처인 통상산업부는 현행 방문판매법에서는 그 대상으로 상품과 서비스를 모두 포함하고 있어

"서비스 방문판매는 위법"
통산부·정통부 한 목소리

통신서비스도 이 법의 적용을 받게 된다고 밝히고 있다.

통산부는 특히 휴대폰 구입과 서비스 가입이 동시에 이루어지는 현행 패키지형태의 판매에도 이 법을 적용하는데 큰 문제가 없는 것으로 보고 있다.

정보통신부·재정경제원등과 협의를 계속해온 통산부는 최근 공중전화카드를 제외한 대부분의 통신서비스 다단계 판매가 방문판매법에 저촉되는 것으로 내부 결론을 내린 것으로 알려졌다.

정통부는 단순히 가입 자체를 유도하는 것은 전기통신 관련법령상에 규정된 통신서비스 재판매에 해당되는 것으로 볼 수 없기 때문에 정보통신부가 관여할 사항이 아니라는 입장이다.

정통부 관계자는 그러나 "통신서비스 가입 유치 자체는 상품이나 서비스를 판매하는 것이 아니므로 방문판매법의 적용대상이 아니다"라는 견해를 밝혔다.

정통부는 또 공중전화카드도 재경원에 의해 상품권으로 인정됐기 때문에 다단계 판매는 물론 지정된 매장 이외 장소에서 상품권의 매매를 금지하고 있는 상품권법의 적용을 받는다고 밝혀 통산부와 이견을 보였다.

〈이형교 기자〉

【중앙일보 1996. 12. 30】

통신시장 외국社 진출 '태풍의 눈'

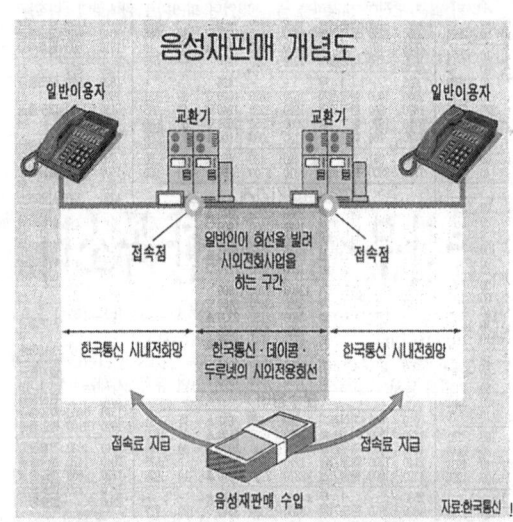

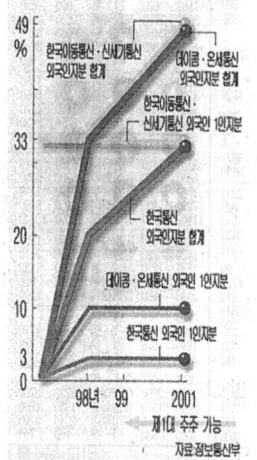

99년 지분상한 49%까지 허용
전화·음성재판매社 경영 가능

지난 92년 선경과 함께 제2이동통신사업권을 확보했던 미 GTE사는 선경의 '2통' 반납으로 한국 진출에 제동이 걸렸다. 지난해는 역시 국제전화사업권을 위해 롯데그룹과 손잡았지만 좌절됐다. 외국기업들이 얼마나 한국 통신시장에 집착하는지를 보여주는 대표적인 예다.

지난 16일 타결된 세계무역기구(WTO)기본통신협상에 따라 오는 99년이면 외국인도 한국통신을 제외한 데이콤·온세통신·한국이동통신의 최대주주가 될 수 있다. 외국기업이 국내 전화회사의 소유주가 될 수 있게 된 것이다.

정보통신부 정홍식(鄭弘植)정보통신정책실장은 "동일인이 가질 수 있는 지분에 상한을 두고 있기 때문에 국내 대기업이나 외국기업들이 전화회사 경영권을 확보하기는 쉽지 않을 것"이라고 말했다. 석호익(石鎬益)정책심의관도 "데이콤·한국이동통신의 경우 외국기업들이 충분한 지분을 확보한다 해도 이사회를 통과하기 어려울 것"으로 내다봤다.

그러나 전문가들은 낙관은 금물이라고 말한다. 아주대 양유석(梁裕錫·경영학)교수는 "외국에서 거래되는 한국이동통신의 주식이 국내 시세의 두배일 정도로 이들 주가가 저평가됐다는 것이 외국 투자가의 판단"이라고 지적했다.

梁교수는 지분규제가 국내 기업들의 국제화를 저해하는 요소가 될 수도 있다고 말한다. 모든 기업들이 필요하면 얼마든지 서로의 주식을 바꾸며 연합전선을 구축하는 전략적 제휴가 이미 이뤄지고 있기때문이다. 영국 BT사와 미 MCI사가 손잡고 미국전신전화(AT&T)사가 전세계의 주요 통신사업자와 글로벌원이라는 컨소시엄을 구성하고 있는데 동일인지분상한은 국내 기업의 이같은 움직임에 족쇄를 채울 것이라는 지적이다.

요즘같은 불황에서 지분규제는

막대한 투자가 필요한 국내 정보통신산업의 재원조달을 어렵게 할 것이라는 우려도 있다. 이밖에 주파수공용통신(TRS)이나 무선호출의 지역업체 또는 전국 무선데이터 업체들이 외국업체의 주된 공략대상이 될 것이라는 전망도 있다.

외국인 지분제한문제와 함께 이번 통신시장개방에서 눈여겨 봐야 할 대목은 음성재판매.

음성재판매는 통신사업자가 한국통신·데이콤등의 전용회선을 대량으로 빌려 한국통신의 시내전화망과 연결, 시외·국제전화를 가능케 하는 서비스다. 정보통신부는 이제까지 전용회선을 시내전화망과 연결시키는 것을 금지해왔다.

그러나 99년부터 외국인 지분이 49%인 음성재판매회사의 설립이 가능하게 되고 2001년이면 지분을 1백%로 확대할 수 있게 된다.

정통부는 음성재판매 허용이 국내 시장에 미칠 파장을 고려, 외국인에 대한 개방에 앞서 내년부터 국내 기업들에 우선적으로 이 사업을 할 수 있도록 해 국내 업체들의 경쟁력을 키워준다는 계획이다.

현재 미국내 장거리전화시장에서 시장점유율 2위인 MCI사도 74년 음성재판매사업을 시작하면서 AT&T사 1백년 독점을 무너뜨렸다. 영국도 80년대말 이 서비스를 허용했고, 일본의 경우 95년부터 부분적으로 허용해주기 시작, 지난해 11월 시외전화부문에 1백% 외국인 투자를 허용했다.

음성재판매가 허용되면 자동적으로 인터넷폰·콜백등 유사 전화사업의 본격 영업도 가능해진다.

과열된 유사전화사업은 기존 전화사업의 뿌리를 흔들 가능성이 있다고 전문가들은 지적한다. 이의 견제책으로는 ▶사업허가절차를 엄격히 하고 ▶접속료를 부가하는 방안이 꼽히고 있다. 현행 관련법은 전기통신사업을 ▶전기통신설비를 보유했는지 여부와 ▶음성·비음성의 두 가지 기준으로 구분한다.

음성재판매등 유사전화서비스는 다른 회사의 설비로 음성통신서비스를 하는 것으로 전화와 부가통신의 중간형태다.

〈이민호 전문기자〉

【중앙일보 1997. 2. 18】

외국사례

MCI-암웨이 손잡고 시장 넓혀

日 KDD·美 AT&T등도 콜백서비스 겨냥 판촉 나서

통신업계에서도 미국 제2위의 장거리 전화사업자인 MCI는 암웨이와 손잡고 통신 거대기업 미전신전화(AT&T)의 아성(牙城)을 뚫고 들어갔다. 스프린트도 자체적으로 딜러망을 구축, 다단계 판매를 통해 장거리전화 시장을 공략했다. AT&T도 최근 이 회사들의 공세를 의식, 다단계 판매 방식 도입을 검토하고 있다.

또 회선을 빌려 전화서비스를 제공하는 대부분의 통신 재판매회사들은 다단계 판매회사와 손잡고 치열한 시장 확보 경쟁을 벌이고 있다. 값싼 국제전화서비스를 제공하는 콜백서비스 회사들도 다단계 판매에 열을 올리고 있기는 마찬가지.

미국내에서 통신서비스만을 전문적으로 취급하는 다단계 판매회사는 수천개에 이를 것으로 추정되고 있는데 NTC·엑셀·TTI등이 대표적인 회사다. NTC의 경우 지난해 2억달러의 매출실적을 올렸으며 뉴욕증시에 1억2천만달러 규모의 주식공개를 추진중이다.

지난 5월 국내에서 외국계 전화카드 다단계 판매로 물의를 빚어 영업정지를 당했던 FTC도 미국의 중소 다단계 판매회사중 하나다.

이 다단계 판매회사들은 주로 전화회사의 콜링카드(전화카드)·선불카드·콜백서비스를 대상으로 영업활동을 펴고 있다.

일본에서는 아직 통신 다단계 판매가 활성화되고 있진 않다. 그러나 일본 국제전화회사인 KDD는 최근 미국내 통신 재판매회사인 PGE사의 지분 20%를 인수하고 미국내 콜백서비스에 뛰어들었고 이에 대응해 AT&T도 일본에서 콜백서비스를 시작한다고 발표하는등 일본 내에서만 20여개 회사가 콜백서비스시장을 놓고 치열한 싸움을 벌이고 있어 다단계 판매방식에 대한 관심이 높아지고 있다.

〈이형교 기자〉

【중앙일보 1996. 12. 30】

사단법인 한국방문판매업협회

■ 다단계판매는 법으로 보장된 판매 방식입니다.
■ 다단계판매는 고용창출에 앞장서고 있습니다.

서울시 종로구 신문로1가 58 구세군빌딩 500호
Tel. 733-8647   Fax. 722-4244
http://www.kdsa.or.kr

이렇게 다릅니다

	정상적인 다단계판매	피라미드판매
구매방식	자유의사에 의한 상품구매	판매원 등록시 일정량의 상품구입, 월별 강제구매액 설정, 승진을 빌미로 강제구매 유도
주 수 입	제품판매로 인한 수익발생	판매원을 등록시키는 행위 자체로 수익발생
매 출	매출액=매출량+상품가격	매출액=사람수+상품가격
조 직	개방적이고 자유로운 가입 및 탈퇴	폐쇄적인 조직구성으로 탈퇴가 자유롭지 못함
환 불	통상적인 상행위의 상식수준에서 환불규정 명시	소비자나 판매원에 대한 환불규정 불이행, 재고상품 반환규정 없음

우리는
항상 소비자 곁에 있습니다.

일부 불법적인 피라미드 회사가 사회를 어지럽히고 있습니다.
방문판매업협회에 등록된 회원사라면 믿으셔도 좋습니다.
회원사들은 방문판매법률을 준수하고 있습니다.
협회는 감독관 제도를 운영, 소비자와 판매인의 불만 및 피해사항을
수시로 접수, 분쟁조정을 하고 있습니다.

두드리십시오. 문은 열려 있습니다.

한국암웨이(주) / 앨트웰(주) / 한국허벌라이프(주) / 썬라이더코리아(주) / (주)한국롱제비티
엔에스이코리아(주) / (주)세모 / (주)한국사미트INT / 네이쳐스선샤인코리아(주)
렉솔코리아(주) / 뉴웨이스코리아(주) / 풀무원생활(주) / 동구마을(주) / (주)늘푸른엔터프라이즈

【중앙일보 2000. 5. 3】

제 3 부
네트워크마케팅의 성공 비결

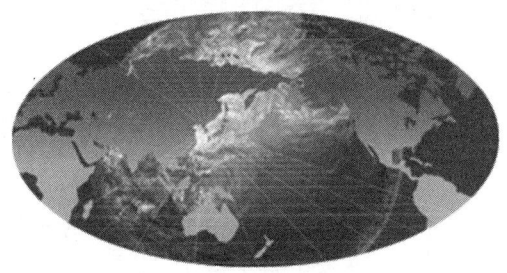

제1장 네트워크마케팅이 성공할 수밖에 없는 15가지 이유
제2장 네트워크 비즈니스의 5가지 성공조건
제3장 성공하기 위한 구체적인 방법

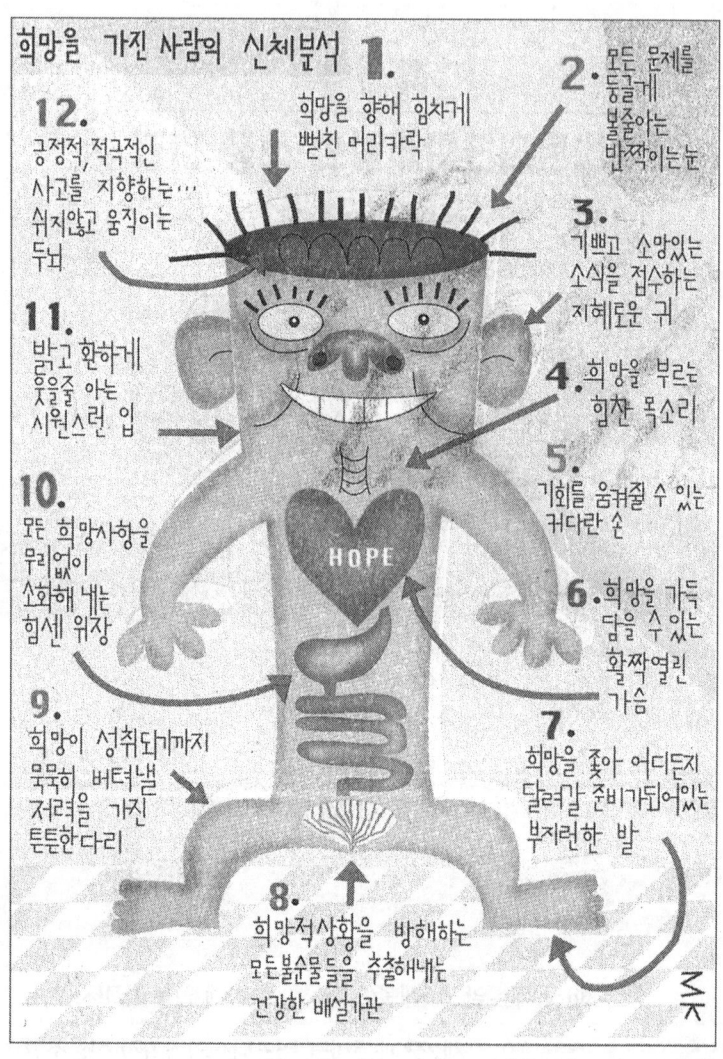

【조선일보 1997. 3. 29】

제 1 장 네트워크마케팅이 성공할 수밖에 없는 15가지 이유

❏ 왜 네트워크마케팅인가?

현 상황에서 비전을 느끼지 못하는 직장인들이 직장을 그만두고 '구멍가게라도 좋다', '내 사업을 하겠다'고 하지만 대부분은 쉽게 시작하지 못한다. 그것은

첫째, 내 사업을 시작할만한 돈이 없다.

둘째, 설사 돈이 있다해도 사업에서 성공하려면 그 방면의 풍부한 경험과 지식이 필요한데, 나에게는 그것이 부족하다.

셋째, 현 직장에서 일하는 것보다 더 많은 노력과 시간을 투자하여 전력투구해야 한다. 따라서 부업의 개념으로는 사업을 시작해 볼 수가 없다.

넷째, 가장 중요한 이유는 주변에서 사업을 시작해서 성공한 사람보다 실패한 사람이 더 많아서 시작하는 것이 두렵다 등등의 이유 때문이다.

그러나, 네트워크마케팅에는 위와 같이 사업을 시작하기 어렵게 만드는 이유가 없으며, 다음과 같은 15가지 이유로 성공할 가능성이 높다고 하겠다.

❶ 무자격 : 누구든지 할 수 있다

네트워크마케팅 사업은 가입시 아무런 제약조건이 없고, 누구나 할 수 있다는 것이 장점이다. 즉, 성별·나이·학력·경력·종교·직업 등의 제한이 전혀 없다. 누구든지 용기와 신념만 있으면 즉시 시작할 수 있다. 일단 사업

을 시작한 이후에도 어떠한 차별이 없고, 노력에 따라 수입의 제한이 없는 매우 평등하고 이상적인 사업이다.

❷ 무자본 : 자본금이 필요없다

어떤 회사를 설립하거나 사업을 시작하려 할 때에는 반드시 자본금이 필요하다. 이 자본금 문제야말로 새로운 인생을 설계하려고 마음먹고 있는 사람들에게 가장 큰 부담으로 다가오는 사항임에 틀림없다.

네트워크마케팅에서는 자신의 노력 여하에 따라 통상의 비즈니스보다 훨씬 높은 수익을 올릴 수 있을 뿐만 아니라, 가입비가 없고, 투자금액이 필요없어 자본금이라는 것은 전혀 필요없다. 따라서 위험부담이 없다. 다만, 판매활동을 하기 위해 필요한 최소한의 기본경비, 교육 재료비와 세일즈 보조교재 구입비, 활동비용이 필요할 뿐이다.

❸ 무점포 : 점포가 필요없다

어떤 사업이든 점포 임대료가 부담스러우면 할 수가 없다. 네트워크마케팅 사업은 가정에서도 가능한 '무점포 판매 방식'이기 때문에 비싼 임대료를 주고 점포를 구할 필요가 없고, 점포가 없으므로 책상·전화·쇼파·사무용품 등의 시설비 및 각종 공과금을 부담할 필요가 없다. 자기가 처한 직장이나 집에서 즉시 시작할 수 있다.

❹ 무종업원 : 종업원이 필요없다

사업을 운영할 때 가장 지출이 많은 것은 인건비이다. 또 돈을 주고 고용한다고 해도 인사관리가 결코 쉬운 일이 아니다. 재고관리와 장부정리도 상당히 힘들지만, 종업원의 관리는 항상 신경쓰지 않으면 안되는 매우 귀찮은 업무이다. 때문에 종업원이 불필요하다고 하는 것은, 그 사업의 규모가 크고 작음에 관계없이 상당한 매력으로 다가오게 된다.

네트워크마케팅 사업은 유급 종업원이 전혀 필요치 않다. 단지 본인과 사업을 같이 하는 다운라인을 격려하는 것이 전부이다. 또한, 네트워크마케팅 회사에서는 IBO들이 성공할 수 있도록 종업원이 하는 역할과 꼭 같은 서비스를 모두 제공하고 있다. 제품의 설명에서부터 클레임 해결과 반품처리까지 모든 골치아픈 문제를 IBO의 입장에 서서 처리해 주고 있다.

❺ 무장부 : 복잡한 회계나 경리 업무가 필요없다

회사와 관계를 하고있다는 것은 금액의 많고 적음을 떠나 회계 및 금전관리를 하지 않으면 안된다. 그러나 네트워크마케팅 사업을 하는 IBO는 장부정리 등의 경리·회계업무를 할 필요가 없다. 경리나 회계업무는 전문적으로 배운 사람일지라도 많은 시간이 걸리는 매우 신경쓰이는 일이다. 회사의 경영자들에게 있어서도 기업경영에 필요한 노력의 50% 이상을 금전회계 문제에 쏟아야 된다는 사실을 생각해 본다면, 자금관리가 얼마나 어려운지 상상할 수 있을 것이다.

네트워크마케팅 회사에서는 본사의 고성능 컴퓨터를 이용하여 완벽하게 처리함과 동시에, 매월 자신의 활동결과 및 보너스를 계산하여 보내준다.

❻ 무간섭 : 사람과 시간에 얽매이지 않아 자유롭다

네트워크마케팅 사업은 시작과 동시에 누구에게도 간섭받지 않는 자유로운 사장이 된다. 출퇴근시간에 구애받지 않고, 자신이 하고싶은 시간에 일을 할 수 있으며, 과중한 업무가 없어 여가를 즐길 수 있다. 몸이 불편해서 쉬어도 뭐라고 간섭하는 사람이 없다.

친구의 경조사에도 만사 제쳐놓고 달려갈 수 있다. 친구의 도리를 다할 뿐 아니라, 거기에서 만나는 사람들을 대상으로 사업을 펼칠 수도 있어 일거양득이다. 또한 출퇴근 시간대에 겪는 고통·스트레스로부터 벗어나 완전한 자유를 누릴 수 있다.

이와 같이 네트워크마케팅 사업은 개인의 자유와 사정을 최대한 보장받을 수 있는 자유로운 직업으로서 자아실현의 기회가 주어진다.

❼ 무재고 : 재고 및 배달 부담이 없다

　네트워크마케팅의 IBO들은 회사와 직접 거래를 한다. 그 사람이 선임이든 말단이든 그것은 전혀 상관없다. 자신이 필요한 만큼의 제품에 대한 주문서를 회사에 제출하면 자신이 원하는 장소로 배달해 받는 시스템으로 운영되고 있다. 따라서 IBO는 재고를 갖고 있을 필요도 없고, 제품을 배달하는 데 시간을 빼앗길 필요도 없다.

❽ 무경험 : 경험이 풍부한 스폰서가 도와준다

　네트워크마케팅 사업은 혼자서 하는 사업이 아니라 경험이 풍부한 후원자의 전폭적인 지원을 받을 수 있다. 나의 발전이 곧 나의 스폰서의 발전이기 때문에 당연히 내가 잘 되도록 적극 지원할 수밖에 없는 것이 이 비즈니스의 장점이다. 영업이나 사업 경험이 전혀 없는 사람 예컨대 집에서 살림만 하던 주부조차도 탁월한 리크루트 시스템과 잘 정비된 교육 프로그램을 갖추고 있는 회사와 스폰서의 도움을 받아 사업을 성공적으로 할 수 있다.

❾ 부업으로도 가능하다

　네트워크마케팅 사업은 자기 직업을 충실히 이행하고 남는 시간을 이용해도 놀라운 소득을 올릴 수 있다. 점점 수입이 많아져 현재 하고 있는 일보다 훨씬 더 생활이 보장될 때는 네트워크마케팅 사업을 본업으로 할 수도 있다. 네트워크마케팅 사업에 대한 자신의 적성과 능력을 일정기간 동안 테스트해 볼 수 있는 좋은 기회를 가질 수 있다. 부적합하다는 판단이 들면 언제든지 손을 털고 그만두면 그만이다. 투자된 자본이 없기 때문에 손해볼 이유가 없다. 혹자는 시간을 투자하지 않았느냐 또는 얼굴 팔리지 않았느냐고 반문하겠지만, 그로 인해 얻은 경험은 인생을 살아가면서 그 이상의 가치가 충분히 있다고 믿는다.

❿ 안정적이고 무한한 수입이 보장된다

사람은 누구나 경제적인 궁핍에서 벗어나 물질의 자유를 누리고 싶어한다. 물질의 속박에서 벗어나 자기의 꿈을 이루고 싶은 것이 공통된 생각이다. 네트워크마케팅은 이 꿈을 실현시켜줄 수 있는 제품과 보상 시스템을 갖고 있다. 네트워크마케팅을 통해 판매되는 제품은 품질이 뛰어나면서도 상대적으로 값이 저렴하기 때문에, 한 번 사용한 사람은 계속 찾게 된다. 따라서, 초기에 열심히 하여 많은 애용자와 사업자를 발굴하면 일정한 수익이 발생하는데, 일단 정상궤도에 오르면 안정되고 높은 수입이 보장되며, 레버리지 효과에 의해 그 상한선에 제한이 없다.

⓫ 활동범위가 전세계적이다

대부분의 네트워크마케팅 기업은 다국적 기업이므로 세계 어느 나라든지 그 기업이 진출한 국가는 어디에서나 사업을 할 수 있다. 국제적인 비즈니스이기 때문에 자신의 능력과 활동범위에 따라 무한한 수입이 보장된다. 세계 각국에 후원한 IBO의 실적에 따라 매월 각종 수당이 자국의 화폐로 은행계좌로 송금된다.

⓬ 해외여행의 기회가 많아진다

네트워크마케팅 사업을 통해 일정 레벨에 오르면 본사로부터 해외여행의 초대를 받을뿐만 아니라, 세계적인 휴양지에서 열리는 각종 세미나와 컨벤션 행사에 참석할 기회를 제공받는다. 또한, 네트워크마케팅 사업을 통해 번 돈으로 얼마든지 전가족이 해외여행을 할 수 있기도 하지만, 자신의 다운으로 등록시킨 외국 사람이나 해외교포를 후원하기 위해서라도 해외여행을 해야 하며, 상위 라인 스폰서가 초청하는 해외여행의 기회도 즐길 수 있다.

⓭ 인간관계가 넓고 원만해지며 더욱 돈독해진다

매일매일의 생활을 통해 만나는 모든 사람들이 사업의 대상이 되고, 그들에게도 고소득을 올릴 수 있는 좋은 기회를 주는 보람있는 만남이 된다. 더 많은 사람을 만날수록 더 많은 이익을 얻을 수 있는 사업이다. 이와 같이 대인관계가 바로 비즈니스로 이어지는 커뮤니케이션 비즈니스이기 때문에, 모난 성격으로는 성공할 수 없어 원만한 성격으로 개조되어 간다. 더구나 점포가 필요없어 서로의 집을 방문함으로 인해 인간적인 유대관계를 더욱 돈독히 할 수 있다.

⓮ 가정 중심의 사업이다

인간의 행복은 가정에 있다. 그러나 경제적인 궁핍과 바쁜 생존경쟁 때문에 가정의 화목과 부부의 애정이 메말라 가는 경우가 있다. 그런데 네트워크마케팅은 가족들이 적극적으로 참여하는 가족사업의 성격이 짙고, 부부가 함께 참여했을 때 훨씬 더 큰 성공을 할 수 있다. 공통된 대화의 소재를 제공하기 때문에 부부간이나 가족간의 화목을 도모하게 된다. 어차피 맞벌이를 해야 하는 현대에 부부가 같이 참여하는 것이 가장 바람직한 네트워크마케팅 사업이야말로 꿈의 비즈니스라고 할 수 있다.

⓯ 자신의 권한이 상속된다 — 보험으로서의 기능

사업을 하던 IBO가 사망을 하면 배우자 혹은 자녀에게 그 권한이 상속된다. 상속받은 가족들은 여전히 같은 수입을 인계받아 안정된 생활을 누릴 수 있다. 이것은 재해보험이나 생명보험보다 더 확실한 보장이다.

이상에서 네트워크마케팅이 성공할 수 있는 이유 15가지를 들었지만, 그렇다고 누구나 다 성공한다고 말할 수는 없다. 네트워크마케팅도 엄연한 (유통)사업이다. 단지 큰 자본과 경험이 필요하지 않고, 비록 성공하지 못한다 할지라도 금전적인 손해가 미미하기 때문에 마음만 먹으면 누구나 할 수 있다는 것이 다른 사업과 다른 점이다. 자본과 기술이 없어도 시작할 수 있기 때문에 오히려 더 많은 노력과 시간을 투자해야만 성공을 거머쥘 수 있는 매우 까다로운 사업인 것이다.

제1장 네트워크마케팅이 성공할 수밖에 없는 15가지 이유   219

"조기퇴직 남일 아니다" 맞벌이부부 늘어

샐러리맨 라이프

/尹泳信기자

쌍용정유 金모 대리(33)는 요즘 새벽4시에 기상한다. 유치원에 다니는 아이가 깰까봐 조심조심하며 아내와 함께 집을 나서 향하는 곳은 조간신문 보급소. 신문 1백50부를 차에 싣고 아파트 단지에 도착, 아파트맨 위층에서부터 훑어 내려오며 신문을 배달한다.

이 일을 한지 3개월째. 처음에는 아내가 먼저 신문배달을 시작했다. 金씨는 『누가 알면 남편이 돈을 못벌어 아내를 밖으로 내몰았다고 욕할 것』이라며 반대했었다.

그러나 최근 불황여파로 언제 퇴직대상자 명단에 오를지 모르는 판에 하루라도 빨리 가계를 안정시켜야겠다는 생각에서 아내의 신문배달에 동참했다. 우선 아파트를 분양받아 내년말 입주에 필요한 중도금을 마련하는 게 최대 목표다.

불황여파에 따른 감원과 조기퇴직 바람이 일자, 한동안 주춤했던 맞벌이 부부가 다시 늘고있다. 이는 퇴직이 언제 현실로 다가올지 모르는 불안한 심리에서 비롯된 현상으로 요즘 직장마다 맞벌이 성공사례가 새삼 화제가 되고있다.

대개 부인이 육아문제로 직장이나 부업을 그만두었다가 다시 시작하거나, 평범한 주부가 돈벌이에 나서는 경우가 많다.

동양제과 총무부 金東碩과장(김동석·37)은 부인이 대학시절 전공을 살려 지난 8월 동네에 피아노 학원을 차렸다. 연봉 2천6백만원을 쪼개 전세자금과 적금까지 부으며 알뜰살림을 해야 했던 金과장은 『아내가 부업을 한뒤로 불황이 주는 불안감에서 거의 해방됐다』고 말한다.

지난봄 결혼한 이 회사 신인사팀 李興熙대리(이흥희·35)는 설계사무소에 다니는 아내를 집안살림에 전념케할 계획이었다. 그러나 최근 매스컴에 오르내리는 명예퇴직의 주인공이 될지 모른다는 생각에 아내에게 『딱 10년만 함께 고생하자』고 제안했다.

최근 감원을 단행했던 S기업 鄭모과장은 요즘 쉬는 날이면 아내와 함께 신도시 아파트 단지를 둘러본다. 유치원 교사출신인 아내가 『집안에 눌러앉아 있을수 없다』며 놀이방을 차리겠다고 해서 함께 장소를 물색하고 있다.

이 회사 李모 과장은 아예 집 옆에 김밥집을 차렸다. 아내가 가게를 맡고, 그는 퇴근후 곧바로 김밥집으로 달려가 아내를 돕는다. 그의 경우는 회사에서 「성공한 부업사례」로 회자되고 있다.

"남편名退 언제 닥칠지 몰라" 주부들 적극적
'失職불안서 해방' 부업성공담에 부러움도

급신장 업종일수록 경계를

부업-어떻게 시작할 것인가

**자본규모 고려 사업선택
철저한 시장조사 앞서야
체인점 가입 고려해볼만**

요즘 웬만한 사람치고 부업생각 한번쯤 안해본 사람은 없을 것이다.

하지만 막상 부업거리를 찾아보면 보통일이 아니다. 무엇을 해야할지 찾기가 여간 어렵지 않다. 더 큰 문제는 과연 돈벌이가 될 것이냐는 점. 소규모 음식점의 경우 1년에 3만여개가 생겼다가 이중 70%정도가 1~2년 안에 문을 닫는다는 분석도 있다. 부업이 생각만큼 쉽지 않다는 반증이다.

전문가들은 이런 실패를 맛보지 않으려면 우선 사전 정보수집을 철저히 하라고 권한다.

체인정보 박원휴사장은 "먼저 자신이 할 수 있는 일을 고르고 그 업종에 대한 시장조사를 철저히 한 후 일에 착수하라"고 당부한다.

이중 가장 중요한 점은 투자할 수 있는 돈의 규모에 걸맞은 사업을 골라내는 것이다. 물론 동원가능한 자금이 많을수록 선택할 수 있는 업종의 폭이 넓어진다.

〈표 참조〉

우선 '밑천'이 3천만원 미만인 경우 가능한 부업은 대략 소형점포를 갖고 영업할 수 있는 것들이다. 이들 업종은 실내장식등이 크게 필요치 않은 사업들이다.

최근 유행하고 있는 김밥전문점을 차리려면 최소한 5천만원 정도는 필요하다. 5~10평짜리 점포를 얻는데 2천만원 내외 들고, 실내장식등에 들어가는 비용이 3천만원 정도 필요하다는 것이다.

업종선택시 피해야할 업종들도 있다. 신규업종으로 급신장하고 있거나 법적인 하자가 발생할 소지가 있는 업종은 삼가야 한다. 지난해 한창 유행했던 탕수육집, 수년전 유행했던 고기뷔페등은 수명이 길지 못했다.

또 현행법으론 문제없더라도 도덕적으로 문제가 될 소지가 있는 업종(성인용품점·전화방·비디오방)도 성장성이 떨어지는 업종이다.

일단 업종을 선택한 뒤에는 점포를 선택해야 하는데, 이때는 해당지역을 실제로 가보는 노력을 게을리 해선 안된다.

가령 재래시장 지역에 편의점을 세운다든가, 아이들이 없는 지역에 아이들이 좋아하는 패스트 푸드 음식점을 내는 것은 실패확률이 매우 높다.

이런 과정을 거치는 것이 부담스럽다면 체인점에 눈을 돌리는 것도 바람직하다. 단 시중에 체인사업을 한다는 간판을 걸고 있는 곳중 상당수가 부실업체인 점도 업체 선택에 신중을 기해야 한다.

실제로 개인들이 독립적으로 점포를 내는 경우 개업한지 1년 이내에 망하는 확률이 40%에 달하지만 체인점포는 그 비율이 10%를 밑도는 것으로 알려지고 있다.

그러나 별도 시간을 내 이런 일들을 일일이 챙길 수 없는 직장인이나 주부라면 전문가들의 자문을 받는 것도 하나의 방법이다.

〈송상훈 기자〉

부업 전선 10계명

부업을 시작할 때 주의해야할 점 10가지를 정리해 본다.

1. **무리한 투자는 금물**=부업에 투자할 돈은 절대 자기 돈이어야 하며, 자기 돈이라고 해도 가용자금을 모두 쏟아부어서는 안된다.

2. **체면을 생각말라**=주위의 눈을 의식해 시작부터 근사한 모양을 갖추려 하다가는 큰 코 다친다.

3. **인건비를 최소화 하라**=중국음식점 주방장은 2백만~3백만원의 월급을 줘야 하고 배달원 월급도 1백만원 이상이다. 가족의 손을 빌리는등 인건비는 줄여야 한다.

4. **동업은 절대 하지 말라**=능력이 안되면 포기하더라도 동업은 절대 안된다는 것이 부업의 불문율.

5. **주고객층을 명확히 점하라**=주고객층을 특정계층으로 한정시킬 경우 집중적인 영업전략을 펼 수 있고 전문성도 키울 수 있다.

6. **부업에도 위험분산 전략이 필요하다**=점포를 내더라도 작은 점포를 여러개 내는, 위험을 분산시키는 지혜가 필요하다.

7. **체인 가맹점을 내려면 유명브랜드를 택하라**=체인점 선택은 비용이 다소 많이 들더라도 유명브랜드를 선택하는 것이 좋다.

8. **충분한 정보수집은 필수**=부업을 시작하기 전 충분한 정보를 수집하는 것은 필수다. 막연히 남의 말만 듣고 시작했다간 낭패하기 십상이다.

9. **좋은 입지를 잡는 것은 절반의 성공**=점포의 입지가 성패를 가늠한다. 고기가 없는 곳에 낚시대를 드리우고 있다가는 고생만 하고 빈바구니를 감수할 수밖에 없다.

10. **주부 부업은 가족의 동의나 협조가 필수**=남편의 동의 없이 주부가 부업전선에 나선 가정에 불화가 일어나는 경우가 흔하다.

〖중앙일보 1997. 4. 21〗

다단계 '일확천금' 환상을 버려라

기업체의 감원바람과 자영업의 극심한 불황으로 벌써부터 다단계판매업에 대한 관심이 높아지고 있다. 다단계판매가 고실업시대의 대안으로 등장할 가능성도 커지고 있다.

그러나 어떤 사업이나 명암이 있게 마련이다. 다단계판매사업도 예외가 아니다. 막연한 환상이나 일확천금에 대한 기대는 금물이다.

구체적 사례를 들어보자.

대전시 유성구에 사는 정낙준(33)씨. 그는 서울에서 직장생활을 2년간 하다가 식당주인으로 변신했다. 3년6개월간의 음식점 경영은 경험부족으로 실패로 끝나고 말았다. 그런 다음 처가가 있는 대전으로 내려와 완구점을 경영했다. 오전 9시30분에 문을 열어 부인과 함께 하루 12시간 동안 장사를 했지만 한달 매출은 4백만원에서 더이상 늘지 않았다.

그러던 차에 처형으로부터 다단계판매업체 진로하이리빙의 회원이 될 것을 권유받았다. 회원으로 등록, 처음에는 단순 소비자로서 이 회사 상품만 사서 사용했다. 사업으로서 전망이 있다고 판단, 본격적으로 회원을 유치하는 일을 시작한 게 지난해 10월. 완구점 고객들을 회원으로 가입시키는 한편 이들 고객을 중심으로 하위 회원들을 확대해 나갔다. 물론 완구점 경영을 병행했다.

정씨는 이 사업이 본 궤도에 오르면서 지난 7월부터는 완구점 문을 닫고 다단계판매사업에만 전념하고 있다. 하위 라인의 판매원(디스트리뷰터)들이 서울 대전 광주 목포 대구 인천 등지로 확산돼 전국을 돌아다니며 사업과 상품에 대한 설명과 교육을 하는 일이 주업무가 됐다.

그의 현재 직급은 자이언트. 실적을 기준으로 나뉘는 7단계 직급 중 3번째 직급이다. 하위 그룹 판매원수를 다 합치면 1만7천여명이나 된다. 그만큼 열심히 일했다는 반증이다.

그가 자기 사업으로서 다단

"
조급함·과욕은 실패 지름길
업체선택·專業은 신중하게
'자기 사업' 열의 가져야 성과
"

계판매업에 뛰어든 후 첫 수당은 4만4천원에 불과했다. 3개월이 지나도록 1백만원을 넘지 못했다. 그러던 것이 지금은 한달 8백만~1천만원을 오르내리고 있다.

정씨는 많은 사람들이 부푼 꿈을 안고 이 사업에 뛰어들었다가 실패하는 이유를 이렇게 분석한다. 『밑천이 들지 않는 사업이므로 안돼도 그만이라는 생각을 많이 하는데 이건 금물입니다. 회사가 제공하는 전시판매장 물류센터 등을 자기 것이라 생각하면 나른 자영업이나 다를 게 없습니다. 번듯한 점포가 없다 해서 부끄럽게 생각하고 소극적으로 사업에 임하면 반드시 실패합니다. 시작하자마자 많은 수입을 올리려는 조급함과 과욕도 실패의 지름길이지요』

경기도 과천에서 조그만 문구점을 운영하던 강인철(가명·44)씨. 장사가 잘 안돼 6개월 전에 다단계판매사업에 뛰어들었다.

사업초기에는 회원 유치가 쉽지 않아 후원수당은 그리 기대하지 않았다. 대신 하루에 20만원어치만 팔면 소매판매수당이 있어 월 1백만원 수입은 되리라고 생각했다. 그리고 시간이 지나 후원 수당을 합치면 그런대로 생활이 충분하리라 여겼다.

그러나 현실은 달랐다. 회원가로 할인받은 상품을 안면있는 사람에게 소비자가로 판매하기가 힘들었다. 결국 6개월간 적자만 내는 생활이 계속됐다. 강씨는 요즘 시골에 내려가 특용작물이나 길러볼 생각을 굳히고 있다.

다단계판매사업도 밝음과 어두움이 공존한다. 아직도 다단계사업은 피라미드상술이라는 일반인의 오해도 무시못할 장애요인이다.

『다단계판매를 마치 돈을 긁어 모으는 사업이라고 생각하면 큰 오산입니다. 일부 업체들이 잘못된 인식을 심어주고 있는 것이지요. 처음 사업을 시작할 때는 대학졸업 후 첫 월급수준인 한달 1백만원 정도를 목표로 잡고 조급한 생각을 버려야 합니다』

한국암웨이 풀무원생활 등을 거치며 다단계판매업계에서만 20년 이상 몸담아온 김명철(金明哲)NSP코리아사장의 충고이다.

【한국경제신문 1997. 12. 25】

전업 성공률 10%도 안된다

다단계 판매조직은 미래의 유망산업인가, 아니면 합법적인 신종 사기수법인가. 최근 국내 다단계 판매시장이 급속도로 성장하면서 이를 둘러싼 논쟁도 치열하게 벌어지고 있다. 2~3년만 버티면 한달에 2백만원은 충분히 벌 수 있다는 말에 학교를 그만둔 선생님이 있는가 하면 1년 만에 전세금 5백만원을 날리고 길거리로 나앉은 가엾은 청춘들도 있다. 〈일요신문〉은 그동안 국내외의 다단계 판매조직을 3차례에 걸쳐 심층보도한 데 이어 '다단계 열풍'의 문제점을 취재했다.

다단계 판매방식은 미국을 비롯한 서구사회에서 시작됐다. 이것의 특징은 광고비와 유통비를 줄여서 판매원에게는 일정 지분을 주고, 소비자에게는 값싸게 상품을 공급한다는 것. 일단 다단계 판매조직의 회원이 되면 특정 상품을 싸게 살 수 있으며, 주변사람들에게 물건을 팔 경우 별도의 배당금을 챙길 수 있는 자격이 주어진다.

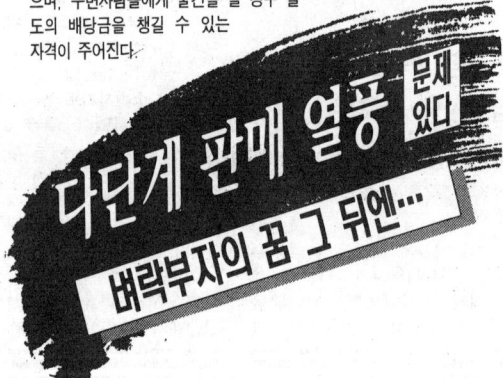

이론적으로는 별 문제가 없어 보인다. 그런 이유로 많은 사람들이 좋은 물건을 값싸게 쓰고 약간의 용돈을 벌 수 있고 잘만 되면 밑천 안들이는 고소득사업가가 될수도 있다는 생각에서 다단계 사업에 뛰어든다.

하지만 이론과 현실은 차이가 나게 마련이다. 다단계 조직은 기본적으로 회원수가 늘어나야만 지속적으로 이익을 올릴 수 있다.

그래서 상당수 다단계 조직의 관리자들은 새로 가입한 회원들에게 '단순한 소비자에 머무르지 말고 사업자의 마인드를 키우라'고 강조한다. 즉 '부업'이 아닌 '전업'으로 나설 것을 은근히 부추기는 것이다.

지난 8월 중순 서울 강남지역의 ㅇ다단계 판매회사의 사업자 교육장. 2년 만에 한달 수입이 7백만원대에 이르렀다는 강사 박아무개씨는 2시간째 사자후를 토하고 있었다.

"다단계 판매업은 취미가 아니라 사업입니다. 여러분의 직장을 과감히 버리십시오. 사업에는 부업이 없습니다. 전업으로 승부를 걸어야만 승산이 있습니다."

무리한 회원모집으로 말썽을 빚는 일도 늘어나고 있다. 서울 강동구에 사는 서아무개씨는 "신생 다단계 조직인 ㄴ사 판매원들 때문에 장사를 그만두게 됐다"며 하소연했다.

정비원들도 직장 버리고

서씨는 3명의 종업원을 데리고 정비소를 운영하고 있었다. 그런데 어느날부터인가 ㄴ사 판매원들이 찾아와 종업원들을 꼬드기더니 결국 3명 다 정비소를 그만두고 ㄴ사의 판매원으로 나섰다는 것.

국내외 다단계 판매회사들의 본격적인 경쟁이 시작된 지난 7월 초부터 본사에는 이와 같은 '읍소전화'들이 줄기차게 걸려오고 있다.

경기도 포천지역의 한 군인아파트에서는 회원모집 경쟁을 벌이던 다단계 조직 판매원들 사이에서 주먹다짐까지 벌어졌다고 한다.

대구에 사는 주부 한아무개씨는 "남편이 직장까지 그만두었는데 집에 있는 시간은 거의 없다. '두 달만 고생하겠다'며 시작했는데 이젠 친척들을 찾아다니며 '회원이 되라'고 강요하고 있다"며 다단계 조직의 어두운 면을 지적했다.

일단 직장을 그만둔 사람들의 경우 다단계 판매업 자체가 직업이 된다. 그들은 이제 생계를 위해 더 많은 사람들을 끌어들이고 판매고도 늘려야 한다.

그러나 이 시점에서 수많은 사람들은 좌절하고 만다. 기자가 ㅇ사를 비롯한 5개사 판매원을 상대로 탐문취재한 결과 전업이 돼서 성공한 사람들은 10%를 밑돌았다. 그럼에도 상당수 다단계 판매회사는 '전업=성공'이라는 논리를 공공연히 홍보하고 있다.

여기서 한 가지 짚고 넘어가야 할 문제가 있다. 다단계 판매조직의 관계자들은 위와 같은 문제에 대해 "중간에 포기하는 것은 개인의 능력 때문이지 조직의 결함은 아니다"고 말한다.

국내 최대규모인 암웨이사의 한 관계자도 "어느 기업에서든 성공한 사람보다는 실패한 사람이 많은 것 아니냐"고 반문했다. 물론 그렇게 볼 수도 있다. 더구나 한 계를 뚫고 '대성공'을 거둔 사람들이 상당수 있기 때문이다.

현재 우리나라에는 80여개의 다단계 판매회사가 영업중이다. 비공식적인 불법 피라미드 조직까지 합치면 그 수는 더 늘어난다. 이 가운데는 합법적인 다단계 회사로 등록해 놓고 당국의 감시소홀을 틈타 불법행위를 일삼는 조직도 있다. 이 때문에 각종 소비자단체에는 "OO사는 등록된 회사인가요?

한 다단계 판매회사의 교육현장. '전업으로 승부를 걸어야 승산이 있다'는 교육내용과는 달리 전업으로 성공하는 사람은 10%에도 못미치는 것으로 드러나고 있다.

가입비 강요·탈퇴금지·환불기피 등 호소
모집경쟁 벌이다 판매원들끼리 주먹다짐도

피라미드는 아닌가요"라는 문의전화가 잇따르고 있는 실정이다.

자주 일어나는 피해사례로는 가입비 강요, 탈퇴 금지, 배당금 가로채기, 환불 기피 등이 있다.

지난 9월 초 대구지역에서는 물품구입을 강요하고 환불을 꺼린 ㅋ사의 행태가 소비자연맹에 의해 공개되기도 했다. 경북 경산시에 사는 김아무개양(25)은 "1백50만원 상당의 화장품을 샀으나 판매의 한계를 느껴 환불을 요구했으나 이미 '상위 판매원'에게 후원수당을 주었기 때문에 상품가의 50%만 돌려주겠다'는 답변을 들었다"고 폭로했다.

다단계 판매조직에 낯선 사람들은 왜 김양이 한꺼번에 1백50만원 어치의 화장품을 샀는지 궁금해할 것이다.

그 이유는 이렇다. 판매원의 입장에서는 일정액 이상을 꾸준히 사야만 직급이 오르므로 대부분 목돈을 들여 '사재기'를 한다. 문제는 사들인 물건이 팔리지 않을 경우다. 현행 법에는 '3개월 이하일 경우 1백% 환불해야 한다'고 돼 있지만 이 규정을 지키지 않는 조직이 많은 것으로 알려져 있다.

무작정 뛰어들었다 좌절도

다단계 판매조직에 몰려드는 사람들은 크게 볼 때 두 부류다. 하나는 고정적이고 안정적인 수입을 꿈꾸는 사람들이나, 확실한 직업을 갖고 있으며 인맥이 넓은 사람들이 여기에 속한다. 다른 부류는 '짧은 시간에 한밑천 잡겠다'는 욕심으로 달려드는 사람들이다. 뚜렷한 기술이 없는 서민층이 그들이다.

무작정 돈을 벌겠다는 생각만으로 뛰어든 사람들은 대개 1년을 버티지 못한다. 그들이 1년 동안 쏟아부은 돈은 평균 5백만~6백만원으로 알려져 있다. 지난 8월말 경기도 남부지역의 농촌마을에서는 다단계 판매업에 뛰어들었다가 1년 만에 날개가 꺾인 30대 남자가 자살소동을 벌인 일까지 있었다.

다단계 열풍이 점차 거세지면서 학계에서도 다단계 판매조직에 관심을 기울이고 있다. 연세대에서 '산업화와 노동문제'를 가르치고 있는 김왕배 교수는 "우리나라의 다단계 판매조직은 '황금만능주의'를 부추기는 부정적인 측면이 강하다"고 말했다.

〔육성철 기자〕

【일요신문 1996. 10. 6】

제 2 장 네트워크 비즈니스의 5가지 성공 조건

　네트워크마케팅 사업에서 성공하기 위해서는 다음과 같은 다섯 가지의 조건을 갖추어야 한다.
　첫번째는 재정적·도덕적으로 좋은 회사를 선택하는 것이요, 두번째는 고품질·저가격의 우수한 제품을 만나는 것이요, 세번째는 주어진 범위(35%) 내에서 최대한의 보너스를 보장해주는 알짜 보상플랜을 찾는 것이요, 네번째는 누구나 열심히 모방하면 성공할 수 있는 성공시스템을 갖고있는 그룹과 후원인을 만나는 것이요, 다섯번째는 성공하고자 하는 뜨거운 열정 그리고 어떠한 어려움에도 굴하지 않는 끈기를 갖추어야 한다.
　이상 다섯가지의 조건은 자동차에 비유할 수 있는데, 네 바퀴는 '회사' - '제품' - '보상플랜' - '성공시스템' 으로 비유되며, 엔진은 꿈에 엔진을 가동시키는 연료는 '열정' 에 비유할 수 있다.
　네트워크마케팅 사업은 이중에서 단 한 가지라도 충족되지 못하면 절대로 성공할 수 없을 정도로 매우 까다롭고 여려운 사업이지만, 성공만 한다면 엄청난 보상이 주어지는 것이 네트워크마케팅의 매력이기 때문에, 이 사업에 뛰어들려는 사람들은 자신의 입장 - 인생에서 어떠한 꿈을 갖고 있느냐, 남자냐 여자냐, 전업이냐 부업이냐, 평생 할 것이냐 잠시 할 것이냐, 누구와 할 것이냐 등을 고려하여 5가지 조건을 흡족하게 만족시킬 수 있는 회사와 스폰서를 신중하게 선택해야 한다. 순간의 선택이 남은 인생을 황금빛으로 물들일지, 잿빛으로 물들일지를 결정한다.

1. 회사 … 좋은 회사를 선택하는 것이 성공의 제1 조건

네트워크마케팅 사업의 특성상 회사와 사업자(IBO：Independent Business Dwner-디스트리뷰터)는 상호보완적 관계를 갖는 동업자로서의 역할을 추구하기 때문에 좋은 회사를 선택하는 것은 성공의 제1조건이다.

네트워크마케팅 기업이 도산하게 되면 그 기업에 종사하던 직원은 물론 수많은 선량한 피해자들이 속출하여 커다란 사회문제를 야기시킬 위험이 있다.

좋은 회사를 선택하기 위해서는 최소한 다음과 같은 점을 반드시 체크해 보아야 한다.

(1) 안정성 … 역사와 전통

네트워크마케팅은 대부분 영세한 기업이 채택하기 때문에 자본이 모자라 문을 닫는 경우가 많다.

미국에서는 수많은 네트워크마케팅 기업들이 설립되었다가는 사라지고, 또 사라졌다가는 설립되곤 하는데, 대부분의 회사는 1년을 버티지 못하고, 소수의 회사가 2~3년의 수명을 유지하며, 5년 뒤에 성공을 거둔 회사는 1,000개 중 겨우 1개 정도라고 한다. 회사가 문을 닫으면 모처럼 노력해서 만들어 놓은 조직이 하루아침에 물거품이 되어 버리고, 자신을 믿고 이 사업에 동참한 사람들로부터 원망을 사게 된다. 네트워크 비즈니스는 평생사업이기 때문에 0.1%의 확률을 보고 사업을 시작할 수는 없다.

신생회사라 할지라도 뛰어난 아이템과 특별한 비전을 갖고 있고, 그 경영자가 네트워크마케팅에 대한 확실한 철학과 견식이 있다면 검토해볼 수도 있을 것이다. 만일 일확천금에만 눈이 멀어 특별히 뛰어난 제품도 없이 수박 겉핥기식의 네트워크마케팅 지식으로 사업을 시작한 회사라면 얼마 못가 도산할 가능성이 높다.

그리고 좋은 상품을 가지고 진정한 네트워크마케팅 방식을 사용한다면

IBO들이 증가하는 속도는 엄청나다. 그 수가 몇백만까지 확대되는 거미줄같은 조직망을 사람의 힘으로 통제하는 것은 불가능하다. 개개인의 IBO에 대한 정보를 정확하게 처리하고 매월 보너스 계산을 신속하게 처리할 수 있는 고도의 전산 시스템 운영능력을 갖추고 있어야 한다.

(2) 성장(가능)성 … 타이밍

진정으로 좋은 네트워크마케팅 회사를 선택하기 위해서는 안정성 다음으로, 그 회사가 앞으로 얼마나 더 성장할 가능성이 있는가를 반드시 따져봐야 한다. 모든 사업이 그렇지만 네트워크마케팅에서는 특히 타이밍이 중요하다. 타이밍을 맞추지 못하면 아까운 시간과 정열을 허비하게 된다.

일반적으로 네트워크마케팅 회사는 〈형성기―집중기―급성장기―안정기〉의 네 가지 국면을 경과하는데, 너무 일찍 시작해도 위험하며, 너무 늦게 뛰어들어도 성공할 확률이 낮다. 가장 최선의 단계는 '적어도 앞으로 30년 이상 지속되는 회사가 급성장 국면에 접어들기 6개월전(렌 클레멘츠)'이라고 하는데, 그것은 공모회사에 투자하는 최적기는 주가가 상승하기 직전이라고 말하는 거나 같다.

> "급성장 국면은 회사의 매출액이 5천만 달러에 도달한 후에 접어든다고 보는 것이 전문가의 견해이다. 급성장 국면에 막 접어들려고 하는 뉴스킨이나 암웨이 같은 회사를 찾아내기만 하면 떼돈을 버는 것은 확실하다. 대부분의 경우 망하게 되어있는 회사만 이곳 저곳 기웃거리다가 결국 네트워크마케팅 사업 자체를 포기해버리기가 십중팔구이다."
> 〈리처드 포, 『제3물결 네트워크마케팅의 새시대』, 용안미디어〉

> "성공의 비결은 다른 사람은 아무도 모르는 그 무엇을 알아내는 것이다."〈아리스토틀 오나시스〉

그러나 정보는 뉴튼의 사과처럼 나무에서 뚝뚝 떨어지지 않는다. 스스로 찾아내야 된다. 많은 시간을 들이고 애를 써야지 정보를 얻을 수 있다. 뜬 소문에 귀를 기울이지 말고, 신문보도를 무시하라. 잘난 체하는 친구나 동료들의 말에 귀를 기울이지 말고, 실상을 파악해야 한다.

(3) 수익성 … 알짜 보상플랜

아무리 회사가 튼튼하고 제품이 뛰어나다 할지라도 IBO에게 충분한 보상이 주어지지 않는다면 이 사업을 할 이유가 없다. 그러므로 네트워크마케팅 회사를 선택할 때는 그 회사의 보상제도를 정확하게 파악할 필요가 있다. 너무 적게 책정되어 있는 것도 문제지만 터무니없이 많은 보너스를 준다고 하는 회사는 더욱 경계할 필요가 있다. 또한 보너스플랜이 너무 복잡하지 않고 간단하면서도 명확한 것이 좋다.

> **참고** **제품의 가격과 보상플랜**
>
> 네트워크마케팅을 채택한 기업이라고 해서 상품의 값이 일반 유통방식에 의해 유통되는 상품보다 반드시 싸다는 보장은 없다. 어떠한 시스템을 이용해 판매하든 상품에 대한 최종 소비자가격과 중간 마진폭은 기업주가 시장상황을 고려하여 정하는 것이다. 즉, 상품의 소비자가격은 시장 경쟁 현황과 기업주의 양심, 그리고 기업의 원가절감 등의 문제가 복합적으로 작용되는 것이지 마케팅 시스템에만 전적으로 의존되는 것은 아니다.
>
> 실제로 일부 네트워크마케팅 회사에서는 디스트리뷰터들에게 직접판매 방식에 의해 유통되므로 중간마진이 없어 소비자가격이 더 싸다고 홍보하지만, 실제로는 회사의 이윤 도모와 자사 판매원들의 수익성을 높이기 위해 오히려 일반 유통방식보다 훨씬 높은 중간마진을 책정하고 있는 경우가 많다. 이것은 결국 피라미드적 요소를 가미하는 것은 물론, 기업주의 양심의 문제이지만 이러한 기업이 지속적으로 성장한다는 것은 매우 어렵기 때문에, 어떤 네트워크마케팅 기업에서 디스트리뷰터로 일하고자 하는 사람은 '중간 유통마진을 절약한 혁신적 마케팅'이라는 말에 무작정 현혹되지 말고, 그 기업의 마케팅 플랜을 면밀히 검토해 볼 필요가 있다. 만일 많은 유통마진을 가지고 단기간에 돈이 벌리는 구조로 되어 있다면 일단 정상적인 네트워크마케팅 기업이 아닌 피라미드 기업이라고 의심해 봐야 한다.

(4) 회사의 지원시스템

네트워크마케팅 회사는 IBO들이 회사에 대한 신뢰와 자부심을 갖고, 경쟁력을 가지고 활발한 사업환경을 가질 수 있도록 영업지원시스템 및 교육지원시스템 등을 구축해야 한다. 회사의 지원체계가 잘 갖춰져 있으면 IBO들은 많은 시간과 비용을 절감하면서 정말 쉽고 즐겁게 일할 수 있다. 판매와 회원가입은 IBO의 몫이지만 다음과 같은 일은 회사가 다 맡아서 해 주어야 한다.

① 회사의 이미지 제고를 위한 소비 친화적인 기업홍보 역할과 사회참여 프로젝트 개발, 그리고 이에 따른 여론조사 등을 측정하여 외부환경에서의 사업경쟁력을 높이는 데 기여하는가?

② 제품별 시장조사와 경쟁분석, 판매집단 등 다양한 분야에 대한 정보를 수집하여 사업환경을 분석하고 지원해줌으로써 IBO들에게 유익한 정보를 제공하는가?

③ 컨벤션 행사를 통해 신제품을 발표하고, 신제품에 대한 학술세미나를 개최하여 제품에 대한 학문적 근거를 마련하고, 자료를 발간함으로써 판매전략에 활용할 수 있게 하는가?

④ (격)월간 등으로 발행되는 소식지나 통신을 이용한 음성·문자정보, 인터넷 홈페이지 등 다각적인 채널을 통해 회사의 정책적인 홍보와 신제품소식 또는 사업을 독려하기 위한 프로모션과 인센티브 제도 등 다양한 분야의 정보를 제공함으로써 침체되기 쉬운 IBO 환경에 적절한 동기유발을 이끌어내는가?

⑤ 물류관리체계는 IBO들의 주요활동무대를 기반으로 직접 픽업 가능한 지역별 안배와 고객이 필요한 날에 배달될 수 있도록 지역중심의 무료 택배 시스템을 구축하고 있는가?

⑥ 네트워크마케팅 사업의 성공에는 잘 짜여진 교육 프로그램의 역할이 매우 중요한 영향을 미친다. IBO들의 판매활동에 필요한 제품지식과 효과적인 사용방법 또는 제품이 주는 혜택(가치) 등을 알려주어, 성공적 판매가 이루어지도록 IBO에 대한 교육지원 체계를 구축하고 있는가?

⑦ 국제적 확장 프로그램이 있어서 IBO들에게 외국에서도 세금이나 등록, 환전 등의 문제로 고민하지 않고 다운라인을 구축할 수 있게 해주는가?

(5) 경영자의 자질 및 마인드

회사의 경영방침을 정하고 사업자들에게 미래의 비전을 보여주며 회사를 이끌어가는 것은 결국 경영자이기 때문에 회사의 선택에 있어서 경영자의 자질과 마인드에 대해 충분히 알아볼 필요가 있다.

IBO를 자사의 제품을 도매가격으로 떼어다 판매하는 일개 '장사꾼'으로 간주하면서 사업자들의 복리나 삶의 질의 향상에는 전혀 관심이 없고 오로지 '한탕'하고 빨리 발을 뺄 궁리나 하는 경영자가 존재하는 회사가 있는 반면, IBO들의 성공과 행복을 위하여 아낌없이 투자하고 배려하는 경영자가 운영하는 회사도 있다. 어느 회사를 선택하는 것이 현명한 것인지는 자명하다.

> "한 가지 안타까운 사실은 모든 회사가 케이트 길그로시나 렌 클레멘츠와 같은 선견지명이 있는 인물을 알아보는 것은 아니라는 점이다. 일부 네트워크마케팅 회사 사장들은 아직도 제2물결 시대의 습관을 버리지 못하고 혁신적 사고의 소유자들을 귀찮은 존재로 여기는 경향이 있다. 그러나 기존 체제를 뒤엎는 데 주저하지 않는 선택받은 소수의 회사에게는 오늘날 제3물결 시대 리더들의 재능과 비전이 여지껏 아무도 발견 못한 풍성한 기회를 안겨줄 것이다.
>
> 사실 의식이 앞선 회사들은 리더를 양성하는 요람이 되고자 전력을 기울인다. 다시 말해 혁신적 사고의 리더를 끌어들이고 양성하며, 이들에게 장기적인 인센티브를 제공하여 회사에 이바지하게 만드는 환경을 조성하는 데 힘쓰고 있는 것이다. 이런 전략을 실천에 옮겨 경영난을 극복하고 21세기 네트워크마케팅을 향한 독보적 위치를 확보한 회사가 바로 렉솔 쇼케이스사(社)이다."
>
> (리처드 포, 『제3물결Ⅱ, 후원사업의 핵심전략』 232~233p)

※ **다음과 같은 회사는 절대로 선택해서는 안되는,
실패와 좌절이 보장된 회사다.**

❶ 어떠한 명목이든지 회원가입시 등록비를 받는 회사.

❷ 외국회사의 총판인지 지사인지 헷갈리는 회사는 물론 '총판'인데도 '지사'라고 사기치는 회사.

❸ 사장이 누군지, 어떻게 생겼는지, 어떠한 경영철학과 비전을 갖고 있는지 철저한 베일 속에 가려져 있어, 가까이 알기엔 너무 먼 회사.

❹ 실정법 위반으로 법의 심판을 받아야 마땅할 사장은 해외로 도주하여 들어오지 않고, 책임질 임원은 한 명도 없어, 똑같은 자영사업자인 소수의 IBO가 단지 조금 먼저 사업을 시작했다는 이유 하나만으로 다수의 IBO 위에 군림하여, 하이에나와 같이 자신들의 먹이를 찾아 챙기면서 회사의 경영을 제멋대로 주물럭거리는 회사.

❺ 한국에 진출한 지 1년 이상 되었고, 월매출이 50억이 넘어도 내셔널 컨벤션 행사 및 외국본사 투어 한번 하지 않는 회사.

❻ 조직관리가 생명인 네트워크마케팅 사업에서 IBO가 어렵게 구축한 조직을 자신들의 이익에 따라 제멋대로 떼었다 붙이는 비리가 발각될 것을 두려워하여 Map지(다운라인의 조직 및 매출내역 명세표)를 발행하지 않는 회사.

❼ 외국회사인 경우 본국에 비해 터무니없이 비싼 가격을 책정하여 폭리를 취함으로써 한국민의 호주머니를 갈취해온 회사.

❽ 제품값이 저렴하지도 않고, IBO들에 대한 보상도 정직하게 해주지 않으면서, 구매액이 얼마이든 상관없이 꼬박꼬박 택배비를 챙기는 회사, 더더욱 경계할 회사는 제품 구매액이 많으면 많을수록 택배비를 더 많이 내야만 하는 회사.

❾ 사업 개시 초기에 약속한 수당(보너스 풀)을 특별한 이유없이 또 IBO 들에게 사전해명도 없이 은근슬쩍 없애버리고 알뜰하게 챙기는 욕심많은 회사.

❿ 함정(누수부분)이 너무 많아 매출액에 비해 너무 적은 보상을 해주기 때문에 절대로 보너스 지출 비율을 밝히지 않는 회사.

⓫ 실링(sealing)이 되어있지 않은 제품을 유통시킬 뿐 아니라, 반품된 제품을 폐기처분하지 않고 정상제품과 똑같이 다시 파는 회사.

⓬ 타인 명의로 제품을 구매할 때는 요구하지 않던 타인의 인감증명서를 반품할 때는 요구함으로써 의도적으로 반품을 억제하는 회사.

⓭ 월 매출 50억원이 넘어도 지방에 물류센터 하나 개설하지 않아, 본사에서 제품을 구매하기 위해 3시간 이상을 허비해야 하는, 지방에 근거를 둔 사업자는 하루 종일 걸리는 회사.

⓮ 전화주문시 카드결제가 되지 않는 회사.

⓯ 인터넷 인구가 천만명을 넘는 정보화시대에 홈페이지가 없는 회사.

⓰ 사업을 열심히 진행하다가 일신상의 이유로 사업진행을 중단했을 때-이럴 때에도 여전히 수입을 가져다 주는 매력 때문에 네트워크마케팅 사업을 하는데-, 사업자 자격을 정지시켜 마땅히 지급받아야 할 커미션을 멋대로 횡령하는 회사.

⓱ 마약과 같이 빠른 효과를 내기는 하지만, 장기간 섭취할 경우 심각한 부작용을 초래할 수도 있는 성분을 첨가하거나, 그러한 사실을 은폐하기 위해 오리발을 내밀어, 많은 사람들로 하여금 습관적으로 섭취하게끔 하여 국민의 건강을 위협하는 것에는 아랑곳없이 오로지 막대한 이윤을 챙기는 데 급급한 회사.

100년의 역사 로얄누미코 드디어 한국진출

로얄누미코, 렉솔, 엔리치가 유니시티 네트워크(Unicity Network)로 힘찬 출발

로얄 누미코(Royal Numico), 렉솔(Rexall), 엔리치(Enrich) 라는 초일류 기업이 만나 새로운 미래를 제시하며 유니시티 네트워크를 탄생시켰다. 동업계의 지각변동을 예상하는 이들의 만남은 세계에서 가장 혁신적인 건강보조식품 및 가치있는 자영사업의 기회를 우리나라 국민들이 만날 수 있게 했다. 세계 최고의 건강보조식품이라는 수식어가 조금도 어색하지 않은 로얄 누미코가 드디어 한국에 진출하게 된 것이다.

렉솔, 로얄 누미코, 엔리치
···초일류 기업이 만나 탄생한 유니시티 네트워크(Unicity Network)

유니시티(Unicty)는 바로 Unity와 Velocity의 만남을 의미한다. 통일과 속도, 바로 이것은 인류의 건강을 위한 지속적인 연구와 발전, 그와 더불어 이루게 될 비지니스의 성공을 추구하는 유니시티 네트워크의 기업이념을 대변하고 있다.

유니시티 네트워크는 로얄누미코의 자회사로서 미국에 기반을 두고 있는 누트리시아 제조시설을 이용해 700,000 스퀘어피트에 달하는 최신 설비 시설을 구축, 강력하고 혁신적인 제품을 공급한다.

유니시티 네트워크는 전인류의 건강과 행복을 위한 통합적인 도움을 주고자 하는 노력과 빠르게 성장하는 기업, 더불어 사업자들이 빠르게 성장할 수 있도록 도와주는 기업이 될 것을 내세우고 있다.

또한 합병으로 인한 변화로는 재정적인 성장과 다양한 제품라인과 행사의 대형화로 인한 판매출향상, 더욱 진보된 선진국형 보상플랜으로 인한 공정한 수입분배 및 세계지사를 통한 국제적 사업다각화 등의 유익을 얻게 됐다.

유니시티 네트워크는 업계 최고 전문가들이 여러 사업자들을 지원하고 경험과 높은 열정을 가진 임직원들이 사업자들의 판매 전략과 세계경영의 기회, 이익 수당 분배, 최상의 자영사업 기회를 제공하며 천연 재료를 이용한 건강 증진제품을 공급할 것을 약속하고 있다.

100년과 100년의 만남
···로얄 가족에 합류한 렉솔

렉솔 썬다운사와 로얄누미코사의 합병으로 연간 매출액 46억달러, 28,500명에 달하는 직원, 약사·의사·영양학자로 구성된 2,000여명 이상의 연구진, 더욱 다양한 제품들로 구비된 세계 최고의 건강보조식품 제조회사가 탄생했다. 로얄 누미코와 렉솔의 만남은 전세계 네트워크 마케팅의 선두주자와 건강보조식품업계의 최고 리더가 되는 미래를 로얄 누미코와 엔리치, 그리고 렉솔이 뛰어난 연구, 개발자원과 탄탄한 재정, 구조적 안정을 바탕으로 가능케하고 있다.

로얄 누미코(Royal Numico)
···든든한 토대(1세기동안 이룬 성공)

네덜란드에 본사를 두고 있는 로얄 누미코는 전세계에서 가장 큰 건강보조식품의 제조업자이자 개발자이며, 유통자이기도 하다.

1896년에 설립된 누미코는 100년 동안

이룩한 놀라운 업적으로 1997년 여왕에게 '로얄'이란 타이틀을 수여받았다. 로얄 누미코의 계열사로는 Enrich, GNC, Nutricia, Cow and Gate, Milupa, Efamol과 같은 브랜드들이 있으며 이제 렉솔도 로얄 계열사에 합류하게 된 것이다.

독립적이고 완전한 조직형태를 갖추고 있는 누미코 연구소는 과학자와 전문 연구원으로 구성된 최고의 연구진을 자체적으로 확보하고 있어 전 세계 대학, 병원, 연구센터 못지 않은 임상실험을 거쳐 제품을 생산하고 있다.

로얄 누미코 제품들은 유럽, 북아메리카, 남아메리카 등지에 있는 약 100여개국이 넘는 나라에서 현재 판매되고 있으며, 21개국에 52개의 제조 및 유통센터를 갖추고 연간 매출액은 약 43억 달러(5조6천억원)에 이른다.

한편 로얄 누미코사는 유니시티 네트워크에 빠른 성장을 뒷받침하는 재정지원과 끊임없는 최신 설비 투자 및 개발을 위한 연구와 제조기구 설치, 과학적으로 효과와 안전이 입증된 건강식품 공급과 같은 다양한 편의시설과 연구자료를 제공하고 있다.

렉솔(Rexall Showcase International)
…탁월함의 역사

북아메리카의 유명 상표이며 국내에서도 약국 봉투에서 항시 볼 수 있는 렉솔은 거의 100년이라는 세월동안 고객들에게 과학적인 고품질의 건강제품들을 제공해 왔다.

렉솔의 역사는 1903년에 루이스 리젯이라는 약사가 동료들과 인근의 모든 약국에서 손쉽게 판매할 수 있는 특허 약을 만들 계획을 세우면서 시작됐다. 렉솔은 품질을 제일 소중히 생각하며 동종업계의 표준을 이끌어가는 역할을 하고 있으며 생산되는 제품들은 동종 업계에서 가장 엄격한 품질 관리를 받고 있다.

해마다 수백만 달러를 연구 개발에 투자하고 있으며 첨단 제조 및 유통시설을 보유한 렉솔은 매달 1,100만 개의 제품을 생산할 수 있으며 48시간 마다 10만 건의 주문을 소화할 수 있다.

렉솔의 디스트리뷰터 인력은 72%가 대학 졸업자이며 30%가 국민 보건 관리 분야 출신(의사, 약사 등)이고 85%가 주택소유자로 알려졌다. 또한 평균 연 소득이 6만6천달러이며 20%가 연소득 10만달러 이상, 48%는 렉솔사업에 소요하는 시간이 주당 15시간 미만으로 고소득을 창출하고 있으며 98, 99년 부채가 0%라는 놀라운 안정성을 자랑하고 있다.

그밖에도 각종자료를 통해 보면 렉솔은 동종업계에서 가장 훌륭한 디스트리뷰터 조직망을 구축하고 있는 회사로 인정받고 있으며 나스닥-100 지수에 드는 기업, 98년에는 성장율 기준으로 90년 이래 성장된 모든 기업 가운데 베스트 20에 드는 회사로 인정받았다.

이와 함께 Investor's Business Daily지는 렉솔을 개인 건강관리/화장품 분야에서 98년의 으뜸가는 회사로 꼽았고, Self지는 질적인면에서 A+의 평가와 권위있는 감리회사 Shuster Laboratory로부터 계속해서 품질관리 최고의 평가를 받고 있으며, 포춘지는 98년 미국에서 가장 성장이 빠른 기업 랭킹 28위로 평가 받았으며, 미국에서는 직접판매 업계에서의 성공모델로 인정받는 등 렉솔의 전통과 우수성은 세계가 이미 인정했다.

100년 이상 이어진 렉솔의 성장과 확장은 "렉솔"이란 전통과 명성을 지키며 엄격하게 개발된 우수한 제품과 수익성 높은 사업 기회의 제공으로 이루어졌다. 이제 렉솔은 로얄 누미코의 탄탄한 재정과 과학적인 제조 시설, 세계적인 규모의 연구소를 자원으로 제공받게 되었다.

렉솔이 로얄 누미코란 새로운 파트너를 얻게 됨으로써 렉솔 IBO들에겐 임상학적으로 효과가 증명된 제품, 더욱 폭 넓은 국제시장, 조직적인 인터넷 전략 등이 주어졌다. 로얄 누미코는 앞으로 제품의 개발, 유통에 있어서 렉솔의 품질, 효율성, IBO 조직으로부터 도움을 받게 될 것이다. 또한 렉솔은 로얄 누미코가 생산한 고품질 제품들을 현재 각 시장에 더욱 활발하게 유통시키는 기반이 되어줄 것이다. 두 회사간의 연계는 강력한 시너지 효과를 창출한 것으로 렉솔코리아의 IBO들 또한 더욱더 많은 사업기회를 갖게 되어 놀라운 사업 성장을 이루게 될 것으로 전망된다.

엔리치(Enrich International)
…기술 혁신과 품질 향상(노화방지 제품의 명성)

엔리치 인터내셔널사는 건강보조식품과 화장품 업계에서 독보적이며 최첨단 과학의 노화방지 제품으로 놀라운 명성을 얻고 있는 네트워크 마케팅 회사이다.

1972년 가정용 허브 보조제를 캡슐화하는데 성공함으로써 엔리치의 신화는 시작된다.

1988년 무렵에 엔리치는 어떤 다른 공장도 효율성, 품질, 배송에 있어서 명성을 따라올 수 없는 자체 최신설비 제조시설을 설치할 만큼 성장했고, 90년대 초반 자체 연구개발팀은 혁신적인 건강식품과 허브 제품을 선보여 엔리치를 업계 최고로 만들기로 했다.

현재 엔리치사는 200개 이상이나 되는 과학적으로 입증된 제품들을 생산하고 있으며 종합적인 건강 접근법으로서 최고 품질의 주요 성분들이 최적의 함량으로 배합되어진 제1차원적인 제품, 인간의 영양과 건강을 위해 최고의 과학적인 연구 결과가 반영된 제2차원적 제품, 궁극적으로 인간의 건강·예방·조정 기능을 위한 제3차원적 제품을 생산하고자 연구하고 있다.

건강식품 업계에 일대 혁신을 일으킨 체중감량보조제인 파워트림(Power Trim), 엔리치사의 가장 인기있는 제품으로 1999년 발매한 Enrich & Thin 체중감량 시스템과 노화 방지 제품 등이 세계적인 상품으로 검증됐다.

엔리치 인터내셔날은 미국, 캐나다, 일본, 오스트레일리아, 뉴질랜드, 유라시아, 싱가포르, 홍콩 등에서 괄목할 만한 성공과 실적을 거두어 왔다.

특히 엔리치 재팬은 일본내 동종업계의 판매에 관련한 기록을 모두 바꾸어 놓았으며 베네수엘라와 같은 시장에서도 목표치를 초월하는 기록을 세워 성장 잠재력과 경쟁력을 입증해 왔다.

이처럼 거대한 디스트리뷰터 조직과 우수한 제품으로 이미 성해있는 엔리치와 렉솔의 만남은 유니시티 네트워크라는 거대한 네트워크 마케팅 회사의 설립으로 이어져 업계의 선두주자의 자리를 굳건히 하게 될 것으로 전망된다. 그 새로운 역사의 출발점이 2001년 4월에 이루어진다.

〈로얄누미코사〉

〈100년 역사 렉솔사〉

〈엔리치사〉

월마트 매출 GM 제쳐

올 2000억弗 추정…美 최대 매출기업 부상

김진환 기자

구멍가게나 다름없는 조그만 지방 할인점으로 출발했던 유통업체 월마트가 창업 38년 만에 매출액에서 미국 최대 기업으로 부상하며 기업 판도를 흔들어 놓고 있다.

뉴욕타임스는 22일 월마트의 올 매출이 지난 반세기 간 미 최대 기업으로 군림해온 제너럴모터스(GM)를 능가할 것으로 예상된다며 이는 미 자본주의 역사에 한 획을 긋는 전환점이 될 것이라고 보도했다.

미 아칸소주 로저스에서 창업자 샘 월튼이 지난 62년 첫 할인점을 세움으로서 출범한 월마트는 올 매출액이 2000억달러로 추정돼 지난해 1673억달러 수준에서 크게 벗어나지 않을 것으로 보이는 GM을 제칠 것으로 예상되고 있다.

이 같은 성공의 비결은 경쟁사들이 흉내내기 어려운 할인정책이다.

이를 위해 월마트는 경쟁사들이 '살인적'이라고 혀를 내두를 정도로 철저한 비용절감을 추구한다. 납품업체들은 공급가를 낮추라는 월마트의 요구가 감당하기 어려운 수준이라고 불평하면서도 최저가 공급을 위해 본사 이전까지 감행하는 등 필사적인 노력을 기울이는 것으로

알려졌다. 엄청난 구매력을 자랑하는 월마트의 심기를 건드릴 수 없기 때문이다.

이 때문에 월마트의 할인정책은 두려움의 대상인 동시에 흠모의 대상이기도 하다. 경쟁사들은 월마트의 정책에 상당한 위협을 느끼면서도 앞다퉈 이 회사의 전략을 벤치마킹하려 하고 있다.

특히 최신 기술을 이용한 물류자동화, 전산화, 수입품 의존, 무노조원칙 등은 월마트 비용절감 전략의 핵심으로 꼽히며 이제는 유통업체가 준수할 하나의 진리처럼 통하고 있다. 전통기업이면서도 유통계를 넘어서 생산지의 국제화, 기술력을

이용한 생산성 향상 등 신경제 전파에도 한몫 하고 있다는 찬사를 듣고 있기도 있다.

살인적인 공급가 인하 압력을 받는 납품업체마저도 월마트의 요구에는 긍정적인 효과가 있다고 말한다. 이들은 공급가를 낮추기 위해 뼈를 깎는 비용절감을 추구해야 하지만 동시에 더 건실한 회사로 거듭나는 계기도 된다며 불만만 할 수는 없다고 밝힌다.

월마트의 비용절감 분위기는 회사 곳곳에 배어있다. 최대 매출기업으로 부상했다는 회사로선 '경사스런' 소식에도 불구하고 호화찬란한 자축연이나 홍보행사를 계획하고 있지 않다는 것도 이 같은 '짠돌이' 정신을 드러내고 있다.

월마트의 대표이사 사장인 리 스콧은 "우리는 매출이 어디를 능가했는지 그런 것은 별로 신경쓰지 않는다"며 "오로지 1센트라도 불필요한 비용을 줄이려는 데만 신경을 쓰고 있다"고 밝혔다.

〖매일경제신문 2000. 10. 24〗

월마트 세계 1위기업 등극

포천 선정 500대 기업

미국의 할인점 월마트가 매출액 기준으로 세계 최대 기업에 올랐다. 비제조업체가 정상에 오른 것은 처음이다.

미 경제잡지인 포천 최신호(4월 15일자)가 지난해 매출을 기준으로 선정한 미국 5백대 기업 순위에서 월마트는 2천1백98억달러로 전년도 2위에서 1위로 뛰어올랐다.

1위였던 정유회사 엑슨모빌의 매출은 1천9백16억달러로 한단

계 처졌다. 그러나 엑슨모빌은 순이익에서 1위(1백53억달러)를 차지했다.

1962년 샘 월튼이 창업한 월마트는 철저한 저가 정책으로 최근 20년간 연평균 10% 이상의 성장을 이뤘으며 지난해 세계적인 불경기 속에서 매출을 크게 늘렸다.

지난해 말 파산한 에너지 거래기업 엔론은 계약도 매출액에 포함되는 데 힘입어 전년도 7위에서 5위로 순위가 올라갔다.

이재훈 기자
<ljhoon@joongang.co.kr>

포천 500대기업 순위
(2001년 매출액 기준)

순위	회사명	매출액(억달러)	전년도 순위
1	월마트	2,196	2
2	엑슨모빌	1,916	1
3	제너럴 모터스(GM)	1,773	3
4	포드	1,624	4
5	엔론	1,387	7
6	제너럴일렉트릭(GE)	1,259	5
7	씨티그룹	1,120	6
8	세브론텍사코	997	20
9	IBM	859	8
10	필립모리스	729	11

〖중앙일보 2002. 4. 2〗

모린다의 挑戰

1993년 식품 과학자인 존 와즈워드(John Wadsworth)와 스테판 스토리(Stephen Story)는 노니(NONI)의 놀라운 성분에 대하여 알게 되었다. 그들의 호기심은 이 기적의 상품을 시장에 내놓을 수 있는 공정과정을 개발하는데 거의 3년간의 시간을 투자하였다. 오늘날 타히티안 노니쥬스가 전세계 노니 시장의 95%를 차지하게 된 데는 이들 두 사람의 공헌이 절대적이었다.

와즈워드와 스토리는 그들의 연구를 통하여 몇 가지 사실을 알게 되었다. 첫째, 프랑스령 폴리네시아는 최고 품질의 노니 열매를 수확할 수 있는 완벽한 환경을 제공하는 곳 중의 하나이다. 둘째, 노니 나무는 일년 내내 열매를 산출한다. 셋째, 노니쥬스의 중요한 성분을 보존하기 위하여 노니는 반드시 아주 특별한 방식으로 수확하고 공정을 해야한다. 이 공정과정은 와즈워드와 스토리에 의하여 개발됐고 이 기술은 모린다(Morinda)가 독점적으로 가지고 있다. 넷째, 와즈워드와 스토리는 노니쥬스의 효능을 향상시킬 수 있고 주요한 맛을 내는 기술을 개발하였다.

노니 열매에 대한 풍부한 과학적인 자료가 있는데, 그 중에서도 랄프 하이니케(Dr. Ralph Heinicke)는 모린다 시트리폴리아(Morinda Citrifolia : 노니의 학명)에 대해서 세계적인 권위자이며 그것의 많은 효능을 밝혀냈다.

의학적 효능이 있는 새로운 알칼리성 단백질인 제로닌(Xeronine)이란 성분을 발견한 때인 1972년부터 시작된 그의 평생에 걸친 연구작업으로 그는 프로제로닌(Proxeronine : 제로닌의 전구물질)이 효소인 제로나제(Xeronase)와 대장에서 결합하여 제로닌을 형성한다는 사실을 밝혀냈다. 이 제로닌이란 물질이 인체에서 각 세포의 활동을 원활하게 촉진시킨다는 사실도 밝혀냈다. 하이니케 박사의 연구는 대단히 주목할 만하다. 왜냐하면 노니 열매에는 다량의 프로제로닌과 제로나제라는 효소를 함유하고 있기 때문이다. "저는 모린다의 타히티안 노니쥬스가 가장 최고이며 시중에 나와 있는 어느 것보다 효능이 탁월하다고 믿습니다. 모린다의 타히티안 노니쥬스는 제가 추천하고 보증할 수 있는 유일한 제품입니다."라고 랄프 하이니케박사는 추천한다.

1995년 케리 에이시와 동생 킴 에이시는 식품학자 와즈워드와 스토리를 만나 타히티안 노니쥬스를 전세계인의 냉장고에 코카콜라처럼 보급하자는 취지아래 모린다(주)를 창립하였다. 모린다라는 회사명은 노니의 학명인 모린다 시트리폴리아에서 따온 것이다. 케리 에이시는 유명한 건강식품 네트워크마케팅 회사인 네이쳐스 선샤인 프로덕츠(NSP: Nature's Sunshine Products)를 성공적으로 발전시킨 장본인이며 모린다의 사장이다.

와즈와드는 제조와 국제개발 담당부사장이며 킴은 운영담당 부사장을 맡고 있다. 스토리는 연구개발담당 부사장이다. 나중에 합류한 세일즈와 마케팅담당 부사장인 켈리 올슨(Kelly Olsen)은 처음에는 합류를 거부했다가 노니쥬스를 체험해보고 합류하기로 결정하였다.

이들 5명의 업계 경력을 합한다면 무려 85년의 경험을 갖고 있다. 이런 경영진들의 풍부한 경험을 바탕으로 1996년 7월 첫 달에 40,000달러 어치의 제품을 판매하였고, 1996년 말에 디스트리뷰터의 숫자가 22,635명 커미션 지불액이 $3,490,050, 1997년 말에 디스트리뷰터 숫자가 178,917명 커미션 지불액이 $33,034,900, 1998년 말에 디스트리뷰터 숫자가 293,471명 커미션 지불액이 $65,698,800, 1999년 말에 디스트리뷰터 숫자가 387,966명 커미션 지불액이 $153,480,050에 달하는 초고속 성장을 하였다.

모린다의 기본적인 보상플랜인 45%의 유니레벨 보너스와 8%의 전세계 매출 공유보너스가 전세계 매출의 절반이상을 커미션으로 지급하고 있다. 이처럼 커미션 지급까지 공개하는 정직한 회사는 없을 것이다. 1999년 말 현재 매월 매출이 $30,000,000(한화 약 330억원)에 달하고 있고, 1997년 캐나다와 푸에토리코를 오픈하였으며, 1998년에는 11개국, 1999년에는 일본외 5개국을 오픈하였다. 2000년 현재 20개국 이상에서 국제사업을 펼치고 있다. 한국에는 2001년에 예정이다.

일본에서 발행된 〈모린다의 도전〉이란 책에 의하면, 독자적인 이념과 방법으로 네트워크마케팅 비즈니스 업계의 상식을 뒤집어엎은 모린다 비즈니스의 성공을 소개하고 있는데, 다루는 상품은 "근대의 자연건강요법에서 가장 중요한 발견"이라고 일컬어지는 기적의 과실을 원료로 한 "타히티안 노니쥬스"로서, 단품전략으로 다양한 상품지식을 익힐 필요가 없다. 게다가 이 노니쥬스는 독점상품이며 그렇기 때문에 발군의 경쟁력이 있으며, 비즈니스를 막 시작한 사람도 높은 핀레벨의 디스트리뷰터도 납득이 가는 보수를 받는 보상플랜으로 독특한 사업초기보너스(Fast Start Bonus)와 전략적인 유니레벨(Unilevel)로 일본에서 약진하고 있는 모린다사를 소개하였다.

2. 제품 … 기반 상품의 조건 ; 품질, 효능, 가격, 독점권

일반적으로 마케팅원론에서는 3P, 즉 Product(제품), Price(가격), Place(시장)를 기본적인 마케팅의 요소로 인식하고 있다.

일반판매 방식으로 판매되는 제품들은 제품성에서 다소 미흡하더라도 이를 광고나 판촉 혹은 포장으로서 만회할 수 있지만, 광고도 화려한 포장도 요란한 판촉행사도 그리고 점포판매도 전혀 하지 않는 네트워크마케팅 회사에서는 이것이 불가능하기 때문에 제품의 품질에 모든 것을 걸 수밖에 없다. 그래서 제품력이 떨어지는 회사는 1~2년 안에, 아무리 길어도 5년 안에는 문을 닫게 되는 것이다.

이와 같이 네트워크마케팅 사업에서 제품의 중요성은 아무리 강조되어도 지나치지 않는 매우 중요한 요소로서, 완벽한 제품력이야말로 네트워크마케팅 사업을 성공으로 이끄는 원동력이다.

네트워크마케팅 사업에서 성공하기 위해서는 기반상품이 다음과 같은 조건을 갖춘 제품이어야 한다.

(1) 생활필수품이며 소비재여야 한다

네트워크마케팅을 통해 판매하고자 하는 상품은 일상 생활에서 늘 사용하여 짧은 기간 안에 재구매가 이루어지는 필수 소비재가 적합하다. 굳이 없어도 살 수 있는 상품을 가지고 네트워크마케팅을 하게 되면, 상품이 정말 필요해서 사기보다는 '돈을 벌기 위한 수단' 으로 구매하게 되므로, 사회적인 폐해를 빚어낼 것이 확실하다. 또한, 한 번 구입한 상품이 몇 년간에 걸쳐서 사용되는 내구재라면 반복구매가 일어나지 않아 조직의 확대 과정이 끝남과 동시에 매출이 제로가 되고 수입이 없게 되어 네트워크마케팅의 존재 근거가 없어진다. 적어도 1~3개월에 한 번쯤은 새로운 매출이 발생하는 상품이어야 하는데, 건강과 미용에 관한 제품이 가장 좋다고 할 수 있다.

그 제품에 특수성이 있고, 제품의 효용성이 입증되어, 그 사실을 소비자에게 잘 어필할 수만 있으며, 사후관리(A/S)가 필요없는 제품이라면 내구소비재 상품으로도 충분히 성공을 거둘 수 있다. 그러나 역시 네트워크마케팅 시스템에 가장 잘 적용되는 상품은 소비재 상품임에 틀림없다.

(2) 확실한 효용을 가진 상품이어야 한다

매장에서의 판매활동은 무엇인가의 필요에 의해 그 가게를 방문한 소비자에게 판매하는 행위이지만, 네트워크마케팅에서는 그러한 필요성을 전혀 느끼지 못하고 있는 소비자에게 상품을 판매하는 것이기 때문에, 거기에는 확실한 효용을 가진 상품이라는 조건이 필수불가결하다. 확실한 효용이 없는 상품이라면 제품을 판매하는 IBO가 그 제품의 애용자가 될 수 없으며, 결코 소비자들을 설득시킬 수가 없다.

(3) 우수한 품질을 갖춰야 한다

네트워크마케팅의 상품은 무엇보다 자연스레 입에서 입으로 전파될 수 있는 우수한 품질이 뒷받침되어야 한다. 품질이 나쁘면 고객에게 권유하기 전에 판매원 자신이 그 상품의 애용자가 될 수 없다. 자기는 애용하지 않으면서 남에게 권할 수는 없는 일이다. 누군가 찾아와서 이 제품을 보여주면 우리도 그걸 살 수밖에 없는 제품이어야 한다. 내가 쓰고 싶어한다면 다른 사람도 그걸 쓰기를 원하는 것은 당연한 것이며, 그래야 연속적인 매출이 일어나게 된다.

(4) 다른 유통경로를 통해서는 구입할 수 없는 독점 상품이어야 한다

네트워크마케팅을 통해 유통되는 상품은 일반 점포에서 구할 수 없는 독점 제품이어야 하고, 등록된 회원인 IBO를 통해서만 제품 구입이 가능해야 한다. 왜냐하면, 어디서든지 팔고 있고, 언제든지 살 수 있는 상품은 구태여 네트워크마케팅 시스템을 통하여 구입하지 않고도, 필요한 시기에 확실한 소매점에서 사후의 아프터서비스의 약속을 받아가며 여러가지 품목 중에서 자신이 마음에 드는 상품을 구입하는 것이 더욱 유리하기 때문이다.

(5) 부가가치가 높은 상품이 적합하다

쌀이나 채소 등은 어디에서나 구할 수가 있고, 부가가치가 적기 때문에 네트워크마케팅에는 적합하지 않다. 세제보다는 화장품이, 화장품보다는 건강보조식품이 부가가치가 높다. 세제류는 값이 싸고 오래 쓰기 때문에 반복구매가 일어나는 사이클이 길어 매출을 증대시키기가 어렵지만, 화장품을 비롯한 퍼스널케어 제품과 건강보조식품 등은 제품이 다양할 뿐만 아니라, 미용과 건강은 현대인 모두에게 공통된 주요 관심사이기 때문에 세계적인 네트워크마케팅 회사의 주력제품은 효용이 탁월한 화장품과 건경보조식품이다.

(6) 시장규모가 큰 상품이 좋다(대중성과 다양성)

세제의 시장규모는 연 3천억원 정도이고, 화장품은 수입품을 합쳐 연 4조 9천억원이며, 건강보조식품은 1조 2천억원으로 화장품시장의 1/3수준이다. 그러나 소득수준이 더욱 높아지고 생활이 안정되면 건강에 대한 관심이 한층 고조될 것이고, 아울러 과학 및 의학기술이 더 발달할 것이기에 앞으로는 건강보조식품이 가장 시장성이 큰 상품이 될 것으로 보인다.

(7) 값이 싸서 경쟁력을 갖춰야 한다

다른 회사의 유사 제품보다 비싸지 않은가 확인해야 한다. 네트워크비즈니스가 성공하기 위해서 가장 필수적인 것은 제품의 질이 월등하게 우수하면서도, 상대적으로 저렴해야 한다는 것이다. 회사에 따라서는 IBO들에게 후원수당을 많이 주기 위하여 동종의 타사제품보다 오히려 더 비싼 가격을 책정하는 경우도 있는데, 이러한 행위는 네트워크마케팅의 본래의 이념에 어긋나는 것이며, 그런 회사는 오래가지 않아 문을 닫게 되는 것이 역사의 가르침이다.

(8) 자체 제조권을 갖고 있어야 한다

그 회사가 제품에 대한 전매 특허나 유통 독점권을 갖고 있어야, 저렴한 가격으로 안정적인 공급을 할 수 있으며 타사에서 모방할 수 없게 된다. 그런데 일부 회사는 특별히 내세울만한 제품도 없이 다른 제조회사에 OEM으로 상품을 공급 받아 유통시키기도 한다. 이것은 네트워크마케팅의 본질을 깨닫지 못하고 쉽게 돈을 벌려고 하는 환상을 갖고 있기 때문인데, 자체 브랜드가 없이 타회사 제품의 위탁판매만 하는 회사는 기반 자체가 사상누각으로 될 수밖에 없다. 이런 회사는 1년도 채 못가서 잠적해 버리는 경우가 대부분이어서, 많은 피해자를 양산하여 네트워크마케팅에 대한 인식을 더욱 나쁘게 만든다.

(9) 실연(Demonstration)이 가능한 제품이 좋다

인적판매 또는 커뮤니케이션 비즈니스라고도 일컬어지는 네트워크마케팅의 커다란 강점 중의 하나는 소비자와 판매원간의 인적인 대면을 통하여 제품이 소개되고 전달되는 것이다. 인적인 대면은 양방향 커뮤니케이션(two-way communication)을 가능하게 하기 때문에 잠재적인 개별소비자의 구매를 유도하기 위한 개별화된 메시지를 전달할 수 있게 하여, 제품의 우수성을 실질적으로 확인시켜 줄 수 있다는 장점을 아울러 지니고 있다. 때문에 실연(Demonstration)을 통하여 기존의 제품과 차별화된 탁월한 품질과 효능 등을 직접 확인시켜 줄 수 있는 제품이 더욱 좋겠다 하겠다.

> **참고** 왜 화장품과 건강보조식품이 네트워크마케팅의 주된 상품인가?
>
> 네트워크마케팅회사에서 판매하는 제품은 첫째, 누구나 항상 사용하는 생활필수품이며, 둘째, 소비 기간이 비교적 짧고, 셋째, 효과가 눈으로 직접 확인되어 반복구매가 쉽게 이루어지는 좋은 제품이어야 하고, 넷째, 부가가치가 높은 상품이어야 하고, 다섯째, 대중성과 다양성이 있어 시장규모가 큰 상품이어야 한다. 그런데 화장품과 건강보조식품은 이와 같은 요건을 가장 흡족하게 만족시켜주는 상품이기 때문이다.

수입화장품 최고 12배 폭리

수입가 1600원 제품 2만원에 팔기도

이근우 기자

외국 화장품의 국내 판매가가 수입가에 비해 터무니없이 높은 것으로 나타났다.

한나라당 김찬우·김홍신 의원은 최근 시내 유명 백화점에서 판매 중인 외국 화장품 가격을 조사한 결과 수입가에 비해 3.2배에서 12.2배나 비싼 가격에 팔리고 있는 것으로 나타났다고 29일 주장했다.

백화점 방문조사 결과에 따르면 메이크업포에버의 '슈퍼 립글로스'는 수입가격이 1640원인 데 비해 국내 판매가는 12.2배나 비싼 2만원이었고 랑콤의 '블랑엑스피트스콧컬렉터'는 수입가격이 7500원이었으나 12배 비싼 9만원에 팔렸다.

또 랑콤 '컬렉티브 메이크업베이스'는 수입가가 3200원이었으나 판매가는 3만8000원(11.7배)이었고, 비오템의 '디 스트레스 세럼'은 수입가 4940원, 판매가 5만8000원(11.7배)인 것으로 나타났다.

이 밖에 비오템의 '로시옹 토니피앙트'는 수입가 2320원에 판매가 2만1000원(9.1배), 같은 회사의 '젤 네트와이앙트 무상트'는 수입가 2560원에 판매가 2만3000원(9배), 시슬리의 '슈퍼크림 솔라레'는 수입가 1만9700원에 판매가 16만5000원(8.4배), 메이크업포에버의 '아이섀도'는 수입가 1700원에 판매가 1만4000원(8.2배)으로 드러났다.

화장품당 판매이익이 가장 많은 것으로는 시슬리의 '펭쇠르보떼휘로 아로마티크'로 4만8200원에 수입해 35만원에 팔아 30만1800의 차액을 보였고 에스티로더의 '리뉴트리브 인센티브 데이크림'은 29만7200원의 판매마진을 기록했다.

〖매일경제신문 2000. 10. 30〗

화장품 방문판매 급증

코리아나·한불 등 시판 매출 앞질러

심윤회 기자

최근 여성들이 화장품을 구입할 때 전문매장보다 방문판매를 통해 구입하는 것을 선호하고 있는 것으로 나타났다.

이에 따라 화장품 전문점시장(시판시장)이 약세를 보이고 있는 반면 판매원이 직접 고객에게 서비스하고 제품을 판매하는 방판과 직판시장이 급격한 성장세를 보이고 있다.

18일 업계에 따르면 코리아나 태평양 한국화장품 등의 지난해 방문판매 전체 매출은 전년보다 30% 성장한 1조100억원을 기록한 것으로 집계됐다.

특히 코리아나 한불 한국화장품은 방문판매 매출이 전문점시장 매출을 웃돌고 있는 것으로 나타났다.

이같이 방문판매 시장이 급성장한 것은 IMF 관리체제 이후 경제적 어려움을 겪은 여성인력들이 방판조직으로 흡수된 데다 업체들이 고가제품 위주에서 벗어나 중저가 브랜드를 출시해 다양한 계층을 공략한 것이 주효했기 때문인 것으로 풀이된다.

또한 에이본 메리케이 등 세계적 화장품 방판·직판업체가 올 들어 국내 진출을 가속하고 있는 데다 암웨이 뉴스킨 등 다단계업체들도 시장공략을 강화해 직·방문판매시장 규모는 더욱 확대될 것으로 전망된다.

태평양(www.pacific.co.kr)은 지난해 방판과 직판 매출은 3600억원(방판 2400억원, 직판 1200억원)으로 전년의 2530억원에 비해 42% 성장했다.

한국화장품(www.calli.co.kr)도 지난해 방판과 직판사업부에서 전년보다 41% 성장한 매출 638억원을 올렸는데 이는 시판 매출 330억원의 두 배에 가까운 액수다.

한불화장품도 전년보다 41% 늘어난 매출 820억원을 기록했고 올 2월 방판 매출은 80억원으로 43억원을 올린 시판 매출보다 훨씬 앞섰다.

방문판매에 참여하고 있는 디스트리뷰터도 크게 늘어나고 있다. 코리아나는 현재 4만명의 방문판매원이 등록돼 있으며 태평양은 직판·방판 합쳐 2만3000명이며 한국화장품도 2100명에서 3000명으로 증가했으며 한불화장품도 현재 1만4000명의 방문판매 직원을 확보해 놓고 있다.

방문판매는 화장품업체에 등록을 한 독립 자영사업자가 도매로 산 제품을 소비자들에게 소매로 판매하는 방식이며, **직접판매**는 화장품회사 직원 자격으로 개인이 올린 실적에 대해 회사에서 인센티브 형태로 봉급을 지급받는 방식이다.

〖중앙일보 1997. 4. 14〗

화장품 내수시장 4조9,000억 규모

외제수입화장품 시장점유율 28.8%
국산화장품 소비자 신뢰제고 절실

국내 화장품시장은 소비자 가격을 기준으로 4조9천억원 규모에 달하며, 이중 외제화장품의 시장점유율은 28.8%에 달하는 것으로 분석됐다.

이같은 내용은 본지 취재팀이 국산화장품 생산액과 외제화장품의 수입액을 실제 소비자가 구매하는 가격으로 환산한 분석자료에 따른 것.

이 자료에 따르면 올해 국산화장품의 추정 생산액은 95년 대비 12.5%가 늘어난 2조7,000억원에 이르며, 이를 소비자가 실제 구매하는 가격으로 환산할 경우 3조5,100억원에 이르는 것으로 분석됐다.

또 올해 외제화장품의 추정 수입액은 3억4,000만달러에 이르며, 수입제품 역시 소비자가 실제 구매하는 가격으로 환산할 경우 시장규모는 1조4,200억원에 달한다.

특히 국산화장품의 생산실적과 외제화장품의 수입실적만을 단순히 비교할 경우 수입화장품이 전체 시장에서 차지하는 비율은 10.5%에 지나지 않지만 유통마진을 고려한 소비자 구매가로 환산하면 시장점유비가 무려 28.8%에 달하는 것으로 밝혀졌다.

이러한 분석은 국산화장품이 현재 시장에서 평균 50%가량 할인판매되고 있는데 반해 외제화장품은 대부분 정가로 판매되고 있는 점을 고려한 것이다.

이와관련, 국내 장업계는 "국산화장품이 외제화장품에 시장을 더이상 내주지 않기 위해서는 가격불신을 하루빨리 해소해야 한다"고 입을 모으고 "이러한 현실을 타개하기 위해 업계 전체가 결집된 힘을 모아야 할 때"라고 외제화장품의 시장침투에 우려를 나타내고 있다.

장업계는 특히 외제화장품에 시장을 모두 빼앗긴 대만을 예로 들고 내년중으로 시행하게 될 판매가표시제를 계기로 실추된 국산화장품의 이미지 재건에 전력해야 한다고 지적하고 정부에서도 화장품산업을 육성하기 위한 정책적인 뒷받침이 뒤따라야 할 것이란 의견을 제시하고 있다.

한편, 국민총생산액에서 화장품이 차지하는 비중은 1970년 0.15%에서 1980년 0.44%로 높아져 1995년에는 0.94%로 해마다 증가하는 추세를 보이고 있다. 〈김래수기자〉

〖화장품신문 1996. 12. 30〗

올들어 약국 3천곳 문닫아

동네약국 줄줄이 폐업 일부지역 '약국공백'

백순기 기자

의약분업이 시행된 후 약국들이 경영난을 견디지 못하고 줄줄이 폐업하고 있는 것으로 나타났다.

특히 동네약국의 폐업률이 급증함에 따라 일부 주택가 지역은 아예 모든 약국이 문을 닫아 환자들이 약을 구하러 발품을 팔아야 하는 등 불편이 가중되고 있다.

◇**약국 폐업 실태**=대한약사회는 지난해 말 1만8600개에 달한 약국수가 지난 7월 18일 현재 1만5640개로 줄어 7개월 사이에 3000개 가까운 약국이 문을 닫았다고 밝혔다.

서울지역 약국수는 의약분업 시행 전인 6월 말 5656곳에서 8월 20일 현재 5203곳으로 1개월 반 만에 452곳이 문을 닫은 것으로 조사됐다.

즉 의약분업 시행 후 서울지역에서만 하루에 10개꼴의 약국이 문을 닫은 셈이다.

이같이 폐업이 속출하면서 일부 주택가는 동네약국이 모두 문을 닫아 '약국공백' 상태가 발생한 지역도 있다.

부산 신정동지역은 주변약국 5곳이 전부 문을 닫아 주민들이 처방전을 들고 다른 동네에 가서 약을 구해야만 하는 실정이다.

◇**약국 왜 문닫나**=의약분업 후 이처럼 약국 폐업률이 증가하는 것은 동네약국으로 처방전 유입이 줄어들고 일반의약품 판매도 급감한 데 따른 것이다.

특히 일부 병·의원과 문전약국이 담합해 처방전을 유치하면서 동네약국의 설자리가 갈수록 줄어들고 있다.

서울 서대문구 연희동에 자리잡은 A약국 약사는 "의약분업 시행 후 임의조제를 못하는 데다 처방전도 하루에 10건이 못미쳐 도무지 수지타산이 맞지 않는다"며 "폐업을 신중히 고려 중"이라고 말했다.

이와 함께 의약분업을 준비하면서 약국들이 적게는 2000만~3000만원, 많게는 억대 이상을 투입한 데다 처방약 부족으로 현금을 주고 약을 구입해야 하는데 반해 보험료는 1~2개월 늦게 지불되는 것도 약국 경영난을 부채질하고 있다.

대한약사회 최헌수 차장은 "자금력이 영세한 약국은 처방약 구입에 만만찮은 비용이 들어가기 때문에 보험료가 지불되기 전인 1~2개월을 버티지 못하는 사례가 많다"고 말했다.

의약분업과 관련해 의료계 요구에 밀려 정부가 갈팡질팡하는 모습을 보이자 실망과 분노가 겹쳐 폐업하는 사례도 많다고 최 차장은 덧붙였다.

약국들 건식등 판매 경영난 타개 나서

의약분업 후 약국들은 경영난을 타개하기 위해 생존대책에 골몰하고 있다.

단골환자를 확보하기 위해 약국을 찾는 환자에게 철저한 복약지도와 함께 환자 대기시간을 유용하게 활용할 수 있는 정보제공에 나서고 있다.

또 화장품, 건식, 한방 판매 등을 통한 경영다각화에도 힘을 기울이고 있다.

정부도 단골약국제를 활성화해 단골약국을 찾는 환자에게 인센티브를 주는 방안을 검토하고 있다.

하지만 경영난에 빠진 일부 약국이 임의조제 유혹을 쉽게 뿌리치지 못하고 있어 문제점으로 부각되고 있다.

이에 대해 대한약사회 관계자는 "의료기관과 약국간 담합에 대해 정부가 적극적인 대응책을 마련하지 않았기 때문"이라며 "담합행위가 사라지지 않으면 동네약국의 몰락은 필연적"이라고 밝혔다.

【매일경제신문 2000. 9. 19】

「뭘해야 돈을 벌지?」
건강보조식품 전문점

미국의 주간지 'USA Weekend'가 최근 성인 1천명을 대상으로 실시한 여론조사 결과를 보면 뭘해야 돈을 벌 수 있는지를 잘 보여준다. 대부분 응답자들이 '행복과 가장 직결되는 것은 건강'이라고 답변한 것이다. 이러한 미국인들의 의식을 반영해 미국에서는 건강식품판매점이 매년 급신장하고 있다.

우리나라의 상황도 결코 다르지 않다. 국내에서도 식이요법 강습소의 확장, 가정에 설치할 수 있는 운동기구 등의 판매율 신장에서도 건강사업의 성장을 쉽게 확인할 수 있다. 창업전문가들은 '어느 제품이 건강에 좋다'는 입소문만 나도 전국이 들썩거리는 우리나라의 상황을 고려해 볼 때 건강식품점이 곧 유망사업으로 부상할 것이라고 전망한다. 건강식품전문점은 건강증진에 도움이 되는 건강관련 제품이나 허브로 만든 각종 기능성제품, 생식, 전통 건강차 등을 한 점포내에서 취급하는 복합점의 형태를 띤다.

3개월 전까지 평범한 주부였던 김용순씨(40)는 남편의 병수발을 하다가 건강보조식품전문점을 창업해 성공한 케이스.

김씨는 남편이 과체중으로 인한 고혈압과 당뇨병에 시달리다 직장까지 그만두게 되자 건강식품점 창업을 결심했다. NBC21(Nutrition & Beauty Center, 02-2636-7785) 본사를 찾아가 상담한 김씨는 미국의 경우 GNC라는 건강보조식품 체인점이 4천3백개나 된다는 사실과 대부분의 건강보조식품은 다단계 판매를 하기 때문에 가격이 비싸지만 이 회사의 경우 가맹점에 직접 물건을 공급하기 때문에 판매가격이 저렴하다는 것에 확신을 가졌다.

전문점에서 취급하는 제품도 건강생식품, 어린이성장제, 당뇨병환자식, 기능성화장품, 다이어트제품 등 3백여가지나 된다는 것도 시장성이 있다고 판단했다고 한다. 김씨는 지난해 10월 창업을 결심하고 본사가 추천해준 서울 사당동 시장입구에 개업했다. 제품에 대한 지식은 본사에서 교육받았지만 손님이 방문했을 때 더욱 신뢰감을 주기 위해 수지침, 기공 등도 열심히 공부했다.

"제품은 2천원짜리 전통차부터 50만원대까지 다양한데 월 매출은 1천만원 정도 올라요" 김씨는 아직 정착단계인데도 홍보비 등을 빼고도 매달 3백50만원 정도 순수익을 내고 있다고 밝혔다. 김씨가 건강보조식품 전문점을 창업하는데 들인 비용은 총 3천5백만원. 초도물품비, 임대보증금, 인테리어비용 등을 모두 포함한 것이다.

김씨는 "점포안에 건강관련 자료를 비치해 놓고 고객들에게 정보를 제공하는 등 다양한 홍보전략을 펴면서 손님들이 많이 늘고 있다"며 "건강식품전문점은 주부들이 창업하기에 적당한 업종""이라고 말했다.

【국민일보 2000. 1. 17】

건강보조식품 잘팔린다

매출 작년比 17% 신장 … 올 1조3500억 규모

장박원 기자

건강에 대한 관심이 높아지면서 건강보조식품 시장이 급신장하고 있다.

31일 업계에 따르면 건강보조식품 시장은 수요가 늘고 TV홈쇼핑과 인터넷 등 새로운 유통망으로 확대되면서 지난해에는 전년 대비 15% 신장한 1조1500억원대를 기록한 것으로 나타났다.

올해는 제일제당과 태평양, 삼양사, 동원, 동양제과 등 많은 업체가 본격적으로 건강보조식품 시장에 뛰어들어 지난해에 비해 17% 신장한 1조3500억원에 이를 전망이다.

건강보조식품 시장에서 가장 큰 신장률을 보이는 부문은 생식과 다이어트 제품이다. 생식은 대상 참 식과 황성주 생식, 풀무원 생식 등 90개가 넘는 업체가 치열한 경쟁을 벌이고 있는 가운데 제일제당이 발효기술을 적용한 생식제품을 판매하고 있다.

현재 생식시장 규모는 1500억원대로 연말에는 2000억원대로 급성장할 것으로 예상된다.

생식시장이 커지자 대상은 참생식 제품에다 다이어트 성분을 강화한 참생식 슬림을 출시했으며, 이 제품을 구매하는 선고객에게 무료로 다이어트 상담을 해주고 있다.

제일제당도 여성용 남성용 환자용 등 5종의 생식과 오행생식을 내놓고 열띤 판촉경쟁을 벌이고 있다.

제약업체들의 건강보조식품 시장 진출도 눈에 띈다. 종근당 대웅제약 한미약품 광동제약 등 대형 제약업 체는 이미 건강보조식품을 판매하고 있으며, 바이오맥스와 이코바이오, 비피도 등 바이오 벤처기업들도 최근 시장에 뛰어들어 잇따라 신제품을 내놓고 있다.

이 밖에 풀무원과 세모, 남양알로에, 김정문알로에, 암웨이, 뉴스킨 등 건강식품업체와 외국 다단계업체들도 건강식품 부문 사업을 확대하고 있어 시장은 더욱 커질 것으로 보인다.

김상환 대상 건강사업본부장은 "국내 건강보조식품 사업은 아직 걸음마 단계지만 최근 들어 길거리 음식에도 클로렐라와 녹차, 마늘 등 기능성 원료를 넣고 있는 분위기가 확산되고 있어 건강보조식품 시장의 급신장세는 당분간 지속될 전망"이라고 말했다.

〖매일경제신문 2002. 4. 1〗

1999년 한국건강보조·특수영양식품업계 주요뉴스6

1. 건강보조식품 매출 전년대비 34%성장

건강보조식품 시장이 경기회복세에 힘입어 시장이 활성화 조짐을 나타내기는 했지만, 제품 사전 검사 실적을 토대로 조사된 상반기 4178억원 매출은 의외로 높은 수치였다.

하반기 역시 건강보조식품 매출을 약화시키는 큰 악재는 나타나지 않았고, 규제완화 및 의약분업에 따른 건강보조식품 인식과 중요성이 높아지고 있어 매출 증가는 계속되고 있는 것으로 여겨 진다.

2. 사전제품 검사제도 및 건강보조식품판매업종 폐지

건강보조식품 업계의 숙원이었던 사전제품검사제도 폐지(2000년부터)가 확정돼 99년 11월13일자로 공포되었다. 이로써 제품 생산과 출하가 더욱 자유로워졌다. 또한 건강보조식품 판매업종이 삭제됨에 따라 건강보조식품판매원 위생교육도 자동 폐지돼 자유로운 판매활동을 할 수 있게 되었다. 그 외 영업 활동과 관련하여 각종 규제가 완화 또는 폐지돼 경쟁력이 높아지고 있다.

3. 건강보조식품 명칭에 대한 검토 및 품목 재분류

건강보조식품이란 명칭은 지난 89년도에 식품위생법에 등재하여 사용해 왔다. 식품의약품안전청은 올 상반기에 식품공전의 개정작업을 하면서 '건강보조'라는 명칭이 건강에 대한 소비자의 오해가 있을 수 있다고 보고 건강보조식품명칭 변경을 검토했다.

그러나 식약청은 업계의견, 외국사례 등을 검토한 결과 식품공전 개정안(99.8.30)에는 명칭 변경 사항을 포함시키지 않았다. 또한 개정안에는 칼슘함유식품과 단백질 식품 등 일부 품목이 특수영양보조식품으로 재분류돼 발표된 상태이다.

4. 키토산 제품 여전히 강세

올해 역시 키토산 제품이 건강보조식품 1위 품목으로 여전히 강세를 보이면서 상반기에 807억원을 기록, 전체시장의 19%를 차지했다.

5. 표시·광고의 공정화 법률의 시행

공정거래위원회는 지난 7월1일부터 '표시·광고의 공정화에 관한 법률'을 시행했다. 이 제도는 광고에 포함된 내용(인체나 건강, 효과문구 등)이 객관적인 입증 자료가 있으면 보호받고, 입증자료가 없는 경우는 공정거래위원회가 광고를 제지할 수 있다는 내용이다.

이 법률에 따르면 입증자료가 있는 식품의 유용성을 좀 더 자유롭게 광고할 수 있다.

6. 한국건강보조·특수영양식품협회, 제품품질인정제도 시행검토

협회는 건강보조식품 산업의 발전을 위해 건강보조식품 등에 대한 제품품질인정제도 시행을 지난 11월 말부터 검토하고 있다.

협회 자율 관리기준에 따라 운영되는 이 제도는 업계 발전과 제품 품질 향상에 기여할 것이다.

〖Health Food 정보 제84호〗

抗산화비타민 성인병에 좋다

조형재 기자

생활수준 향상으로 결핍증이 더이상 문제가 되지 않아 시들했던 비타민이 재조명을 받고 있다. 강력한 항산화효과가 있기 때문이다.

인체는 대사과정에서 불가피하게 산소라디칼(유해산소 혹은 활성산소)를 생성한다. 이 유해산소는 반응성이 뛰어나 너무 많이 생성되거나 제거능력이 떨어지면 세포를 파괴해 기능 저하를 가져온다.

결국 면역력과 저항력이 떨어져 암 심혈관질환 당뇨 뇌졸중 류머티즘 등 성인병은 물론 노화의 원인이 된다. 이같은 유해산소는 음주 흡연, 과격한 운동, 과식 등을 하게 되면 증가한다.

바로 유해산소에 의한 성인병과 노화에 대해 비타민 C, E, 베타카로틴 (체내에서 비타민A로 바뀌는 물질)이 강력한 억제작용을 한다는 사실이 밝혀졌다.

최근 한국비타민정보센터 창립10주년 기념 심포지엄에 참석한 독일 호헨하임대 한스 비살스키교수의 말을 들어보자.

『체내에 항산화비타민의 농도가 낮을 수록 암과 동맥경화의 발생률이 높습니다. 미국에서의 조사를 보면 비타민E를 많이 섭취한 사람이 적게 섭취한 사람보다 관상동맥질환에 걸릴 위험이 41%나 낮습니다.』

비타민C의 경우 영국 케임브리지의대의 조사결과 하루 45mg이상 섭취할 경우 뇌졸중으로 인한 사망률이 50%까지 줄었다.

또 이를 마그네슘과 함께 복용하도록 한 결과 혈중지질과 콜레스테롤이 저하돼 당뇨병 합병증을 줄일 수 있는 것으로 나타났다. 암은 항산화비타민의 효용과 관련 논란이 일고 있는 질환. 위암의 발생률 21%, 사망률 13% 감소라는 긍정적인 결과에 이어 폐암의 발생이 높아진다는 결과가 나온 것이다.

다만 2번째 조사인 폐암조사에서는 대상이 골초 흡연자였다는 점에서 설득력이 떨어진다. 따라서 암에 대해서도 긍정적인 결과가 나올 가능성은 아직도 상존하고 있는 셈이다.

항산화비타민의 효과는 단독으로 보다는 세가지를 함께 복용했을 때 더 크게 나타난다. 유해산소의 복성을 중화시키는 데 상호 보완작용을 하기 때문이다. 그러면 인체의 유해산소를 제거하는 방법은 항산화비타민밖에 없는가. 그렇지는 않다.

SOD(슈퍼옥사이드디스뮤타제)나 카탈라제 글루타치온 퍼옥시다제 같은 인체속의 효소가 제거기능을 수행한다. 그러나 이 효소들의 작용을 강화하는 데는 한계가 있다.

항산화비타민은 과일, 녹황색 야채, 식물성 기름, 땅콩 등 견과류를 통해 손쉽게 섭취할 수 있다. 비살스키교수는 다만 질병 예방에 필요한 충분한 양을 섭취하기가 쉽지 않아 비타민제의 복용이 불가피하다고 말한다.

하루 권장량은 비타민C가 55mg, 비타민E는 10mg 정도이며 베타카로틴은 아직 이렇다 할 기준이 없다.

서울대 의대 약리학교실 정명희교수는 『평소 적당한 운동과 함께 과음·과식·흡연 등을 절제하는 것도 산화적스트레스를 줄이는 길』이라고 충고한다.

비타민 C, E, β-카로틴 유해산소 억제
심혈관질환·뇌졸중 등 발생률 낮춰

항산화비타민의 작용과 관련, 빼놓을 수 없는 것이 노인성 황반변성의 예방효과다. 노인성 황반변성은 망막의 황반부위 손상으로 사물의 초점을 정확히 맞추지 못하는 질환. 미국에서의 역학연구에 따르면 혈장내 비타민 C, E, 베타카로틴의 농도가 높을수록 발생률이 적다.

『매일경제신문 1997. 2. 1』

3. 보상플랜 … 간단 명료하면서 법정한도내의 보너스를 100% 지급

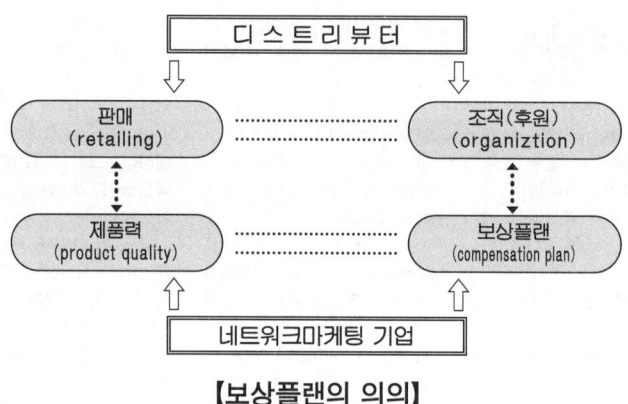

【보상플랜의 의의】

(1) 보상플랜은 회사와 사업자의 생존요소

　네트워크마케팅 사업 성공의 제1 조건인 좋은 회사를 선택하는 데 있어서, 회사의 안정성 및 제품 다음으로 중요한 것이 바로 보상플랜이다.

　보상플랜(compensation plan)이란 네트워크마케팅 회사가 채택한 시스템 형태(마케팅 플랜)로서, 판매원에게 후원수당을 얼마나 어떻게 지급할 것인지 등을 정한 후원수당 지급기준을 말한다. 보상플랜은 영업력의 극대화를 통해 판매를 촉진할 뿐 아니라 조직의 확산을 도모하며, 조직의 가동률을 최대로 올려주는 원동력으로 회사와 판매원 모두에게 매우 중요한 요소다.

　조직은 보상플랜에 의하여 운영의 형태와 문화적 특성이 결정된다. 즉, 보상플랜에는 회사의 도덕성과 공정성, 사업의 비전, 조직의 성장 가능성 등이 종합적으로 반영되어 있어 그 회사의 경영자의 마인드를 파악할 수 있다. 따라서 선택하고자 하는 회사가 공정한 규범과 원칙에 따라 장려금을 분배하는지, 보상플랜을 수시로 바꾸지 않고 장기적으로 안정되게 운영하는지를 알아보아야 한다. 건전하고 올바른 경영관을 갖춘 경영자가 운영하는 회사일 경우 정직하고 공정하면서도 안정적인 시스템을 지니고 있기 마련이다. 차분히 살펴본다면 회사의 규모와 연륜, 제품의 종류와 특성에 따라 적합한 보상플랜을 운영하려는 회사인지, 아니면 갖가지 수식어와 낯선 개념으로 사업자를 현혹하려는 회사인지 가려낼 수 있을 것이다.

『보상제도를 변경하기 전 7개월 동안 론제비티 네트워크의 다운라인 성장세는 월평균 5퍼센트로 별로 좋다고는 할 수 없었다. 그러나 1995년 11월 '이상적인' 이원보상제도를 채택한 후 월별 성장세는 50퍼센트까지 수직 상승했다. 그리고 1996년 1월 프리스타일의 그룹의 조직 규모는 2배를 돌파했다.』 〈리처드 포, 『제3물결Ⅱ, 후원사업의 핵심전략』〉

(2) 보상플랜의 종류와 특징

네트워크마케팅은 학문적·이론적 근거를 배경으로 탄생한 것이 아니라 현실세계에서 매우 창의적인 사고에 의해 생성·발전되어 왔기 때문에, 그 근간이 되는 보상플랜 역시 경험과 직관에 근거하여 다양한 형태가 생겨나서 변화를 계속하고 있다. 그래서 수많은 네트워크마케팅 회사가 있지만 똑같은 보상플랜을 갖고 있는 회사는 없다. 회사 이름이 틀리고 제품이 다르듯이 보상플랜도 제각각이다. 그런데, 천태만상인듯한 보상플랜도 다음에 서술하는 방식들을 적절하게 가미해서 만든(하이브리드 방식) 것에 불과하다.

❶ 브레이크어웨이(Breakaway) 방식

영어로 'Breakaway'는 무리에서 떨어져 나가 분리·독립됨을 의미한다. 즉, 다단계사업자가 열심히 다운라인을 후원하고 교육시켜 독립된 그룹으로 분가시킴으로써 직급이 올라가며, 이렇게 하여 얼마나 많은 다운라인을 독립시켰느냐에 따라 후원수당 지급률이 달라지는 보상 방식이다. 가장 고전적이고 대표적인 방식으로 네트워크마케팅의 본토라 할 수 있는 미국은 물론 우리나라에서도 현재까지 가장 많이 사용하고 있는 보상 방식이다.

브레이크어웨이 방식에는 미리 규정된 개인판매요구량과 그룹판매요구량이 있어, 자신에게서 분리독립한 그룹에 대한 수당을 받기 위해서는 매월 개인 및 그룹판매요구량을 달성해야 하기 때문에 끊임없이 판매(retailing)를 하여야 하고 새로운 회원을 찾아 나서야(recruiting) 한다.

이 방식의 가장 큰 문제는 사업을 시작한 초기 사업자들은 최소한의 생활을 유지할 수입조차 올리기 힘들다는 점이다. 초기 사업자가 생활에 필요한 최소한의 수입을 올리기까지 어느 정도의 시간이 필요하기 때문에, 처음에는 부업으로 시작하고 어느 정도 조직이 커갈 때쯤 전업으로 전환하는 지혜가 필요하다. 즉, 초기 사업자보다는 오랫동안 사업을 해서 조직이 잘 구축된 사업자가 월등히 높은 후원수당을 받을 수 있는 방식이므로, 장기적인 안목으로 묵묵히 사업에 매진할 자신이 있는 사람들이 승부를 걸어볼 만한 시스템이다.

❷ 매트릭스(Matrix) 방식

매트릭스 방식의 가장 큰 특징은 '폭과 깊이'가 한정되어 있어, 한 레벨에서 후원할 수 있는 IBO의 수와 최대 깊이를 제한한다는 점이다. 즉, 자신의 프론트라인인 1대에 후원할 수 있는 회원의 수를 3~6명 정도로 제한하고, 자신이 모집한 인원 중에서 1대에 허용하는 최대수만큼 등록시키고 나면 그 나머지는 자동으로 자신의 2대에 등록(Spillover〈스필오버〉:일출(溢出)효과)이 되고, 경우에 따라서는 그보다 더 깊은 단계에까지 자동적으로 등록이 되는 보상플랜이다. 이러한 스필오버의 가능성은 조직의 확산을 위해 좋은 유인책이 되지만, 업라인의 활동으로 노력없이 덕을 보려는 IBO를 양산하여 조직의 활성화를 저해할 수 있으며, 프론트 레벨에 두었으면 훨씬 더 큰 수입을 보장해 줄 수 있는 능력있는 사람을 먼 레벨에 두게 되는 경우가 있다.

매트릭스 방식은 조직이 아무리 깊어지더라도 늘 자신의 1대 라인의 IBO만 후원하고 교육하면 되기 때문에 구조가 단순하여 이해하기 쉬우며 조직을 관리하기가 용이한 반면, 피라미드로 변질될 가능성이 매우 크다. 즉, '당신이 아는 사람 중 몇 명(3~5명)만 가입시키기만 하면 가만히 있어도 높은 수입을 보장받을 수 있다'는 말로 수백만원짜리 제품을 구입하도록 유도하고 그와 같은 사람을 본인 밑에 3명 또는 5명 만들어 무리하게 일정 직급에 오를 것을 종용하여 무리한 사업을 하도록 유도하는 경향이 있다.

❸ 유니레벨(Unilevel) 방식

유니레벨 방식은 가장 단순한 형태의 보상체계로서 폭에는 한계가 없고 깊이는 제한되어 있는 구조를 갖는 보상플랜이다. 보통 6레벨에서 9레벨 정도가 널리 쓰이며, 각 레벨에 다양한 보너스율이 주어지는데 지정된 레벨에서 많은 제품을 판매할수록 더 큰 수입을 올릴 수 있다.

이 방식은 깊이는 제한되어 있지만 폭이 무한정하기 때문에 자신에게 수당이 지급되는 최저선 레벨을 넘기지 않으려는 동기가 발생하여 가능한 한 폭을 넓게 유지하려는 경향을 갖고 있어, 조직의 확산(Recruiting)에 있어서 필수 불가결한 요소인 자기증식성이 강한 반면, 개인적인 후원을 필요로 하는 프론트라인 회원들에겐 부정적인 영향을 미칠 우려가 있다.

또한 이 방식은 한정된 레벨까지만 후원수당이 주어지기 때문에 브레이크어웨이 방식 등에 비해 보장되는 수익이 상대적으로 작다는 단점을 극복하기 위해 롤업(roll-up)과 압축제도(compression)를 사용한다. 압축제도는 자신의 하위에 있는 회원 중 판매실적이 전혀 없는 사람이 있을 경우, 당월에 한해 활동적인 회원의 판매량을 그 사람의 레벨로 이동시켜, 원래는 커미션 지급의 대상이 안되는 깊이의 레벨에까지 닿도록 하는 방법이다.

❹ 바이너리(Binary) 방식

'Binary'는 '두 개의, 2진수의'라는 뜻으로, 한 사람이 회원을 좌측과 우측, 두 명씩만 등록시킬 수 있는 방식인데, 최고 세 개의 비즈니스 센터를 확보한 상태에서 출발할 수 있다. 좌우 양측은 매출량을 쌓아가 마감기간(매일, 한 주 또는 한 달)까지 좌우 측면별로 각 후원계열에서 발생한 매출을 합한 다음, 양측을 비교하여 매출이 적은 측의 후원계열이 커미션을 받을 수 있을 정도의 판매실적을 올렸다면 그것에 대해 정해진 비율의 수당을 받게 된다.

이렇게 바이너리 방식은 소(小)실적 즉 약한 측의 후원계열이 달성한 판매실적이 수당의 책정에 중요한 요인으로 작용하기 때문에, 자신의 그룹매출이 아무리 크더라도 좌우 균형이 맞지 않으면 한 푼의 수당도 받지 못하는 경우가 있다. 때문에 판매원들에게 지급되지 않고 회사로 귀속되는 미실현 수당에 대한 처리를 어떻게 하느냐가 회사의 도덕성과 보상플랜 판단의 중요한 요소라고 할 수 있다.

❺ 하이브리드(Hybrid) 방식

'Hybrid'는 '잡종(의), 튀기, 혼혈아'라는 뜻으로, 시대적 흐름과 시장환경의 변화에 따라 앞에 설명한 네 가지 방식을 토대로 하여 각기 다른 보상체계의 단점을 보완하고 장점을 부각시켜 수익성을 효과적으로 증대하는데 목적을 둔 혼합방식의 구조를 갖는 것이 하이브리드 방식이다.

최근에 진출한 네트워크마케팅 회사들은 복합 기능을 가진 하이브리드 방식을 선택하는 경향이 많다. 기존의 고전적인 방식보다 쉽고 빠른 성장과 수익을 올릴 수 있다는 것과 IBO에게 서로 다른 형태의 플랜들이 나름대로 지니고 있는 장점들을 모두 제공하기 위해 발전된 것이라고 할 수 있다.

♣ 멀티-매칭(Multi-Matching) 시스템의 허와 실

매칭시스템은 폭과 깊이가 한정되는 기존의 방식을 보완함으로써 조직을 좀더 안정적으로 구축할 수 있도록 만들어진 시스템으로서, 직접 후원한 디스트리뷰터가 몇 명이든 자기 그룹의 어느 단계, 어느 위치에 가입시키더라도 그들이 받은 보너스에 대해 일정한 비율의 수당을 받게되는 보상방식으로 주로 바이너리 방식에서 쓰고있다. 즉, 폭과 깊이의 한계를 벗어나 브레이크어웨이의 무한대 개념의 확장과 다양한 잉여수입을 주기 위한 제도인데, 이는 능력이 출중하고 열정적으로 사업을 진행하는 사람의 노력에 대한 충분한 보상을 해주는 동시에 다소 능력이 부족한 사람도 스필오버에 의해 수입이 발생하도록 만든, 이론적으로는 매우 우수한 장치이다.

마케팅을 정확하게 분석할 줄 모르는 사람들이 매칭보너스의 환상에 젖어있는데, 매칭시스템을 적용했다 할지라도 누수가 많은 보상플랜, 즉 일반커미션이 너무 적게 풀리는 마케팅에서는 별 도움이 안된다. 일반커미션이 발생하지 않으면 매칭보너스도 발생하지 않기 때문인데, 바이너리 방식에서 좌우 균형을 맞춘다는 것은 젓가락을 세워놓는 것만큼이나 어렵다.

예컨대, L사의 보상플랜은 소실적이 10,000CV(부가세 포함 약 1,300만원) 미만일 때, 소실적의 5%를 지급하는데 이것은 사업자들에게 너무 가혹한 것이다. 대실적의 남는 매출은 다음달로 이월시켜준다(최대 30,000CV)고 하는데, 매출이 큰 레그는 '달아나는 레그'로서 소실적 레그가 따라잡아 좌우 밸런스를 맞춘다는 것은 매우 어려운 것이 사실이다. 기적적으로 좌우 균형이 맞았다고 하더라도 총매출액의 2.5%에 불과한 것이며, 매칭보너스를 100% 지급한다고 해도 총매출의 5%에 불과하다.

더구나 일부 제품의 가격이 미국 현지가격에 비해 지나치게 비싸게 책정되었으며, 제품별로 CV가 현저한 차이를 보이고 있는데(심한 것은 부가세를 뺀 도매가격의 36%만을 CV로 잡아주는 것도 있음), 가장 높은 비율인 88%를 적용시킨다고 해도 실질적으로 총 2,500만원의 매출을 올리고도 받을 수 있는 수당은 좌우 매출의 균형이 정확히 맞았을 때 최대 50만원이다.

(3) 좋은 보상플랜의 선택 기준

첫째, 간단 명료하여 누구나 이해하기 쉽고 설명하기 쉬워야 한다

다단계 사업자가 자신이 일하는 회사의 보상플랜을 정확히 이해하는 것은 제품에 대한 지식 못지 않게 사업 성공의 필수요건이다. 아무 것도 모르는 사람들에게 이 사업은 이렇게 해서 돈이 된다는 것을 쉽게 이해시켜 사업에 동참시키는 것이 네트워크 비즈니스의 첫걸음이기 때문이다. 아무리 획기적인 보상플랜이라 할지라도 알듯말듯 이해하기가 힘들다면 선뜻 사업할 마음이 내키지 않을 뿐 아니라, 설사 사업을 하기로 결정했더라도 보상플랜을 제대로 알지 못하면 다른 사람에게 제대로 설명을 해줄 수가 없다. 자기 자신도 이해하지 못하는 보상플랜을 다른 사람에게 이해시킬 수는 없는 것이며, 이렇게 되면 원활한 사업 진행도 기대하기 힘든다.

둘째, 자주 바뀌지 않아야 한다

보상플랜은 시대의 조류에 따라 변천을 하기도 하지만, 회사를 경영하는 경영자나 회사를 믿고 사업을 펼치는 회원에게는 안정적이며 장기적으로 운영되어야 한다. 가까스로 익혀놓은 보상플랜이 어떤 상황이 바뀔 때마다 자주 바뀐다면 회사가 어떻게 안정적으로 운영될 것이며, 사업자들은 일할 맛이 나겠는가?

때문에 다단계판매회사는 본격적인 사업 시작 전에 심사숙고하여 완벽한 보상플랜을 만들어야 하며, 일단 확정되어 시행에 들어간 제도는 큰 결점이 없는 한 변함없이 그대로 밀고 나가야 한다. 보상플랜을 자주 바꾸는 회사치고 오래 가는 것을 보지 못했으니, 다단계 사업을 하고자 하시는 분들은 특별한 하자가 없음에도 불구하고 보상플랜을 자주 바꾸는 회사를 경계해야 한다.

셋째, 법정 한도 내에서 최대한 많은 보상을 해주어야 한다

우리 나라에서는 '방문판매 등에 관한 법률'에서 회사가 회원들에게 지급할 수 있는 후원수당(다단계판매업자가 다단계판매원에게 그에 속하는 하위판매원들에 대한 상품의 판매와 관련된 조직관리 및 교육훈련을 위하여 그 다단계판매원에게 지급되는 경제적 이익)의 범위를 제한하고 있다.

방판법 제41조 【다단계판매업자가 지급할 수 있는 후원수당의 범위】 ① 다단계판매업자가 다단계판매원에게 후원수당으로 지급할 수 있는 총액은 대통령령이 정하는 범위 이내이어야 한다.

시행령 제22조 【후원수당】 다단계판매업자가 지급할 수 있는 후원수당 총액의 한도는 다단계판매업자가 판매원에게 공급하거나 제공한 상품 또는 용역의 가격의 합계액의 35%에 해당하는 금액으로 한다.

이렇게 후원수당 총액의 한도를 제한하는 입법취지는, 다단계판매원이 후원수당을 많이 받기 위해 자신의 판매능력을 초과해 과다구매를 하거나 다단계판매조직의 파행적 확산을 가져올 수 있기 때문이라고 하지만 그 실효성에 있어서는 의문이다.

이와 같이 지급할 수 있는 후원수당의 범위가 한정되어 있는 우리나라의 경우, 대부분의 보상플랜이 겉으로 보기에는 그럴듯해 보이지만 실제적으로는 속빈 강정인 경우가 많기 때문에, 법정 한도 내의 모든 후원수당을 얼마나 충실히 지급해주는 보상플랜인지 살펴보아야 한다. 특히 각각의 보상플랜이 이론적으로 보장하는 최대한의 수당에서 개인·그룹 판매요구량과 같이 규정을 채우지 못해 지불되지 않는 수당인 미실현수당(Breakage)을 얼마나 정직하고 충실하게 IBO에게 다시 배분하는가를 꼼꼼히 점검할 필요가 있다.

후원수당을 회원가격의 35%이내로 제한하는 것은 기업이 IBO들에게 노력에 대한 충분한 보상을 하지 않아도 되는 빌미를 제공하게 된다. 특히, 다국적 기업인 경우 외국에서는 매출액의 40~60%가 후원수당으로 지급되는 데 비해, 한국에서는 35%를 넘기지 않게 하기 위해 CV개념을 도입하여 회사로부터 제품을 구매할 때의 가격의 40~80%를 수당지급의 매출로 인정받는 큰 불이익을 당하고 있다. 이렇게 하여 미지급된 수당을 일부 양심적인 회사는 어떠한 형태로는 IBO들에게 지불하지만, 대부분의 회사는 자신들의 배만을 불리고 있는 것이 현실이다.

따라서, 후원수당을 35% 이내로 제한한 탁상공법(卓上空法)을 폐지하고, 반대로 후원수당을 최소 35% '이상' 지급해야 함을 명시한 법률로의 개정을 위한 '백만인 서명운동'을 벌일 것을 제의한다.

넷째, '부의 나눔'이 실현되어야 한다

네트워크마케팅의 진정한 매력은 돈없이 사업에 참여한 많은 사람들이 골고루 자신의 노력에 대한 대가를 충분히 보상받는 데 있다. 단지 먼저 시작했다는 이유만으로 극소수의 사람만이 천문학적인 수입을 챙김으로써 빈익빈 부익부 현상을 가속화시키며, 헤드병을 부추겨 새로운 회사만을 찾아 몰려다니는 '떴다방'을 양산하는 보상제도는 없어져야 한다. 그러나 인간의 욕심이 없어지지 않는 한 수퍼스타를 만들어 허황된 꿈을 갖게 만드는 보상제도도 없어지지 않을 것이며, 극소수의 사람을 위하여 수많은 사람들이 피와 땀과 눈물을 흘리면서 헛물만 켜는 서글픈 역사는 되풀이될 것이다.

다섯째, 수입의 연속성이 보장되어야 한다

네트워크마케팅 사업에 종사하는 대부분의 사람들은 장기간에 걸쳐 수입의 연속성을 보장받고 싶어한다. 단지 몇 개월동안 큰돈을 받고 마는 것보다, 적은 액수라도 평생에 걸쳐서 더 나아가 대를 이어 받기를 원한다. 이를 위해서는 지속적인 매출이 일어날 수 있는 제품력(품질과 가격경쟁력)을 갖추어야 함은 물론, 부의 나눔이 실현될 수 있는 공정하고 합리적인 보상플랜이 절대 필요하다.

여섯째, 후원금을 받기 위한 유지금액이 부담스럽지 않아야 한다

네트워크마케팅은 엄연한 유통사업으로 매출이 있는 곳에 수당이 있게 마련이다. 따라서 조직을 구축하여 매출을 일으키고 리더를 양성하는 등의 가치를 창출하는 행위에 대하여 공정하고 충분한 보상이 주어져야 한다. 그런데 후원 보상금을 받기 위해 달성해야 하는 유지금액이 지나치게 많으면 보상금을 받기 위해 무리한 재고를 떠안게 되고 급기야는 덤핑으로 물건을 처분하는 등의 바람직스럽지 못한 사태를 초래하게 된다. 그렇다고 유지금액이 전혀 없거나 너무 적으면 판매촉진의 요인이 약화되어 지속적인 성장을 하기 어렵다. 때문에 각 기업의 아이템의 특성에 따라 '적정한' 유지금액을 정하는 것이 필요하다. 예컨대 네트워크마케팅의 대표적인 제품인 화장품과 건강보조식품의 경우라면 본인과 가족 그리고 자주 왕래하는 가까운 친척 및 친구들이 매월 소비·지출할 수 있는 금액인 15만원~30만원 정도가 적당하다고 본다.

일곱째, 제품의 가격(회원가격 및 소비자가격)이 적정해야 한다.

제품의 가격이 지나치게 높게 책정되어 있다면 후원수당의 법정한도인 회원가격의 35%를 모두 지급한다 하더라도 별 의미가 없다. 이미 회사는 엄청난 폭리를 취했고, 회원들은 자신들이 '부당하게' 지불한 돈을 가지고 복잡한 보상 프로그램에 따라 직급별로 나눠먹을 뿐이다. 그러니 형편없는 제품을 터무니없이 비싼 가격에 팔면서 "우리 회사야말로 전세계 어느 회사보다도 훨씬 많은 후원금을 주는 회사이다."라고 주장하는 것은 웃기는 짓이다.

네트워크마케팅의 본연의 매력은 광고 및 영업의 생략으로 축적된 자본을 바탕으로 고품질의 제품을 싼 가격으로 사서 쓸 수 있을 뿐만 아니라, 절감된 중간유통마진을 회원들에게 정직하게 돌려준다는 것이기 때문에, 제품의 가격을 너무 높게 잡았다는 것은 그 회사가 진정한 네트워크마케팅 회사이기를 포기하고, 피라미드회사가 되겠다는 것과 별로 다를 바가 없는 것이다.

또 한가지 중요한 것은 다단계판매에서는 회원가격이 중요한 의미를 갖고 있지, 소비자가격은 별 의미가 없다. 특히 우리나라와 같이 돈보다 서로의 인간관계를 더욱 중시하는 인맥사회에서 이미 오픈된 회원가가 아닌 소비사가격으로 물건을 판다면 '돈만 밝히는 장사꾼'으로 낙인찍히기 십상이기 때문에 소비자가격이 지켜지는 경우는 거의 없다.

여덟째, 인정과 보상을 위한 인센티브 프로그램이 있어야 한다

　사람에게 만족감을 느낄 수 있도록 해주는 기본적인 것 중의 하나가 '잘하는 것을 인정해 주고 그것에 대한 포상을 내리는 것'이다. 사람들은 인정을 받게되면 금전적 문제와는 별 상관없이 더욱 적극적으로 자신에게 동기를 부여하는 경향이 있다. 네트워크마케팅 회사가 성공할 수 있는 핵심요소는 바로 사람을 인정해주는 것이다. 이런 능력인정은 IBO가 회사에 대한 사명감과 소속감을 갖게 하는 요인이다. 능력인정에 대한 포상 및 인센티브로 주어지는 보상여행 기회는 IBO와 회사와의 관계를 더욱 돈독히 하는데 일익을 담당한다. 대규모 컨벤션이나 랠리, 펑션 등의 행사장에서 수많은 사람 가운데서 일어나 무대로 걸어나갈 수 있다는 것은 상(償) 그 자체만큼이나 큰 의미를 지닌다.

　그밖에 해외 리더십 세미나 등도 동기부여를 극대화시키는 인정 프로그램이다. 네트워크마케팅 회사는 이런 인센티브 프로그램을 운영하기 위한 예산안 및 사업계획안을 작성하여야 하며, 보상플랜에 공식적으로 반영하여야 한다.

다단계 판매원 모집시 정보공개 의무화

내년부터 다단계 판매회사는 판매원을 모집할 때 매출액과 평균 수당 등 판매원의 가입선택에 필요한 중요 정보를 반드시 공개해야 한다. 또 도산 등으로 환불이나 보상을 해주지 못할 경우에 대비해 소비자 피해보상보험에 가입해야 한다.

공정거래위원회는 26일 이런 내용을 담은 방문판매 등에 관한 법률 개정안을 이번 정기국회에 제출할 계획이라고 밝혔다. 공정위 관계자는 "다단계 판매로 일확천금을 벌 수 있다는 유혹에 빠져 판매원으로 가입하는 것을 막기 위해 다단계 판매회사가 영업실적과 수당 등을 공개하도록 했다"며 "소비자들이 손쉽게 보상을 받을 수 있도록 피해보상보험 가입도 의무화했다"고 말했다.

공정위는 또 다단계 판매회사의 계약 위반이나 환불 거부 등 불법행위를 직접 다루기 위해 직권조사권을 신설하고 시정권고, 시정명령, 과징금 부과제도를 도입하기로 했다.

지금은 다단계 판매회사의 등록 및 감독 업무를 위탁받은 지방자치단체가 법 위반행위에 대해 영업정지, 고발 등의 조치만을 취할 수 있다.

한편 공정위는 다단계 판매회사가 거액의 수당을 미끼로 값비싼 물품을 판매원에게 떠넘기거나 판매기법 전수 등을 빌미로 반강제로 합숙교육을 시키는 등 불법행위가 여전하다고 보고 이날 각 시·도에 지도·단속을 강화하고 위법 업체에 영업정지 등 제재조치를 엄격히 내리라는 지침을 시달했다.

〖한겨레신문 2000. 10. 26〗

"예술가처럼 벌어서 천사처럼 쓰자"

예술가처럼 벌자는 것은 예술가처럼 자긍심을 가지고 열정적·창의적으로 일을 해서 돈을 버는 것이고, 천사처럼 쓰자는 것은 그렇게 번 돈을 사회 발전을 위해 환원하자는 것이다. 기업도 살아남기 위해서는 구성원들을 예술가로 만들어야 한다. 즉 구성원들에게 직장이란 신바람나는 곳이며, 자기 능력을 마음껏 뽐낼 수 있는 능력의 공연장·예술작업장임을 인식할 수 있도록 해야 한다."

─윤은기(국제전략연구소 소장)

4. 성공 시스템…파리(fly)가 파리(Paris)에 가는 방법

많은 사람들이 네트워크마케팅 사업에 입문하였음에도, 네트워크마케팅이 무엇인지, 어떻게 사업을 진행해야 하는지 모르고, 뜬구름 잡듯이 우왕좌왕 하는 경우가 많다. 그런데, 확고한 신념과 뜨거운 열정으로 똘똘 뭉쳐 자신의 꿈과 목표를 착실히 달성해가는 사람들도 있다. 6개월 뒤, 1년 뒤, 2년 뒤에 그들이 처해있는 위치는 하늘과 땅의 차이일 것이다. '일등과 꼴찌는 공부방법 차이'라는 말도 있듯이, 공부에는 공부 잘하는 방법이 있고, 네트워크마케팅 사업에는 독특한 사업성공시스템이 있는 것이다.

(1)시스템이란?

사전적 의미의 시스템이란 '복수의 요소로 구성되고, 이것들이 서로 유기적 관련을 갖고 결합하여 전체로서 목적을 달성해야 하며, 특정한 기능을 완수하도록 구성된 여러 요소의 결합체'이다.

네트워크마케팅에서 시스템이란 '파리(fly)가 서울에서 파리(Paris)까지 가는 방법의 체계'를 말한다. 즉, 서울 공항터미널에서 인천국제공항행 〈리무진버스〉를 타고 공항까지 간 다음, 공항에서 파리행 〈보잉747 비행기〉안으로 들어가면 된다. 비행기 밖의 날개에 붙어있으면 이륙도 하지 못하고 떨어지겠지만 비행기 안으로 들어가기만 하면 파리까지 무사히 갈 수 있는 것이다.

여기에서 '리무진 버스'와 '보잉747 비행기'와 같은 역할을 하는 것이 네트워크마케팅의 시스템이라고 할 수 있다. 즉, 네트워크 비스니스에서의 시스템이란 〈IBO로 하여금 네트워크마케팅 사업의 비전에 대한 확고한 신념을 심어주고 뜨거운 열정을 지속시키게 하며, 시스템에 밀착해서 열심히 사업을 추진했을 때 누구나 성공할 수 있는 합리적이고 효율적인 사업진행 방법의 체계〉라 할 수 있다.

이러한 시스템은 '학교'에 비유될 수 있는데, 일자무식인 아버지일지라도 자식을 학교에 보냄으로써 선생님으로부터 가르침을 받고, 또 동료 학생들과의 인간관계를 통하여 새로운 가치관이 형성되고 훌륭한 인격이 완성됨으로써 위대한 인물로 변하게 된다. 물론 학교에 보내기만 한다고 모두 위대한 인물이 되는 것은 아니지만, 성공하고자 하는 의지와 열정을 갖고있는 학생이라면 학교에서 이루어지는 커리큘럼에 따라 착실하게 공부함으로써 점점 성공적인 인물로 변화되는 것은 자명한 일이다.

(2) 그룹의 교육시스템

평범한 사람을 소비자로, 또 단순 소비자를 애용자로 나아가 위대한 네트워커로 만드는 일련의 과정을 각각의 개인 IBO가 스스로 하기에는 벅차다. 그래서 회사의 영업지원시스템 및 교육지원시스템이 있는 것이며, 스폰서가 속해 있는 그룹의 극히 유효한 교육시스템이 있는 것이다.

시스템에서 가장 중요한 것은 바로 회사의 IBO에 대한 지원체계로서, 본사 및 지사의 센터교육 및 호텔세미나, 1~2년에 한두 번씩 치르는 컨벤션, 보상여행 등이 있는데, 회사의 교육 및 행사에 빠짐없이 참여하여 중요한 정보를 하나라도 놓치지 않고 입수하여 자신의 그룹원들에게 전달해야 한다.

그리고, 자신이 속해있는 그룹의 교육시스템이 매우 중요하다. 각 그룹별로 매주 또는 매월 이루어지는 홈미팅, 석세스스쿨(위클리미팅), 세미나랠리(원데이 석세스세미나), 1박2일 리더트레이닝(리더십세미나) 등에는 절대로 빠지지 않고 적극적으로 참여해야 한다. 아울러, IBO 개개인이 매일 해야 하는 일련의 활동(Go Getter;제품 애용, 독서, 테이프 청취, 미팅 참석, 사업 소개)을 열심히 하려고 노력하다 보면 어느새 성공의 문턱에 다다르게 되는 것이 바로 시스템의 위력이다.

사업자들은 이러한 미팅과 행사에 참여함으로써 네트워크사업에 대한 뜨거운 열정을 지속시킬 수 있으며, 자신이 선택한 회사 및 그룹에 대한 자부심을 갖게 된다. 그리고 이러한 미팅에 자신의 파트너들을 참여시키기만 하면 자연스럽게 사업에 동참하게 되어〈복제〉성공에 이르게 되는 것이다.

"네트워크마케팅의 성공 열쇠는 세상에서 가장 강력한 원칙인 '복제'에 있다. 그리고 복제에 있어서 가장 중요한 것은 사람을 복제하는 것이 아니라, '시스템'을 복제하는 것이다. 당신이 '누구인가' 하는 것은 그다지 중요하지 않다. 남자이든 여자이든, 부자이든 가난하든 모든 사람들이 마치 A, B, C를 익히고 문법을 배우며 문장의 구조를 터득하는 것처럼 네트워크마케팅은 시스템을 복제해 나가는 것이다. 그리하여 최종적으로는 가장 휴머니즘적인 인간 네트워크를 형성하는 것을 목표로 한다.

네트워크마케팅의 힘은 각각 다른 목표와 재능 그리고 개성을 지닌 인간들의 조합에 의해 생겨난다. 즉, 그들이 인간적으로 결합하고 또한 성공이 보장되는 검증된 행동을 배워나가는 것이다. 그리고 누구든 자신이 사업의 주인공이 되어 방향과 속도를 조절하는 운전자가 된다. 이것이 바로 네트워크마케팅에서 가장 중요한 원칙인 것이다. 당신이 스스로의 운전자가 되어 방향과 속도, 목표를 조절하고 지렛대 원리와 복제원리 그리고 기하학적인 과정과 성장을 이용한다면 당신은 충분히 성공자가 될 수 있다."

―버크 헤지스

5. 열정과 끈기…열정을 지닌 프로가 아름답다

　네 가지의 객관적 조건외에 네트워커가 성공하기 위해서 반드시 갖추어야 할 조건은 '열정(enthusiasm)'과 '끈기'(patience)이다.
　왜 열정이 성공의 조건인가? 열정이라는 말은 그리스에서 나온 것으로 '하나의 영감을 받았다'라는 뜻인데, 자신이 선택한 일이 우연히 만나게 된 것이 아니고 보이지 않는 신의 섭리에 의한 것으로, 반드시 해야 할 일이며, 성공할 수밖에 없다는 확실한 이유를 깨달은 상태에서 가슴속 깊이 우러나오는 일에 대한 애정과 자신감의 표출이다.
　당신이 불을 지피면 곧 당신 주위에 있는 모든 사람들이 그 열기를 느끼듯이 열정은 열정을 불러일으키며, 열정은 사람의 얼굴을 빛나게 하고, 열정이 있으면 주목받게 된다. 그리고 이것은 사업과 인생의 성공에 있어 중요한 요소이다. 자신이 판매하는 제품이나 서비스에 대해 열의가 없다는 것은 자신의 신념이 부족하기 때문인데, 그럴 때는 자기 자신에 대한 확고한 믿음을 구축하는 법에 대해 먼저 공부해야 한다.
　21세기에 두드러진 현상 중 하나가 비즈니스의 세분화 · 전문화로서, 자신의 일에 전문성을 확보하지 못하면 인정받지 못한다. 열정은 자기 일을 좋아하고 스스로 비전을 설정할 수 있어야 생기는 것이므로, 열정이 없이는 절대로 전문가가 될 수 없으며, 열정을 지닌 전문가만이 살아남는다.
　자기 일을 좋아하지 않고 만족하지 못한다면 당연히 그 일을 그만두고 자신이 정말 좋아하는 일을 찾아야 한다. 자신이 좋아하는 일을 해야 신이 나고 열정이 생겨 일을 성공적으로 할 수 있는 것이다. 일은 좋아하지 않지만 먹고 살기 위해 어쩔 수 없이 직장에 다니고 있다면 그 직장에서 과감히 나와야 한다. 좋아하지도 않는 일을 하고 있는 것은 퇴출될 날을 기다리는 것과 같다.
　열정적으로 매진할 수 있는 분야를 찾으면 얼마든지 성공할 찬스가 있다. 행복해 지기 위해 우리에게 필요한 것은 오직 열정적으로 몰두할 수 있는 어떤 대상이다. 일에 열중하지 않는 한 성공은 없다. 즉 일에 열중하는 사람은 어떤 일이든지 성공하기 마련이다.

"21세기는 '마음의 경제'가 비즈니스를 움직이는 원동력이 될 것이다. 산업사회 초기에는 '손발이 부지런하면 잘산다'는 손발의 경제시대였고, 그 다음 두뇌의 경제로 넘어가면서 학식과 지식이 사회를 지배하는 시대로 바뀌었으며, 이제 21세기는 마음의 경제로 넘어간다. 자기가 좋아하는 분야에 미친 사람만이 창의력을 극대화해서 사업에 성공할 수 있다. 이 시기 리더의 첫째 조건 역시 마음의 경제를 잘 아는 것이다. 상대방을 움직이려면 상대방의 마음을 움직일 수 있어야 하기 때문이다. 상대방을 움직이려면 상대의 마음을 움직일 수 있어야 하기 때문이다. 상대의 마음을 움직이려면 우선 자신의 마음부터 컨트롤할 수 있어야 한다. 결국 21세기는 자신의 마음을 지배할 수 없으면 성공하기 힘든 시대인 것이다."

-윤은기(국제전략연구소 소장)

열정 못지 않게 네트워크 비즈니스에서 중요한 것은 절대 포기하지 않는 끈기이다.

"실제로 수많은 사람들이 채 한 달도 되지 않아 네트워크마케팅을 그만둔다. 즉, 그들은 자신들이 타야 할 배가 수평선 너머에서 오고 있는데도 불구하고 단지 그들의 눈에 배가 보이지 않는다는 이유만으로 너무도 쉽게 일을 포기하는 것이다."

- 버크 헤지스-

보통 사람들은 네트워크마케팅을 다른 사람들에게 소개하기 전에 "거절당하면 어쩌지."라든가 "오해받으면 어쩌지." 등등 심리적으로 움츠리지만, 성공한 사람들은 누군가에게 오해받거나 거절당해도 자신의 가능성을 믿고 절대로 포기하지 않는 의지가 강한 사람들이다. 대부분의 사람들이 용기를 잃고 꿈을 포기하지만 어떤 어려움이 닥쳐도 포기하지 않는 사람은 몇 가지 원칙을 배우게 된다.

첫째, 일시적인 어려움과 영구적인 패배를 구별해야 한다.

둘째, 장애물이 있는 것은 우리를 더욱 단련시키기 위한 것이다.

이것을 알지 못하고 장애물에 직면하여 좌절하고 꿈을 포기하는 것은 일시적인 후퇴와 영원한 실패를 구별하지 못하는 것과 마찬가지이다. 수많은 사람들이 역경을 딛고 성공했다. 역경은 우리의 발전을 가속화시키는 역할을 한다. 근육은 쓰면 쓸수록 강해진다. 세상에서 인내를 대신할 수 있는 것은 아무것도 없다. 인생이 당신에게 고통을 주면 그로 인해 진주를 만들라!

> "진정한 성공은 결코 실패하지 않는 것이 아니라 실패를 이겨내고 일어서는 것이다. 역사상 모든 위인들은 실패를 통해 똑같은 실패를 되풀이하지 않는 것을 배운 사람들이었다.…어려움에 굴복하지 않고 이겨낼 수 있도록 지탱시켜 주는 것은 바로 우리가 갖고있는 미래에 대한 꿈이다."
> -딕 호펴(전직 트럭운전사, 암웨이 다이아몬드)

네트워크마케팅 사업은 정말 좋은 회사만 선택한다면 우리의 인생을 걸고 한번 도전해볼 만한 충분한 가치가 있는 멋진 사업이다.

앞에 제시한 4가지의 조건을 갖춘 회사와 스폰서를 만났다면 이제 자신의 꿈과 목표를 구체적으로 적어놓고, 언제까지 이루고 말겠다는 결의를 다지면서 주먹을 불끈 쥐고 열정을 끌어내시라. 그리고 독일의 유명한 철학자 칸트가 말했듯이 "Du Kannst Den Du Sollst.(너는 하여야 하므로 너는 할 수 있다)"는 신념으로 성공의 그날까지 시스템에 밀착해서 끈기있게 밀어붙인다면 반드시 성공할 것을 믿어 의심치 않는다.

여성CEO 50인 성공 비결 포천지 선정

"재능 발휘할수 있다면 직장·직종까지 바꿔라"

우리나라보다 여성 최고경영자(CEO) 진출 사례가 월등히 많은 외국에서도 이들이 성공을 일궈내는 과정이 순탄했던 것만은 아니다. 포천지가 매년 선정·발표하는 '세계에서 가장 영향력 있는 여성 CEO 50인'에서 밝힌 이들의 성공 비결을 소개한다.

■더 나은 성공을 위해 이동을 꺼리지 말라(You need to move up)

유명 여성 CEO 경력을 보면 직업과 회사 심지어 직종까지 바꾸는 사례가 비일비재하다. 한 기업에 오랫동안 재직하는 것을 조직충성도의 잣대로 받아들여 노동시장 유연성이 떨어지는 우리 사회와는 거리가 있는 얘기다.

하지만 외국 사회에서는 자기 재능을 더 잘 펼칠 수 있다면 이를 새로운 기회에 대한 도전으로 받아들이고 확실한 경력으로 인정받는다.

3년 연속 포천지 순위 1위를 지키고 있는 칼리 피오리나 휴렛패커드(HP) CEO는 루슨트테크놀로지에서 닦은 확고한 기반을 뒤로한 채 자리를 옮겼고, 도나 두빈스키 핸드스프링 회장(4위)도 팜의 창업자로 회사를 키워낸 후 새로운 곳으로 미련없이 떠났다.

■무엇인가를 변화시키지 않는 CEO는 의미가 없다(Power is the ability to change things)

어느곳에서 일하든 '변화를 유도해내는 능력' 이야말로 CEO 자질을 판가름하는 잣대가 된다. 피오리나는 루슨트에서 83개 영업망을 12개로 집약하고 전략을 다시 짜는 등 혁혁한 공적을 세웠다. HP로 이동한 후에도 HP 취약점이 의사결정의 과도한 분산이라고 판단하고 전체 회사 시스템과 구조, 기업문화, 보상시스템 등을 재구성했다.

그녀는 "이른 시간 안에 모든 것을 공략하고 변화시킬 수 있는 능력과 용기를 가져야 한다"고 항상 강조한다.

현재 HP는 각 부서 최고관리자 7명 중 4명이 여성이다. 이 중 앤 리버무어(11위), 캐롤라인 티커노어(37위) 등은 포천 50위 순위 안에도 들어 여성이 이끌어가는 회사 중 1위라는 외부 평가를 받고 있다.

오라클의 CEO 래리 엘리슨은 "그녀는 조직에 열정과 집중을 가져왔다"고 평가했고 시스코 CEO 존 체임버는 "그녀를 여성 CEO 중 1위가 아니라 성공한 전체 경영인의 한 명으로 꼽아야 한다"고 밝혔다.

■새로운 리더십 모델을 제시하라(Represent a new leadership model)

루슨트의 최고재무관리자(CFO)인 데비 홉킨스(2위)는 보잉에 근무할 때 '새것'에 대한 시도에 열을 올렸다. 유망 벤처기업 인수, B2B 인터넷 포털모델 완성, 새로운 회계모델 제시 등이 그것.

연봉 400만달러에 스톡옵션 65만주를 받고 루슨트로 자리를 옮긴 그녀는 새 직장에서도 회계시스템을 바꾸고 다른 부서와 연계를 강화하는 등 기존 조직에 활기를 불어넣었다. 그녀는 항상 "위기는 새로운 기회(It's good

thing to love trouble)"라며 새롭고 업그레이드된 경영을 강조한다.

■남들이 다 가는 길을 따라가지 마라(Never a follow-the-crowd type. Build your own house)

두빈스키 핸드스프링 CEO는 예일대를 졸업하고 하버드에서 MBA를 취득했다. 흔히 그렇듯 동기들은 모두 맥킨지나 골드만삭스처럼 고소득 직종을 당연스럽게 선택했지만 그녀는 연소득이 3만달러에 불과한 애플컴퓨터 고객지원팀에서 사회생활을 시작했다.

10여 년 동안 애플에서 얻은 풍부한 경험을 살려 결국 팜을 창업하기에 이른다. 그녀는 "애플과 같은 대기업에서의 경험이 없었다면 창업은 꿈도 꾸기 힘들었을 것"이라며 "사람들이 보통 밟는 길을 따라간다면 안전하기는 하지만 그 이상을 기대할 수 없다"고 말했다.

【매일경제신문 2001. 2. 1】

샐러리맨 출세학

康炳浩

지난 76년 과장시절, 첫 해외로 부임한 곳은 남미의 에콰도르였다. 해발 3천m 고지의 수도 키토에 단신 부임했을 때의 상황은 암담하기만 했다.

말도 안통하고, 아는 사람도 없었고, 당장 기거할 집과 사무실도 준비가 안되어 있었다.

그 곳에서 첫 세일즈에 나선 제품이 한국산 가정용 재봉틀이었다. 당시 한국산 제봉틀은 일본제품보다 성능에서 뒤지고, 대만제품보다는 가격에서 뒤지는 형편이었다. 그러나 그것을 뒤집어 우리나라 제품이 일제보다는 가격에서 앞서고, 대만제보다는 품질에서 앞선다고 선전했고, 결국 그 전략은 주효했다.

다음에 선택한 상품은 피아노였다. 변변한 피아노 수입상 하나도 없는 상황에서 시골의 피아노 교습소를 몇달씩 돌아다니며 주문을 받아 한 컨테이너 물량을 확보하면서 한국산 피아노의 판로를 열었다.

모든 일이 다 그렇듯, 어떠한 조직에서건 성공하는데는 王道(왕도)가 있을 수 없다. <u>남보다 뛰어나기 위해서는 일에 대한 열정과 창의력, 도전정신으로 남보다 더 많은 노력</u>을 해야 한다. 어떤 분야에서건 성공과 출세를 한 사람들을 예외없이 「일벌레」란 소리를 들을만큼 자기 일에 열심인 사람들이다. 이와함께 성공적인 리더가 되기 위해서는 젊은 시절부터 리더십을 배양하는 노

성공의 王道는 열정과 도전

창의력 갖춘 '일벌레'가 결국은 출세

력이 필요하다. 영국에서는 신입사원이 들어오면 1년동안 남들보다 30분 이상 먼저 출근해서 간밤에 들어온 텔렉스, 팩스 등 서류정리와 사무실 정돈을 맡도록 한다. 선배들의 아침식사 심부름까지 하는 회사들도 많다.

이는 업무를 빨리 파악할 수 있게 하려는 뜻도 있지만, 실은 자신보다 부서원들을 먼저 생각하게 하는 자세를 갖도록 하기 위한 의도라고 본다. 출발선에 섰을 때는 누구나 똑같다. 그러나 자기완성과 성공은 노력하는 사람에게 주어진 권리라는 평범한 진리를 되새겨볼 필요가 있다.

<㈜대우 사장>

【조선일보 1996. 9. 9】

제 3 장 성공하기 위한 구체적인 방법

〔성공의 네 바퀴〕

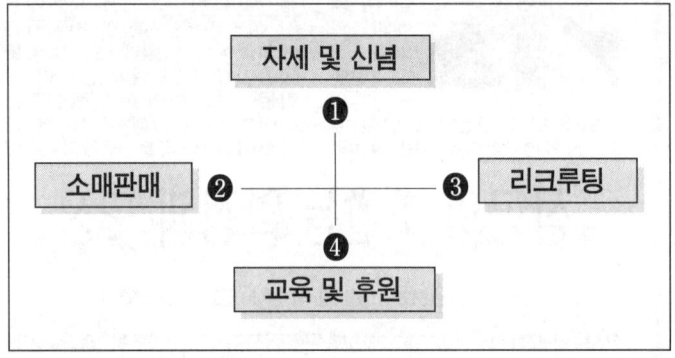

1. 자기 자신의 혁신 및 훈련(Innovation & Training)

(1) 성공하기 위한 자세를 갖춰라!

◆ 성공의 A B C
    A : Attitute(태도·자세) - 적극적인 태도와 긍정적인 사고
    B : Belief(신념) - '하여야 하므로 할 수 있다'는 강한 믿음
    C : Commitment(약속·결단·결의) - '반드시 하고야 말겠다'는
                                                자기 자신과의 굳은 약속

◆ 理想 ➡ 信念 ➡ 計劃 ➡ 實行 ➡ 成果 ➡ 成功 ➡ 幸福

이상(理想)이 없는 자에게는 신념(信念)이 없고,
신념(信念)이 없는 자에게는 계획(計劃)이 없고,
계획(計劃)이 없는 자에게는 실행(實行)이 없고,
실행(實行)이 없는 자에게는 성과(成果)가 없고,
성과(成果)가 없는 자에게는 행복(幸福)과 성공(成功)이 있을 수 없다.

◆ 꿈과 소원의 실현 … 1.목표 2.플랜 3.자세

인생에서 성공할 수 있는 비결은 어떤 고상한 이념이 아니라, 누구나 가슴에 품을 수 있는 '소원'이다. 소원이야말로 인생의 길에서 우리를 진보시키게 하는 원동력이다. 꿈과 소원을 실현하기 위해서는 다음의 세 가지 요소가 꼭 필요하다.

첫째는 실현 가능성이 있는 명확한 '목표'이며, 둘째는 그것을 달성하기 위한 구체적인 '플랜'이며, 셋째는 적극적이고 긍정적인 '자세'이다. 적극적인 자세는 꿈을 반드시 성취하겠다는 마음가짐과 결단에서 이루어진다. 위대한 인물과 평범한 인간의 차이는 종이 한 장의 차이 즉, 적극적인 자세를 갖느냐 못 갖느냐에 따라 인생의 방향이 결정되며, 그것이 성공과 실패의 분기점이 된다.

1) 화목한 가정을 이루라!

〔家和萬事成〕이란 말이 있듯이 가정이 화목해야 모든 일이 잘 되는 법이다. 특히 네트워크마케팅은 인간교류의 사업으로서 가족사업의 성격이 짙기 때문에 가족 모두가 이 사업의 비전과 성공 가능성을 믿고, 직접 참여하지는 않더라도 적극 협조하고 후원해주는 자세가 필요하다. 그래서 부부가 함께 참여할 경우가 성공할 확률이 높다. 가족 중에 한 사람이라도 적극 반대한다면 이 사업을 시작하기 전에, 아니면 빠른 시일 안에 그 사람의 마음부터 바꿔놓을 수 있어야 한다.

화목한 가정 無病長壽 많다

건강을 위해 가장 중요한 것은 무엇일까. 본사와 한국건강가족실천운동본부, 대한신심스트레스학회가 공동주최한 '가족스트레스와 질병과의 관계' 포럼에서 건강을 지키는 최대단일변수는 다름아닌 '따뜻한 가족애'로 입증됐다. 편집자

화목한 가정을 위해선 이기심을 버리고 먼저 상대방을 배려할 수 있는 전통적 가족관의 확립이 강조되고 있다.

부모이혼등 불화땐 어린이 병원입원 보통보다 6倍많아

가족갈등 지속되면 면역세포 작용억제 癌발병률도 높아

'하바드대 졸업생들을 50대가 될 때까지 30여년간 추적조사한 결과 가정적으로 불행했던 10명중 7명은 이미 사망했거나 중병에 걸려 있었던 반면 좋은 가정환경을 지녔던 13명 가운데는 단지 1명만이 사망했다'

'1천여명의 유치원생들을 살펴봤더니 부모들의 이혼 등 4년간 12건 이상의 가족 스트레스를 경험한 어린이는 그렇지 않은 경우보다 6배나 높은 병원입원률을 나타냈다'

이상은 가족이 화목하지 못하면 병에 잘 걸리고 빨리 죽는다는 사실을 입증해주는 통계다.

서울백병원 가정의학과 서홍관교수는 "인간이 받는 스트레스를 순위별로 15개를 선정할 때 배우자 사별, 이혼 등 가족문제와 관련된 것이 10개나 된다"고 설명했다(표 참고).

스트레스를 받게 되면 자율신경계의 혼란으로 설사, 변비가 교대로 나타나는 과민성 대장증후군이나 속이 더부룩한 기능성 위장장애는 물론 두통과 요통, 불면증, 목에 무엇인가 걸린 것 같은 불쾌한 느낌으로 고생하게 된다.

만성적인 스트레스는 간접적인 암의 원인도 된다. 경희대의대 생리학과 민병일교수는 그 이유를 "스트레스가 암세포를 감지하는 등 인체면역에 중요한 역할을 맡고 있는 킬러세포의 작용을 억제하기 때문"이라고 설명했다.

심지어 가족의 사랑에 굶주린 나머지 일부러 병을 만들어내는 경우도 있다. 서울대의대 소아정신과 홍강의교수는 "어린이들의 경우 병을 앓게 됨으로써 부모의 관심과 사랑을 얻으려는 무의식적인 욕구가 있다"고 지적했다.

이 점에선 어른들도 예외는 아니다. 고부갈등 끝에 남편의 지지를 얻기 위해 발작적으로 정말 몸이 아픈 여성도 많다는 것.

이처럼 가족갈등에서 비롯된 질병은 대부분 자신이 건강해야 할 이유를 가족에서 찾지 못하는 현대인의 비극에서 비롯되고 있다.

"소득수준이 올라갈수록 나날이 각박해지기만하는 현실도 따지고 보면 믿고 기댈만한 가족이 없다는 고민과 일맥상통합니다." 이날 참석한 전문가들의 한결같은 지적이었다.

따라서 가족갈등을 해소하고 건강을 회복할 수 있는 방법은 퇴색해버린 가족 본연의 모습을 하루 빨리 되찾는 것이라는 게 전문가들의 공통된 의견. 오늘날 가족의 기능은 '무자식이 상팔자'란 인식과 딩크족의 확산 등 지나치게 구성원 각자의 이익 극대화에만 초점이 맞춰져 있다는 것. 그러나 이해를 초월해 헌신할 수 있는 전통적 가족관의 확립이야말로 잃어버린 건강을 되찾을 수 있는 비결이란 것이 이날 포럼이 내린 결론이었다.

홍혜걸전문기자·의사

순위별 스트레스

내용	스트레스 강도
배우자의 사망	100
이혼	73
별거	65
수감	63
부모나 자식의 사망	63
질병이나 부상	53
결혼	50
해고	47
부부싸움 뒤 화해	45
퇴직	45
부모나 자식의 질병	44
임신	40
성 장애	39
출산	39
사업변경	39

※자료=미국 워싱턴대 홈스 & 라헤교수
*스트레스 강도는 배우자 사망을 100으로 한 상대적 수치임

【중앙일보 1997. 6. 24】

2) 큰 꿈-야망(野望)을 가져라!

인간은 꿈을 먹고 살아가는 존재로서, 꿈이 없는 사람은 없다. 그러나 그 꿈을 실현시키며 사는 사람은 지극히 적다. 대부분의 사람들은 눈앞에 먼저 해결해야 할 경제적인 문제 때문에 자신의 적성에 맞지 않는 일이지만 직업으로 삼으며 살다보니 세월이 흘러 나이가 들면 꿈을 포기하게 된다. 꿈은 미래에 대한 희망이며, 야망이며, 삶의 목표로서 꿈이 없는 인생은 미래없는 낙오자요, 패배자의 길이다. 인간은 꿈이나 희망이 있을 때에 행복을 크게 느끼며 적극적이 될 수 있는 것이다.

그런데, 지금과 같은 생활에서는 꿈을 가질 수 없다. 네트워크마케팅 사업은 우리의 꿈을 실현시킬 수 있는 확실한 시스템을 갖추고 있다. 2~3년 수고하여 이룩한 경제적인 안정은 일생을 살아가면서 이룩하고자 하는 꿈을 실현할 수 있는 재정적인 기반이 되며, 자자손손에게 이어지는 영원한 기반이 됨은 물론이다. 잃어버린 꿈을 다시 찾아 행복하고 성공적인 삶을 위한 꿈을 꾸고, 소원을 실현하자. 이 세상에서 공짜로 얻을 수 있는 것은 하나도 없다. 성공의 그 날까지 얼마만큼 희생을 치러야 할지 그것은 알 수 없다. 그러나 적어도 중도에서 단념하지 않고 계속 전진을 하면 성공할 수 있다는 것만은 틀림없다.

"미래는 꿈의 아름다움을 믿는 사람의 손에 달려있다"

―엘레너 루즈벨트

3) 이 사업에 참여하게 된 동기와 목적을 분명히 하라!

어떤 사업을 하든 그 동기가 순수하고 목적이 뚜렷해야 뜻하는 바를 이룰 수 있다. 동기와 목적이 뚜렷하지 않으면 그 일을 추진시킬 열정이 나오지 않으며, 조그만 난관에 부딪쳐도 쉽게 포기하게 되기 때문이다.

대부분의 사람들은 다음과 같은 동기로 이 사업에 참여하게 된다.

① 최고 품질의 제품을 저렴한 가격에 구입할 수 있고, ② 가까운 주위 사람들에게 정보를 제공하는 행위에 대해 보상을 받고, ③ 경제적 자유뿐만 아

니라 시간적 자유를 만끽하기 위해서, ④ 장래를 위한 보험적 의미로서, ⑤ 세계적인 네트워크에 참여함으로써 폭넓은 인간관계를 갖기 위해서.

네트워크마케팅에서는 '포기하지 않으면 성공한다'는 말이 진리이다. 늘 자신에게 동기부여를 시킴으로써 힘들고 흔들릴 때마다 마음을 가다듬고 앞으로 정진해야만 1%의 성공자가 되어 뿌듯한 성취감을 맛볼 수 있는 것이다.

4) 성공할 수 있다는 신념과 확신을 가져라!

신념이란 자기 자신을 믿는 마음이요, 자기 능력에 대한 무한한 신뢰이다. 신념은 굳은 의지를 만들어내는 샘이요, 하고자 하는 일을 달성할 수 있는 수단과 방법을 찾아내는 힘과 기술을 길러준다. 굳은 신념과 확신은 무한한 능력을 가진 잠재의식을 작동시켜 도저히 불가능한 일까지도 가능하게 만든다. 세상에서 굳은 신념 없이 성공한 사람은 없다.

에머슨은 "사람이란 그 사람이 하루종일 생각하고 있는 그대로이다."라고 했고, 〔一切唯心造〕란 말이 있듯이 사람은 자기의 생각하는 것들이 자기 자신의 결과로 나타난다. 잠재의식은 마치 논·밭과 같은 성질을 갖고 있어, 떨어진 씨앗이 콩이든 잡초이든 모두 잘 자라게 해준다. 말하자면 콩 심은 데 콩나고, 잡초 심은 데 잡초가 나듯이, 잠재의식은 현재의식과 같이 옳고 그름의 선택 능력은 없고 분별없이 성장시키는 능력만 있다. 그러므로 현재의식의 생각이 중요할 수밖에 없다. '나는 돈이나 사업과는 인연이 없는 별볼일 없는 인간이다'라는 생각을 갖는다면, 그 부정적 생각이 씨앗이 되어 잠재의식에 심어져 실제로 돈과는 인연이 없도록 만들어버린다.

따라서 성공하고자 하는 사람은 소극적·부정적인 생각보다는 적극적·긍정적인 생각, "하여야 하므로 할 수 있다"는 강한 신념을 가져야 한다. 신념을 잃지 않고 끝까지 버티는 자만이 승리의 월계관을 차지하게 되는 것이다.

5) 구체적이고 실현 가능한 목표를 세워라!

어떤 일을 달성하려면 우선 구체적인 목표가 있어야 한다. 목표가 없는 사람은 목적을 달성할 수 없다는 것은 당연하다. 높이뛰기를 할 때, 아무것도 없는 공중에 높이 뛰어오른다면, 일정한 높이의 가로막대(목표)를 넘도록 했을 때보다 분명히 낮게 뛰어오르게 마련이다. 이 가로막대의 역할을 하는 것이 바로 목표라고 할 수 있다. 그런데 목표를 세우는 것만큼이나 중요한 것은 자신이 충분히 성취할 수 있으며, 가깝고도 구체적인 목표를 세우는 것이다. 심리학의 실험에 의하면, 인간은 무턱대고 높은 목표를 세우기보다는 그 목표에 이르는 심리적인 거리가 가까울수록 의욕을 일으킨다고 한다. 막연하게 '어떻게 되겠지' 하고 기다리지 말고, 당신의 목표를 좀더 구체적으로 정리를 해놓아야 한다.

6) 제품에 대한 확실한 지식을 갖춰라!

네트워크마케팅에 참여하는 IBO들의 대부분은 제품의 품질에 반해서 이 사업에 참여한다. 즉, 자신이 쓰고 있는 싸고 좋은 제품을 혼자만 쓸 것이 아니라 자기가 아끼고 좋아하는 사람들과 함께 나누어써야겠다는 일종의 사명감같은 것이 마음의 내면에 자리잡게 되고, 그위에 경제적인 보상까지 얻을 수 있기 때문에 이 사업에 열정적으로 뛰어들게 된다. 제품의 품질에 대한 확신이 없이는 이 사업에 성공할 수 없다.

때문에 네트워크마케팅 사업에서 성공하려면 제품의 애용자가 되어야 함은 물론, 회사의 전제품에 대한 정확하고 해박한 지식을 갖고 있어야 한다. 본인 스스로가 사용해 본 후 제품에 대한 신뢰가 있어야 다른 사람에게 자신있게 권할 수 있기 때문이다. 또한 사용법과 사용중에 일어나는 여러 가지 현상에 대해 직접 체험을 해봐야 상대방에게 정확하게 알려줄 수가 있기 때문이다.

7) 스폰서와 다운라인에 대한 믿음을 가져라!

네트워크마케팅은 '인맥유통'·'커뮤니케이션 비즈니스'라고도 하듯이 업라인과 다운라인간의 인간교류의 사업이다. 때문에 스폰서는 다운라인에 대한, 또 다운라인은 스폰서에 대한 믿음이 있어야 한다. 사람이 싫으면 돈이고 뭐고 다 싫어져, 적극적으로 사업에 임할 수 없게 된다.

그런데 이 세상에 완벽한 인간은 없다. 아니, 완벽한 인간은 이 사업을 할 필요가 없다. 뭔가 부족한 사람들이 자기완성을 위해 부족한 부분을 채우려고 노력해가는 과정인 것이다. 서로간에 신뢰가 깨지는 이유는 서로에게 너무나 많은 것을 기대하기 때문이다. 상대방을 위해 무엇을 해줄 수 있을까를 생각하기 전에 일방적으로 받을 것만을 생각하기 때문이다. 네트워크마케팅은 인간관계의 종합예술이다. 업라인과 다운라인뿐만아니라 형제나 사촌라인, 나아가 타그룹과도 좋은 인간관계를 맺으면서 사업을 진행하면 보람도 있고, 성공할 확률이 훨씬 높은 사업인 것이다.

8) 교육과 미팅에 적극 참여하라!

네트워크마케팅 사업은 늘 스스로 동기를 부여하면서 끊임없이 도전해야 하는 사업이다. 혼자서 열심히 하는 것에는 한계가 있기 때문에, 회사에서 주최하는 각종 세미나, 업라인이 마련하는 교육과 미팅 등에 빠짐없이 참여해야 한다. 최소한 일주일에 한두 번은 교육에 참여해야 하고, 매월 열리는 랠리같은 행사에는 꼭 참여하는 것이 좋다. 이러한 교육과 미팅에 참여하여 같은 사업을 열심히 하는 다른 사람들의 성공담과 실패담을 들음으로써 자신의 부족한 점과 잘못된 사업방식을 발견할 수 있으며, 위축된 마음을 새롭고 강렬한 마음으로 충전시키는 계기가 된다.

또한 교육과 미팅에 참여하지 않으면 새로운 정보를 얻을 수 없어 사업을 성공적으로 수행할 수 없다. 반복해서 이루어지는 교육에 다 아는 내용이라고 해서, 또는 초대할 사람이나 다운라인이 없다고 참여하지 않는다면 사업은 점점 더 위축될 뿐이다.

숨가쁜 사회변화
『가정울타리』흔들
『명퇴』바람에 움찔

한국인「화병」세계1위

스트레스

李炳奇기자

서울 삼성의료원 건강의학센터에서 스트레스 상담을 맡고있는 李玉石박사(여)는 지난 2년간 이 병원을 찾아온 3천여명의 환자를 상담하면서 깊이 느낀 점이 하나 있다. 즉 『한국인들이 너무 불쌍하다』는 것이다. 무슨 말인가 하면 한국인이 지난 30여년간 세계에서 유례가 없는 경제기적을 이루어 냈으나 그 대가로 다른 어느나라 국민들과 비교할 수 없을 정도로 심한 스트레스를 받으며 살아가고 있다는 것이다.

미국에서 27년간 살다가 지난 94년 귀국한 李박사는 『미국인들과 비교해볼 때 한마디로 한국인에게 연민의 정을 느끼지 않을 수 없다』고 말한다.

한양대의대 신경정신과 金光日박사는 『문화가 다른 각 나라 사람들의 스트레스를 한가지 기준으로 계량화할 수는 없지만 보스니아 아프가니스탄 이라크 등 최근 전쟁을 겪었거나 겪고 있는 나라를 제외하고는 한국인이 전세계에서 스트레스를 가장 많이 받고 있다』고 잘라 말한다.

"연민의 정 느껴"

지난 4월 홍콩에서 발행되는 유력잡지『파 이스턴 이코노믹 리뷰』지가 실시한 일본 한국 대만 등 아시아 10개국 국민들의 생활의 질 조사에서도 한국인의 65%가『직장에서 항상 스트레스를 느끼고 있다』고 응답, 홍콩(62%) 대만(61%) 일본(52%)을 제치고「스트레스 1위국민」이라는 불명예를 차지했다.

정신분석의들은 한국인들이 얼마나 심하게 스트레스에 시달리고 있는가를 알게 해주는 증거로 다음과 같은 통계자료를 든다.

우선 술소비량. 20세이상 한국인 남자가 1년에 마시는 술은 소주 1백33병, 맥주 1백80병으로 세계 제일의 술소비량을 기록하고 있다. 이 뿐만이 아니다. △15세이상 인구의 68%가 담배를 피우는 세계 1위의 흡연율 △10년전에 비해 3배이상 많아진 심근경색 및 협심증으로 인한 사망환자 수 △매년 늘고 있는 과로사와 돌연사 △최근 결혼한 6쌍중 1쌍이 이혼할 정도로 급격히 증가하고 있는 이혼율 등이 한국인이 받는 스트레스의 강도를 말해 주고 있다.

그렇다면 왜 유독 한국인들이 전세계적으로 가장 스트레스를 많이 받으며 살아가고 있을까.

전남대 심리학과 李鍾沐교수는『스트레스의 가장 큰 요인은 빠른 속도의 사회변화』라고 지적하고『한국인처럼 해방이후 빠른 속도로 변화를 경험한 국민은 전 세계적으로 없다』고 말했다.

이는 美 미시간대 사회조사연구소 잉글하트 교수의 조사에서 극명히 드러난다.

세대별 가치관의 차이를 지수화 했을 때 유럽 미국 일본은 20대와 70대가 20포인트 정도 차이를 나타

직장인 65%가 "힝성" 느끼고 있다"
화풀이 과음…한사람 마시는 소주 맥주 年300병
과로사·이혼 급증…소음 교통혼잡에 "짜증"가중

일러스트레이션 이준희

내지만 한국은 무려 70포인트나 차이가 있는 것으로 조사된 것.

대홍기획의 「한국인 라이프 스타일조사」에서도 한국인의 80%이상이 「가치관의 혼란을 경험하고 있다」고 응답, 한국인들이 빠르게 변화하는 세상에서 중심을 잡지 못하고 스트레스를 느끼고 있는 것으로 조사됐다.

한국인이 스트레스를 많이 받는 또 다른 요인으로 생산성본부의 李正勳박사는 한국인 특유의 조직문화를 꼽는다.

스트레스는 미래가 불투명할 때 커지는데 한국의 기업이나 공직사회의 조직문화는 능력보다는 연줄하연 지연으로 승진이 좌우됨에 따라 직급이 높아질수록 신경을 써야 할 일이 많아진다는 것.

결국 승진이라는 게임에서 능력보다는 겉으로 드러나지 않는 룰이 지배하다보니 공식적인 업무시간외에도 각종 술좌석 등 인간관계유지를 위해 많은 시간과 신경을 써야 하고 그만큼 스트레스가 생긴다는 설명이다.

특히 한국과 일본기업문화의 장점으로 꼽혔던 「종신고용제」가 무너지고 많은 사람들이 대거 직장에서 쫓겨나가는 명예퇴직제가 도입되면서 스트레스가 날로 높아지고 있다.

「가정의 위기」도 한국인의 스트레스를 가중시키고 있는 중대 요인이다. 정신과전문의 薛玟旭박사는 △여성의 사회진출 △성개방 △아버지와 어머니의 역할붕괴가 빠른 속도로 진행되면서 맞벌이 여성은 가정과 직장을 양립시켜야하는 「슈퍼우먼 신드롬」에 시달리고 있으며 남편 역시 직장에서는 물론 가정에서도 자상함을 요구하는 아내와 자식들의 요구에 시달리고 있다고 지적한다.

주부「빈둥지 신드롬」

전업주부 역시 날로 높아져가는 남편에 대한 기대감은 채워지지 못하고 장성한 자식도 「세대차이」를 이유로 상대해주지 않아 「빈둥지 신드롬」에 젖는 주부가 많아지고 있다.

한국인이 잘 느끼지 못하고 있으나 환경문제도 주요 스트레스요인의 하나.

최근 영국에서 3년간 근무하다 귀국한 대기업 李모이사(48)는 영국으로 돌아가고 싶은 생각이 간절하다. 서울에 도착한 순간부터 공기오염 교통혼잡 너무나 빠른 생활리듬에 기가 질려 영국으로 돌아가고 싶은 생각이 절로 든다는 것.

한국인의 스트레스 대처방법도 문제가 많다. 한양대 金光日교수와 서울대 元鎬澤교수가 지난 94년에 중국 일본 한국의 대학생들을 대상으로 실시한 「중국 일본 및 한국대학생의 스트레스에 관한 연구」에서도 한국인들이 스트레스에 잘못 대처하고 있다는 점이 드러나고 있다.

이 조사결과에 따르면 한국대학생들은 외부에서 받는 스트레스가 중국 일본 다음으로 낮게 나타났지만 스트레스에 대해 계획성 없이 「감정적으로」 대처함으로써 오히려 스트레스에 가장 취약한 것으로 나타났다.

한편 이같이 날로 증가되고 있는 스트레스와 관련, 전문가들은 『개인은 물론 정부 기업차원에서 적극적으로 대처할 시점이 왔지만 우리 사회는 아무런 준비가 없다』고 경고하고 있다.

전남대 李鍾沐교수는 『미국은 일찍이 「스트레스로 인한 의료비용이나 인력재수급비용이 GNP의 10%에 달한다」는 연구결과에 따라 개인은 물론 기업들이 적극적으로 스트레스에 대처하고 있다』고 전했다. 즉 미국 전체기업의 26%이상이 회사원의 스트레스를 줄이는 프로그램을 한가지 이상씩 시행, 50%이상의 결근율감소와 55%의 병원비 절감효과를 가져왔다는 것. 일본역시 80년대들어 직장인의 스트레스에 대해 적극 대처하고 있다.

연세대의대 李弘植교수는 『정보화시대에는 창의성이 가장 큰 경쟁력의 원천인데 스트레스는 창의성을 말살시키는 주요 원인임이 증명되고 있다』며 『경제발전을 이루고 국민의 삶의 질을 향상시키기 위해서 이제 정부와 기업이 「스트레스와의 전쟁」을 선포해야 할 때』라고 강조했다.

기획취재팀
▼팀장 : 金次雄사회1부장
▼李炳奇·孔鍾植·曺源杓·李浩甲·李澈容기자〈사회1부〉
▼金東哲기자〈사진부〉

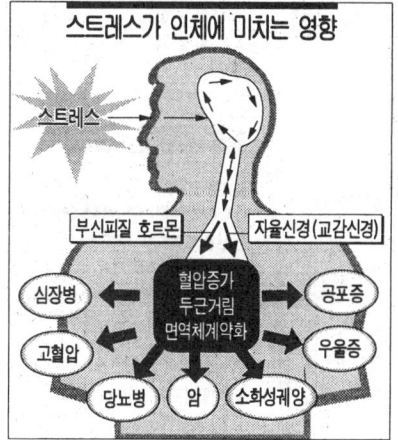

반복되면 면역체계 파괴

의학에서 본 스트레스   孔鍾植기자

스트레스가 인체에 미치는 영향은 사람이 외부의「적」
(스트레스 유발요인)을 만났을 때 대처하는 반응으로 설
명할 수 있다.

스트레스를 받으면 인체는「싸우거나 도망가기 반응」
에 필요한 심장기능을 증대시켜「전투준비」를 갖추는 반
면「전투」에 쓸모가 없는 소화기관 등의 기능은 일시 중
지시킨다.

그 결과로 심장박동이 갑자기 증가하고 가슴이 두근거
리고 눈이 동그래진다. 또 땀이 나며 피가 머리와 몸통
으로 집중되는 등 전투력을 혈관계통으로 총동원한다.

그러나 최근 유형 무형의 새로운 스트레스가 무차별적
으로 가해지고 반복되면서
신체 불균형문제가 발생한
다.

심장병 원인 75%차지
당뇨병 고혈압등 유발

한편 스트레스반응은 호
르몬을 통해 작용하는 내
분비계통을 통해서도 설명될 수 있다.

스트레스가 지속적으로 가해지면 부신피질에서 부신피
질호르몬이 분비된다. 부신피질호르몬인 코티졸은 장기
적으로는 혈압을 높이고 임파구수를 감소시키는 등 면역
기능의 약화를 가져온다.

그렇다면 스트레스는 어떤 병을 일으킬까. 우선 통계
에 따르면 심장병의 경우 75%가 스트레스와 관련이 있
다.

이밖에 당뇨병 고혈압 천식 소화성궤양 과민성대장증
후군 비만 우울증 수면장애 공포증 신경성피부염 암 등
이 스트레스 관련 질병으로 꼽힌다.

경희대 의대 閔炳一교수는『스트레스질환은 선진국에
서 많이 유행하는「3세대질병」』이라며『문명이 발전함
에 따라 급격히 증가하는 병이기 때문에 우리가 새롭게
주목하고 경계해야 할 병』이라고 말했다.

「완벽주의」는 금물… 마음을 비워라

이렇게 대처하라

孔鍾泰기자

현대를 사는 사람치고 스트레스를 받지 않는 사람은 없다. 문제는 스트레스에 어떻게 대처해서 스트레스를 해소시키느냐다.

전문가들이 전하는 스트레스 관리법을 소개한다.

▲「너 자신을 알라」.

스트레스를 왜 받았는지, 또 자신이 어떤 성격의 소유자인지를 알아야 정확한 대처법이 나온다. 「야심적이고 경쟁적이며 서두르며 참을성이 없는」 야심형(A유형)은 그렇지 않은 사람에 비해 스트레스를 많이 받으며 심장병에 걸릴 확률이 두배나 높다.

▲자신에게는 관대하고 다른 사람에게는 엄격하라.

동양문화권인 우리나라에는 다른 사람이 기분 상할 것을 우려, 거절을 못하고 속병을 앓는 「비주장형」이나 「양심형」이 많다. 어떤 일에도 거절하지 못하는 사람들이 조직에서 「훌륭한 사람」으로 존경받을 것이라고 생각하는 것은 착각이다.

▲스트레스를 받아들여 적극적으로 대처하라.

적당한 스트레스는 삶의 활력소

스트레스 관리 10계명
1. 너 자신을 알라.
2. 자신에게는 관대하고 다른 사람에게는 엄격하라.
3. 스트레스에 적극적으로 대처하라.
4. 스트레스는 운동으로 풀어라.
5. 시간관리를 잘해라.
6. 스트레스가 증가되고 있다고 생각될 때 마음속으로 「중지」라고 외쳐라.
7. 하루에 10분정도 복식호흡을 해라.
8. 수신제/치국평천하(修身齊家治國平天下)
9. 조금 명첨해져라.
10. 인생목표를 정해놓고 살아라.

하루 10분정도 복식호흡을 즐겁게 할수있는 딴일 생각

다. 자신이 극복할 수 있는 스트레스는 과감히 도전해서 극복하고 도저히 극복할 수 없는 스트레스는 일찌감치 포기하는 것이 좋다.

▲스트레스를 술이나 담배 대신 운동으로 풀어라.

술은 단기적으로는 스트레스를 푸는데 효과적이지만 중독성과 과음에 따른 피로감 때문에 장기적으로는 후유증이 훨씬 크다.

▲시간관리를 잘하라.

예를 들어 오늘 밤샘작업을 했으면 다음날은 쉬거나 「적당히」 일하는 것이 상책이다.

▲스트레스가 증가되고 있다고 생각될 때 마음속으로 「중지」라고 외치고 다른 업무나 즐거운 일을 하거나 또는 호흡조절을 해라.

▲하루에 10분 정도 복식호흡을 하는 습관을 가져라.

깊은 호흡은 몸에 많은 산소를 공급, 근육을 이완시키고 마음의 평정을 가져온다.

▲화목한 가정을 이루는데 신경을 써라.

「수신제가치국평천하(修身齊家治國平天下)」라는 말처럼 가정이 오히려 스트레스의 원천이 되면 헤어날 길이 없다.

▲아는 게 병이고 모르는 게 약이다. 조금 명첨해질 필요가 있다. 모든 문제에 간섭하려는 완벽주의는 스트레스를 가중시킨다.

▲인생을 어떻게 살 것인가 또는 라이프 스타일을 어떻게 가질 것인가 확고한 목표와 원칙을 세워라.

《동아일보 1996. 11. 9》

스트레스 적게 먹고 생활주변 청결히 하면 감소

프랑스 사람들의 스트레스 해소법은 어떤 것일까.

프랑스 여성지 '메종 프랑세즈' 최근호는 현대인의 모든 불행의 근원이라 불리는 스트레스에 대처하는 방안을 제시하고 있어 눈길을 끌고 있다.

그러나 이 기사는 결론적으로 스트레스 해소를 위한 다양한 방법이 제시되고 있지만 극단적인 처방보다는 가정의 일상생활 속에서 스트레스를 줄이는 것을 우선해야 한다고 제안한다.

▶주변을 깨끗하고 청결하게 유지하는게 중요하다. 그래서 불필요한 잡동사니들을 없애기 위해 커다란 쓰레기통을 준비한다. 버리기만 하면 금방 차버리는 쓰레기 고민을 줄일 수 있기 때문.

▶주방의 수도꼭지부터 방문손잡이까지 모두 제대로 작동되는지 살핀다. 집안의 용품이 제대로 작동하지 않을때 오는 스트레스의 크기는 무엇과도 비교할 수 없이 크다는 것을 명심해야 한다.

▶집안에서도 자연과 함께 하는 생활을 추구한다. 숲속 새들의 지저귐이나 바다에서 울리는 파도소리가 연상되는 음악을 듣거나 오렌지 향기가 나는 향촛불등을 적극 이용할 것.

▶음악을 들을 때도 어려운 음악보다는 듣기 쉬운 음악을 찾아본다. 맘보·차차차같은 흘러간 음악이나 할리우드 영화에서 나왔던 가벼운 주제가들을 골라 들어도 좋다.

▶칼로리 섭취에 유의해야 한다. 버터 2백50g은 감자 1㎏과 맞먹는 칼로리를 지니고 있다는 사실등을 기억해 나중에 체중증가로 인한 어마어마한 스트레스를 예방할 필요가 있다.

채규진 기자

《동아일보 1996. 11. 9》

(2) 성공을 앞당기는 9가지 습관

【사고 → 행동 → 습관 → 인격 → 운명】
사고(思考)가 바뀌면 행동(行動)이 바뀌고,
행동(行動)이 바뀌면 습관(習慣)이 바뀌고,
습관(習慣)이 바뀌면 인격(人格)이 바뀌고,
인격(人格)이 바뀌면 운명(運命)이 바뀐다.

습관(習慣)이란 '동일한 상황 아래에서 반복된 행동이 상황에 따라 안정화(安定化)되고 자동화(自動化)된 것'이다. "세 살 버릇 여든까지 간다", "습관은 제2의 천성(天性)"이라는 속담도 있듯이, 무슨 일이든지 처음 습관들이기가 힘들뿐이지 일단 습관이 되면 천성이 되어 버리거나 고치기가 힘들게 된다. 이와같이 습관은 그 사람의 인생의 성패를 결정짓는 가장 중요한 요소이기 때문에 습관의 중요성은 아무리 강조해도 지나침이 없다.

다음에 제시하는 습관은 대인관계를 중시하는 비즈니스 활동에 도움이 되는 습관이다. 이 습관들을 제2의 천성으로 만든다면 틀림없이 네트워크마케팅의 성공에 크게 도움이 될 것이다.

1) 목표를 적어 두었다가 이것을 매일 검토해보라!

사회 각 분야에서 성공한 사람들의 공통점은 모두 뚜렷한 목표를 가지고 있다는 것이다. 이들은 자기 목표를 기록해 두었다가 매일 검토를 한다. 글로 적어 놓은 목표는 막연한 공상이나 소원보다 더 구체성을 띠게 되고 현실감을 갖게 할뿐 아니라, 목표를 기록해 놓으면 언제나 그것이 머리를 떠나지 않기 때문에 목표달성을 위해 집중할 수가 있다. 또한 난관에 부닟쳤을 때에도 그것을 이겨낼 수 있도록 도움을 준다.

2) 남의 말을 귀담아 들어라!

남의 말을 잘 듣는다는 것은 성공을 가져다 줄 수 있는 가장 강력한 필요조건이다. 그러나 생각보다 남의 말을 귀담아 듣는 사람은 많지 않다. 자기가 하는 말보다 상대방의 말에 관심을 갖고 집중하여 질문을 많이 하는 것이 좋다.

3) 결과보다 행동의 중요성을 인정하라!

대부분의 사람들은 결과가 가장 중요하다고 배워왔다. 그런데 결과에만 지나치게 치중을 하다보면 사업을 자연스럽게 추진하기 보다는 어떻게 해서든지 그걸 잘하려고 무리를 하기 때문에 오히려 실패하기가 쉽다. 결과를 가져오는 것은 당신의 행동이다. 일관성 있게 행동 하나하나를 완료해 가다보면 차츰 가속도가 생겨 결국에는 최대의 결과가 생기기 마련이다. 일반적으로 사람들은 당신의 말 한마디보다는 당신의 행동에 감동을 받는다.

4) 긍정적이고 격려하는 말만 하라!

상대방을 격려할만한 말이 없으면 차라리 아무 소리도 안하는 것이 낫다. 부정적인 태도나 비판은 이 세상에 넘칠만큼 많이 있다. 어느 문제에 대한 긍정적인 말이 세 개 정도 있다면 그것에 대한 부정적인 말은 33가지 이상이나 있다고도 볼 수 있다. 자기도 모르게 부정적인 말을 하고 있다고 생각하였을 때에는 하던 말을 멈추고, 주위 사람들을 유심히 살펴보거나 입을 다물어 버려라.

부정적인 태도와 견해가 판을 치는 이 세상에서 사람들, 회사 또는 어떤 명분에 대한 긍정적인 말을 하는 사람들은 긍정적인 평가를 받게되고 강력한 자석이 쇠를 끌어당기듯이 사람들을 끌어들인다. 늘 긍정적인 말을 하는 사람이라고 주위에 알려지는 것은 자기의 재산이 된다. 이 재산을 은행에 맡겨둔다면 엄청난 이자가 생겨날 것이 틀림없다.

5) 약속한 것은 반드시 지켜라!

대부분의 사람은 '시간이 없다', '별로 중요하지 않다' '준비가 아직 안됐다'는 핑계로 걸려온 전화에 대해 대답도 안하고 편지도 쓰지 않으며 약속도 지키지 않는다. 약속을 한다는 자체가 바로 강력한 행동이다. 약속을 지키지 않는 것은 책임감이 없기 때문이다. 약속을 꼬박꼬박 지키면 자기 전문성에 대한 신뢰를 받게 된다. 일단 한 약속은 반드시 지킨다는 것이야말로 성공에 대한 100% 보장을 뜻한다고 할 수 있다.

6) 통화 시간을 제한하라!

  통신 전문가의 말에 의하면 우리가 평상시 하는 말의 80%는 필요없는 말이라고 한다. 통화시간을 제한하면 일의 능률이 증가할 뿐만 아니라 전화요금도 줄일 수 있다. 통화시간을 반만 줄여도 통화시간의 2배 이상으로 더 많은 시간이 생긴다. 사람들은 간결하고 요령있는 전화를 받기 좋아한다. 바쁜 사람들, 시간을 아끼는 사람들은 이것이 습관화되어 있다.

7) 하루 세 번 이상 '안됩니다' 라고 말하라!

  대부분의 사람들은 남이 자기에게 호감을 갖기를 원한다. 그래서 너무 자주 '좋습니다. 그렇게 하지요' 라는 말을 해, 감당하기 어려울 정도로 많은 일을 떠맡는 사람들이 많다. 그러나 누구에게나 잘 보이도록 행동할 수는 없다. 팔방미인이 되겠다는 생각은 아예 버려야 한다.

  '안됩니다' 라고 말할 줄 알고 또 언제 그런 말을 해야 되는가를 배운다는 것은 자기 자신을 가둔다는 말이 아니다. 자기 사업을 효율적으로 그리고 능률적으로 운영하기 위한 알차고 확고한 자기 표현일 뿐이다.

  네트워크 판매망을 구축한다는 것은 눈코 뜰 새 없이 바쁜 일이다. 성공하겠다는 다운라인들의 판매를 도와주기도 해야 한다. 그렇기 때문에 쓸데없는 일에 매일 세 번씩 '안됩니다' 라고 말하겠다는 목표를 세워보라. 그렇다고 까닭도 없이 안된다고 말해서는 안되고, '좋습니다' 라고 말해봤자 당신이나 사업에 아무 도움이 안된다고 생각이 드는 시기와 내용을 잘 선택해야 한다.

8) 한 번에 한 가지만 하라!

　많은 사람들이 한꺼번에 두 가지 일을 하려고 한다. 예컨대, 사업에 대한 메모를 하며 전화를 하거나, 동시에 두 사람과 대화를 나누는 경우 등이다.
　한 번에 한 가지 일만 하는 것이 최선의 방법이다. 한 가지에만 전념해야 그 일에 온 마음을 쓸 수 있다. 호랑이도 토끼를 잡기 위해서는 최선을 다해 전력투구를 해야 하듯이, 한 가지 일에 집중하여 전력투구하지 않으면 성공할 수가 없다. 마음이 산만하면 힘이 빠지고 피곤해지기 쉬우며 생산성도 뚝 떨어지기 때문이다. 한 번에 한 가지 일에만 집중할 수 있는 능력이야말로 네트워크마케팅 사업에서 성공의 확률을 높이는 길이다.

9) 긍정적인 자기암시를 반복적으로 하라!

　암시는 현재의식이 이루어지게 하는 영향요소와 현재의식이 잠재의식으로 들어가기까지의 과정을 말한다. 이러한 암시에는 외부로부터 영향을 받는 '외부암시'와 자기 자신의 내적 감정으로부터 발생되는 '내부암시'가 있으며, 또한 미래의 계획·목표가 틀림없이 이루어질 것이라는 '예시암시'와 이미 자기 마음 속에 미래의 일이 이루어졌다고 생각하는 '달성암시'가 있다. 그리고 암시는 자기 발전에 보탬이 되는 '긍정암시'와 자기를 해치는 '부정암시'로 구분되기도 한다.
　암시는 여러분 스스로 알게 모르게 여러분의 생각 속에 들어오고 있다. 어떤 종류의 암시이건 간에 일단 여러분의 생각과 동화되면 중대한 영향을 미치므로, 나쁜 암시·부정암시는 받아들이지 말고, 좋은 암시·긍정암시만을 받아들이려는 의지와 능력의 양성, 훈련과 습관 그리고 자세가 중요하다. 혼자서 중얼거리는 혼잣말이야말로 잠재의식에 큰 영향을 미치는 내부암시이다. 해로운 혼잣말 유형에는 다음과 같이 세 가지가 있는데, 이러한 혼잣말은 절대로 해서는 안된다.

① 확대형 : 단 한 번의 경험을 전체에 보편화시키는 형으로, 기분을 상하게 하는 전화를 한 통 받고는 "재수없는 날이군. 어떻게 여덟 시간을 견딘다?"라고 말한다.
② 자기 학대형 : "내가 무엇인가 잘못한 모양이야."라고 자신을 나무라는 사람들이다.
③ 연속형 : 순간적으로 운이 나쁜 것이 자기 인생에 계속 고질적으로 생기리라고 믿는다. "언제나 이런 일이 생긴단 말이야. 한 사람도 쓸만한 사람을 구하지 못했군."

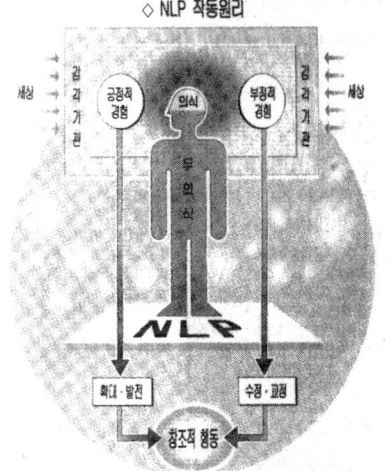

【중앙일보 1998. 6. 2】

분수대

라이시 5법칙

워터게이트사건을 파헤쳐 세계적 명기자로 이름을 날렸던 보브 우드워드 기자는 클린턴 대통령에겐 매우 관대했다. 클린턴 집권까지의 비화를 쓴 우드워드의 책 『의제(議題 · The Agenda)』의 첫머리는 91년 클린턴과 하버드대 노동경제학 교수인 로버트 라이시와의 만남으로 시작된다. 6피트3인치의 거구 클린턴이 4피트11인치의 작은 라이시 교수를 만나 고용증대와 국민의료보험·교육 등에 관한 폭넓은 대화를 나누면서 국가 경영의 틀을 짰다.

클린턴이 대통령에 당선되자 라이시 교수는 노동부장관에 발탁돼 지금도 현직에 있다. 이 라이시 장관이 최근 「라이시 5법칙」이란 직장인 성공비결을 발표해 화제다.

제1법칙, 컴퓨터를 다룰줄 알아야 한다. 트럭운전사든, 공장근로자든 컴퓨터 지식이 없이는 안된다. 모른다면 지금 당장이라도 배워야 한다.

제2법칙, 경쟁력을 살려라. 경쟁력의 요소는 자신의  장점을 갈고 닦는 것이다. 얼마만큼 버느냐는 얼마만큼 배우느냐에 달려 있다.

제3법칙, 「사다리」를 버리고 「거미줄」을 잡아라. 현명한 직장인은 사다리를 오르지 않고 거미줄을 따라 움직인다. 거미줄엔 중심이 있지만 톱(top)은 없다. 올라간다는 생각을 버리고 자기 세계를 확장해야 한다.

제4법칙, 네트워크를 구성하고 효율적으로 이용하라. 자신의 거미줄을 넓히는 최상의 길은 네트워크 이용이다. 자신이 몸 담고 있는 전분야에 걸쳐 적극적으로 사람들과 연결되도록 하라. 정보는 미래를 여는 열쇠다.

제5법칙, 팀워크의 중요성을 잊지 말라. 많은 사람들이 팀을 이뤄 일하는 시대다. 전화·팩스·인터넷 주소로만 아는 팀 메이트도 있다. 이들과의 팀워크가 네트워크를 이루는 기본 요소다.

정보화시대 직장인이 해야 할 기본 수칙이고 좌우명 같은 명쾌한 방향 제시다. 거미줄·네트워크·팀워크, 이를 연결하는 컴퓨터. 이것이 정보화 시대의 직장인이 갖춰야 할 기본 도구다. 올라가는게 출세가 아니라 자기중심의 영역을 넓히는 것이 새 시대 새 직장인의 덕목이다.

세상은 바뀌고 있다. 컴퓨터를 중심으로 발신과 수신이 거미줄처럼 연결된다. 이 거미줄의 중심부에 직장인의 역할이 있음을 일깨우는 라이시의 충고다.

〖중앙일보 1996. 8. 9〗

2. 소매 및 리크루팅 (Retail & Recruiting)

(1) 소매의 중요성

1) 소매는 안정적인 조직의 기초

　네트워크마케팅의 성패는 당신의 네트워크 안에 있는 사람들이 얼마나 많은 제품을 구매해서 소비하느냐에 달려있기 때문에, 얼마나 질좋은 소비자들을 당신의 네트워크 안에 만들어 놓느냐가 중요하다. 때문에 애용자 그룹을 개척해 나가면서 능력있는 사업자를 발굴해 집중적으로 지원하는 것이 좋다.

　혹자는 네트워크마케팅에서 소매활동이 불필요하다는 이야기를 들었는지도 모르지만, 고객에게 상품을 소매하는 것은 그룹의 볼륨을 만들고 처음부터 IBO 주머니에 돈을 넣어주는 것으로서, 단단하고 균형있고 안정적인 네트워크마케팅 조직의 한 부분으로 필요하다. 또한 소매판매를 하면 제품에 대해서 더 잘 알게 되어 제품에 대한 믿음이 생기고 제품의 내용과 효능도 잘 알게 되어 사람들이 꼭 이 제품을 필요로 하고 있구나 하는 확신도 생기게 된다. 이렇게 확신을 가지고 판매를 하여야 고객이 감동받는다.

　그러므로, 새 회원을 가입시키려고 노력하기 전에 매월 적어도 50~100만원어치의 제품을 소매판매로 처리할 수 있는 소매고객 20~50명을 확보해 놓는 것이 바람직하다. 그렇지 않으면 매월 도매 판매량을 유지하기 위하여 제품을 그저 쌓아두게 되기 쉽다. 네트워크마케팅 사업을 하다가 중도 포기하는 사람들의 대부분은 이러한 소매활동이 거의 이루어지지 않았거나 또는 너무 미미하게 이루어졌기 때문이다.

2) 판매는 자아개발 프로그램

　판매에서 얻을 수 있는 최대의 성과는 개인의 자아개발이다. 판매 행위는 정신적인 행위이며, 자기실현을 위한 새로운 길이다. 그것은 인격을 형성하고 단련한다. 대부분의 사람은 물건 팔기를 싫어한다. 물건을 팔려면 끊임없이 사람들로부터 거절당하는 고통을 감내해야 하기 때문이다. 인내의 외로운 싸움을 해야하고 계속해서 다음 단계 준비를 위한 훈련을 해야 된다. 판매정신 추구를 통해서 네트워크마케팅 사업가는 정신적이고 영적인 건강을 유지할 수 있으며, 이러한 자질이 있어야 성공을 거둘 수 있다.

소매는 비즈니스에서 성공할 수 있는 많은 기술을 배우기 위한 완벽한 경험이 된다. 그래서 판매를 잘하고 마지막까지 포기하지 않는 사람은 비상한 사람이다. 진정으로 삶을 맛보려면 물건을 판매할 마음을 다져야 한다. 이 사업을 통해서 당신은 인간적으로 꽃이 피는 것이다.

(2) 소매하는 방법

1) 먼저 자신에게 팔라 … 전 제품의 애용자가 되라!

네트워크마케팅 사업은 자신이 써보고 감동받은 훌륭한 제품을 이웃에게 권유해서 자신과 같은 감동을 느끼게끔 하는 것으로부터 시작된다. 때문에 제품을 직접 써 보고 그 효과를 톡톡히 보아 진정으로 가치가 있다고 확신하기 전에는 감히 밖에 나가서 그 물건을 팔려고 해서는 안된다. 제품에 대한 확신이 서기만 하면 그것이 사람을 끌어들일 수 있는 판매 전술이다. 그래서 이 사업에서 성공을 하려면 자신이 먼저 제품의 애용자가 되어야 한다. 본인 스스로 사용해 본 후 제품에 대한 신뢰가 있어야 다른 사람에게 자신있게 권할 수 있는 것이다.

때문에 네트워크마케팅의 열쇠는 정말로 마음에 드는 제품을 발견하는 데 있다고 할 수 있다. 좋은 영화나 음식점을 친구들에게 권하는데 적당한 말이 저절로 흘러나오듯이, 제품을 열렬히 좋아하고 있다는 것이 자연스럽게 나타나야 효과가 있다. 고객에게 이런 제품이 있으며 이 제품이 꼭 필요하다는 것을 알려주는 가장 좋은 방법은 당신 자신이 '그 제품의 살아있는 표본'이 되는 것이다. 본인은 써보지도 않았으면서 다른 사람에게 판다는 것은 어불성설(語不成說)이다.

2) 상품에 대한 철저한 지식을 갖춰라!

　남에게 물건을 팔기 위해서는 자신이 파는 상품에 대한 철저한 지식과 그 상품에 대한 믿음이 있어야 하며, 자기가 취급하는 제품에 대한 확신을 갖고 있음을 고객에게 보여주는 것이 중요하다. 제품에 대하여 아는만큼 자신이 솟아오르기 때문에 판매하는 제품에 대한 정확한 지식을 갖고 있어야 한다. 경쟁제품에 대해서도 알고 있다면 그것 역시 도움이 되는데, 이것은 다시 말해 여러분이 제품의 시장 전체를 모두 파악하고 나서 이 제품을 취급하기로 결정했다는 사실을 보여주기 때문이다.

　대부분의 사람들은 너무 세세한 내용은 듣고 싶어하지 않지만, 정말로 자세한 부분까지 알고 싶어하는 사람들에게 신뢰감을 주기 위해서는 아주 세밀한 부분까지도 모두 설명해야 하므로, 필요하다면 언제든지 사용할 수 있도록 제품에 대한 정보를 충분히 확보해놓을 필요가 있다.

　제품에 대해 설명할 때는 자신이 정말로 그렇게 생각하고 느끼는 것만 말하고, 그 제품이 여러분 자신에게 어떤 도움을 주었는지, 또 다른 사람들에게 어떤 혜택을 줄 것으로 생각되는지를 진심으로 말해야 한다. 너무 많이 팔려고 과대선전하거나 과장된 표현을 하는 것은 금물이다. 그렇게 하면 사람들은 흥미를 잃게 되고 또한 믿지도 않을 것이다.

3) 판매 도구로 하여금 판매케하라!

　요즘과 같이 훌륭한 판매보조자료가 없던 과거에는 네트워크마케팅 사업가들은 회사, 제품 및 보상계획에 대해서 프로스펙트(가망고객)와 몇 시간씩이나 입씨름을 했다. 그러나 무슨 일이 있어도 토의를 오래 하는 것은 절대 금물이다. 너무 오랫동안 이런저런 이야기를 해서 결국에 자존심까지 상하게 되는 일이 없도록 해야 한다.

　책, 비디오, 오디오테이프, 잡지 등 전문적으로 제작된 여러 가지 판매도구를 적극 활용하라. 잘 제작된 회원가입용 비디오는 제품에 대한 권위를 더해주고 사업을 도와준다. 제품, 보상계획, 그리고 네트워크마케팅의 개념 자체에 관한 내용을 30분 안에 효과적으로, 흥미있게 설명한다.

"이 사업에 관심을 표명했으니 두 가지만 약속해 주십시오. 비디오테이프나 오디오테이프와 회사브로슈어를 보내드릴테니 그 비디오와 브로슈어를 보겠다는 약속을 우선 하시고 모레 전화를 드릴테니 그 비디오를 본 감상을 말해 주십시오." 이 말을 하는 데는 1분밖에 안걸린다. 비디오테이프를 50개 가지고 있다면 이런 대화를 하루 50번 할 수 있다. 그만큼 더 리크루팅을 할 수 있다. 또한 비디오는 한 사람에게 물건을 팔려고 노력하는 시간을 들여서 온 가족과 친구 여럿에게 영향을 줄 수 있다. 이틀 후에 그 비디오에 대한 감상을 물어보면 여러 가지를 알 수 있게 된다. 비디오에 대한 감상을 물어볼 때 그 대답에서 무엇인가 얻으려는 마음가짐을 가져야 한다. 비디오테이프는 2차적인 자격심사 역할을 한다. 가능성이 있는 사업자를 가려낼 수 있다.

첫째, 불쾌한 말을 하며 테이프를 확 던질 수도 있다. 그렇게 되면 시간과 일을 많이 절약하게 된다. "그럼 그 테이프나 돌려주십시오."라고 말하면 된다. 이렇게 되면 불과 몇 분 허비했을 뿐이다.

둘째, 가망고객이 관심을 표명했을 때는 "그 비디오의 어느 부분이 마음에 들었습니까, 어떤 것이 가장 재미있었습니까, 무엇이 가장 중요하다고 생각하십니까?"라고 물어보고 그 사람의 대답에 귀를 기울이라. 이렇게 물어보면 긍정적으로 대답하기 때문이다. 즉, 무엇이 잘못되었고 무엇이 문제더냐고 부정적인 질문을 하는 것보다 더 자기의 상상력과 창의력을 발휘하게 되기 때문이다.

비디오가 사람을 가입하게 하지는 않는다. 결국 사람이 사람을 가입하도록 하는 것이다. 비디오를 통해서 긍정적인 반응을 하는 즉시 될 수 있는 대로 빨리 사람 앞에 데려가서 계약을 맺게 하라. 이것이 충격을 적게 주면서 상담을 성립시킬 수 있는 길이다.

4) 너무 많은 정보를 주지 말라!

가장 흔히 저지르는 실수는 프로스펙트에게 너무 많은 정보를 알려주는 것이다. 대부분의 사람들은 회사의 장점에 대해 자세한 강의를 듣기를 원하지 않는다. 회사가 망하지 않고 사업이 계속 잘 되어가는지만 알면된다. 제품에 대한 박사학위 논문도 필요없고, 사람들이 그 제품을 잘 사간다는 것만 알면 된다. 보상제도에 대해서 자세한 것을 알려고 하지 않고, 그저 돈을 얼마나 벌 수 있는가 하는 것만 알면된다. 프로스펙트에게 회사에서 제작한 모든 비디오, 브로슈어, 매뉴얼을 몽땅 안겨주려고 하지말라. 프로스펙트가 이런 것들을 거들떠 보지 않게 하는 가장 확실한 방법이다. 제일 잘 만든 가입자용 비디오 하나만 쓰라. 될 수 있으면 15분 이내의 것이 좋다. 그 이상의 정보는 본격적인 교육을 받을 때까지 기다리게 한다.

5) 한 가지에 전력투구하라!

네트워크마케팅 사업은 메리트가 많은 대신 자신의 힘을 한 군데 집중하여 전력투구하는 사업이지 여기저기 힘을 분산해서도 성공할만큼 쉬운 일이 아니다. 네트워크마케팅은 유통조직으로서 취급상품이나 시스템도 중요하지만 더 중요한 것은 사람이며, 자신이 먼저 존경받는 리더가 되어야 탄탄한 조직도 만들어지고 성공을 거둘 수 있다. 감언이설에 철새처럼 움직이는 사람은 또 어딘가로 옮겨갈 가능성이 크며, 그런 사람은 아무리 많이 모여 있어도 단단한 조직을 이루지 못한다.

(3) 가망고객 및 사업자의 발굴 … 리크루팅

가망고객이란 당신이 취급하는 상품을 필요로 하고, 그 상품을 소유하고자 하는 욕망을 가지고 있으며, 구매 결정 후 자금을 지불할 능력이 있는 사람을 말한다. 그러므로 어떤 사람을 생각할 때 항상 위의 조건을 생각해보고 맞는 사람에게 시간을 투자해야 한다.

1) 1단계 : 리스트 업 - 가망고객의 명단작성

사회심리학자에 의하면 25세가 넘은 사람은 누구나 다 아는 사람이 2천명 정도는 있다고 한다. 자기가 살아오는 동안에 알게된 모든 사람-가족·친인척·친구·선후배·교회나 절·직장·취미생활·동네 가게 아줌마 등등-의 이름을 무조건 명단으로 작성해 보라. '그 사람은 변호사니까 이런 일은 안 할거야' 하거나 '그 여자는 파출부니까 또는 가정 주부니까 안 할거야.' 라고 생각해서는 안되고, 아는 사람의 이름은 모조리 적어야 한다. 기존의 주소록을 그대로 이용해서는 안되며, 착탈이 가능한 바인더식 주소록을 이용하는 것이 좋다. 사업을 시작한 최초의 4, 5개월 동안은 이렇게 해서 만든 사람 리스트에 전적으로 매달려야 한다. 혹자는 친구나 가족을 대상으로 고객유치활동을 해서는 안된다고 하는데, 네트워크 비지니스는 단순한 판매가 아닌 훌륭한 사업에 대한 정보이기 때문에 당신과 가장 가까운 사람들부터 목표를 정하라.

2) 2단계 : 가망고객의 선별

정리된 명단을 바탕으로 가망고객을 체크한 다음, 그 가망고객이 소비자로서 만족할 사람인지 사업으로 참여할 사람인지 식별하여 당신이 시작한 사업과 취급하는 제품에 대해 간략하게 알린다. 가망고객에게 다음과 같은 두 가지 결정적인 질문을 하라.

① 과외로 돈을 더 벌기를 원하는가?
② 일주일에 6~10시간을 할애할 수 있는가?

가망고객이 이 두 질문에 대해서 부정적으로 대답한다면 그 사람과 더 시간을 허비할 필요가 없다. 성공적인 사업가는 신통찮은 가망고객 백명을 찾아 그중에서 진주같은 다섯 사람을 가려내는 사람이다. 마음을 닫아 버렸거나 지나치게 회의적인 사람, 계속해서 완강히 거절하는 사람들에게 너무 매달리거나 설득시키려고 공연한 시간을 보내지 말라. 사람들은 얼마든지 있다. 이 사람들 중에서 진짜 네트워크 사업을 하려는 마음이 있는 사람만을 가려내기만 하면 된다.

3) 3단계 : 알고 있는 모든 사람에게 알림!

당신이 알고있는 사람중에 누가 언제 어떤 계기로 당신의 사업에 관심을 갖고 동참할지 모르기 때문에 '이 사람은 안할 것이다' 라고 속단해서는 안된다. 또 알고있는 사람이 직접 사업에 참여하지는 않더라도 그 사람의 주위에서 혹시 관심이 있는 사람이 있다면 당신에게 연락을 해줄 수도 있기 때문에 당신이 알고있는 모든 사람에게 알리는 것이 중요하다. 다운라인 구축을 위해 가장 중요한 것은 행동이다. 마크 야넬은 1주 5일, 매일 30명씩을 목표로 삼고 도전하라고 말한다. 매달 600명을 목표로 삼으면 95%인 570명은 퇴짜를 놓을 것이고, 5%인 30명 정도가 다운라인에 참가할 것이며, 이 30명 중에 1사람이 풀타임 IBO가 되고, 나머지 29명은 탈락하거나 도매 소비자가 될 것이다. 확률의 법칙에 의하여 적어도 한 달에 한 사람의 사업자는 생기게 마련이고, 1년이 지나면 12명의 IBO가 생기게 된다. 이와같은 보조로 3년을 계속하면 많은 돈을 벌 확률이 매우 높다.

4) 4단계 : 전화 접촉 및 세미나 권유

주의할 것은 처음부터 전화로 모든 것을 이야기하려고 해서는 안된다. 전화 연락의 목적은 '호기심을 불러 일으키는 것' 이지 '호기심을 만족시키는 것' 이 아니다. 이 단계부터 경험이 많은 스폰서의 도움을 받는 것이 좋다. 삼자 통화를 이용하여 당신과 스폰서가 하나가 되어 가망고객을 공략한다. 두 사람이 팀을 짜면 한 사람보다 일을 잘 하는 이유는, ① 우선 숫자가 주는 힘이 있다. 다른 사람과 함께 일하면 자신이 더 생긴다. ② 친구나 가족을 리크루트 대상으로 할 때 모르는 다른 사람이 있기 때문에 잡담으로 시간을 보내지 않게 된다. ③ 가망고객은 한 사람이 아니라 이미 두 사람이 가입했다는 것을 알고 그 사업에 대해 더 많은 관심을 갖게 된다.

5) 5단계 : 반대에 대처하는 법

반대하는 사람은 개의치 말고 그냥 내버려두고, 그 사람말고도 사람은 많이 있다고 생각을 넓고 크게 가져라. 반대에 직접 대응하다가는 자신의 확신도 흔들리게 되고 지쳐 쓰러져 버릴지도 모른다. 네트워크마케팅은 물건을 '판다'는 개념이 아니라, 유익한 정보를 '제공'한다는 마인드를 가져야 한다.

(4) 새로운 가망고객을 찾는 방법

1) 3피트 접근법을 실천하라!

당신 주변 3피트 반경 안에 있는 사람은 누구에게나 제품과 사업을 파는 것을 뜻한다. 일상생활에서 당신이 접하는 모든 사람들-자주 가는 구멍가게 아저씨, 비디오샵의 젊은 주인, 아이스크림가게나 제과점 주인 또는 종업원, 약국의 약사, 세탁소 주인에게 제품 및 사업을 소개하고, 또 그 사람을 통하여 다른 사람들을 소개받도록 하는 방법을 말한다. 이것을 수월하게 하려면 평소에 한 곳을 단골로 집중적으로 이용하면서 안면을 익히고 약간 친숙해진 다음 접근하는 것이 좋다.

2) 관련있는 모임이나 지역사회 조직을 적극 활용하라!

각급 학교의 동창회, 친목회, 조기축구회, 라이온스클럽, 로터리클럽, JC 클럽 등에 연락하여 '네트워크마케팅 - 미래의 물결이냐, 불법 피라미드 판매 사기냐'와 같은 제목으로 강연을 하겠다고 신청해 보라.

3) 소기업의 소유주를 중시하라!

소기업 소유주는 다단계판매 프로스펙팅의 좋은 어장이다. 우선 이 사람들은 기업 운영의 어려움을 잘 알고 있다. 혼자 사업을 운영하기 때문에 여러 가지 중대한 결단을 내리느라 고심을 한다. 또 이들은 일선 리더가 되는 데 필요한 신용과 현금을 가지고 있는 수가 많다.

소기업 소유주가 네트워크마케팅을 할 태세를 갖추고 있다고 할 수 있는 또 하나의 이유는 이들이 상처를 입고 있다는 점이다. 이들은 경제 전반에 걸친 불황으로 인한 매출액의 감소와는 반대로 세금의 증가, 근로자 복지비 등 인건비의 상승, 정부 규제 등으로 휘청거리고 있다. 번잡한 행정규제를 받지 않으며, 복잡한 세무문제, 거래처와의 관계 등 골치썩을 일은 아무것도 없이 사업을 하는 방법이 있다는 말에 솔깃한다.

4) 다른 네트워크마케팅 사업가도 후원하라!

아는 사람들에게 네트워크마케팅사업가 중에 아는 사람이 없는가 물어볼 필요가 있다. 현재의 회사에 불만을 느끼고 더 좋은 사업 수단을 찾고있는 사람을 찾을 수 있다.

5) 고객소개 네트워크를 만들라!

개인적인 접촉만을 통해서 고객 네트워크를 만들려고 하는 것은 큰 잘못이다. 고객이 네트워크에 가입할 때마다 그 제품에 관심을 가질만한 다른 사람들 이름도 얻어내도록 하라. 이러한 고객소개 네트워크를 구축하여 자신의 접촉 범위를 몇 배로 늘릴 수 있다.

소금과 목탁

이판석

250명의 법칙

미국 사람은 일생 동안 한 사람당 대개 250명과 가까운 인간관계를 맺는다는 어느 학자의 통계가 있다고 한다. 어느 조직체나 고객 한 사람을 대할 때마다 그 사람이 알고 지낼 수 있는 사람이 250명이니까, 마치 250명을 상대하듯이 정성껏 최선을 다하라는 것이 「250명 법칙」이다.

혈연, 지연, 학연으로 이뤄진 우리 사회는 가까이 지낼 수 있는 사람이 250명 이상이다. 어느 식당에 갔다. 깔끔한 분위기에 음식 맛도 좋지만, 주인과 종업원의 친절하고 맵시 있는 자세는 더욱 돋보였다. 이곳을 다녀간 사람이 앞으로 식사하러 갈 사람을 만날 때마다 그 집 첫인상 얘기를 하고 그곳으로 안내할 것이다.

함께 간 그도 역시 가 보니 들은 대로라면 자기도 만나는 사람에게 그렇게 할 것이다. 그 식당은 언제나 손님으로 가득하고 성공한다. 기업이나 교회나 모든 조직체의 구성원이 이같이 한 손님에게 잘해 주면 250명 손님에게 잘 해 주는 셈이다. 천주교 신부가 된 지 32년이나 되는 필자로서 이 점을 진작 깨닫지 못한 것이 후회스럽다. 신자나 비신자나 대강대강 대했으니 말이다.

그런데 지금은 작은 아이라도 250명을 대하듯이 잘 대하려고 애쓴다. 그러고 보니 결과가 참 좋다. 그전에는 이같이 할 수 없다고 생각했다. 「될 수 있는 나」와 「현재의 나」를 비교해 본 어느 학자의 말이 생각난다. 「현재의 나」는 가지고 있는 능력의 5~10% 정도 쓰고 있고, 「될 수 있는 나」의 능력은 90~95%가 잠재되어 있는 상태로 있단다. 이에 대해 예수님은 「달란트의 비유」로 말씀하셨다. 각자에게 그 능력대로 하나에게는 다섯 달란트를, 하나에게는 두 달란트를, 하나에게는 한 달란트를 주어 활용하도록 했다. 첫째 둘째는 배로 불렸다. 셋째는 '땅 속에' 감추어 둔데다가, 악하고 게을렀다. 재능을 묻어둔 것이니 낭비였다.

대개 사람들은 지금까지 자신을 너무나 「평균」이라는 틀 속에 가둬 두고 「현재의 나」로 만족한다. 「평균」 이상의 노력을 하면 조롱과 질시를 받기도 한다. 그래서 남들과 똑같거나 비슷하면 된다고 한다. 한 사람을 250명 대하듯이 해 주려는 「될수있는 나」로 변하려면 부지런하고 힘들고 어려운 일을 견뎌내야 한다. 그러면 세상을 바꿀 수는 없지만 자기를 변화시킬 수 있다. 「250명 법칙」은 개인이나 조직체의 성공 법칙이다. <신부·대구 지산성당 주임>

〖조선일보 1997. 8. 23〗

3. 교육 및 후원(Training & Sponsoring)

　네트워크마케팅 사업을 '교육사업'이라고 하듯이, 조직을 활성화시키는 방법들 중에서 아주 중요한 위치를 차지하는 것이 조직원의 교육이다. 교육이 순조롭게 이루어졌을 경우에는 조직의 확대와 상품의 유통이 동시에 이루어져 가지만, 그렇지 않았을 경우에는 조직의 확대과정에 어려움을 겪게 된다. 설령 조직의 확대가 이루어지더라도 상품의 유통과는 연결되지 않아 이익이 발생되지 않게 되어 그 조직은 머지않아 붕괴된다.

　그렇기 때문에 리크루팅한 조직원들을 우수한 IBO로 성장시킬 수 있는 노하우를 담은 일정한 교육 시스템을 준비하여 조직원들에게 제공해야 한다. 일반적으로 네트워크마케팅 사업에서 조직원들에게 꼭 교육시켜야만 하는 내용으로, 다음과 같은 4가지 사항을 지적하고 있다.

(1) 상품 지식과 그 판매 방법

　네트워크마케팅에서는 평범한 최종 소비자를 IBO로 기용하여 세일즈맨으로 변신시키는 것이 일반적인 조직의 확대과정이다. 그런데 대부분의 사람들은 판매활동에 대한 상식이 전혀 없는 사람들이다. 이러한 사람들에게 세일즈 방법 등을 기초부터 가르친다는 것은 너무 많은 시간의 손실을 가져온다.

　따라서 세일즈를 성공시키기 위한 열쇠는, 이러한 세일즈의 초보자들에게 그 상품의 판매방식을 하나 하나 가르치기 보다는, 상품 그 자체의 효용에 달려있다고 말할 수 있다. 즉, 그 상품의 효용을 어떻게 소비자들에게 효과적으로 어필시킬 수 있느냐가 세일즈 성공의 열쇠인 것이다. 그래서 그 상품의 효용에 대한 설명 방법 등을 IBO들이 쉽게 습득할 수 있는 여러 가지 자료들을 준비하지 않으면 안된다. 상품의 효용을 최종 소비자들에게 설명하기 위한 방법으로는 '백문(百聞)이 불여일견(不如一見)', 눈으로 직접 보여주는 데몬스트레이션 방법을 선택하는 것이 가장 효과적이다. 소비자들 앞에서 그 상품의 효용을 직접 보여주며 설명한다면 그 이상 효과적인 판매방법이 어디에 있겠는가? 만약 그 상품이 일반 가정용품이라면 지금까지의 상품에서는 찾아볼 수 없었던 특징과 편리한 점 등을 충분히 설명하고, 상품이 화장품이라면 소비자들 앞에서 기존의 화장품과의 차이점과 자신이 느꼈던 좋은 점을 직접 실험해 가며 설명한다. 자신의 눈으로 직접 확인할 수 있는 기존의 제품과는 판이하게 다른 그 상품의 효용성을 알게 된다면 아마도 대부분의 소비자들에게는 그 상품을 사고자하는 욕망이 일게 될 것이다. 이런 식으로 이루어지는 것이 네트워크마케팅의 판매방식이다.

상품에 대한 지식이 충분히 갖추어진다면 그 다음의 판매방법은 IBO들이 스스로 깨우칠 수 있을 것이다. 이와같이 상품의 지식을 교육시키는 것은 상당히 중요한 역할을 가지고 있으므로, 사업자들은 항상 상품의 지식을 교육시키는 데 총력을 기울여야만 한다.

(2) 리크루팅의 방법

상품의 효용이 소비자들에게 높이 어필되어 그 상품의 판매에 성공하게 되었다면, 그 다음 과정은 소비자를 IBO로 리크루트시켜 자신의 조직원으로 만드는 것이다. 이 때, "돈을 많이 벌 수 있는 비즈니스가 있는데 한 번 해보시지 않겠습니까?"라는 식으로 소비자들을 유인해서는 안된다. 그리고 그 사업에 참가하기 위한 방법으로 상품을 구입시키는 것은 더욱 금물이다. 이렇게 된다면 피라미드 판매 방식과 다를 바가 전혀 없다. 또 이런 식으로 IBO가 된 사람들은 조그마한 어려움에도 금방 IBO로서의 활동을 중지해버리고 마는 경향이 있다.

그 상품의 효용도 제대로 파악하지 못하고, 네트워크마케팅의 본질에 대해 제대로 인식하지 않은 채 그저 돈벌이에만 신경을 쓴다면, 제대로 물건이 팔릴리 만무하지 않은가! 네트워크마케팅에서 가장 가치있는 리크루트 활동의 실현을 위해서는 다음의 4가지 사항을 꼭 교육시켜야 한다.

첫째, 자신이 판매할 상품에 대한 확실한 지식과 견식을 IBO가 되고자 하는 사람들에게 심어주어야 한다. 앞에서 설명한 상품의 지식과 그 판매방법이라는 내용의 반복이지만 "왜 이 상품의 효용이 높은가?", "유사한 다른 상품과는 어디가 어떻게 다른가?", "회사가 이 상품을 만들게 된 이유는?" 이라고 하는 전반적인 상품에 대한 지식을 확실히 교육시켜야 한다.

둘째, 자사의 판매 시스템을 확실히 인식시켜야 한다. 이익 분배 시스템은 어떻게 설정되어 있고, 상품의 유통방법과 리크루트 및 스폰서 활동은 어떻게 이루어지는지를 사전에 충분히 이해시켜야만 리크루트 활동이 무리없이 진행된다.

셋째, IBO가 되어 자신의 꿈을 실현시키고 말겠다는 강한 욕구를 심어주어야 한다. 인간이라면 누구든지 마음 한구석에는 '더욱 멋진 인생을 살고싶다'는 욕구를 갖고 있다. 하지만 분에 넘치는 욕구를 지닌다는 것은 불행해질지도 모른다는 잘못된 지혜를 자신도 모르는 사이에 몸에 익히게 되어, 평상시 자신의 욕구를 억누르며 살아가고 있는 것이다. '지금 하고 있는 일이 그다지 장래성도 있고 수입이 많은 것도 아니지만 별로 생활에 어려움을 겪고 있는 것도 아닌데 굳이 고생해가며 남들이 싫어하는 세일즈맨이 될 필요가 있을까?' 라는 사고방식을 갖고있는 대부분의 사람들에게 "좋다, 한 번 해보자."라는 생각을 갖게끔 해야 한다. 자신이 진정으로 원하는 인생이란 어떤 것인가를 다시금 생각하게 함으로써, 잠재의식 속에 있는 건전한 욕구를 일깨워주는 교육을 시켜야 한다.

넷째, 그 욕구를 일깨워주었다면, 그것을 실현시킬 수 있는 구체적인 행동계획을 세우게끔 교육시켜야 한다. 한 번 해보겠다는 결심을 했다고 하더라도, 다음날 친척이나 친구들에게 그 상품을 팔기 위한 전화를 했을 때, 대부분의 사람들이 바쁘다는 핑계로 만나자는 제의를 거절한다. 어제 결심했던 사람이지만 이러한 어려움에 부딪치고 나면 '역시 그렇게 간단히 나의 꿈을 실현시킬 수는 없어. 어제는 분명히 할 수 있다는 생각을 가졌던게 사실이지만, 역시 나에게는 무리야.' 라고 생각하게 된다. 대부분의 신입 IBO들이 이러한 심리상태에 놓이게 된다는 것을 이해하고, 신입 IBO에게 이러한 사실을 처음부터 충분히 인식시켜야 한다. "한꺼번에 자신의 꿈을 실현시킬 수 있다는 생각은 잘못된 생각입니다. 당신은 아직까지 신인입니다. 1~2달 판매활동을 한다고 해서 금방 그 성과가 나오는 것은 아닙니다. 하지만 하루에 두 시간이면 두 시간, 세 시간이면 세 시간 매일 이 일에 전력을 기울여 보십시오. 그러면 분명히 성과가 나타날 것입니다. 그리고 그 성과가 점점 확대되어 머지않아 자신의 꿈이 실현되어 있는 것을 당신은 느낄 수 있을 것입니다."라고 격려하며, 내일부터의 계획과 그 성과, 목표 등을 자신이 직접 설계해 나가도록 교육시킨다. 매일, 매월 그리고 매년마다의 구체적인 계획을 자기 자신이 확실히 설계할 수 있을 정도로 교육시킨다면 그 IBO는 절대로 중간에 포기하는 나약한 IBO는 되지 않을 것이다.

이상이 가치있는 리크루트 활동을 실현시키기 위한 4가지 사항에 대한 설명이었는데, 이 네 가지 사항을 실전에서 사용할 수 있는 방법에는 여러 가지가 있다. IBO가 1대1로 만나 대화로서 충분히 설명해가는 방법, 몇 명의 신입 IBO들을 모아놓고 홈파티 등을 개최하며 소집단 설명회를 갖는 방법, 그룹의 업라인이나 회사에서 개최하는 설명회 등에 참가하게 하여 전문적인 강사에게 직접 이야기를 듣게 하는 방법 등이 있을 수 있는데, 사람과 그때의 상황에 맞는 방법을 선택하면 된다.

(3) 후원(스폰서) 활동

리크루트 활동이 잘 진행되었다면 그 다음은 리크루트한 신입 IBO를 잘 후원하여 한 사람의 훌륭한 IBO로 육성시켜야 한다. 네트워크마케팅 사업은 철저한 복제사업이다. 즉, 자신이 리크루트한 IBO를 자신과 똑같은 열정을 갖고 이 사업을 열정적으로 펼쳐나가는 사람으로 복제하고, 그 복제된 IBO가 리크루트한 새로운 사람을 또다시 복제해가는 과정이 얼마나 완벽하게 이루어지는가에 이 사업의 성패가 달려있는 것이다.

그러기 위해서는 후원하는 방법을 표준화하여 두고, 그 방법이 IBO로부터 그 다음의 IBO에게로 확실하게 전달될 수 있도록 철저하게 교육시켜야 한다. 처음에는 반드시 동행하면서 자신이 판매활동을 하는 것을 보여주고, 성공하는 방법을 가르쳐 준다. 절대로 처음부터 혼자서 판매활동을 시켜서는 안된다. 혼자서 판매활동을 하다가는 '역시 나는 무리다' 라는 실패의 쓴맛을 경험할 뿐이다.

　실패의 경험을 스타트 단계부터 신입 IBO들에게 맛보게 하는 것은 가장 좋지못한 방법이다. 스폰서 활동에서 무엇보다도 중요한 것은 어떻게 하면 빠른 시간내에 성공의 체험을 맛보게 하고 성공의 기쁨을 느낄 수 있게 하느냐이다. 따라서 반드시 동행하면서 성공하는 모습을 보여줘야 하는 것이다. 그 다음에 한 번 더 동행하면서 신입 IBO에게 판매를 시켜본다. 그리고 가장 어려운 순간에 도와주며 반드시 성공시킨다. 그러면서 "할 수 있지 않습니까! 상당히 훌륭했습니다. 이 정도의 실력이면 충분히 성공하실 수 있습니다."라고 격려한다.

　만약, 조금이라도 불안한 점이 있었다면 한 번 더 동행하여 도와주고 성공시킨다. 그리고 또 격려한다. 이렇게 반복하여 자신을 북돋아주고 의욕을 불태워준다. 이러한 일련의 방법들을 표준화시켜 각각의 IBO에게 철저히 교육을 시키면 된다.

(4) 동기부여 시스템

　마지막으로 IBO들의 의욕을 지속시켜줄 수 있는 동기부여 시스템이 필요하다. IBO로서 스타트 단계를 무리없이 뛰어넘고, 몇 명인가의 조직원을 갖게 되어 매월 안정적인 수입을 얻게되는 시점이 되면 상당수의 사람들은 자기 나름대로의 만족과 한계를 동시에 느끼게 되는 일종의 전환기가 찾아오게 된다. 그래서 이 정도까지 성장해온 것에 대해 상당한 자부심을 느끼면서도, 한편으로는 '이 이상 비즈니스를 확대해 간다는 것은 나의 생활 환경에서는 무리다.' 라는 한계를 느끼게 된다. 그러나 네트워크마케팅 사업에서 한계라고 하는 것은 존재하지 않는다. 단지 일에 대한 정열이 식어버렸기 때문에 더 이상의 시간과 노력을 투자하고 싶지 않은 것이다.

　특별한 계기가 없다면, 정열이 식어버린 IBO들은 머지않아 그 이상의 자기 발전을 포기해 버린다. 이렇게 된다면 모처럼의 네트워크마케팅 조직의 가치가 사라져버리고 마는 결과가 되지 않겠는가? 따라서 여러 단계의 IBO들에게 자신의 정열을 자기 스스로가 북돋아 줄 수 있는 동기부여 시스템을 준비하지 않으면 안된다. 그것은 매일 일기를 쓰게 하는 것으로도 효과를 볼 수 있고, 용기를 북돋아 줄 수 있는 책이나 테이프를 보고 듣는 것도 좋은 방법이며, 정기적인 미팅을 통하여 성공한 사람들의 경험담을 들려주거나, 자기 개발 방법 등에 능통한 전문가를 초청하여 강좌를 개최할 수도 있는 것이다. 이외에도 스폰서는 IBO들에게 새로운 동기를 부여할 수 있는 방법을 강구하여야 한다.

부 록

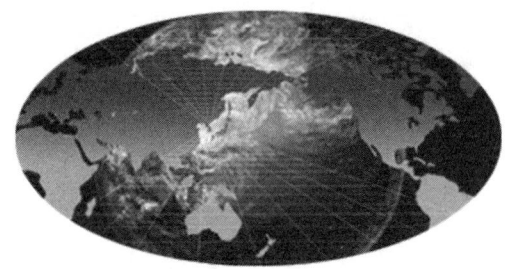

1. 방문판매 등에 관한 법률
2. 방문판매 등에 관한 법률시행령
3. 네트워크마케팅업체 주소록

1. 방문판매 등에 관한 법률

제1장	총칙	1조~4조
제2장	방문판매 및 전화권유판매	5조~12조
제3장	다단계판매	13조~27조
제4장	계속거래 등	28조~32조
제5장	소비자권익의 보호	33조~36조
제6장	조사 및 감독	37조~40조
제7장	시정조치 및 과징금 부과	41조~44조
제8장	보칙	45조~50조
제9장	벌칙	51조~58조
부 칙		1조~6조

$$\begin{pmatrix} 1995년\ 12月\ 29日 \\ 全改法律制5086號 \end{pmatrix}$$

改 正
1997. 8. 28 法5374號(興信專門金融業法)
1997. 12. 13 法5453號(行政節次)
1999. 2. 5 法5771號
1999. 5. 24 法5882號(政組)
2002. 3. 30 法律 第6688號

제1장 총칙

제1조【목적】 이 법은 방문판매, 전화권유판매, 다단계판매, 계속거래 및 사업권유거래 등에 의한 재화 또는 용역의 공정한 거래에 관한 사항을 규정함으로써 소비자의 권익을 보호하고 시장의 신뢰도의 제고를 통하여 국민경제의 건전한 발전에 이바지함을 목적으로 한다.

제2조【정의】 이 법에서 사용하는 용어의 정의는 다음 각 호와 같다.

1. "방문판매"라 함은 재화 또는 용역(일정한 시설을 이용하거나 용역의 제공을 받을 수 있는 권리를 포함한다. 이하 같다)의 판매(위탁 및 중개를 포함한다. 이하 같다)를 업으로 하는 자(이하 "판매업자"라 한다)가 방문의 방법으로 그의 영업소·대리점 기타 총리령이 정하는 영업장소(이하 "사업장"이라 한다)외의 장소에서 소비자에게 권유하여 계약의 청약을 받거나 계약을 체결(사업장외의 장소에서 권유 등 총리령이 정하는 방법에 의하여 소비자를 유인하여 사업장에서 계약의 청약을 받거나 계약을 체결하는 경우를 포함한다)하여 재화 또는 용역(이하 "재화 등"이라 한다)을 판매하는 것을 말한다.

2. "방문판매자"라 함은 방문판매를 업으로 하기 위하여 방문판매조직을 개설 또는 관리·운영하는 자(이하 "방문판매업자"라 한다)와 방문판매업자를 대신하여 방문판매업무를 수행하는 자(이하 "방문판매원"이라 한다)를 말한다.

3. "전화권유판매"라 함은 전화를 이용하여 소비자에게 권유하여 계약의 청약을 받거나 계약을 체결하는 등 총리령이 정하는 방법으로 재화 등을 판매하는 것을 말한다.

4. "전화권유판매자"라 함은 전화권유판매를 업으로 하기 위하여 전화권유판매조직을 개설 또는 관리·운영하는 자(이하 "전화권유판매업자"라 한다)와 전화권유판매업자를 대신하여 전화권유판매업무를 수행하는 자(이하 "전화권유판매원"이라 한다)를 말한다.

5. "다단계판매"라 함은 판매업자가 특정인에게 다음 각목의 활동을 하면 일정한 이익(다단계판매에 있어서 다단계판매원이 소비자에게 재화 등을 판매하여 얻는 소매이익과 다단계판매업자가 그 다단계판매원에게 지급하는 후원수당을 말한다. 이하 같다)을 얻을 수 있다고 권유하여 판매원의 가입이 단계적(판매

조직에 가입한 판매원의 단계가 3단계 이상인 경우를 말한다)으로 이루어지는 다단계판매조직(판매조직에 가입한 판매원의 단계가 2단계 이하인 판매조직 중 사실상 3단계 이상인 판매조직으로 관리·운영되는 경우로서 대통령령이 정하는 판매조직을 포함한다)을 통하여 재화 등을 판매하는 것을 말한다.
가. 당해 판매업자가 공급하는 재화 등을 소비자에게 판매할 것
나. 가목의 규정에 의한 소비자의 전부 또는 일부를 당해 특정인의 하위판매원으로 가입하도록 하여 그 하위판매원이 당해 특정인의 활동과 같은 활동을 할 것
6. "다단계판매자"라 함은 다단계판매를 업으로 하기 위하여 다단계판매조직을 개설 또는 관리·운영하는 자(이하 "다단계판매업자"라 한다)와 다단계판매조직에 판매원으로 가입한 자(이하 "다단계판매원"이라 한다)를 말한다.
7. "후원수당"이라 함은 판매수당·알선수수료·장려금·후원금 등 그 명칭 및 지급형태를 불문하고, 다단계판매업자가 다음 각목의 사항과 관련하여 다단계판매원에게 지급하는 경제적 이익을 말한다.
가. 다단계판매원에게 속하는 하위판매원들에 대한 조직관리 및 교육훈련실적
나. 다단계판매원 자신의 재화 등의 판매실적이나 그 다단계판매원에게 속하는 하위판매원들의 재화 등의 판매실적
8. "계속거래"라 함은 대통령령이 정하는 일정 기간 이상 계속하여 재화 등을 공급하는 계약으로서 중도에 해지할 경우 대금환급의 제한 또는 위약금에 관한 약정이 있는 거래를 말한다.
9. "사업권유거래"라 함은 사업자가 소득기회를 알선·제공하는 방법으로 거래 상대방을 유인하여 재화 등을 구입하게 하는 거래를 말한다.
10. "소비자"라 함은 사업자가 제공하는 재화

등을 소비생활을 위하여 사용하거나 이용하는 자 또는 대통령령이 정하는 자를 말한다.
제3조【적용제외】①이 법의 규정은 사업자(다단계판매원이나 사업권유거래의 상대방을 제외한다. 이 항에서 같다)가 상행위를 목적으로 재화 등을 구입하는 거래에 대하여는 적용하지 아니한다. 다만 사업자라 하더라도 사실상 소비자와 같은 지위에서 다른 소비자와 같은 거래조건으로 거래하는 경우에는 그러하지 아니하다.
②제7조, 제16조 및 제28조의 규정에 의한 계약서 교부의무에 관한 규정은 다른 법률에 이 법의 규정과 다른 방법에 의한 계약서교부의무 등이 규정되어 있는 거래에는 적용하지 아니한다.
③ 이 법의 규정은 다음 각호의 거래에 대하여는 적용하지 아니한다.
1. 보험업법 제2조제1항의 보험사업자와의 보험계약 체결을 위한 거래
2. 개인이 독립된 자격으로 공급하는 재화 등의 거래로서 대통령령이 정하는 거래
④계속거래에 관한 규정은 이 법에서 규정하고 있는 사항을 전기통신사업법 등 다른 법률에서 따로 정하고 있는 경우에는 그 법률을 적용한다.
제4조【다른 법률과의 관계】 방문판매·전화권유판매·다단계판매·계속거래 및 사업권유거래에서의 소비자보호와 관련하여 이 법과 다른 법률의 적용이 경합하는 경우에는 이 법을 우선 적용하되, 다른 법률을 적용하는 것이 소비자에게 유리한 경우에는 그 법을 적용한다.

제2장 방문판매 및 전화권유판매

제5조【방문판매업자등의 신고 등】 ①방문판

매업자 또는 전화권유판매업자(이하 "방문판매업자 등"이라 한다)는 상호·주소·전화번호·전자우편주소(법인인 경우에는 대표자의 성명, 주민등록번호 및 주소를 포함한다) 기타 대통령이 정하는 사항을 대통령령이 정하는 바에 따라 공정거래위원회 또는 특별시장·광역시장 또는 도지사(이하 "시·도지사"라 한다)에게 신고하여야 한다. 다만, 방문판매원등을 두지 아니하는 소규모 방문판매업자등 대통령령이 정하는 방문판매업자등과 제13조의 규정에 의하여 등록한 다단계판매업자는 그러하지 아니하다.

②제1항의 규정에 의하여 신고한 사항에 변경이 있는 때에는 대통령령이 정하는 바에 따라 이를 신고하여야 한다.

③제1항의 규정에 의하여 신고한 방문판매업자등은 그 영업을 휴지 또는 폐지하거나 휴업한 후 영업을 재개하는 때에는 대통령령이 정하는 바에 따라 이를 신고하여야 한다.

④공정거래위원회는 제1항의 규정에 의하여 신고한 방문판매업자등의 정보를 대통령령이 정하는 바에 따라 공개할 수 있다.

제6조【방문판매원등의 명부 비치 등】 ①방문판매업자등은 총리령이 정하는 바에 따라 방문판매원 또는 전화권유판매원(이하 "방문판매원등"이라 한다)의 명부를 작성하여 사업장에 비치하여야 한다.

②방문판매업자등은 소비자 피해의 방지 또는 구제를 위하여 필요한 경우 소비자로 하여금 방문판매원등의 신원을 확인할 수 있도록 하여야 한다.

③방문판매자 또는 전화권유판매자(이하 "방문판매자등"이라 한다)가 재화 등을 판매하고자 하는 경우에는 소비자에게 미리 해당 방문 또는 전화가 판매의 권유를 위한 것임과 방문판매자등의 성명 또는 명칭, 판매하는 재화 등의 종류 및 내용을 밝히어야 한다.

제7조【계약체결전의 정보제공 및 계약체결에 따른 계약서 교부의무】 ①방문판매자등은 재화 등의 판매에 관한 계약을 체결하기 전에 소비자가 계약의 내용을 이해할 수 있도록 다음 각호의 사항을 설명하여야 한다.

1. 방문판매업자등의 성명(법인인 경우에는 대표자의 성명을 말한다)·상호·주소·전화번호·전자우편주소
2. 방문판매원등의 성명·주소·전화번호·전자우편주소. 다만, 방문판매업자등이 소비자와 직접 계약을 체결하는 경우는 제외한다.
3. 재화 등의 명칭·종류 및 내용
4. 재화 등의 가격과 그 지급 방법 및 시기
5. 재화 등의 공급 방법 및 시기
6. 청약의 철회 및 계약의 해제(이하 "청약철회 등"이라 한다)의 기한·행사방법·효과에 관한 사항 및 청약철회 등의 권리 행사에 필요한 서식
7. 재화 등의 교환·반품·수리보증 및 그 대금 환불의 조건과 절차
8. 전자매체로 공급이 가능한 재화 등의 설치·전송 등과 관련하여 요구되는 기술적 사항
9. 소비자피해보상·재화 등에 대한 불만 및 소비자와 사업자 사이의 분쟁처리에 관한 사항
10. 거래에 관한 약관
11. 기타 소비자의 구매 여부 판단에 영향을 주는 거래조건 또는 소비자의 피해구제에 필요한 사항으로서 대통령령이 정하는 사항

②방문판매자등은 재화 등의 판매에 관한 계약을 체결할 때에는 제1항 각호의 사항을 기재한 계약서를 소비자에게 교부하여야 한다.

③방문판매자등은 재화 등의 계약을 미성년자와 체결하고자 하는 경우에는 법정대리인의 동의를 얻어야 한다. 이 경우 법정대리인의 동의를 얻지 못하는 경우에는 미성년자 본인 또

는 법정대리인이 계약을 취소할 수 있다는 내용을 고지하여야 한다.
④제1항의 규정에 의한 계약서 중 전화권유판매에 관한 계약서의 경우에는 소비자의 동의를 얻어 당해 계약의 내용을 모사전송이나 전자문서(전자거래기본법 제2조제1호의 규정에 의한 전자문서를 말한다. 이하 같다)로 송부하는 것으로 갈음할 수 있으며, 모사전송 또는 전자문서에 의하여 송부한 계약의 내용이나 도달에 관하여 다툼이 있는 경우에는 전화권유판매자가 이를 입증하여야 한다.
⑤방문판매업자등은 제1항의 규정에 의하여 소비자에게 표시 또는 고지한 거래조건을 신의에 좇아 성실하게 이행하여야 한다.

제8조【청약철회 등】 ①방문판매 또는 전화권유판매(이하 "방문판매 등"이라 한다)의 방법으로 재화 등의 구매에 관한 계약을 체결한 소비자는 다음 각 호의 기간(거래 당사자 사이에 다음 각 호의 기간보다 긴 기간으로 약정한 경우에는 그 기간)이내에 당해 계약에 관한 청약철회 등을 할 수 있다.
1. 제7조제2항의 규정에 의한 계약서를 교부받은 날부터 14일. 다만, 그 계약서를 교부 받은 때보다 재화 등의 공급이 늦게 이루어진 경우에는 재화 등을 공급받거나 공급이 개시된 날부터 14일
2. 제7조제2항의 규정에 의한 계약서를 교부받지 아니한 경우, 방문판매자등의 주소 등이 기재되지 아니한 계약서를 교부받은 경우 또는 방문판매자등의 주소 변경 등의 사유로 제1호의 기간이내에 청약철회 등을 할 수 없는 경우에는 그 주소를 안 날 또는 알 수 있었던 날부터 14일
②소비자는 다음 각호의 1에 해당하는 경우에는 방문판매자등의 의사에 반하여 제1항의 규정에 의한 청약철회 등을 할 수 없다.

1. 소비자에게 책임 있는 사유로 재화 등이 멸실 또는 훼손된 경우. 다만, 재화 등의 내용을 확인하기 위하여 포장 등을 훼손한 경우를 제외한다.
2. 소비자의 재화 등의 일부 사용 또는 소비에 의하여 그 가치가 현저히 감소한 경우. 이 경우 방문판매자등이 제6항의 규정에 의한 조치를 취한 때에 한한다.
3. 시간의 경과에 의하여 재판매가 곤란할 정도로 재화 등의 가치가 현저히 감소한 경우
4. 복제가 가능한 재화 등의 포장을 훼손한 경우
5. 기타 거래의 안전을 위하여 대통령령이 정하는 경우
③소비자는 제1항 또는 제2항의 규정에 불구하고 재화등의 내용이 표시·광고의 내용과 다르거나 계약내용과 다르게 이행된 경우에는 당해 재화등을 공급 받은 날부터 3월이내, 그 사실을 안 날 또는 알 수 있었던 날부터 30일 이내에 청약철회등을 할 수 있다.
④제1항 또는 제3항의 규정에 의한 청약철회 등을 서면으로 하는 경우에는 청약철회등의 의사표시가 기재된 서면을 발송한 날에 그 효력이 발생한다.
⑤제1항 내지 제3항의 규정을 적용함에 있어서 재화등의 훼손에 대하여 소비자의 책임이 있는지의 여부, 계약이 체결된 사실 및 그 시기, 재화 등의 공급사실 및 그 시기 또는 계약서의 교부사실 및 그 시기 등에 관하여 다툼이 있는 경우에는 방문판매자등이 이를 입증하여야 한다.
⑥방문판매자등은 제2항제2호의 규정에 의하여 청약철회등이 불가능한 재화등의 경우 그 사실을 재화등의 포장 기타 소비자가 쉽게 알 수 있는 곳에 명기하거나 시용(試用)상품을 제공하는 등의 방법으로 재화등의 일부 사용이나 소비 등에 의하여 청약철회등의 권리의 행사가

방해받지 아니하도록 조치하여야 한다.

제9조【청약철회등의 효과】 ①소비자는 제8조 제1항 또는 동조제3항의 규정에 의하여 청약철회등을 한 경우에는 이미 공급받은 재화등을 반환하여야 한다.

②방문판매자등(소비자로부터 재화등의 대금을 지급 받은 자 또는 소비자와 방문판매등에 관한 계약을 체결한 자를 포함한다. 이하 제2항 내지 제8항에서 같다)은 재화등을 반환 받은 날부터 3영업일 이내에 이미 지급받은 재화등의 대금을 환급하여야 한다. 이 경우 방문판매자등이 소비자에게 재화등의 대금의 환급을 지연한 때에는 그 지연기간에 따라 공정거래위원회가 고시하는 지연이자율을 곱하여 산정한 지연이자(이하 "지연배상금"이라 한다)를 지급하여야 한다.

③방문판매자등은 제1항 및 제2항의 규정에 의하여 재화등의 대금을 환급함에 있어 소비자가 여신전문금융업법 제2조제3호의 규정에 의한 신용카드 기타 대통령령이 정하는 결제수단(이하 "신용카드등"이라 한다)으로 재화등의 대금을 지급한 때에는 지체없이 당해 신용카드 등 대금결제수단을 제공한 사업자(이하 "결제업자"라 한다)로 하여금 재화등의 대금의 청구를 정지 또는 취소하도록 요청하여야 한다. 다만, 방문판매자등이 결제업자로부터 당해 재화등의 대금을 이미 지급 받은 때에는 지체없이 이를 결제업자에게 환급하고 그 사실을 소비자에게 통지하여야 한다.

④제3항 단서의 규정에 의하여 방문판매자등으로부터 재화등의 대금을 환급 받은 결제업자는 지체없이 소비자에게 이를 환급하거나 환급에 필요한 조치를 취하여야 한다.

⑤제3항 단서의 규정에 해당하는 방문판매자등 중 환급의 지연으로 소비자로 하여금 대금을 결제하게 한 방문판매자등은 그 지연기간에 대한 지연배상금을 소비자에게 지급하여야 한다.

⑥소비자는 방문판매자등이 정당한 사유없이 결제업자에게 대금을 환급하지 아니하는 경우에는 환급 받을 금액에 대하여 결제업자에게 당해 방문판매자등에 대한 다른 채무와 상계할 것을 요청할 수 있다. 이 경우 결제업자는 대통령령이 정하는 바에 따라 당해 방문판매자등에 대한 다른 채무와 상계할 수 있다.

⑦소비자는 결제업자가 제6항의 규정에 의한 상계를 정당한 사유없이 게을리 한 경우 결제업자에 대해 대금의 결제를 거부할 수 있다. 이 경우 방문판매자등과 결제업자는 그 결제의 거부를 이유로 당해 소비자를 신용정보의이용및보호에관한법률 제2조제7호의 규정에 의한 신용불량자로 처리하는 등 소비자에게 불이익을 주는 행위를 하여서는 아니된다.

⑧제1항의 경우 방문판매자등은 이미 재화등의 일부가 사용 또는 일부 소비된 경우에는 그 재화등의 일부 사용 또는 일부 소비에 의하여 소비자가 얻은 이익 또는 그 재화등의 공급에 소요된 비용에 상당하는 금액으로써 대통령령이 정하는 범위의 금액의 지급을 소비자에게 청구할 수 있다.

⑨제8조제1항 및 동조제3항의 규정에 의한 청약철회등의 경우 공급받은 재화등의 반환에 필요한 비용은 방문판매자등이 부담하며 방문판매자등은 소비자에게 청약철회등을 이유로 위약금 또는 손해배상을 청구할 수 없다.

⑩방문판매자등, 재화등의 대금을 지급 받은 자 또는 소비자와 방문판매등에 관한 계약을 체결한 자가 동일인이 아닌 경우, 각자는 제8조제1항 및 동조제3항의 규정에 의한 청약철회등에 따른 제1항 내지 제9항의 규정에 의한 재화등의 대금 환급과 관련한 의무의 이행에 있어서 연대하여 책임을 진다.

제10조【손해배상청구금액의 제한 등】 ①소비자에게 책임있는 사유로 인하여 재화등의 판매에 관한 계약이 해제된 경우 방문판매자등이 소비자에게 청구하는 손해배상액은 다음 각호에서 정한 금액에 대금미납에 따른 지연배상금을 더한 금액을 초과할 수 없다.
1. 공급받은 재화등이 반환된 경우에는 다음 각 목의 1에 해당하는 금액중 큰 금액
가. 반환된 재화등의 통상 사용료액 또는 그 사용에 의하여 통상 얻어지는 이익에 상당하는 금액
나. 반환된 재화등의 판매가격에서 그 재화등이 반환된 당시의 가액을 공제한 금액
2. 공급받은 재화등이 반환되지 아니한 경우에는 그 재화등의 판매가격에 상당하는 금액.
②공정거래위원회는 방문판매자등과 소비자간의 손해배상청구에 따른 분쟁의 원활한 해결을 위하여 필요한 경우 제1항의 규정에 의한 손해배상액의 산정기준을 정하여 고시할 수 있다.

제11조【금지행위】 ①방문판매자등은 다음 각호의 1에 해당하는 행위를 하여서는 아니된다.
1. 재화등의 판매에 관한 계약의 체결을 강요하거나 청약철회등 또는 계약해지를 방해할 목적으로 소비자에게 위력을 가하는 행위
2. 허위 또는 과장된 사실을 알리거나 기만적 방법을 사용하여 소비자를 유인 또는 거래하거나 청약철회등 또는 계약의 해지를 방해하는 행위
3. 가입비·판매보조물품·개인할당 판매액·교육비 그 명칭 및 형태여하를 불문하고 방문판매원등이 되고자 하는 자 또는 방문판매원등에게 방문판매원등이 되기 위한 조건 또는 방문판매원등의 자격을 유지하기 위한 조건으로서 대통령령이 정하는 수준 이상의 비용 기타 금품을 징수하거나 재화 등을 구매하게 하는 등 의무를 부과하는 행위
4. 방문판매원등에게 다른 방문판매원등을 모집하도록 의무를 지게 하는 행위
5. 청약철회등이나 계약의 해지를 방해할 목적으로 주소·전화번호 등을 변경하는 행위
6. 분쟁이나 불만처리에 필요한 인력 또는 설비의 부족을 상당기간 방치하여 소비자에게 피해를 주는 행위
7. 소비자의 청약이 없는데도 일방적으로 재화등을 공급하고 재화 등의 대금을 청구하는 행위
8. 소비자가 재화를 구매하거나 용역을 제공받을 의사가 없음을 밝혔음에도 불구하고 전화, 모사전송, 컴퓨터통신 등을 통하여 재화를 구매하거나 용역을 제공받도록 강요하는 행위
9. 본인의 허락을 받지 아니하거나 허락 받은 범위를 넘어 소비자에 관한 정보를 이용(제3자에게 제공하는 경우를 포함한다. 이하 같다)하는 행위. 다만, 다음 각목의 1에 해당하는 경우를 제외한다.
가. 재화등의 배송 등 소비자와의 계약의 이행에 불가피한 경우로서 대통령령이 정하는 경우
나. 재화등의 거래에 따른 대금정산을 위하여 필요한 경우
다. 도용방지를 위하여 본인확인에 필요한 경우로서 대통령령이 정하는 경우
라. 법률의 규정 또는 법률에 의하여 필요한 불가피한 사유가 있는 경우
②공정거래위원회는 이 법 위반행위의 방지 및 소비자피해의 예방을 위하여 방문판매자등이 준수해야 할 기준을 정하여 고시할 수 있다.

제12조【휴업기간 등에서의 청약철회등의 업무처리 등】 ①방문판매자등은 그 휴업기간 또는 영업정지기간중에도 제8조제1항 및 제3항의 규정에 의한 청약철회등의 업무와 제9조제1항 내지 제3항의 규정에 의한 청약철회등과

그에 따른 업무를 계속하여야 한다.
② 방문판매업자등이 폐업신고를 하지 아니한 상태에서 파산선고를 받는 등 실질적으로 영업을 할 수 없는 것으로 판단되는 경우에는 제5조제1항의 규정에 의하여 신고를 받은 공정거래위원회 또는 시·도지사는 직권으로 방문판매업등의 신고사항을 말소할 수 있다.

제3장 다단계판매

제13조【다단계판매업자의 등록 등】 ① 다단계판매업자는 대통령령이 정하는 바에 따라 다음 각 호의 서류를 갖추어 공정거래위원회에 등록하거나 시·도지사에게 등록하여야 한다.
1. 상호 및 주소·전화번호·전자우편주소(법인인 경우에는 대표자의 성명·주민등록번호 및 주소를 포함한다)등을 기재한 신청서
2. 자본금이 3억원이상으로서 대통령령이 정하는 규모 이상임을 증명하는 서류
3. 제34조의 규정에 의한 소비자피해보상보험계약등의 체결증명서류
4. 후원수당의 산정 및 지급기준에 관한 서류
5. 재고관리·후원수당 지급 등 판매의 방법에 관한 사항을 기재한 서류
6. 기타 다단계판매자의 신원확인을 위하여 필요한 사항으로서 총리령으로 정하는 서류
② 다단계판매업자는 제1항의 규정에 의하여 등록한 사항에 변경이 있는 때에는 대통령령이 정하는 바에 따라 신고하여야 한다.
③ 다단계판매업자는 그 영업을 휴지 또는 폐지하거나 휴업 후 영업을 재개하는 때에는 대통령령이 정하는 바에 따라 이를 신고하여야 한다. 이 경우 그 영업의 폐지를 신고한 때에는 제1항의 규정에 의한 등록은 그 효력을 잃는다.

④ 공정거래위원회는 제1항의 규정에 의하여 등록한 다단계판매업자의 정보를 대통령령이 정하는 바에 따라 공개할 수 있다.
제14조【결격사유】 다음 각호의 1에 해당하는 개인 또는 법인은 제13조의 규정에 의한 등록을 할 수 없다.
1. 다음 각목의 1에 해당하는 개인 또는 그가 임원으로 있는 법인
가. 금치산자·한정치산자 또는 미성년자
나. 파산선고를 받고 복권되지 아니한 자
다. 이 법에 위반하여 징역의 실형을 선고받고 그 집행이 종료(집행이 종료된 것으로 보는 경우를 포함한다)되거나 집행이 면제된 날부터 5년이 경과되지 아니한 자
라. 이 법에 위반하여 형의 집행유예의 선고를 받고 그 유예기간중에 있는 자
2. 제42조제4항의 규정에 의하여 등록이 취소된 후 5년이 경과되지 아니한 개인 또는 법인
3. 제2호의 규정에 의한 개인 또는 법인의 등록취소 당시의 임원이었던 자가 임원으로 있는 법인
제15조【다단계판매원】 ① 다단계판매조직에 다단계판매원으로 가입하고자 하는 자는 그 조직을 관리·운영하는 다단계판매업자에게 총리령이 정하는 바에 따라 등록하여야 한다.
② 다음 각호의 1에 해당하는 자는 다단계판매원으로 등록할 수 없다.
1. 국가공무원·지방공무원 또는 교육공무원 및 사립학교법에 의한 교원
2. 법인
3. 다단계판매업자의 지배주주 또는 임직원
4. 이 법을 위반하는 행위를 한 사로서 내동팅령이 정하는 자
③ 다단계판매업자는 그가 관리·운영하는 다단계판매조직에 가입한 다단계판매원에게 총리령이 정하는 바에 따라 다단계판매원등록증

을 교부하여야 한다.
④다단계판매업자는 총리령이 정하는 바에 따라 다단계판매원 등록부를 작성하고, 소비자피해의 방지 또는 구제를 위하여 필요한 경우 소비자로 하여금 등록된 다단계판매원의 신원을 확인할 수 있도록 하여야 한다.
⑤다단계판매업자는 제1항의 규정에 의하여 등록한 다단계판매원에게 다음 각호의 사항에 대하여 확인이 가능한 다단계판매원수첩(전자기기로 된 것을 포함한다)을 교부하여야 한다.
1. 후원수당의 산정 및 지급기준
2. 하위판매원의 모집 및 후원에 관한 사항
3. 재화등의 반환 및 다단계판매원의 탈퇴에 관한 사항
4. 다단계판매원이 지키어야 할 사항
5. 기타 총리령이 정하는 사항

제16조【계약체결전의 정보제공 및 계약체결에 따른 계약서 교부의무】 제7조의 규정은 다단계판매의 방법으로 재화등의 판매에 관한 계약을 체결하는 경우에 이를 준용한다. 이 경우 "방문판매자등"은 "다단계판매자"로, "방문판매업자등"은 "다단계판매업자"로, "방문판매원등"은 "다단계판매원"으로 본다.

제17조【청약철회등】 ①제8조의 규정은 다단계판매의 방법으로 재화등의 구매에 관한 계약을 체결한 소비자가 청약철회등을 하는 경우에 이를 준용한다. 이 경우 "방문판매자등"은 "다단계판매자"로 본다. 다만, 소비자가 다단계판매원과 재화등의 구매에 관한 계약을 체결한 경우에는 다단계판매원에게 우선적으로 청약철회등을 하고, 다단계판매원의 소재불명 등 대통령령이 정하는 사유로 인하여 다단계판매원에 대하여 청약철회등을 하는 것이 곤란한 경우에 한하여 소비자는 당해 재화등을 공급한 다단계판매업자에게 청약철회등을 할 수 있다.

②다단계판매의 방법으로 재화등의 구매에 관한 계약을 체결한 다단계판매원은 다단계판매업자에게 재고의 보유를 허위로 알리는 등의 방법으로 재화등의 재고를 과다하게 보유한 경우, 재판매가 곤란한 정도로 재화등을 훼손한 경우 기타 대통령령이 정하는 경우를 제외하고는 계약을 체결한 날부터 3월이내에 서면으로 당해 계약에 관한 청약철회등을 할 수 있다.

③제1항 또는 제2항의 경우 계약이 체결된 사실 및 그 시기, 재화등의 공급사실 및 그 시기, 재화등의 훼손여부 및 책임소재 등에 관하여 다툼이 있는 경우에는 재화등을 판매한 자가 이를 입증하여야 한다.

제18조【청약철회등의 효과】 ①다단계판매의 상대방(다단계판매자가 다단계판매원 또는 소비자에게 판매한 때에는 다단계판매원 또는 소비자를, 다단계판매원이 소비자에게 판매한 때에는 소비자를 말한다. 이하 이 장에서 같다)은 제17조제1항 또는 제2항의 규정에 의하여 계약에 관한 청약철회등을 한 경우에는 이미 공급받은 재화등을 반환하여야 한다.

②다단계판매자(상대방으로부터 재화등의 대금을 지급 받은 자 또는 상대방과 다단계판매에 관한 계약을 체결한 자를 포함한다. 이하 제1항 내지 제8항에서 같다)는 재화등을 반환받은 날부터 3영업일 이내에 이미 지급받은 재화등의 대금을 환급하여야 한다. 다만, 다단계판매업자가 다단계판매원에게 재화등의 대금을 환급함에 있어서는 대통령령이 정하는 범위이내의 비용을 공제할 수 있으며, 다단계판매자가 상대방에게 재화등의 대금의 환급을 지연한 때에는 그 지연기간에 대한 지연배상금을 지급하여야 한다.

③제1항의 규정에 의한 상대방이 신용카드등으로 재화등의 대금을 지급한 때에는 다단계판매자는 지체없이 당해 결제업자에게 재화등의

대금 청구를 정지 또는 취소할 것을 요청하여야 한다. 다만, 다단계판매자가 결제업자로부터 해당 재화등의 대금을 이미 지급 받은 때에는 지체없이 이를 결제업자에게 환급하고 그 사실을 상대방에게 통지하여야 한다. 이 경우 환급이 지연되어 상대방이 대금을 결제하는 경우에는 결제한 날 이후의 지연기간에 대한 지연배상금을 상대방에게 지급하여야 한다.

④제3항의 규정에 의하여 다단계판매자로부터 재화등의 대금을 환급받은 결제업자는 지체없이 상대방에게 이를 환급하거나 환급에 필요한 조치를 취하여야 하며, 다단계판매자가 정당한 사유없이 결제업자에게 대금을 환급하지 않는 경우 상대방은 환급 받을 금액에 대하여 결제업자에게 당해 다단계판매자에 대한 다른 채무와 상계할 것을 요청할 수 있고, 결제업자는 대통령령이 정하는 바에 따라 당해 다단계판매자에 대한 다른 채무와 상계할 수 있다.

⑤결제업자가 제4항의 규정에 의한 상계를 정당한 사유없이 게을리한 경우 상대방은 결제업자에 대해 대금의 결제를 거부할 수 있다. 이 경우 다단계판매자와 결제업자는 이를 이유로 당해 상대방을 신용정보의이용및보호에관한법률 제2조제7호의 규정에 의한 신용불량자로 처리하는 등 상대방에게 불이익을 주는 행위를 하여서는 아니된다.

⑥다단계판매자는 제17조의 규정에 의한 청약철회등에 따라 재화 등의 대금을 환급한 경우 그 환급한 금액이 자신이 다단계판매원에게 공급한 금액을 초과할 때에는 그 차액을 다단계판매원에게 청구할 수 있다.

⑦제1항의 경우 다단계판매자는 재화등의 일부가 이미 사용 또는 소비된 경우에는 그 재화 등의 일부 사용 또는 소비에 의하여 상대방이 얻은 이익 또는 그 재화 등의 공급에 소요된 비용에 상당하는 금액의 지급을 당해 상대방에게 청구할 수 있다.

⑧제17조제1항의 규정에 의하여 준용되는 제8조제1항 또는 동조제3항의 규정에 의한 청약철회등의 경우 공급받은 재화등의 반환에 필요한 비용은 다단계판매자가 이를 부담하며 다단계판매자는 상대방에게 위약금 또는 손해배상을 청구할 수 없다.

⑨다단계판매자, 상대방으로부터 재화등의 대금을 지급 받은 자 또는 상대방과 다단계판매에 관한 계약을 체결한 자가 동일인이 아닌 경우, 각자는 제17조의 규정에 의한 청약철회등에 따른 제1항 내지 제5항 및 제8항의 규정에 의한 재화 등의 대금 환급과 관련한 의무의 이행에 있어서 연대하여 책임을 진다.

제19조【손해배상청구금액의 제한 등】 제10조의 규정은 다단계판매자와의 재화등의 판매계약이 해제된 경우(제17조의 규정에 의하여 청약철회등이 된 경우를 제외한다)에 이를 준용한다. 이 경우 "방문판매자등"은 "다단계판매자"로, "소비자"는 "상대방"으로 본다.

제20조【후원수당의 지급기준 등】 ①다단계판매업자는 다단계판매원에게 고지한 후원수당의 산정 및 지급기준과 다르게 후원수당을 산정·지급하거나 기타 부당한 방법으로 다단계판매원을 차별하여 대우하여서는 아니된다.

②다단계판매업자는 후원수당의 산정 및 지급기준을 객관적이고 명확하게 정하여야 하며, 후원수당의 산정 및 지급기준을 변경하고자 하는 경우에는 대통령령이 정한 절차에 따라야 한다.

③다단계판매업자가 다단계판매원에게 후원수당으로 지급할 수 있는 총액은 대통령령이 정하는 범위 이내이어야 한다.

④다단계판매업자는 다단계판매원의 요구가 있는 경우 후원수당의 산정·지급명세 등의

열람을 허용하여야 한다.
⑤다단계판매업자는 일정수의 하위판매원을 모집 또는 후원하는 것을 조건으로 하위판매원 또는 그 하위판매원의 판매실적에 관계없이 후원수당을 차등하여 지급하여서 아니된다.

제21조【후원수당 관련 표시·광고 등】 ①다단계판매업자는 다단계판매원이 되고자 하는 자 또는 다단계판매원에게 다단계판매원이 받게될 일정한 이익에 관하여 허위의 정보를 제공하여서는 아니 된다.
②다단계판매업자는 다단계판매원이 되고자 하는 자 또는 다단계판매원에게 전체 다단계판매원에 대한 평균 후원수당 등 후원수당의 지급현황에 관한 정보를 총리령이 정하는 기준에 따라 고지하여야 한다.
③다단계판매업자는 다단계조직의 운영방식 또는 활동내용에 관하여 허위 또는 과장된 사실을 유포하여서는 아니된다.

제22조【다단계판매원의 등록 및 탈퇴 등】 ①다단계판매업자는 다단계 판매원 등록 또는 자격유지의 조건으로 과다한 재화 등의 구입 등 대통령이 정하는 수준 이상의 부담을 지게 하여서는 아니된다.
②다단계판매자는 다단계판매원에게 일정수의 하위판매원을 모집하도록 의무를 지게 하거나, 특정인을 그 특정인의 동의없이 자신의 하위판매원으로 등록하여서는 아니된다.
③다단계판매업자는 다단계판매원이 제15조의 규정에 해당되는 때에는 당해 다단계판매원을 탈퇴시켜야 한다.
④다단계판매원은 언제든지 다단계판매업자에게 탈퇴의사를 표시하고 탈퇴할 수 있으며, 다단계판매업자는 다단계판매원의 탈퇴에 조건을 부과하여서는 아니된다.
⑤다단계판매업자는 탈퇴한 다단계판매원의 판매행위 등으로 인하여 소비자의 피해가 발생하지 아니하도록 판매원 수첩의 회수 등 필요한 조치를 하여야 한다.

제23조【금지행위】 ①다단계판매자는 다음 각호의 1에 해당하는 행위를 하여서는 아니 된다.
1. 재화 등의 판매에 관한 계약의 체결을 강요하거나 청약철회등 또는 계약의 해지를 방해할 목적으로 상대방에게 위력을 가하는 행위
2. 허위 또는 과장된 사실을 알리거나 기만적 방법을 사용하여 상대방과의 거래를 유도하거나 청약철회등 또는 계약의 해지를 방해하는 행위 또는 재화등의 가격·품질등에 대하여 허위사실을 알리거나 실제의 것보다도 현저히 우량하거나 유리한 것으로 오인시킬 수 있는 행위
3. 다단계판매원이 되고자 하는 자 또는 다단계판매원에게 가입비, 판매보조물품, 개인할당판매액, 교육비 등 그 명칭 및 형태여하를 불문하고 10만원 이하의 범위로서 대통령이 정하는 수준 이상의 비용 기타 금품을 징수하는 등 의무를 부과하는 행위
4. 다단계판매원에게 하위 판매원 모집 자체에 대하여 경제적 이익을 지급하거나 정당한 사유없이 후원수당외의 경제적 이익을 지급하는 행위
5. 청약철회등이나 계약의 해지를 방해할 목적으로 주소·전화번호 등을 변경하는 행위
6. 분쟁이나 불만처리에 필요한 인력 또는 설비의 부족을 상당기간 방치하여 상대방에게 피해를 주는 행위
7. 상대방의 청약이 없는데도 일방적으로 재화등을 공급하고 재화등의 대금을 청구하는 등 상대방에게 재화등을 강매하거나 하위판매원에게 재화등을 판매하는 행위
8. 소비자가 재화를 구매하거나 용역을 제공받을 의사가 없음을 밝혔음에도 불구하고 전화, 모사전송, 컴퓨터통신 등을 통하여 재화를

구매하거나 용역을 제공받도록 강요하는 행위
9. 다단계판매원이 사회적인 신분 등을 이용하여 자신의 하위판매원으로서의 등록을 강요하거나 다단계판매원이 그 하위판매원에게 재화등의 구매를 강요하는 행위
10. 다단계판매원이 되고자 하는 자 또는 다단계판매원에게 본인의 의사에 반하여 교육·합숙 등을 강요하는 행위
11. 다단계판매업자의 피용자가 아닌 다단계판매원을 다단계판매업자에게 고용된 자로 오인하게 하거나 다단계판매원으로 등록하지 아니한 자를 다단계판매원으로 활동하게 하는 행위
12. 제34조의 규정에 의한 소비자피해보상보험계약등을 체결하지 아니하고 영업하는 행위
13. 다단계판매자가 거래의 상대방에게 판매하는 개별 재화등의 가격을 대통령령이 정하는 금액 이상으로 정하여 판매하는 행위
14. 본인의 허락을 받지 아니하거나 허락 받은 범위를 넘어 소비자에 관한 정보를 이용하는 행위. 다만, 다음 각목의 1에 해당하는 경우를 제외한다.
가. 재화등의 배송 등 소비자와의 계약의 이행에 불가피한 경우로서 대통령령이 정하는 경우
나. 재화등의 거래에 따른 대금정산을 위하여 필요한 경우
다. 도용방지를 위하여 본인확인에 필요한 경우로서 대통령령이 정하는 경우
라. 법률의 규정 또는 법률에 의하여 필요한 불가피한 사유가 있는 경우
15. 다단계판매조직 및 다단계판매원의 지위를 양도·양수하는 행위. 다만, 다단계판매원의 지위를 상속하는 경우 또는 사업의 양도·양수·합병의 경우에는 그러하지 아니하다.
②누구든지 다단계판매조직 또는 이와 유사하게 단계적으로 가입한 자로 구성된 다단계조직을 이용하여 재화 등의 거래 없이 금전거래만을 하거나 재화등의 거래를 가장하여 사실상 금전거래만을 하는 행위를 하여서는 아니된다.
③다단계판매업자는 다단계판매원으로 하여금 제1항 각호 또는 제2항의 금지행위를 하도록 교사하거나 방조하여서는 아니된다.
④공정거래위원회는 이 법 위반행위의 방지 및 소비자피해의 예방을 위하여 다단계판매자가 준수하여야 할 기준을 정하여 고시할 수 있다.

제24조【소비자 등의 침해정지 요청】 제23조의 금지행위에 관한 규정을 위반한 다단계판매업자의 행위로 인하여 이익을 침해받거나 침해받을 우려가 있는 자 또는 대통령령이 정하는 소비자단체 등은 당해 행위가 현저한 손해를 주거나 줄 우려가 있는 경우에는 그 행위에 대하여 대통령령이 정하는 바에 따라 공정거래위원회에 침해의 정지에 필요한 조치를 요청할 수 있다.

제25조【휴업기간 등에서의 청약철회 등의 업무처리 등】 ①다단계판매업자는 그 휴업기간 또는 영업정지기간 중에도 제17조제1항의 규정에 의하여 준용되는 제8조제1항 및 제3항의 규정에 의한 청약철회등의 업무와 제18조제1항 내지 제3항의 규정에 의한 청약철회등과 그에 따른 업무를 계속하여야 한다.
②다단계판매원은 다단계판매업자가 폐업하거나 그 등록이 취소된 경우 그 폐업 또는 등록취소 당시 판매하지 못한 재화등을 다른 사람에게 판매한 때에는 그 다단계판매원이 청약의 철회등에 따라 반환되는 재화등을 반환받고, 재화등을 반환 받은 날부터 3영업일 이내에 재화등의 대금을 환급하여야 한다.
③제13조제1항의 규정에 의하여 공정거래위원회에 등록하거나 시·도지사에 등록한 다단계판매업자가 폐업신고를 하지 아니한 상태에

서 파산선고를 받는 등 실질적으로 영업을 할 수 없는 것으로 판단되는 경우에는 등록을 받은 행정기관의 장은 그 등록을 직권으로 취소할 수 있다.

제26조【주소변경 등의 공고】 다단계판매업자가 다음 각 호의 1에 해당하는 경우 공정거래위원회 또는 시·도지사는 총리령이 정하는 바에 따라 그 사실을 공고하여야 한다.
1. 상호 또는 주된 사업장의 주소·전화번호를 변경한 경우
2. 제13조제3항의 규정에 의한 휴업 또는 폐업신고를 한 경우
3. 제42조제4항의 규정에 의한 영업정지처분을 받거나 등록이 취소된 경우

제27조【다단계판매업자의 책임】 ①다단계판매업자는 다단계판매원이 그의 하위판매원을 모집하거나 다단계판매업자의 재화등을 소비자에게 판매함에 있어서 당해 다단계판매원이 제23조의 금지행위에 관한 규정을 위반하지 아니하도록 다단계판매원에게 당해 규정의 내용을 서면이나 전자우편으로 고지하여야 한다. ②다단계판매업자가 제1항의 규정에 의한 고지의무를 게을리 한 경우에는 제23조의 금지행위에 관한 규정을 위반한 다단계판매원의 행위에 의하여 다른 다단계판매원 또는 소비자에게 가한 재산상 손해에 대하여 이를 배상할 책임을 진다. ③제2항의 규정에 의한 배상책임의 기준은 대통령령으로 정하며, 제2항의 규정은 다단계판매원에 대한 다단계판매업자의 구상권 행사를 방해하지 아니한다.

제4장 계속거래 등

제28조【계약체결전의 정보제공 및 계약체결에 따른 계약서 교부의무】 ①계속거래 또는 사업권유거래(이하 "계속거래등"이라 한다)를 업으로 하는 자(이하 "계속거래업자등"이라 한다)는 대통령령이 정하는 금액 및 기간 이상을 거래조건으로 하는 계속거래등에 관한 계약을 체결하는 경우에는 계약을 체결하기 전에 소비자(사업권유거래에서 재화등을 구매하는 자를 포함한다. 이하 이 장에서 같다)가 계약의 내용을 이해할 수 있도록 다음 각 호의 사항을 설명하고 계약을 체결하는 때에는 다음 각호의 사항을 기재한 계약서를 소비자에게 교부하여야 한다.
1. 계속거래업자등의 성명(법인인 경우에는 대표자의 성명을 말한다)·상호·주소·전화번호·전자우편주소
2. 계속거래를 통하여 판매하는 재화등(계속거래와 관련하여 따로 구입할 필요가 있는 다른 재화등이 있는 경우에는 그 재화등을 포함한다)이나 사업권유거래를 통하여 판매하는 재화등의 명칭, 종류 및 내용
3. 재화등의 대금(가입비, 설치비 등 명칭여하를 불문하고 재화등의 거래와 관련하여 지급하는 금액을 포함한다. 이하 이 장에서 같다)과 그 지급시기 및 방법
4. 재화등의 거래 방법과 거래기간 및 시기
5. 사업권유거래의 경우에는 제공되는 사업에 관한 거래조건으로 대통령령이 정하는 사항
6. 제29조의 규정에 의한 계약의 해지와 그 행사방법·효과에 관한 사항 및 해지권의 행사에 필요한 서식
7. 소비자 피해보상·재화등에 대한 불만 및 소비자와 사업자 사이의 분쟁처리에 관한 사항
8. 거래에 관한 약관
9. 기타 거래 여부의 판단에 영향을 주는 거래조건 또는 소비자의 피해구제에 필요한 사항으로서 대통령령이 정하는 사항

②제7조제3항의 규정은 계속거래업자등이 미성년자와 제1항의 규정에 의한 계약을 체결하는 경우에 이를 준용한다.
③계속거래업자등은 제1항의 규정에 따라 소비자에게 표시 또는 고지한 거래조건을 신의에 좇아 성실하게 이행하여야 한다.

제29조【계약의 해지】 계속거래업자등과 계속거래등의 계약을 체결한 소비자는 언제든지 계약 기간중 계약을 해지할 수 있다. 다만, 다른 법률에 별도의 규정이 있거나 거래의 안전 등을 위하여 대통령령이 정하는 경우에는 그러하지 아니하다.

제30조【계약 해지 또는 해제의 효과와 위약금 등】 ①계속거래업자등은 자신의 귀책사유 없이 계속거래등의 계약이 해지 또는 해제된 경우(제8조 및 제17조의 규정에 의하여 청약이 철회된 경우를 제외한다) 소비자에게 해지 또는 해제로 인해 발생하는 손실을 현저하게 초과하는 위약금을 청구하거나 가입비 기타 명칭여하를 불문하고 실제 공급된 재화등의 대가를 초과하여 수령한 대금의 반환을 부당하게 거부하여서는 아니된다.
②계속거래등의 계약이 해지 또는 해제된 경우 소비자는 반환할 수 있는 재화등을 계속거래업자등에게 반환할 수 있으며, 계속거래업자등은 대통령령이 정하는 바에 따라 대금의 환급 또는 위약금의 경감 등의 조치를 취하여야 한다.
③계속거래업자등은 자신의 귀책사유 없이 계약이 해지 또는 해제된 때에 소비자로부터 받은 재화등의 대금(재화 등이 반환된 경우 환급하여야할 금액을 포함한다)이 이미 공급한 재화등의 대금에 위약금을 더한 금액보다 많은 경우에는 그 차액을 소비자에게 환급하여야 한다. 이 경우 환급이 지연되는 경우에는 총리령이 정하는 지연기간에 대한 지연배상금을 더하여 환급하여야 한다.
④제1항의 규정에 의한 계약의 해지 또는 대금의 환급에 관하여 소비자의 책임이 있는지의 여부, 계약이 체결된 사실 및 그 시기, 재화등의 공급사실 및 그 시기에 관하여 다툼이 있는 경우에는 계속거래업자등이 이를 입증하여야 한다.
⑤공정거래위원회는 제1항에 의한 위약금의 청구와 제2항의 규정에 따른 대금의 환급 또는 위약금의 경감과 관련한 분쟁을 방지하기 위하여 필요한 경우 위약금 및 대금의 환급에 관한 산정기준을 정하여 고시할 수 있다.

제31조【거래기록의 열람 등】 계속거래업자등은 대통령령이 정하는 바에 따라 재화등의 거래기록 등을 언제든지 소비자가 열람할 수 있도록 하여야 한다.

제32조【금지행위 등】 ①계속거래업자등은 다음 각호의 1에 해당하는 행위를 하여서는 아니된다.
1. 계속거래등의 계약을 체결하게 하거나 계약의 해지 또는 해제를 방해하기 위하여 소비자에게 위력을 가하는 행위
2. 허위 또는 과장된 사실을 알리거나 기타 기만적인 방법으로 소비자를 유인 또는 거래하거나 계약의 해지 또는 해제를 방해하는 행위
3. 계속거래등에 필요한 재화등을 통상 거래가격보다 현저히 비싼 가격으로 구입하게 하는 행위
4. 소비자가 계속거래등의 계약을 해지 또는 해제하였음에도 불구하고 정당한 사유없이 이에 따른 조치를 지연하거나 거부하는 행위
5. 계약의 해지 또는 해제를 방해할 목적으로 주소·전화번호 등을 변경하는 행위
6. 분쟁이나 불만처리에 필요한 인력 또는 설비의 부족을 상당기간 방치하여 소비자에게 피해를 주는 행위

7. 소비자의 청약이 없는데도 일방적으로 재화등을 공급하고 재화 등의 대금을 청구하는 행위
8. 소비자가 재화를 구매하거나 용역을 제공받을 의사가 없음을 밝혔음에도 불구하고 전화, 모사전송, 컴퓨터통신 등을 통하여 재화를 구매하거나 용역을 제공받도록 강요하는 행위
②공정거래위원회는 이 법 위반행위의 방지 및 소비자피해의 예방을 위하여 계속거래업자 등이 준수하여야 할 기준을 정하여 고시할 수 있다.

제5장 소비자권익의 보호

제33조【소비자보호지침 제정 등】①공정거래위원회는 방문판매, 전화권유판매, 다단계판매 및 계속거래등(이하 "특수판매"라 한다)을 행함에 있어서 건전한 거래질서의 확립 및 소비자(다단계판매원이나 사업권유거래의 상대방을 포함한다. 이하 같다)의 보호를 위하여 사업자의 자율적 준수를 유도하기 위한 지침(이하 "소비자보호지침"이라 한다)을 관련분야의 거래당사자, 기관 및 단체의 의견을 들어 정할 수 있다.
②특수판매를 업으로 하는 자(이하 "특수판매업자"라 한다)는 그가 사용하는 약관이 소비자보호지침의 내용보다 소비자에게 불리한 경우 소비자보호지침과 다르게 정한 약관의 내용을 소비자가 알기 쉽게 표시 또는 고지하여야 한다.
제34조【소비자피해보상보험계약등】①제13조제1항의 규정에 의하여 등록하고자 하는 다단계판매업자는 다음 각호의 1에 해당하는 계약(이하 "소비자피해보상보험계약등"이라 한다)을 체결하여야 한다.

1. 소비자피해보상을 위한 보험계약
2. 소비자피해보상금의 지급을 확보하기 위한 금융기관과의 채무지급보증계약
3. 제35조의 규정에 의하여 설립된 공제조합과의 공제계약
②공정거래위원회는 방문판매, 전화권유판매 및 계속거래등에서의 소비자보호를 위하여 소비자피해보상보험계약등을 체결하도록 권장할 수 있다.
③소비자피해보상보험계약등은 이 법 위반행위로 인한 소비자 피해의 보상에 적절한 수준이어야 하며 그 구체적인 기준은 대통령령으로 정한다.
④소비자피해보상보험계약등에 의하여 소비자 피해보상금을 지급할 의무가 있는 자는 그 지급 사유가 발생한 경우 지체없이 이를 지급하여야 한다. 이를 지연한 경우에는 지연배상금을 지급하여야 한다.
⑤소비자피해보상보험계약등을 체결하고자 하는 사업자는 소비자피해보상보험계약등을 체결하기 위하여 매출액 등의 자료를 제출함에 있어 허위의 자료를 제출하여서는 아니된다.
⑥소비자피해보상보험계약등을 체결한 자는 그 사실을 나타내는 표지를 사용할 수 있다.
⑦소비자피해보상보험계약등을 체결하지 아니한 사업자는 제6항의 규정에 의한 표지를 사용하거나 이와 유사한 표지를 제작 또는 사용하여서는 아니된다.
제35조【공제조합의 설립】①제5조의 규정에 의하여 신고 또는 제13조의 규정에 의하여 등록한 사업자는 소비자피해보상으로 인한 보상금지급책임의 보험사업 등 제34조제1항제3호의 규정에 의한 공제사업을 영위하기 위하여 공정거래위원회의 인가를 받아 공제조합(이하 "공제조합"이라 한다)을 설립할 수 있으며 인가의 기준은 대통령령으로 정한다.

②공제조합은 법인으로 하며, 주된 사무소의 소재지에 설립등기를 함으로써 성립한다.
③공제조합에 가입한 자는 공제사업의 수행에 필요한 출자금 등을 조합에 납부하여야 한다.
④공제조합의 기본재산은 조합원의 출자금 등으로 조성한다. 다만, 정부는 예산의 범위안에서 출연 또는 보조할 수 있다.
⑤공제조합의 조합원의 자격, 임원에 관한 사항 및 출자금의 부담기준에 관한 사항은 정관으로 정한다.
⑥공제조합의 설립인가 절차, 정관기재사항, 운영 및 감독 등에 관하여 필요한 사항은 대통령령으로 정한다.
⑦공제조합이 제1항의 규정에 의한 공제사업을 하고자 하는 때에는 공제규정을 정하여 공정거래위원회의 인가를 받아야 한다. 공제규정을 변경하고자 하는 때에도 또한 같다.
⑧제7항의 공제규정에는 공제사업의 범위, 공제료, 공제사업에 충당하기 위한 책임준비금 등 공제사업의 운영에 관하여 필요한 사항을 정하여야 한다.
⑨공제조합에 관하여 이 법에 규정된 것을 제외하고는 민법 중 사단법인에 관한 규정을 준용한다.
⑩이 법에 의한 공제조합의 사업에 대하여는 보험업법을 적용하지 아니한다.

제36조【특수판매 소비자단체 등의 지원】 공정거래위원회는 특수판매에서의 공정거래질서 확립 및 소비자의 권익을 보호하기 위한 사업을 시행하는 기관 또는 단체에 대하여 예산범위안에서 필요한 지원을 할 수 있다.

제6장 조사 및 감독

제37조【위반행위의 조사 등】 ①공정거래위원회 또는 시·도지사는 이 법의 규정에 위반한 사실이 있다고 인정할 때에는 직권으로 필요한 조사를 할 수 있다.
②시·도지사가 제1항의 규정에 의한 조사를 하고자 하는 경우에는 공정거래위원회에 통보하여야 하며, 공정거래위원회는 조사 등이 중복될 우려가 있는 경우에는 시·도지사에게 조사의 중지를 요청할 수 있다. 이 경우 요청을 받은 시·도지사는 상당한 이유가 없는 한 그 조사를 중지하여야 한다
③공정거래위원회 또는 시·도지사는 제1항 또는 제2항의 규정에 의하여 조사를 한 경우에는 그 결과(조사결과 시정조치명령등의 처분을 하고자 하는 경우에는 그 처분의 내용을 포함한다)를 당해 사건의 당사자에게 서면으로 통지하여야 한다.
④누구든지 이 법의 규정에 위반되는 사실이 있다고 인정할 때에는 그 사실을 공정거래위원회 또는 시·도지사에게 신고할 수 있다.
⑤공정거래위원회는 이 법의 규정에 위반하는 행위가 종료한 날부터 5년을 경과한 경우에는 당해 위반행위에 대하여 제42조의 규정에 의한 시정조치를 명하지 아니하거나 제44조의 규정에 의한 과징금 등을 부과하지 아니한다.

제38조【부당행위에 대한 정보의 공개 등】 공정거래위원회는 특수판매의 공정거래질서확립과 소비자피해예방을 위하여 필요한 경우에는 대통령령이 정하는 바에 따라 특수판매업자의 이 법 위반행위 사실 등 부당행위에 대한 정보를 공개할 수 있다.

제39조【평가·인증사업의 공정화】 ①특수판매의 공정거래질서확립 및 소비자 보호를 위하여 관련사업자의 평가·인증 등의 업무를 수행하는 자(이하 "평가·인증사업자"라 한다)는 그 명칭여하를 불문하고 대통령령이 정하는 바에 따라 그 평가·인증에 관한 기준·

방법 등을 공시하고, 그에 따라 공정하게 평가·인증하여야 한다.
②제1항의 평가·인증의 기준 및 방법은 사업자가 거래의 공정화 및 소비자보호를 위하여 행한 노력과 성과에 관한 정보를 전달하는데 적절한 것이어야 한다.
③공정거래위원회는 평가·인증사업자에 대하여 운용 상황 등에 관한 자료를 제출하게 할 수 있다.

제40조【보고 및 감독】 ①시·도지사는 제41조의 규정에 의한 시정권고 또는 제42조의 규정에 의한 처분을 하는 경우에는 대통령령이 정하는 바에 따라 공정거래위원회에 보고하여야 한다.
②공정거래위원회는 이 법의 효율적인 시행을 위하여 필요하다고 인정할 때에는 그 소관사항에 관하여 시·도지사 등에 대하여 조사·확인 또는 자료의 제출을 요구하거나 기타 시정에 필요한 조치를 요구할 수 있다. 이 경우 시·도지사는 특별한 사유가 없는 한 이에 응하여야 한다.

제7장 시정조치 및 과징금 부과

제41조【위반행위의 시정권고】 ①공정거래위원회 또는 시·도지사는 사업자가 이 법의 규정에 위반되는 행위를 하거나 이 법의 규정에 의한 의무를 이행하지 아니하는 경우 제42조의 규정에 의한 시정조치에 앞서 당해 행위를 중지하거나 이 법에 규정된 의무를 이행하도록 당해 사업자에 대하여 시정방안을 정하여 이에 따를 것을 권고할 수 있다. 이 경우 당해 권고를 수락한 때에는 제3항의 규정에 의하여 시정조치가 명하여진 것으로 본다는 뜻을 함께 통지하여야 한다.

②제1항의 규정에 의하여 시정권고를 받은 사업자는 그 통지를 받은 날부터 10일 이내에 당해 권고를 수락하는지의 여부에 관하여 이를 행한 행정청에 통지하여야 한다.
③제1항의 규정에 의하여 시정권고를 받은 자가 당해 권고를 수락한 때에는 제42조의 규정에 의한 시정조치가 명하여진 것으로 본다.

제42조【시정조치】 ①공정거래위원회는 사업자가 다음 각호의 1에 해당하는 행위를 하거나 이 법의 규정에 의한 의무를 이행하지 아니하는 경우 해당 사업자 등에 대하여 그 시정을 위한 조치를 명할 수 있다.
1. 제5조제1항 내지 제3항·제6조·제7조제1항 내지 제3항 및 제5항·제8조제6항·제9조·제10조제1항·제12조네1항·제13조제1항 내지 제3항·제14조 내지 제23조·제25조제1항 및 제2항·제27조제1항 및 제2항·제28조·제30조제1항 내지 제3항·제31조·제33조제2항·제34조제1항, 제4항, 제5항 및 제7항·제39조제1항 및 제2항·제48조의 규정에 위반하는 경우
2. 제11조제1항·제23조제1항·제32조제1항 각 호의 1에 해당하는 금지행위를 한 경우
②제1항의 규정에 의한 시정을 위한 조치에는 다음 각호의 1을 포함한다.
1. 당해 위반행위의 중지
2. 이 법에 규정된 의무의 이행
3. 시정조치를 받은 사실의 공표
4. 기타 시정을 위한 필요한 조치
③제2항제3호의 규정에 의한 시정조치를 받은 사실의 공표에 관하여 필요한 사항은 대통령령으로 정한다.
④공정거래위원회는 제1항의 규정에 의한 시정조치에도 불구하고 위반 행위가 반복되거나 시정조치에 따른 이행을 하지 않는 경우에는 대통령령이 정하는 바에 따라 1년 이내의 기

간을 정하여 그 영업의 전부 또는 일부의 정지를 명할 수 있다. 다만, 다음 각호의 1에 해당하는 경우에는 대통령령이 정하는 바에 따라 그 등록을 취소할 수 있다.
1. 사위 기타 부정한 방법으로 제13조제1항의 규정에 의한 등록을 한 경우
2. 제14조의 규정에 의한 결격사유에 해당하게 된 경우
3. 제34조제1항의 소비자피해보상보험계약등이 해지된 경우

제43조【소비자피해분쟁조정의 요청】 ①공정거래위원회 또는 시·도지사는 특수판매에 있어 이 법 위반행위와 관련하여 소비자의 피해구제 신청이 있는 경우 제41조의 규정에 의한 시정권고 또는 제42조의 규정에 의한 시정조치를 행하기 전에 특수판매에 있어 소비자보호 관련 업무를 수행하는 기관 또는 단체 등 대통령령이 정하는 소비자피해분쟁조정기구에 그 조정을 의뢰할 수 있다.
②공정거래위원회 또는 시·도지사는 제1항의 규정에 의하여 의뢰된 권고안 또는 조정안을 당사자가 수락하고 이를 이행하는 경우에는 제42조의 규정에 의한 시정조치를 하지 아니한다는 뜻을 당사자에게 통지하여야 한다.
③제1항의 규정에 의한 소비자피해분쟁조정기구의 권고안 또는 조정안에 대하여 당사자가 수락하고 이행한 경우에는 대통령령이 정하는 바에 따라 제42조의 규정에 의한 시정조치를 하지 아니한다. 이 경우 제37조제5항의 규정은 이를 적용하지 아니한다.
④공정거래위원회는 제1항의 규정에 의하여 분쟁의 조정을 요청하는 경우 예산의 범위안에서 당해 분쟁의 조정에 필요한 예산을 지원할 수 있다.

제44조【과징금】 ①공정거래위원회는 특수판매업자가 제42조의 시정조치에도 불구하고 법 위반행위가 반복되거나 시정조치만으로는 소비자피해의 방지가 곤란하다고 판단되는 경우에는 대통령령이 정하는 바에 따라 1년 이내의 기간을 정하여 영업의 전부 또는 일부의 정지를 명하거나 이에 갈음하여 해당 특수판매업자에 대하여 대통령령이 정하는 위반행위 관련 매출액을 초과하지 아니하는 범위안에서 과징금을 부과할 수 있다. 이 경우 관련 매출액이 없거나 이를 산정 할 수 없는 경우 등에는 5천만원을 초과하지 아니하는 범위안에서 과징금을 부과할 수 있다.
②공정거래위원회는 제1항의 규정에 의한 과징금을 부과함에 있어서 다음 각 호의 사항을 참작하여야 한다.
1. 위반행위로 인한 소비자 피해정도
2. 소비자 피해에 대한 사업자의 보상노력 정도
3. 위반행위로 인하여 취득한 이익의 규모
4. 위반행위의 내용·기간 및 횟수 등
③공정거래위원회는 이 법의 규정을 위반한 특수판매업자인 회사의 합병이 있는 경우에는 해당 회사가 행한 위반행위는 합병 후 존속하거나 합병에 의하여 새로 설립된 회사가 행한 행위로 보아 과징금을 부과·징수할 수 있다.
④독점규제및공정거래에관한법률 제55조의4 및 제55조의5의 규정은제1항의 규정에 의한 과징금의 납부기한의 연장·분할납부 및 과징금 징수·체납처분에 관하여 준용한다.

제8장 보칙

제45조【소비자 등에 불리한 계약의 금지】 제7조 내지 제10조, 제16조 내지 제19조, 제28조 내지 제30조의 규정의 1에 위반한 약정으로 소비자에게 불리한 것은 그 효력이 없다.

제46조【전속관할】 이 법 적용대상인 특수판

매업자와의 거래에 관련된 소는 제소 당시의 소비자의 주소를, 주소가 없는 경우에는 거소를 관할하는 지방법원의 전속관할로 한다. 다만, 제소 당시 소비자의 주소 또는 거소가 분명하지 아니한 경우에는 그러하지 아니하다.

제47조【사업자단체의 등록등】 ①특수판매의 건전한 발전과 소비자에 대한 신뢰도의 제고 기타 공동의 이익 증진을 목적으로 설립된 사업자 단체는 대통령령이 정하는 바에 의하여 공정거래위원회에 등록할 수 있다.
②제1항의 규정에 의한 등록의 요건, 방법 및 절차 등에 관하여 필요한 사항을 대통령령으로 정한다.

제48조【소비자에 관한 정보의 오·남용 및 도용방지 등】 전자상거래등에서의소비자보호에관한법률 제11조는 특수판매업자가 소비자에 관한 정보를 수집·이용하는 경우에 이를 준용한다. 이 경우 "전자상거래 또는 통신판매"는 "특수판매"로 본다.

제49조【권한의 위임·위탁】 ①이 법의 규정에 의한 공정거래위원회의 권한은 그 일부를 대통령령이 정하는 바에 따라 소속기관의 장 또는 시·도지사에게 위임하거나 다른 행정기관의 장에게 위탁할 수 있다.
②이 법에 의한 시·도지사의 권한은 그 일부를 대통령령이 정하는 바에 따라 시장·군수·구청장(자치구의 구청장을 말한다. 이하 같다)에게 위임할 수 있다.
③공정거래위원회는 이 법의 효율적인 집행을 위하여 필요한 경우 사무의 일부를 제47조의 규정에 의하여 등록한 사업자단체에 위탁할 수 있다.
④제3항의 규정에 의하여 사무를 위탁받은 사업자 단체의 임원 및 직원은 형법 제129조 내지 제132조의 규정에 의한 벌칙의 적용에 있어서는 이를 공무원으로 본다.

제50조【독점규제및공정거래에관한법률의 준용】 ①독점규제및공정거래에관한법률 제42조 내지 제45조 및 제52조의 규정은 이 법에 의한 공정거래위원회의 심의·의결에 관하여 준용한다.
②독점규제및공정거래에관한법률 제53조 내지 제55조의2의 규정은 이 법에 의한 공정거래위원회의 처분 및 제49조에 의하여 위임된 시·도지사의 처분에 대한 이의신청·소의 제기 및 불복의 소의 전속관할에 관하여 준용한다.
③독점규제및공정거래에관한법률 제50조제1항 내지 제4항의 규정은 이 법 위반행위에 대한 공정거래위원회 또는 시·도지사의 조사 등에 관하여 이를 준용한다.
④독점규제및공정거래에관한법률 제62조의 규정은 이 법에 의한 직무에 종사하거나 종사하였던 공정거래위원회의 위원 또는 공무원에 대하여 준용한다.

제9장 벌 칙

제51조【벌칙】 ①다음 각호의 1에 해당하는 자는 7년 이하의 징역 또는 2억원 이하의 벌금에 처한다. 이 경우 다음 각호의 1에 해당하는 자가 당해 법 위반 행위와 관련하여 판매 또는 거래한 대금 총액의 3배에 상당하는 금액이 2억원을 초과하는 때에는 7년 이하의 징역 또는 판매하거나 거래한 대금 총액의 3배에 상당하는 금액 이하의 벌금에 처한다.
1. 제13조제1항의 규정에 위반하여 등록을 하지 아니하고(제42조제4항의 규정에 의하여 등록이 취소된 경우를 포함한다) 다단계판매조직을 개설·관리 또는 운영한 자
2. 허위 기타 부정한 방법으로 제13조제1항의 규정에 의한 등록을 하고 다단계판매조직

을 개설·관리 또는 운영한 자(제23조제1항 제12호의 금지행위를 한 자를 포함한다)
②제1항의 징역형과 벌금형은 이를 병과할 수 있다

제52조【벌칙】①다음 각호의 1에 해당하는 자는 5년 이하의 징역 또는 1억원5천만원 이하의 벌금에 처한다.
1. 제22조제2항의 규정에 위반한 자
2. 제23조제1항제1호·제2호·제3호·제4호의 금지행위를 한 자
3. 제23조제2항의 규정에 위반하여 사실상 재화 등의 거래 없이 금전거래만을 행하거나 재화등의 거래를 가장하여 사실상 금전거래만을 행한 자
②제1항의 징역형과 벌금형은 이를 병과할 수 있다

제53조【벌칙】①다음 각호의 1에 해당하는 자는 3년 이하의 징역 또는 1억원 이하의 벌금에 처한다.
1. 제13조제2항 또는 제3항의 규정에 위반하여 허위로 신고한 자
2. 제15조제5항의 규정에 의한 다단계판매원수첩에 허위사실을 기재한 자
3. 제18조제2항의 규정에 위반하여 재화등의 대금을 환급하지 아니한 자
4. 제20조제5항의 규정에 위반한 자
5. 제21조제1항 또는 제3항의 규정에 위반한 자
6. 제22조제1항 또는 제4항의 규정에 위반한 자
7. 제23조제1항제5호·제7호·제9호·제10호·제11호 또는 제15호의 규정에 해당하는 금지행위를 한 자
8. 제34조제5항의 규정에 위반하여 소비자피해보상계약등을 체결함에 있어 허위로 자료를 제출한 다단계판매업자
9. 제34조제7항의 규정에 위반하여 허위 또는 유사한 표지를 제작 또는 사용한 자
10. 제42조제1항의 규정에 위반하여 시정조치명령에 응하지 아니한 자
11. 제42조제4항의 규정에 의한 영업정지 명령에 위반하여 영업을 한 자
②제1항의 징역형과 벌금형은 이를 병과 할 수 있다

제54조【벌칙】①다음 각호의 1에 해당하는 자는 2년 이하의 징역 또는 5천만원 이하의 벌금에 처한다.
1. 제11조제1항제1호·제2호 또는 제5호의 규정에 해당하는 금지행위를 한 자
2. 제13조제2항 또는 제3항의 규정에 위반하여 신고를 하지 아니한 자
3. 제32조제1호·제2호 또는 제5호의 규정에 해당하는 금지행위를 한 자
②제1항의 징역형과 벌금형은 이를 병과 할 수 있다

제55조【벌칙】다음 각호의 1에 해당하는 자는 1년 이하의 징역 또는 3천만원 이하의 벌금에 처한다.
1. 제5조제1항의 규정에 위반하여 신고를 하지 아니하거나 허위로 신고한 자
2. 제11조제1항제3호의 규정에 해당하는 금지행위를 한 자
3. 제12조제1항 또는 제25조제1항의 규정에 위반하여 휴업기간 또는 영업정지기간중에 계속하여야 할 업무를 계속하지 아니한 자
4. 제15조제2항의 규정에 의하여 다단계판매원으로 등록할 수 없는 자로서 다단계판매원으로 등록한 자
5. 제15조제3항의 규정에 의한 다단계판매원등록증에 허위 사실을 기재한 자
6. 제15조제4항의 규정에 위반하여 다단계판매원등록부를 허위로 작성한 자
7. 제23조제1항제13호의 규정에 해당하는 금지행위를 한 자

8. 제31조의 규정에 위반하여 재화 등의 거래기록 등을 허위로 작성한 자

제56조【벌칙】 다음 각 호의 1에 해당하는 자에 대하여는 1천만원 이하의 벌금에 처한다.
1. 제6조제3항의 규정에 위반하여 성명 등을 허위로 명시한 자
2. 제7조제1항, 제16조 또는 제28조제1항의 규정에 의한 계약서를 교부함에 있어 허위로 기재된 계약서를 교부한 자
3. 제11조제1항제4호 또는 제7호의 규정에 해당하는 금지행위를 한 자
4. 제32조제3호·제4호 또는 제7호의 규정에 해당하는 금지행위를 한 자

제57조【양벌규정】 ①법인의 대표자나 법인 또는 개인의 대리인·사용인 그 밖의 종업원이 그 법인 또는 개인의 업무에 관하여 제51조 내지 제56조의 위반행위를 한 때에는 행위자를 벌하는 외에 그 법인 또는 개인에 대하여도 각 해당조의 벌금형을 과한다.
②제51조 내지 제56조의 위반행위를 한 자 또는 제1항에 의하여 벌금형이 부과되는 법인 또는 개인이 이미 공정거래위원회 또는 시·도지사의 처분을 받은 때 또는 소비자의 피해를 보상한 때에는 제51조 내지 제56조의 형을 감경 또는 면제할 수 있다.

제58조【과태료】 ①다음 각호의 1에 해당하는 자는 1천만원 이하의 과태료에 처한다.
1. 제9조의 규정에 위반하여 재화등의 대금을 환급하지 않거나 환급에 필요한 조치를 취하지 않은 자
2. 제11조제1항제8호, 제23조제1항제8호 또는 제32조제1항제8호의 규정에 위반하여 금지행위를 한 자
3. 제11조제1항제6호, 제23조제1항제6호 또는 제32조제1항제6호의 규정에 위반하여 금지행위를 한 자

4. 제15제3항의 규정에 의한 다단계판매원등록증 또는 제15조제5항의 규정에 의한 다단계판매원수첩을 교부하지 아니한 자
5. 제15조4항의 규정에 의한 다단계판매원등록부를 작성하지 아니한 자
6. 제30조의 규정에 위반하여 위약금을 과다하게 청구하거나 대금환급을 거부한 자
7. 제50조제3항의 규정에 의하여 준용되는 독점규제및공정거래에관한법률 제50조제1항제1호의 규정에 의한 출석처분을 받은 당사자 중 정당한 사유없이 2회 이상 응하지 아니한 자로서 이 법의 규정을 위반한 자
8. 제50조제3항의 규정에 의하여 준용되는 독점규제및공정거래에관한법률제50조제1항제3호 또는 제3항의 규정에 의한 보고 또는 필요한 자료나 물건의 제출을 하지 아니하거나 허위의 보고 또는 자료나 물건을 제출한 자
9. 제50조제3항의 규정에 의하여 준용되는 독점규제및공정거래에관한법률제50조제2항의 규정에 의한 조사를 거부 방해 또는 기피한 자
②다음 각호의 1에 해당하는 자는 500만원이하의 과태료에 처한다.
1. 제5조제2항 및 제3항의 규정에 의한 신고를 하지 아니하거나 허위로 신고한 자
2. 제6조제1항 또는 동조제3항의 규정에 위반하여 방문판매원 명부를 비치하지 아니하거나 성명 등을 명시하지 아니한 자
3. 제7조제1항, 제16조 또는 제28조제1항의 규정에 의한 계약서를 교부하지 아니한 자
4. 제20조제2항의 규정에 위반하여 후원수당의 산정 및 지급기준을 변경한 자
5. 제20조제4항의 규정에 위반하여 후원수당의 지급내역이나 지급기준의 열람을 허용하지 아니한 자
6. 제31조의 규정에 의한 재화 등의 거래기록 등을 소비자가 열람할 수 있도록 아니한 자

③제1항 및 제2항의 규정에 의한 과태료는 대통령령이 정하는 바에 따라 공정거래위원회 또는 시 도지사가 부과·징수한다.
④제1항 및 제2항의 규정에 의한 과태료의 부과기준은 대통령령으로 정한다.
⑤제1항 및 제2항의 규정에 의한 과태료 처분에 불복이 있는 자는 그 처분의 고지를 받은 날부터 30일 이내에 공정거래위원회에 또는 시·도지사에게 이의를 제기할 수 있다.
⑥제1항 및 제2항의 규정에 의한 과태료 처분을 받은 자가 제5항의 규정에 의하여 이의를 제기한 때에는 공정거래위원회 또는 시·도지사는 지체없이 관할법원에 그 사실을 통보하여야 하며, 그 통보를 받은 관할법원은 비송사건절차법에 의한 과태료의 재판을 한다.
⑦제5항의 규정에 의한 기간내에 이의를 제기하지 아니하고 과태료를 납부하지 아니한 경우, 공정거래위원회가 부과한 경우에는 국세체납처분의 예에 의하여, 시·도지사가 부과한 경우에는 지방세 체납처분의 예에 의하여 이를 징수한다.

부　칙

제1조【시행일】이 법은 2002년 7월 1일부터 시행한다.
제2조【신고·등록에 관한 경과조치】①이 법 시행 당시 종전의 제4조의 규정에 의하여 방문판매업으로 신고를 한 자는 제5조의 규정에 의하여 시·도지사에게 신고한 것으로 본다. 다만, 계속하여 이 법에 의한 방문판매업을 영위하고자 하는 자는 이 법 시행 후 2월 이내에 제5조의 규정에 의한 신고사항을 보완하여야 한다.
②이 법 시행 당시 종전의 제28조의 규정에 의하여 다단계판매업의 등록을 한 자는 이 법에 의하여 등록한 것으로 본다. 다만, 계속하여 이 법에 의한 다단계판매업을 영위하고자 하는 자는 이 법 시행 후 6월 이내에 제13조의 규정에 의하여 시·도지사에게 등록사항을 보완하여야 한다.
③이 법 시행 당시 종전의 제37조의 규정에 의하여 다단계판매업자가 환불보증금으로 공탁한 금액 또는 유가증권은 당해 다단계판매업자가 이 법 제34조의 규정에 의한 소비자피해보상보험계약등을 체결하고 제2항의 규정에 따라 등록사항을 보완한 날의 다음날부터 이를 반환 받을 수 있다.
④이 법 시행 당시 종전의 제13조 또는 제42조의 규정에 의하여 영업의 폐지나 휴업을 신고한 방문판매업자 또는 다단계판매업자는 제5조 또는 제13조의 규정에 의하여 신고한 것으로 본다.
제3조【청약철회에 관한 경과조치】이 법 시행 당시 종전의 방문판매등에관한법률의 규정에 의하여 이루어진 거래에 대한 청약의 철회 및 그 효과 등에 관하여는 종전의 규정에 의한다.
제4조【영업의 정지처분에 관한 경과조치】이 법 시행전에 종전의 방문판매등에관한법률의 규정에 의하여 시·도지사가 행한 영업정지처분에 관하여는 종전의 규정에 의한다.
제5조【벌칙 및 과태료에 관한 경과조치】이 법 시행전의 행위에 대한 벌칙 및 과태료의 적용에 있어서는 종전의 규정에 의한다.
제6조【다른 법령과의 관계】이 법 시행 당시 다른 법령에서 종전의 방문판매등에관한법률 또는 그 규정을 인용하고 있는 경우, 이 법 중 그에 해당하는 규정이 있는 때에는 종전의 규정에 갈음하여 이 법 또는 이 법의 해당 규정을 인용한 것으로 본다.

◈ 방문판매등에관한법률 개정이유 ◈

통신판매에 관한 규정을 보완하여 전자상거래 등에서의 소비자보호에 관한법률이 제정됨에 따라 이 법의 적용대상을 방문판매 및 다단계판매 중심으로 개편하고, 소비자피해가 빈발하는 전화권유판매·계속거래 등을 이 법의 적용대상에 새로이 추가하는 한편, 다단계판매업자가 소비자피해보상보험계약 등에 가입하는 것을 의무화하고, 법령상 의무를 위반한 사업자에 대한 시정조치명령·과징금제도 등을 도입함으로써 국민생활과 밀접하고 소비자피해가 빈발하는 특수판매분야에서의 공정한 거래질서를 확립하려는 것임.

◆ 주요골자

가) 전화로 소비자에게 권유하여 계약의 청약을 받거나 계약을 체결하는 방법으로 재화 등을 판매하는 전화권유판매의 경우 그 판매원의 적극적 접근성이 방문판매와 유사하므로 전화권유판매업의 신고, 계약체결에 따른 계약서 교부의무, 청약철회 등에 관한 사항을 방문판매업에 준하여 규정함(법 제5조 내지 제12조).

나) 종전에는 재화 등의 구매계약을 체결한 소비자가 조건없이 당해 계약을 해제할 수 있는 기간을 방문판매의 경우에는 계약체결일부터 10일 이내, 다단계판매의 경우에는 계약체결일부터 20일 이내로 정하였으나, 앞으로는 방문판매·전화권유판매·다단계판매의 경우에는 모두 계약서를 교부받은 날부터 14일 이내로 하여 통일적으로 규정함(법 제8조제1항 제1호·16조).

다) 다단계판매업자가 다단계판매원이 되고자 하는 자에게 제공하는 이익에 관하여 허위정보를 제공하는 행위를 금지하고, 다단계판매원이 되고자 하는 자에게 후원수당의 지급현황에 관한 정보를 고지하도록 함으로써 허위·과장광고에 의한 피해를 방지함(법 제21조).

라) 일정기간 이상 계속하여 재화 등을 공급하는 계속거래는 일회성 판매와는 다른 특성이 있는 점을 고려하여 이 법의 적용 대상에 추가하고, 계약체결에 따른 계약서 교부의무 등 계속거래를 업으로 하는 자가 준수하여야 할 사항 등을 규정함(법 제28조 내지 제32조).

마) 다단계판매에 있어서 소비자의 피해를 신속하고 효율적으로 구제하기 위하여 다단계판매업자는 소비자피해보상을 위한 보험계약, 금융기관과의 채무지급보증계약, 공제조합과의 공제계약중 하나의 계약을 의무적으로 체결하도록 함(법 제34조제1항).

바) 방문판매업자·전화권유판매업자 또는 다단계판매업자는 소비자피해보상금 지급 등의 공제사업을 영위하기 위하여 공정거래위원회의 인가를 받아 공제조합을 설립할 수 있도록 함(법 제35조제1항).

사) 공정거래위원회는 사업자가 신고·등록 등 법령상 의무를 이행하지 아니하거나 계약체결을 강요할 목적으로 소비자에게 위력을 가하는 등 법령에 위반되는 행위를 한 경우에는 해당 사업자에 대하여 시정조치를 명할 수 있도록 함(법 제42조제1항 내지 제3항).

아) 공정거래위원회는 방문판매업자·전화권유판매업자·다단사업자 등이 시정조치명령을 받았음에도 불구하고 이에 따르지 아니한 경우에는 등록을 취소하거나 1년의 범위안에서 영업을 정지할 수 있도록 하되, 위반행위 관련 매출액을 초과하지 아니하는 범위안에서 영업정지에 갈음하여 과징금을 부과할 수 있도록 함(법 제42조제4항 및 제44조).

2. 방문판매 등에 관한 법률시행령

(1996년 7월 1일
全改 대통령령 제15109호)

改 正
1997. 12. 31 領15598號(行政節施)
1998. 2. 24 領15663號(利子制限法第1條第1項
의 最高利子律에 관한 規程 廢止令)
1999. 4. 19 領16258號
1999. 5. 24 領16351號(職制)
2002. 7. 24 대통령 領17685號

제1조【목적】 이 영은 방문판매등에관한법률에서 위임된 사항과 그 시행에 관하여 필요한 사항을 규정함을 목적으로 한다.

제2조【다단계판매조직의 범위】 ①방문판매등에관한법률(이하 "법"이라 한다) 제2조제5호 본문에서 "대통령령이 정하는 판매조직"이라 함은 다음 각호의 1에 해당하는 판매조직을 말한다.
1. 판매원에 대한 후원수당의 지급방법에 있어 판매원의 단계가 3단계 이상인 경우와 동일하거나 유사한 판매조직
2. 다른 사람으로부터 판매 또는 조직관리를 위탁받은 자(법 제13조의 규정에 의하여 다단계판매업자로 등록한 자를 제외한다)가 자신의 하위판매원을 모집하여 관리·운영하는 경우 위탁한 자와 자신의 하위판매조직을 하나의 판매조직으로 볼 때 3단계 이상인 판매조직이거나 이와 유사하게 관리·운영되는 판매조직

②제1항제1호의 규정에 의한 판매원에 대한 후원수당의 지급방법, 동항제2호의 규정에 의한 3단계 이상이거나 이와 유사하게 관리?운영되는 기준은 총리령으로 정한다.

제3조【계속거래의 기간】 법 제2조제8호에서 "대통령령이 정하는 일정기간"이라 함은 1월을 말한다.

제4조【소비자의 범위】 법 제2조제10호에서 "대통령령이 정하는 자"라 함은 사업자가 제공하는 재화 또는 용역(이하 "재화등"이라 한다)을 소비생활외의 목적에 사용하거나 이용하는 자로서 다음 각호의 1에 해당하는 자를 말한다.
1. 재화등을 최종적으로 사용하거나 이용하는 자. 다만, 재화등을 원재료(중간재를 포함한다) 및 자본재로 사용하는 자를 제외한다.
2. 법 제3조제1항 단서의 규정에 해당하는 사업자로서 재화등을 구매하는 자(당해 재화등을 판매한 자에 대한 관계에 한한다)
3. 다단계판매원이 되고자 다단계판매업자로부터 재화등을 최초로 구매하는 자
4. 방문판매업자 또는 전화권유판매업자(이하 "방문판매업자등"이라 한다)와 거래하는 경우의 방문판매원 또는 전화권유판매원(이하 "방문판매원등"이라 한다)
5. 재화등을 농업(축산업을 포함한다) 및 어업활동을 위하여 구입한 자로서 축산법 제21조제1항의 규정에 의하여 농림부령이 정하는 사육규모 이상의 축산업을 영위하는 자외의 자 및 수산업법 제41조제1항의 규정에 의하여 해양수산부장관의 허가를 받은 원양어업자외의 자

제5조【법 적용에서 제외되는 거래】 법 제3조제3항제2호에서 "대통령령이 정하는 거래"라 함은 방문판매원을 두지 아니하는 방문판매업자가 다음 각호의 1에 해당하는 재화등을 방문판매하는 거래를 말한다.

1. 가공되지 아니한 농산물·수산물·축산물·임산물
2. 방문판매자가 직접 생산한 재화등

제6조【방문판매업자등의 신고사항】법 제5조제1항 본문에서 "대통령령이 정하는 사항"이라 함은 상법상 회사인 방문판매업자등의 자산·부채 및 자본금을 말한다.

제7조【방문판매업자등의 신고절차 등】①법 제5조제1항의 규정에 의하여 신고를 하고자 하는 방문판매업자등은 총리령이 정하는 신고서에 다음 각호의 서류를 첨부하여 주된 사무소의 소재지를 관할하는 특별시장·광역시장·도지사(이하 "시·도지사"라 한다)에게 제출하여야 한다. 다만, 주된 사무소의 소재지가 외국인 경우에는 공정거래위원회에 이를 제출하여야 한다.
1. 법인등기부등본(법인인 경우에 한한다). 다만, 당해 법인의 설립 등기 전에 신고를 하는 때에는 법인설립을 위한 발기인의 주민등록표등본
2. 사업자등록증 사본. 다만, 사업자등록증 사본은 제2항의 규정에 의한 신고증의 교부일부터 30일 이내에 제출할 수 있다.
3. 자산·부채 및 자본금을 증명할 수 있는 서류(상법상 회사인 경우에 한한다).
②제1항의 신고를 받은 공정거래위원회 또는 시·도지사는 총리령이 정하는 신고증을 교부하여야 한다.
③법 제5조제2항의 규정에 의하여 변경신고를 하고자 하는 자는 당해 변경사항이 발생한 날(자산·부채 및 자본금의 변동에 관한 사항은 결산이 확정된 날)부터 15일 이내에 총리령이 정하는 신고서에 그 변경사항을 증명하는 서류를 첨부하여 공정거래위원회 또는 시·도지사에게 이를 제출하여야 한다. 당해 신고를 받은 공정거래위원회 또는 시·도지사는 변경사항을 확인하고 변경사항이 기재된 신고증을 다시 교부하여야 한다.
④법 제5조제3항의 규정에 의하여 방문판매업자등이 그 영업을 휴지 또는 폐지하거나 휴업한 후 영업을 재개하는 때에는 미리 총리령이 정하는 신고서를 공정거래위원회 또는 시·도지사에게 제출하여야 한다. 이 경우 영업의 폐지를 신고하는 경우에는 종전의 신고증을 첨부하여야 한다.
⑤제1항·제3항 및 제4항의 규정에 의한 신고를 전자거래기본법 제2조제1호의 규정에 의한 전자문서(이하 "전자문서"라 한다)로 하는 경우에는 공정거래위원회가 정한 정보처리시스템에 의하여 신고할 수 있다.
⑥제5항의 규정에 의하여 전자문서에 의한 신고를 함에 있어서 전자문서에 의한 자료의 제출이 곤란한 사항은 1월내에 우편 등을 통하여 보완할 수 있으며, 보완한 경우에는 전자문서에 의하여 신고한 날에 신고한 것으로 본다.
⑦그 밖에 전자문서에 의한 신고수리업무의 처리에 필요한 사항은 총리령으로 정한다.

제8조【신고의무 제외대상 방문판매업자등】
①법 제5조제1항 단서에서 "대통령령이 정하는 방문판매업자등"이라 함은 다음 각호의 방문판매업자등을 말한다.
1. 방문판매원을 두지 아니하는 방문판매업자
2. 전화권유판매원을 두지 아니하는 전화권유판매업자

제9조【방문판매업자등에 대한 정보의 공개】
공정거래위원회는 법 제5조제4항의 규정에 의하여 방문판매업자등의 정보를 공개하는 경우 당해 방문판매업자등에게 공개하는 내용과 방법을 미리 통지하여야 하고, 사실과 다른 내용을 정정할 수 있는 기회를 주어야 한다.

제10조【계약서의 기재사항】법 제7조제1항제11호에서 "대통령령이 정하는 사항"이라 함

은 다음 각호의 사항을 말한다.
1. 재화등의 가격외에 소비자가 추가로 부담하여야 할 사항이 있는 경우 그 내용 및 금액
2. 판매일시·판매지역·판매수량·인도지역 등 판매조건과 관련하여 제한이 있는 경우 그 내용

제11조【청약철회등의 제한】 법 제8조제2항제5호에서 "대통령령이 정하는 경우"라 함은 소비자의 주문에 의하여 개별적으로 생산되는 재화등 청약철회등을 인정하는 경우 법 제2조제2호의 규정에 의한 방문판매자 또는 동조제4호의 규정에 의한 전화권유판매자(이하 "방문판매자등"이라 한다)에게 회복할 수 없는 중대한 피해가 예상되는 경우로서 사전에 당해 거래에 대하여 별도로 그 사실을 고지하고 소비자의 서면(전자문서를 포함한다)에 의한 동의를 얻은 경우를 말한다.

제12조【청약철회에 따른 대금청구의 정지 또는 취소대상 결제수단】 법 제9조제3항 본문에서 "대통령령이 정하는 결제수단"이라 함은 재화등을 구입한 소비자가 직접 지급하는 현금(계좌이체에 의한 지급을 포함한다)외의 결제수단으로서 당해 결제수단을 제공한 사업자(이하 "결제업자"라 한다)에게 청구를 정지 또는 취소하거나 환급하는 경우 당해 소비자에게 환급한 것과 동일한 효과가 발생하는 결제수단을 말한다.

제13조【채무의 상계】 ①결제업자는 소비자가 다음 각호의 방법에 의하여 상계를 요청할 경우 법 제9조제6항 후단의 규정에 의하여 즉시 상계할 수 있다.
1. 환급금액 등을 기재한 서면(전자문서를 포함한다)에 의할 것
2. 법 제8조제1항 각호 또는 제3항의 기간내에 청약철회등을 한 사실 및 법 제9조제1항의 규정에 의하여 재화등을 반환하였음을 입증하는 자료(소비자가 재화등을 계약서에 명시된 방문판매자등의 주소로 반환하였으나 수취거절된 경우에는 그 입증자료)를 첨부할 것

②결제업자는 제1항의 규정에 의하여 상계한 경우 그 사실 및 상계금액 등을 기재한 서면(전자문서를 포함한다)을 방문판매자등 및 소비자에게 지체없이 송부하여야 한다.

③제1항 및 제2항의 규정외에 결제업자의 상계에 관하여 필요한 사항은 총리령으로 정한다.

제14조【재화등이 일부 소비된 경우의 비용청구범위】 ①법 제9조제8항에서 "대통령령이 정하는 범위의 금액"이라 함은 다음 각호를 말한다.
1. 재화등의 사용으로 인하여 소모성 부품의 재판매가 곤란하거나 재판매가격이 현저히 하락하는 경우에는 당해 소모성 부품의 공급에 소요된 비용
2. 다수의 동일한 가분물로 구성된 재화등의 경우에는 소비자의 일부소비로 인하여 소비된 부분의 공급에 소요된 비용

②공정거래위원회는 필요하다고 인정하는 경우 재화등의 종류·거래가격·상관행 등을 참작하여 제1항 각호의 비용에 관한 세부기준을 정하여 고시할 수 있다.

제15조【방문판매원등에 대한 의무부과수준】 법 제11조제1항제3호에서 "대통령령이 정하는 수준"이라 함은 방문판매원등이 되고자 하는 자 또는 방문판매원등 1인당 연간 2만원을 말한다.

제16조【재화등의 배송 등을 위한 소비자정보의 이용】 법 제11조제1항제9호가목에서 "대통령령이 정하는 경우"라 함은 다음 각호의 경우를 말한다.
1. 재화등의 배송 또는 전송을 업으로 하는 자로서 당해 배송 또는 전송을 위탁받은 자에게

정보를 제공하는 경우
2. 재화등의 설치, 사후 서비스 그 밖에 약정한 서비스의 제공을 업으로 하는 자로서 당해 서비스의 제공을 위탁받은 자에게 정보를 제공하는 경우

제17조【도용방지를 위한 소비자정보의 이용】
법 제11조제1항제9호다목에서 "대통령령이 정하는 경우"라 함은 다음 각호의 경우를 말한다.
1. 소비자의 신원 및 실명여부나 본인의 진의여부의 확인을 위하여 다음 각목의 1에 해당하는 자에게 제공하는 경우
가. 전기통신사업법 제4조제3항제1호의 규정에 의한 기간통신사업자
나. 신용정보의이용및보호에관한법률 제2조제4호의 규정에 의한 신용정보업자
다. 당해 거래에 따른 대금결제와 직접 관련된 결제업자
라. 법령 또는 법령의 규정에 의한 인·허가에 의하여 도용방지를 위한 실명확인을 업으로 하는 자
2. 미성년자와의 거래에 있어 법정대리인의 동의여부를 확인하기 위하여 이용하는 경우

제18조【다단계판매업자의 등록절차 등】 ①법 제13조제1항의 규정에 의하여 등록을 하고자 하는 다단계판매업자는 총리령이 정하는 신청서를 주된 사무소의 소재지를 관할하는 시·도지사에게 제출하여야 한다. 다만, 주된 사무소의 소재지가 외국인 경우에는 공정거래위원회에 이를 제출하여야 한다.
②제1항의 등록신청을 받은 공정거래위원회 또는 시·도지사는 등록요건에 적합한 때에는 총리령이 정하는 등록증을 교부하여야 한다.
③법 제13조제2항의 규정에 의하여 변경신고를 하고자 하는 자는 변경사항이 발생한 날(제19조의 규정에 의한 자본금 규모의 변동에 관한 사항은 결산이 확정된 날)부터 15일 이내에 총리령이 정하는 신고서에 그 변경사항을 증명하는 서류를 첨부하여 공정거래위원회 또는 시·도지사에게 제출하여야 하고, 당해 신고를 받은 공정거래위원회 또는 시·도지사는 변경사항을 확인하고 변경사항이 기재된 신고증을 다시 교부하여야 한다. 다만, 법 제13조제1항제3호의 규정에 의한 소비자피해보상보험계약등의 해지·만료 등에 따른 변경사항은 계약의 해지·만료일 3월전에 그 변경사항을 증명하는 서류를 공정거래위원회 또는 시·도지사에게 제출하여야 한다.
④법 제13조제3항의 규정에 의하여 다단계판매업자가 그 영업을 휴지 또는 폐지하거나 휴업한 후 영업을 재개하는 때에는 미리 총리령이 정하는 신고서를 공정거래위원회 또는 시·도지사에게 제출하여야 한다. 이 경우 영업의 폐지를 신고하는 경우에는 종전의 등록증을 첨부하여야 한다.
⑤제3항 및 제4항의 규정에 의한 신고를 전자문서로 하는 경우에는 공정거래위원회가 정한 정보처리시스템에 의하여 신고할 수 있다.
⑥제7조제6항 및 제7항의 규정은 제3항 내지 제5항의 규정에 의한 다단계판매업자의 신고에 관하여 이를 준용한다.

제19조【자본금의 규모】 법 제13조제1항제2호에서 "대통령령이 정하는 규모"라 함은 5억원(자본잠식이 있는 경우에는 그 금액을 제외하고, 법정준비금이 있는 경우에는 그 금액을 더한다)을 말한다.

제20조【다단계판매업자에 관한 정보의 공개】
①법 제13조제4항의 규정에 따라 공개할 수 있는 정보는 다음 각호의 사항을 말한다. 다만, 영업비밀에 해당하는 사항은 그러하지 아니하다.
1. 다단계판매업자의 등록번호 및 등록일

2. 다단계판매업자의 성명(법인인 경우에는 대표자의 성명)·상호명·소재지·전화번호
3. 다단계판매업자가 판매하는 재화등의 판매품목 및 매출액
4. 후원수당의 산정 및 지급기준
5. 그 밖에 소비자보호 및 거래질서를 유지하기 위하여 필요한 사항으로서 공정거래위원회가 정하는 사항

②공정거래위원회는 법 제13조제4항의 규정에 의하여 다단계판매업자의 정보를 공개하는 경우 당해 다단계판매업자에게 공개하는 내용과 방법을 미리 통지하여야 하고, 사실과 다른 내용을 정정할 수 있는 기회를 주어야 한다.

제21조【다단계판매원의 결격사유】 법 제15조제2항제4호에서 "대통령령이 정하는 자"라 함은 다음 각호의 자를 말한다.
1. 법 제42조의 규정에 의한 시정조치를 2회 이상 받은 자. 다만, 마지막 시정조치에 대한 이행을 완료한 날부터 3년이 경과한 자는 그러하지 아니하다
2. 이 법에 위반하여 징역의 실형을 선고받고 그 집행이 종료(집행이 종료된 것으로 보는 경우를 포함한다)되거나 집행이 면제된 날부터 5년이 경과되지 아니한 자
3. 이 법에 위반하여 형의 집행유예의 선고를 받고 그 유예기간 중에 있는 자

제22조【다단계판매업자에 대한 청약철회등의 사유】 법 제17조제1항 단서에서 "대통령령이 정하는 사유"라 함은 다음 각호의 사유를 말한다.
1. 다단계판매원의 주소·전화번호 또는 전자우편주소 등 연락처의 변경이나 물명 등의 사유로 청약철회등을 할 수 없는 경우
2. 당해 다단계판매원에게 청약철회등을 하더라도 대금환급 등의 효과를 기대하기 어려운 경우

제23조【다단계판매원이 청약철회등을 할 수 없는 경우】 법 제17조제2항에서 "대통령령이 정하는 경우"라 함은 다음 각호의 1에 해당하는 경우를 말한다.
1. 다단계판매원에게 책임있는 사유로 재화등이 멸실 또는 훼손된 경우. 다만, 재화등의 내용을 확인하기 위하여 포장등을 훼손한 경우는 제외한다.
2. 재화등의 일부 사용 또는 소비에 의하여 그 가치가 현저히 감소한 경우. 다만, 청약철회등이 불가능하다는 사실을 재화등의 포장 그 밖에 쉽게 알 수 있는 곳에 명기하거나 시용상품을 제공하는 등의 방법으로 재화등의 일부 사용 등에 의하여 청약철회등의 권리행사가 방해받지 아니하도록 한 때에 한한다.
3. 복제가 가능한 재화등의 포장을 훼손한 경우
4. 소비자 또는 다단계판매원의 주문에 의하여 개별적으로 생산되는 재화등 등 청약철회등을 인정하는 경우 다단계판매업자에게 회복할 수 없는 중대한 피해가 예상되는 경우로서 사전에 당해 거래에 대하여 별도로 그 사실을 고지하고 소비자 또는 다단계판매원의 서면(전자문서를 포함한다)에 의한 동의를 얻은 경우

제24조【재화등의 반환시 비용공제】 법 제18조제2항 단서의 규정에 의하여 다단계판매업자가 재화등의 대금을 환급함에 있어 비용을 공제할 수 있는 경우는 다단계판매원이 재화등을 공급받은 날부터 1월이 경과하여 반환한 경우에 한하되, 그 공제할 수 있는 비용의 한도는 다음 각호와 같다. 다만, 다단계판매업자의 등록이 취소되어 반환하는 경우에는 다음 각호에 규정된 금액의 2분의 1에 해당하는 금액을 한도로 한다.
1. 공급일부터 1월 경과후 2월 이내에 반환하는 경우에는 그 재화등의 대금의 5퍼센트 이

내로서 당사자간 약정한 금액
2. 공급일부터 2월 경과후 3월 이내에 반환하는 경우에는 그 재화등의 대금의 7퍼센트 이내로서 당사자간 약정한 금액
제25조【채무의 상계】 ①결제업자는 다단계판매의 상대방이 다음 각호의 방법에 의하여 상계를 요구하는 경우 법 제18조제4항의 규정에 의하여 즉시 상계할 수 있다.
1. 환급금액을 기재한 서면(전자문서를 포함한다)에 의할 것
2. 법 제17조제1항 또는 제2항의 기간내에 청약철회등을 한 사실 및 법 제18조제1항의 규정에 의하여 재화등을 반환하였음을 입증하는 자료[상대방이 재화등을 계약서에 명시된 다단계판매업자 또는 다단계판매원(이하 "다단계판매자"라 한다)의 주소로 반환하였으나 수취거절된 경우에는 그 입증자료]를 첨부할 것
②결제업자는 제1항의 규정에 의하여 상계한 경우 그 사실 및 상계금액등을 기재한 서면(전자문서를 포함한다)을 당해 다단계판매자 및 상대방에게 지체없이 송부하여야 한다.
③제1항 및 제2항의 규정외에 결제업자의 상계에 관하여 필요한 사항은 총리령으로 정한다.
제26조【후원수당 산정 및 지급기준의 변경】
①법 제20조제2항의 규정에 의한 후원수당의 산정 및 지급기준을 변경하고자 하는 경우에는 변경사유 및 새로운 기준의 적용일을 명시하여 현행 후원수당의 산정 및 지급기준과 함께 그 적용일부터 3월 이전에 다단계판매원에게 통지하여야 한다. 다만, 후원수당의 산정 및 지급기준의 변경이 다단계판매원에게 이익이 되거나 다단계판매원의 동의를 얻은 경우에는 즉시 변경할 수 있다.
②제1항의 규정에 의한 통지를 함에 있어서 주소불명 등의 사유로 개별통지가 불가능한 다단계판매원에 대하여는 제1항의 규정에 의한 통지사항을 사보에 게재하거나 1월 이상의 기간동안 홈페이지에 게시함으로써 제1항의 규정에 의한 통지에 갈음할 수 있다.
제27조【후원수당 총액범위】 법 제20조제3항에서 "대통령령이 정하는 범위"라 함은 다단계판매업자가 다단계판매원에게 공급한 재화등의 가격(부가가치세를 포함한다)의 합계액의 35퍼센트에 해당하는 금액을 말한다.
제28조【다단계판매원에 대한 부담범위】 법 제22조제1항에서 "대통령령이 정하는 수준"이라 함은 다단계판매원이 되고자 하는 자 또는 다단계판매원에게 다단계판매원의 등록·자격유지 또는 유리한 후원수당의 지급기준을 적용받기 위한 조건으로 재화등을 구매하도록 본인에게 부과하는 부담으로서 연간 5만원을 말한다. 이 경우 본인 또는 그 하위판매원의 판매실적과 구매실적에 따라 후원수당의 지급기준을 달리하는 행위는 재화등을 구매하도록 하는 부담으로 보지 아니한다.
제29조【의무부과행위】 법 제23조제1항제3호에서 "대통령령이 정하는 수준"이라 함은 다음 각호의 1에 해당하는 금액으로 연간 총합계 5만원을 말한다.
1. 다단계판매원의 가입비 또는 회원자격 갱신의 경우에는 1만원. 이 경우 가입비 및 갱신회비는 가입 및 갱신을 위하여 다단계판매업자가 지출하는 실제비용을 초과할 수 없다.
2. 판매보조물품을 구입하도록 의무를 부과하는 경우 다단계판매원 1인당 연간 3만원. 이 경우 판매보조물품의 공급대가로 다단계판매원에게 징수하는 대가는 다단계판매업자가 당해 판매보조물품을 공급하는데 소요되는 비용(그 비용이 당해 판매보조물품의 시장가격 상당액을 초과하는 경우에는 시장가격을 말한다)을 초과할 수 없다.
3. 교육을 받도록 의무를 부과하는 경우 소비

자보호 등을 위한 법준수에 관한 교육 등 공정거래위원회가 정하는 내용의 교육에 한하며, 다단계판매원 1인당 연간 3만원. 이 경우 징수하는 교육비는 실제 비용을 초과할 수 없다.

제30조【다단계판매상품등에 대한 가격제한】 법 제23조제1항제13호에서 "대통령령이 정하는 금액"이라 함은 130만원(부가가치세가 포함된 금액으로 한다)을 말한다.

제31조【재화등의 배송 등을 위한 소비자정보의 이용】 법 제23조제1항제14호가목에서 "대통령령이 정하는 경우"라 함은 다음 각호의 경우를 말한다.
1. 재화등의 배송 또는 전송을 업으로 하는 자로서 당해 배송 또는 전송을 위탁받은 자에게 정보를 제공하는 경우
2. 재화등의 설치, 사후 서비스 그 밖에 약정한 서비스의 제공을 업으로 하는 자로서 당해 서비스의 제공을 위탁받은 자에게 정보를 제공하는 경우

제32조【도용방지를 위한 소비자정보의 이용】 법 제23조제1항제14호다목에서 "대통령령이 정하는 경우"라 함은 제17조 각호의 경우를 말한다.

제33조【침해정지요청권자】 ①법 제24조에서 "대통령령이 정하는 소비자단체 등"이라 함은 다음 각호의 1에 해당하는 단체를 말한다.
1. 소비자보호법 제26조의 규정에 의하여 설립된 한국소비자보호원
2. 소비자보호법 제19조제1항의 규정에 의하여 재정경제부 또는 지 방자치단체에 등록한 소비자단체
3. 민법 제32조의 규정에 의하여 다단계판매와 관련한 소비자보호를 목적으로 설립된 단체

제34조【침해정지요청 절차】 법 제24조의 규정에 의하여 침해정지를 요청하고자 하는 자는 다음 각호의 사항을 기재한 서면을 공정거래위원회에 제출하여야 한다
1. 침해정지요청의 대상이 되는 다단계판매자 및 위법행위의 내용
2. 위법행위로 인하여 침해되거나 침해를 받을 우려가 있는 이익이 나 피해의 내용
3. 침해행위의 정지에 필요한 조치의 내용

제35조【다단계판매업자가 고지를 게을리한 경우 손해배상책임의 기준】 법 제27조제3항의 규정에 의한 다단계판매업자의 배상책임의 기준은 다단계판매원의 위반행위와 상당인과관계가 있는 손해액을 그 기준으로 하되, 위반행위 관련매출액을 한도로 한다

제36조【계속거래등의 금액·기간 기준】 법 제28조제1항 본문에서 "대통령령이 정하는 금액 및 기간"이라 함은 각각 10만원 및 3월을 말한다. 다만, 사업권유거래의 경우에는 기간에 관계없이 그 금액을 30만원으로 한다.

제37조【사업권유거래의 경우 계약서 기재사항】 법 제28조제1항제5호에서 "대통령령이 정하는 사항"이라 함은 재화등을 구매하는 경우 사업자가 제공하는 사업기회에 의하여 얻게 되는 이익이나 그 보장에 관한 조건을 말한다.

제38조【계약서 기재사항】 법 제28조제1항제9호에서 "대통령령이 정하는 사항"이라 함은 판매일시·판매지역·판매수량·인도지역 등 판매조건과 관련하여 제한이 있는 경우 그 내용에 관한 사항을 말한다.

제39조【계속거래등의 계약해지 제한사유】 법 제29조 단서에서 "대통령령이 정하는 경우"라 함은 소비자(사업권유거래의 상대방을 포함한다. 이하 같다)의 주문에 의하여 개별적으로 생산되는 재화등 계약해지를 인정하는 경우 계속거래업자 또는 사업권유거래업자(이하 "계속거래업자등"이라 한다)에게 회복할 수 없는 중대한 피해가 예상되는 경우로서 사전에 당해 거래에 대하여 별도로 그 사실을

고지하고 소비자의 서면(전자문서를 포함한다)에 의한 동의를 얻은 경우를 말한다.

제40조【재화등의 반환에 따른 대금환급 또는 위약금의 경감】 ①법 제30조제2항의 규정에 따라 소비자가 재화등을 반환하는 경우 계속거래업자등은 반환받은 재화등의 가치에 상당하는 금액을 계약의 해제 또는 해지에 따라 지급하여야 할 환급금에 더하거나 청구할 수 있는 위약금에서 감액하여야 한다.

②계속거래업자등은 제1항의 규정에 따라 환급금의 증액 또는 위약금의 감액을 하는 경우 재화등을 반환받은 날부터 3영업일 이내에 증액 또는 감액된 금액을 소비자에게 반환하거나 재화등의 대금 등 소비자로부터 받을 금액이 있는 경우에는 증액 또는 감액된 금액을 차감하여 청구하여야 한다. 계속거래업자등이 전단의 조치를 지연한 경우에는 총리령이 정하는 지연기간에 대한 지연배상금을 지급하여야 한다.

③제1항의 규정에 의하여 반환받은 재화등의 가치에 상당하는 금액을 산정함에 있어서는 재화등의 시장가격이나 감가상각 등을 감안하여야 한다.

제41조【계속거래업자등의 거래기록 열람】 계속거래업자등은 법 제31조의 규정에 의하여 재화등의 거래기록 등을 방문·전화 또는 인터넷 등을 통하여 즉시 열람할 수 있도록 필요한 조치를 하여야 하고, 소비자가 우편 등에 의하여 열람요청을 하는 경우 3영업일 이내에 관련자료를 발송하여야 한다.

제42조【소비자피해보상보험계약등】 ①법 제34조제1항의 규정에 의하여 다단계판매업자가 체결하는 소비자피해보상보험계약등은 다음 각호의 사항을 충족하여야 한다.

1. 청약철회등의 권리행사에 따라 발생하는 대금환급의무의 불이행 또는 재화등의 공급의무의 불이행 등으로 인한 소비자피해를 보상하는 것을 그 내용으로 할 것

2. 피보험자 또는 수혜자는 당해 소비자피해보상보험계약등을 체결 한 자가 판매하는 재화등의 구매자로 할 것

3. 계약금액은 재화등의 매매대금을 한도로 공정거래위원회가 정한 규모 이상으로 할 것

4. 소비자(다단계판매원을 포함한다. 이하 이 조에서 같다)가 용이하고 신속하게 피해보상을 받을 수 있도록 하고 보상이 지연되는 경우 지연배상금이 지급되도록 할 것

5. 정당한 사유 없이 소비자의 의사표시 방법을 제한하거나 소비자에게 과도한 입증책임의 부담을 부과하지 아니할 것

6. 정당한 사유 없이 피해보상의 범위나 보험자 또는 재화등의 판매자의 책임을 한정하지 아니할 것

7. 그 밖에 소비자에게 예상하기 어려운 위험이나 손해를 줄 우려가 있거나 부당하게 불리한 약정을 두지 말 것

8. 보험계약 또는 채무지급보증계약은 보험업법 제2조제2항의 규정에 의한 보험사업자 또는 은행법 제2조제2호의 규정에 의한 금융기관과 체결할 것

9. 소비자피해보상보험계약등의 계약을 체결하여 거래하는 기간은 1년 이상의 기간으로 하고, 정당한 사유 없이 계약해지의 요건을 용이하게 정하여 소비자에게 불이익을 주지 아니할 것

②법 제34조제2항의 규정에 의하여 공정거래위원회가 체결하도록 권장하는 소비자피해보상보험계약등은 제1항제1호 내지 제8호의 사항을 충족하여야 한다

③제1항 및 제2항의 규정외에 재화등이나 거래의 특성에 따른 소비자피해보상보험계약등의 구체적인 기준이나 피해보상의 내용 및 절

차와 소비자피해보상보험계약등의 표지사용에 관하여 필요한 사항은 총리령으로 정한다.

제43조【공제조합의 인가 등】 ①법 제35조제1항의 규정에 의한 공제조합을 설립하고자 하는 때에는 10인 이상이 발기하고, 조합원 중 2분의 1 이상의 동의를 얻어 창립총회에서 정관을 작성한 후 공정거래위원회에 인가를 신청하여야 한다.

②공정거래위원회는 제1항에 의한 인가를 한 때에는 이를 공고하여야 한다.

제44조【공제조합의 정관 기재사항】 법 제35조제6항의 규정에 의한 정관기재사항은 다음 각호와 같다.

1. 목적
2. 명칭
3. 사무소의 소재지
4. 출자 1좌의 금액과 그 납입방법 및 지분계산에 관한 사항
5. 조합원의 자격과 가입·탈퇴에 관한 사항
6. 자산 및 회계에 관한 사항
7. 총회에 관한 사항
8. 운영위원회에 관한 사항
9. 임원 및 직원에 관한 사항
10. 융자에 관한 사항
11. 업무와 그 집행에 관한 사항
12. 정관의 변경에 관한 사항
13. 해산과 잔여재산의 처리에 관한 사항
14. 공고의 방법에 관한 사항

제45조【공제조합의 운영 및 감독】 ①공제조합은 매 사업연도의 총수입과 총지출을 예산으로 편성하여 사업연도 개시 1월전까지 공정거래위원회에 제출하여야 한다.

②공제조합은 매 사업연도 경과후 2월 이내에 결산을 완료하고 결산보고서에 대차대조표와 손익계산서를 첨부하여 공정거래위원회에 제출하여야 한다.

③공제조합은 제2항의 규정에 의하여 공정거래위원회에 제출한 대차대조표와 손익계산서를 주사무소 및 지부에 갖추어 두고, 대차대조표는 이를 공고하여야 한다.

④공정거래위원회는 필요하다고 인정되는 때에는 공제조합에 대하여 업무에 관한 보고서의 제출 그 밖에 필요한 조치를 명하거나 소속 공무원으로 하여금 공제조합의 업무상황을 조사하거나 장부 그 밖의 서류를 검사하게 할 수 있다.

⑤공정거래위원회는 공제조합의 운영 및 업무집행 등이 법령이나 정관 등에 적합하지 아니하는 경우 이의 시정을 명할 수 있고, 그 밖에 소비자의 피해구제 등과 관련하여 필요한 경우에는 적절한 조치를 요구할 수 있다.

제46조【위법행위 등에 대한 정보공개 등】 공정거래위원회는 법 제38조의 규정에 의하여 정보를 공개하고자 하는 때에는 사전에 당해 사업자에게 공개되는 정보의 내용을 통보하여 소명의 기회를 주어야 한다.

제47조【평가·인증사업의 공정화】 ①법 제39조제1항의 규정에 의한 평가·인증사업자는 다음 각호의 사항을 공정거래위원회가 정하는 바에 따라 공시하여야 한다.

1. 평가·인증사업자의 명칭
2. 주소 또는 사업소의 소재지
3. 평가·인증범위
4. 평가·인증업무개시일
5. 평가·인증의 기준·절차 및 방법에 관한 사항

②제1항 각호의 사항은 소비자가 이를 용이하게 열람·확인할 수 있는 방법으로 공시하여야 한다.

제48조【보고의무】 시·도지사는 법 제40조제1항의 규정에 의하여 시정권고 또는 처분을 한 경우에는 지체없이 공정거래위원회에 보고

하여야 한다. 이 경우 전자문서에 의하여 보고할 수 있다.

제49조【시정조치를 받은 사실의 공표】 공정거래위원회는 법 제42조제3항의 규정에 의하여 사업자등에 대하여 시정조치를 받은 사실의 공표를 명하고자 하는 경우에는 다음 각호의 사항을 참작하여 공표의 내용 및 그 횟수 등을 정하여 이를 명하여야 한다.
1. 위반행위의 내용 및 정도
2. 위반행위의 기간 및 횟수
3. 위반행위로 인하여 발생한 소비자피해의 범위 및 정도

제50조【영업의 정지 및 등록취소기준】 법 제42조제4항의 규정에 의한 영업정지 및 등록취소 처분에 관한 기준은 별표 1과 같다.

제51조【소비자피해분쟁조정기구】 법 제43조제1항에서 "대통령령이 정하는 소비자피해분쟁조정기구"라 함은 다음 각호의 기구를 말한다.
1. 소비자보호법 제26조의 규정에 의하여 설립된 한국소비자보호원
2. 시·도지사가 소비자보호법 제12조 및 동법시행령 제9조의 규정에 의하여 설치한 소비자피해분쟁조정기구
3. 그 밖에 소비자보호관련 법령에 의하여 설치·운영되는 분쟁조정기구

제52조【분쟁조정 조정안 수락 및 이행시 시정조치를 하지 아니하는 절차 등】 ①법 제43조의 규정에 의한 분쟁조정의 당사자는 분쟁조정기구의 권고안 또는 조정안을 이행하였음을 확인하는 서류를 그 이행한 날부터 10일 이내에 공정거래위원회에 제출하고, 법 제42조의 규정에 의한 시정조치를 하지 아니한다는 확인을 요청할 수 있다.
②제1항의 요청을 받은 공정거래위원회는 시정조치를 하지 아니하는 대상 등을 사업자에게 통지하여야 한다.

제53조【과징금 징수절차】 ①공정거래위원회는 과징금을 부과하고자 하는 때에는 그 위반행위의 종별과 당해 과징금의 금액 등을 명시하여 이를 납부할 것을 서면으로 통지하여야 한다.
②제1항의 규정에 의하여 통지를 받은 자는 통지가 있은 날부터 60일 이내에 과징금을 공정거래위원회가 정하는 수납기관에 납부하여야 한다. 다만, 천재?지변 그 밖에 부득이한 사유로 인하여 그 기간내에 과징금을 납부할 수 없는 때에는 그 사유가 없어진 날부터 30일 이내에 납부하여야 한다.

제54조【과징금부과를 위한 위반행위 관련매출액 산정】 법 제44조제1항 전단에서 "대통령령이 정하는 위반행위 관련매출액을 초과하지 아니하는 범위"라 함은 다음 각호의 1에 해당하는 금액을 말한다. 다만, 당해 위반행위가 제1호 내지 제3호 가운데 둘 이상에 해당되는 경우에는 그 중 큰 금액을 말한다.
1. 당해 위반행위가 매출이나 소비자피해 발생의 직접적인 원인이 아닌 경우에는 당해 위반행위의 발생시점으로부터 그 종료시점(당해 행위가 과징금부과 처분시까지 종료되지 아니한 경우에는 과징금 부과처분을 명하는 공정거래위원회의 의결일을 당해 행위의 종료일로 본다)까지의 매출액의 10퍼센트에 해당하는 금액. 다만, 위반행위가 특정 분야에 한정된 경우에는 당해 분야 매출액을 기준으로 한다.
2. 당해 위반행위가 매출이 일어난 직접적 원인이 된 경우에는 당해 위반행위와 상당인과관계가 있는 매출액 전액에 해당하는 금액
3. 당해 위반행위가 소비자피해에 직접적 원인이 된 경우에는 당해 위반행위로 인하여 피해가 발생한 매출액 전액에 해당하는 금액

제55조【사업자단체의 등록】 ①법 제47조제1항의 규정에 의하여 등록하고자 하는 사업자

단체는 다음 각호의 사항을 기재한 신청서를 공정거래위원회에 제출하여야 한다.
1. 목적
2. 명칭
3. 주된 사무소·지부의 주소 및 홈페이지 주소
4. 대표자의 성명·주민등록번호·주소·전화번호·전자우편주소
5. 설립연월일
6. 회원의 수(지부의 수를 포함한다)
7. 사업내용
②제1항의 신청서에는 정관과 다음 각호에 관한 자료를 첨부하여야한다.
1. 인력·재정상황 및 재원확보방안
2. 주요설비의 목록 및 성능
③법 제47조제1항의 규정에 의하여 등록한 사업자단체는 제1항제1호 내지 제4호, 제6호 및 제7호와 제2항 각호에 규정된 사항의 변경이 있는 때에는 그 변경이 있는 날부터 20일 이내에 공정거래위원회에통보하여야 한다.

제56조【권한의 위임·위탁】 시·도지사는 법 제49조제2항의 규정에 의하여 다음 각호의 권한을 시장·군수·구청장(자치구의 구청장을 말한다)에게 위임한다.
1. 법 제5조제1항 및 제2항의 규정에 의한 방문판매업자등의 신고 및 변경사항의 신고의 수리
2. 법 제5조제3항의 규정에 의한 방문판매업자등의 영업의 휴지·폐지 및 재개의 신고의 수리
3. 법 제12조제2항의 규정에 의한 방문판매업자등의 신고사항의 직권말소
4. 법 제37조의 규정에 의한 위반행위의 조사(다단계판매자에 대한 조사를 제외한다)

제57조【과태료 부과·징수절차】 ①공정거래위원회 또는 시·도지사는 법 제58조제1항 또는 제2항의 규정에 의하여 과태료를 부과하는 때에는 당해 위반행위를 조사·확인한 후, 위반사실·이의방법·이의기간 및 과태료의 금액 등을 서면으로 명시하여 이를 납부할 것을 과태료부과대상자에게 통지하여야 한다.
②공정거래위원회 또는 시·도지사는 제1항의 규정에 의한 과태료를 부과하고자 하는 때에는 10일 이상의 기간을 정하여 과태료부과대상자에게 구술 또는 서면에 의한 의견진술의 기회를 주어야 한다. 이 경우 지정된 기일까지 의견진술이 없는 경우에는 의견이 없는 것으로 본다.
③공정거래위원회 또는 시·도지사는 과태료의 금액을 정함에 있어서는 당해 위반행위의 동기와 그 결과 등을 참작하여야 한다.

제58조【과태료 부과기준】 법 제58조제4항의 규정에 의한 과태료의 부과기준은 별표 2와 같다.

부   칙

①(시행일) 이 영은 공포한 날부터 시행한다.
②(다단계판매업자에 대한 경과조치) 이 영 시행 당시 방문판매업자중 제2조의 개정규정에 의하여 다단계판매업자에 해당되게 된 자는 이 영 시행일부터 6월내에 다단계판매업자로 등록하여야 한다.
③(다단계판매원 결격사유자에 대한 경과조치) 이 영 시행 당시 다단계판매원중 제21조의 개정규정에 의하여 다단계판매원의 결격사유에 해당되게 된 자는 이 영 시행일부터 3월내에 탈퇴하여야 한다.
④(후원수당지급기준에 대한 경과조치) 이 영 시행 당시 후원수당의 지급기준등이 제28조의 개정규정에 위반되게 된 경우에는 이 영 시행일부터 3월내에 변경하여야 한다.

3. 네트워크마케팅업체 주소록

1 서 울

등록번호/일자	상 호	대 표	주 소	전 화	비 고
1호 95.7.20	한국암웨이	데이빗어쎄리	강남구 대치3동 944-31 섬유센터빌딩 8층	3468-6000	
2호 95.7.22	썬라이더 코리아	웬디 첸	서초구 서초동 1674-4 하림빌딩	3415-0500	
3호 95.8.3	아이킹콩닷컴	고윤석	서초구 방배동 908-10	3471-2376	한초인터내셔날에서 변경
4호 95.7.24	노이폼하우스	강귀희	강남구 역삼동 607-13	501-8934	폐업
5호 95.7.24	에스엠코리아종합유통	이호준	강남구 대치동 983-3	552-4205	제이엠코리아에서 변경
6호 95.7.24	에이치유비	심현아	강남구 논현동 136-34 풍강빌딩	3444-0296	유로메이트에서 변경
7호 95.7.25	리빙월드컴	함명식	강남구 도곡동 517-5 경희빌딩 3층	577-2599	아디파스에서 변경
8호 95.7.25	앨트웰	황용석	강남구 역삼동 681-47 앨트웰 빌딩	565-2161	삼왕에서 변경
9호 95.7.25	누틱스	최옥길	강남구 삼성동 144-22 삼영빌딩 7층		폐업
10호 95.7.26	그레리찌코리아	전명길	서초구 반포동 723-26	566-1344	판매법 위반
11호 95.7.27	대등산업	김영준	송파구 거여동 27-1		폐업
12호 95.7.27	포코물산	주경호	강남구 신사동 527		폐업
13호 95.7.28	썬웨이브인터내셔날	박관수	구로구 오류동 145-29 대성빌딩 2층	566-2002	폐업
14호 95.8.2	엔탑월드	이상구	강남구 역삼동 837-11 유니온센터 502	3452-0352	올인올종합물산에서 변경
15호 95.8.2	씨테크통상	주경자	서초구 서초동 1677-14 청암빌딩	597-6071	폐업
16호 95.8.4	젊은사람들	정영애	강남구 신사동 533-11		폐업
17호 95.8.4	스카이 인터내셔날	남기순	강남구 역삼동 646-9 신중앙빌딩2층	6244-1108	국영유통에서 변경
18호 95.8.4	월드인터콤넷	강애순	강남구 역삼동 823-23 동양빌딩 8층	544-3282	폐업
19호 95.8.4	에이치비네트피아	김준태	송파구 거여동 23-1	3401-8491	늘푸른엔트라이즈에서 변경
20호 95.8.5	NBC int.	민영기	송파구 석촌동 277-1	3431-6161	폐업
21호 95.8.5	써미트실업	양윤규	종로구 숭인동 296-4	237-8691	폐업
22호 95.8.5	그로스인터내셔널	김영은	강남구 역삼동 739-1	3465-2310	라이프 시너지 인터내셔날에서 변경
23호 95.8.5	솔훼미리	한선수	강남구 대치동 967-11		99.11.3 등록취소
24호 95.8.5	세비앙몽드	장명래	서초구 서초동 1576-5 신아빌딩 3층	521-6692~5	대구(9호)로 이관
25호 95.8.8	한나라이프	이상락	송파구 방이동 62-8 석정빌딩	424-7032	폐업
26호 95.8.8	챌리지이즈석쎄스	김종태	강남구 역삼동 738-18 중앙빌딩 1층	565-7460~2	
27호 95.8.8	엔에이치비인터내셔날	이동표	강남구 역삼동 648-15	538-1396	폐업
28호 95.8.8	나인성무역	조성자	서초구 서초동 1451-2		폐업
29호 95.8.8	라이즈	강성만	송파구 오금동 126 석촌프라자 5층	3401-9664	피어라에서 변경
30호 95.8.8	선망산업	안성근	강남구 논현동 117-8 유회빌딩		폐업
31호 95.8.8	주코네트워크	신동석	강남구 신사동 568-11 신화빌딩 6층	514-7333	폐업
32호 95.8.8	곰비임비	이명수	서초구 양재동 275-6 삼호물산 B동 402호	589-0691	폐업
33호 95.8.8	민영월드	이전우	송파구 가락본동 57-3 2층	449-2956	대표자 변경
34호 95.8.12	디엔알	이원석	송파구 가락동 104 부일빌딩 4층	3473-8454	폐업
35호 95.8.12	바이타민파워넷	백종인	서초구 서초3동 1595-1	521-6946	라이브무역에서 변경
36호 95.8.12	고도산업	정수길	송파구 가락동 35-7	431-7167~9	99.11.3 등록취소
37호 95.8.24	신아로	김석기	송파구 삼전동 101-2	421-8446	휴업
38호 95.8.30	웅진월드	강창환	서초구 서초동 1304-3 남서울빌딩	501-4016	폐업
39호 95.8.31	베터앤베스트	주경선	서초구 양재동 361-1		폐업

3. 네트워크마케팅업체 주소록   337

등록번호/일자	상 호	대 표	주 소	전 화	비 고
40호 95. 8. 31	아이엔케이 유통	이찬희	강남구 역삼2동 707-7	561-8833	등록취소
41호 95. 9. 4	한국포에버리빙 프로덕트	김원애	서초구 방배동 983-19	523-2631	
42호 95. 9. 4	그레이트 인터내셔날	김성민	강남구 역삼동 831-3	3452-6401	세정컬렉션에서 변경후 폐업
43호 95. 9. 4	맨앤월드	함무룡	서초구 서초동 1339-9 논노빌딩 3층	485-8729	구 바스코인타내셔널에서
44호 95. 9. 6	무성시스템	박형호	송파구 풍납동 269-9		폐업
45호 95. 9. 11	한국아르본	임경수	강남구 삼성동 161-5	553-9235	건보유통에서 변경
46호 95. 9. 11	한국이엑셀인터내셔날	강옥선	송파구 삼전동 28 동민빌딩 2층	421-7787	
47호 95. 9. 20	그린피아코스메틱	최덕식	강남구 논현동 63-19 윤오빌딩 2층	546-0651	
48호 95. 9. 25	엔에스앤 사업본부	김종환	영등포구 당산동6가 294	679-4101~4	폐업
49호 95. 9. 26	카임	홍창현	서초구 서초동 1422-6 원림빌딩 5층	598-9061	부산시 이관
50호 95. 9. 29	미래네트웍인터내쇼날	성미련	강남구 대치동 995-22 대우빌딩7층	561-5810~1	보탬플러스에서 변경
51호 95. 10. 2	한국바이오에너지	성효경	강남구 논현동 164-16 명성빌딩 4층		폐업
52호 95. 10. 6	뉴코리멘	주영철	강남구 논현동 10-26 서봉빌딩	540-3845	폐업
53호 95. 10. 11	S.T.C Int.	주성기	마포구 도화2동 173 삼창프라자	707-3040	
54호 95. 10. 31	경죽물산	황병옥	강남구 논현동 203-1	565-6464	등록취소
55호 95. 11. 3	참생활인터내셔널	이준선	강남구 삼성동 824-22	424-9971	휴업
56호 95. 11. 30	우리가	이일봉	강남구 역삼동 824-9 수산빌딩 3층	539-3133	99.11.3 등록취소
57호 95. 12. 14	유니시티코리아	유모세	강남구 역삼동 708-1 동우빌딩 3층	3450-1800	
58호 95. 12. 14	엔에스이코리아	한성태	강남구 대치동 890-12	538-1441	
59호 95. 12. 19	카오스엔 제네시스	김지섭	서초구 양재동 275-4 트윈타운 3층 713호	572-1692	근화내츄럴에서 변경
60호 95. 12. 19	글로리코리아	김지현	강남구 삼성동 166-1 평화빌딩 4층		부산시로 이관
61호 96. 1. 6	희림산업	이맹대	서초구 서초동 1697-37	596-9868	폐업
62호 96. 1. 12	삼생산업	유옥자	강남구 도곡동 459-5		폐업
63호 96. 1. 24	코리아이글스	김성규	강남구 역삼동 705-1	527-4588	파스크에서 변경
64호 96. 1. 29	신우엔티	오시훈	강남구 역삼동 830-24 서정빌딩 4층	563-0681	에스엔에스아이티에서 변경
65호 96. 2. 10	사차원월드	임석화	강남구 역삼동 644-8 대원빌딩 4층	3452-8097	국민몰닷컴에서 변경
66호 96. 2. 12	내고향 마을	이종윤	강남구 역삼동 643-11 기봉빌딩 2층	3461-0026	대명종합물류에서 변경후
67호 96. 2. 24	센추리이십일	고호성	강남구 대치동 914-5		폐업
68호 96. 3. 6	나은코리아	최윤형	강남구 삼성동 735-33	508-5417	폐업
69호 96. 3. 6	한국프로마시스템즈	윤철수	강남구 역삼동 642-16 성지하이츠 제2빌딩 1705호	3453-1122	휴업
70호 96. 3. 12	인산가	김윤세	서초구 양재동 275-1 트윈타워 524		폐업
71호 96. 3. 12	풀무원생활	신동진	서초구 서초3동 1450-7 풀무원 빌딩	3471-0285	
72호 96. 3. 15	세모에스엘	임태수	강남구 역삼1동 797-26	560-5600	
73호 96. 3. 21	제이드 마운틴	황기중	강남구 삼성동 169-25 용수빌딩 4층	501-2552	폐업
74호 96. 3. 25	타이웨이코리아	진숙인	강남구 삼성동 157-4 대천빌딩 4층	539-6993	
75호 96. 4. 15	코립스	원성우	강남구 포이동 217-2	577-3671	휴업
76호 96. 4. 15	청솔 C.B	박재홍	강남구 삼성동 735-33 양지빌딩 4층	567-7179	폐업
77호 96. 4. 25	G.N.L.D인터내셔날	죠지팔	서초구 서초동 1328-10 덕흥빌딩 10층	3472-9997	휴업
78호 96. 5. 10	뉴본원 산업	서창국	송파구 오금동 158-17	431-8741~2	폐업
79호 96. 5. 17	기람양행	성영숙	서초구 서초동 1698-9 보원빌딩 2층	533-4260	휴업
80호 96. 5. 21	신명란 수산	김환중	서초구 방배동 783-5	592-9744	폐업
81호 96. 5. 21	탑라이프	주경선	송파구 방이동 165-3		폐업
82호 96. 5. 27	김정문 시스템	이승원	강남구 삼성동 736-44		폐업
83호 96. 5. 27	티오센츄리	전경노	송파구 가락동 57-3	402-5458	경기도로 이관(경기14호)

338 부록 3

등록번호/일자	상 호	대 표	주 소	전 화	비 고
84호 96. 6. 3	쓰리마인드	강태명	송파구 가락동 2-5		폐업
85호 96. 6. 14	영문인터내셔날	박명복	서초구 양재동 109-2		폐업
86호 96. 7. 9	론제비티 코리아	박시웅	강남구 신사동 563-10 한라빌딩 1층	556-6111	99.11.3 등록취소
87호 96. 7. 16	바이우천	문영국	광진구 광장동 114 현대골든텔III 1005호	3436-6751	폐업
88호 96. 7. 16	하이리빙 코리아	백승혁	서초구 서초동 1321 강남빌딩 2층	3489-0600	진로하이리빙에서 변경
89호 96. 7. 18	씨-스템	성평건	강남구 삼성동 141-26		폐업
90호 96. 7. 18	한국허벌라이프	브라이언케인	강남구 대치동 996-1	508-8004	
91호 96. 8. 12	한국사미트인터내쇼날	조수원	양천구 목2동 515-12 지산빌딩 2층	2646-2772	
92호 96. 8. 21	메디메디칼 플러스	안진국	서초구 서초동 1463-10	3486-9325	폐업
93호 96. 8. 26	니켄코리아	민병원	강남구 삼성동 144-25 신스타워 7층	569-0330	폐업
94호 96. 8. 31	다사랑국제교역	김종국	송파구 방이동 64-10		폐업
95호 96. 9. 9	유에스텔레메틱 코리아	장석현	강남구 삼성동 158-3	539-5900	99.11.3 등록취소
96호 96. 9. 10	일영인터내셔날	김정현	강남구 논현동 2-11 신라빌딩	3445-3981	폐업
97호 96. 9. 18	코리드	이용우	서초구 서초동 1422-6 원림빌딩 1층	553-1324	폐업
98호 96. 10. 8	대웅헬스피아	한영우	강남구 삼성동 163-3	3453-9433	폐업
99호 96. 10. 23	라이프스타일스	주북명	강남구 대치동 944 동원빌딩 7층	556-9800	휴업
100호 96. 11. 7	글로벨	서명원	강남구 역삼동 823-33 백림 B/D 4층	556-9800	대표자 변경
101호 96. 11. 13	갈채인터내셔날	김남철	서초구 서초동 1574-11 우건빌딩 5층	598-3657	99.11.3 등록취소
102호 96. 11. 14	실버윙스	이점휘	강남구 역삼동 648-3	501-8855	골든커뮤니케이션에서 변경
103호 96. 11. 18	엔리치코리아	파울러 벵커터	강남구 역삼동 825 미진플라자 2층	3469-1100	99.11.3 등록취소
104호 96. 11. 27	동양롤	이정호	강남구 논현동 165 대화빌딩 5층	548-8700	폐업
105호 96. 12. 9	워드 앤 월드	박안성	중구 명동2가 32-5 우하빌딩 6층	771-0691	휴업
106호 96. 12. 9	뷰티앤헬스	김조용	강남구 삼성동 157-27 경암빌딩 6층	569-9988	폐업
107호 96. 12. 16	해바른	박남용	강남구 역삼동 708-25 씨알 4층	3472-3970	금일유통에서 변경
108호 96. 12. 16	누야	이은희	서초구 서초3동 1542-14 용훈빌딩 2층	585-0888	폐업, 방판으로 전환
109호 96. 12. 17	노조미코리아	박정선	서초구 서초3동 1567-7 한남빌딩	522-4701	폐업
110호 96. 12. 18	백승코리아(바스코)	강명기	강남구 도곡동 543 동밀빌딩 4층		영업정지
111호 96. 12. 19	김정문알로에	김정문	강남구 역삼동 738-40		폐업
112호 96. 12. 19	베스트네모	김영숙	강남구 도곡동 우성리빌텔 706호	3431-9872	명품인터내셔날에서 변경
113호 96. 12. 27	레민다	성평건	강남구 삼성동 142-1		폐업
114호 96. 12. 30	다만코리아	이회형	강남구 대치동 943-14 덕유빌딩	568-5588	폐업
115호 97. 1. 9	게란티	이성훈	강남구 역삼동 678-20	501-8870	대구시로 이관(대구 14호)
116호 97. 1. 11	빛고운	남진태	관악구 신림동 1433-86	854-5962	
117호 97. 1. 28	씨엔비인터내셔날	두효언	강남구 신사동 532-11 대영빌딩 302호	540-6580	BMP에서 변경
118호 97. 2. 5	멤버스뷰티섹세스코리아	한상준	강남구 삼성동 141-19	562-3326	휴업
119호 97. 2. 5	개미인터뷰전	오소영	서초구 잠원동 28-1 푸른상호신용금고 4층	512-9042	뉴셈코리아에서 변경
120호 97. 2. 5	에이에스티남양통신	강상원	영등포구 여의도동 45-3	780-5053~4	폐업
121호 97. 2. 12	케이코몰	최창균	강남구 역삼동 648-23 여성빌딩 13층	556-6603	폐업
122호 97. 2. 12	지구촌네트	김광훈	성동구 용답동 1-2 태광빌딩 4층	214-0021	휴업
123호 97. 2. 12	랑스코리아	장병용	성동구 마장동 771-7	2281-0181	푸른세계 인터내셔날에서 변경
124호 97. 2. 28	신성 CNG	최은학	영등포구 당산6가 327 신성빌딩	634-5740	폐업
125호 97. 3. 7	늘푸른생활	강병산	강남구 대치동 945 삼안빌딩 8층	567-5656	폐업
126호 97. 3. 20	한뿌리유통	지상철	강남구 역삼동 830-24	565-8686	폐업
127호 97. 4. 1	펄화이트코리아	한현수	강남구 역삼동 677-5	566-8937	폐업

3. 네트워크마케팅업체 주소록   339

등록번호/일자	상 호	대 표	주 소	전 화	비 고
128호					
129호 97. 4. 8	케이엘티	윤규영	강남구 삼성동 142-46 암천산업빌딩 6층	563-4303	폐업
130호 97. 4. 10	레인보우유니버셜	미츠모토 요시히코	강남구 역삼동 644-19	556-3304~5	폐업
131호 97. 4. 11	학산시스템	박청조	서초구 양재동 67-7	574-5172	폐업
132호 97. 4. 12	파나시아	김영향	강남구 역삼동 661-25 광성빌딩 3층	516-8598	폐업
133호 97. 4. 12	비엔엠인터내셔널	최원식	서초구 양재동 67-7 동신빌딩 지하	579-2136	폐업
134호 97. 4. 12	엠퍼리텔레콤	정연범	강남구 역삼동 735-32 조영빌딩 5층	5123-017	99.11.3 등록취소
135호 97. 4. 17	캐어코리아	로버트 엘 리차드	강남구 삼성동 143-40 태원빌딩 2층	539-1788	99.11.3 등록취소
136호 97. 4. 23	라이프스타일즈코리아	김종철	서초구 서초3동 1509-3 보성빌딩 5층	581-0711	에버조이에서 변경
137호 97. 5. 7	동구마을	이일규	강남구 삼성동 143-13	501-8628~9	대한마인드에서 변경
138호 97. 5. 16	세우토피아	박헌정	송파구 마천동 33	431-7633	폐업
139호 97. 5. 23	도연인터내셔날	김필기	서초구 양재동 115-5	529-6813	폐업
140호 97. 5. 28	천후	선명규	강남구 논현동 49-16	511-0645~6	폐업
141호 97. 5. 30	큰두레	정행원	서초구 서초동 1357-66 서울크리닉빌딩 3층	579-7280	폐업
142호 97. 6. 4	M2M	이상선	강남구 역삼동 831-3 비지빌딩	3453-9101	99.12.22 등록취소
143호 97. 6. 9	보령그랑쉬	송영헌	강남구 대치동 921-3	539-9889	폐업
144호 97. 6. 16	씨엔에스아이	박형오	강남구 논현동 203 거평빌딩 지하1층	517-4852	폐업
145호 97. 6. 27	아피오인터내셔널 코리아	테라오다사유끼	강남구 삼성동 140-28 현죽빌딩 1층	501-2131	아미가쪼시에떼 월드에서 변경
146호 97. 7. 4	오리온인터컴	표성근	관악구 봉천동 869-12 대연빌딩 707호	875-1418	엠비에서 변경
147호 97. 7. 14	새틀라이트인터내쇼날	잔 맥클라우드	서초구 서초동 1305-7 동일빌딩 1001	572-4806	99.11.3 등록취소
148호 97. 7. 31	이피엔	엄인학	강남구 역삼동 702-13 성지오피스텔 1414		휴업
149호 97. 8. 8	동양이엠아이	노갈성	종로구 종로3가 161	275-5000	99.11.3 등록취소
150호 97. 8. 14	실크리아	이광윤	서초구 반포4동 107-7	534-8484	
151호 97. 8. 18	대한내츄럴	김용중	성동구 성수2가 273-24 대한빌딩 4층	469-6401	영업정지
152호 97. 8. 20	세계로티디엔	최승순	대전시 동구 홍도동 64-2	553-5757	태영골드원에서 변경
153호 97. 8. 21	네쳐스선사이코리아	김명철	강남구 역삼동 824-21 상경빌딩 3, 4층	564-7700	
154호 97. 8. 26	아리랑인터컴	김진석	강남구 역삼동 705-22 화신빌딩 5층	(결번)	99.12.17 등록취소
155호 97. 8. 28	새미래	윤의성	광진구 중곡동 18-67 원방빌딩 4층	458-4105	폐업
156호 97. 8. 28	베네슈	조석행	강남구 역삼동 681-42 크레송빌딩 1층	552-2277	휴업
157호 97. 9. 1	퓨레코코리아	이용락	강남구 대치동 889-5 상제리제 A-1615	3401-6411	폐업
158호 97. 9. 25	세신 유니게이트 마케팅	이영교	강남구 삼성동 143-39 신일빌딩 8층	501-1567	
159호 97. 9. 30	에이스키토산	천인성	구로구 구로3동 1125-5 동희빌딩 4층	838-6652	폐업
160호 97. 10. 9	선영 알 에이치 엘	황영호	서초구 방배동 441-1 은혜빌딩 5, 6층	3486-4500	폐업
161호 97. 10. 22	옥강산코리아	정상곤	강남구 대치동 891-6 태성빌딩 4층	3453-4747	99.11.3 등록취소
162호 97. 10. 27	비앤드비케이	손만철	종로구 신문로1가 25 용마빌딩 9층	736-0430	휴업
163호 97. 10. 31	세일 몬디알	석현춘	강남구 논현동 234-8 석상빌딩 2층	546-0031	폐업
164호 97. 11. 10	그로마	이정가	강남구 역삼동 694-10 동신빌딩 1층	562-1568	폐업
165호 97. 12. 3	비지월드	심상욱	서초구 서초동 1586-7 우성빌딩 3층	568-6117	채화인터내셔날에서 변경
166호 97. 12. 8	한누리엔터프라이즈	여봉남	송파구 오금동 158-17	448-3119	대구시로 이관(대구4호)
167호 97. 12. 10	동양메이트	하태리	강남구 역삼동 614-7	565-0303	충북으로 이전(충북1호)
168호 97. 12. 12	티디피 코리아	박용대	강남구 삼성동 142-46 암천산업빌딩 6층	508-8280	푸른생활에서 상호변경
169호 97. 12. 15	영문그레벨	김명수	서초구 양재동 107 동일빌딩 4층	529-4741	폐업, 방문판매로 전환
170호 98. 1. 8	한국 프리콜	김성주	서초구 방배동 1002-1 141-26	(결번)	영업 정지
171호 98. 2. 5	엔에이치비유통	임화식	강남구 역삼동 642-6 성지하이츠 3차 양지 15호	558-8822	세지종합에서 변경

등록번호/일자	상 호	대 표	주 소	전 화	비 고
172호 98. 2. 9	진텍코리아	강대영	강남구 역삼동 642-6 성지하이츠빌딩 3동 1301호	511-4754	폐업
173호 98. 2. 17	드림코리아	김종철	강남구 역삼동 814-5	562-7547	폐업
174호 97. 5. 10	에이엔엔터프라이즈	김현중	강남구 역삼동 733-24	558-4674	신승산업에서 변경
175호 98. 3. 16	미찬들	백승훈	용산구 한강로 2가 187-7 유신빌딩 7층	796-2162~4	휴업
176호 98. 3. 16	신우리넷	신덕재	서초구 방배동 981-23 석경빌딩 1~3층	3486-0678	코리아이즐로인터내셔날에서 변경
177호 98. 3. 17	장백 마이더스	반명현	강남구 역삼동 739-1 신흥빌딩 2층	553-3740	99.11.3 등록취소
178호 98. 3. 27	이든넷	남명현	강남구 역삼동 704-30 동원빌딩 2층	564-0019	영업 정지
179호 98. 4. 1	이바코리아	박철성	서초구 서초동 1303-3 관선빌딩 3층	539-1177	휴업
180호 98. 5. 4	화이브에이취	이영부	서울시 강남구 논현동 236-4 오리지 빌딩 4층	3446-8711	대표자 변경
181호 98. 5. 13	선봉유통	송인범	강남구 역삼동 746 PMK 빌딩 8층	569-3434	99.11.3 등록취소
182호 98. 5. 18	알비시코리아	이수석	광진구 광장동 114	512-7147	천명 네트워크에서 변경
183호 98. 5. 30	피엔아이	이영만	강남구 신사동 508-3 영상빌딩 1층	3443-0926	파워네트 인터내셔날에서 변경
184호 98. 6. 10	엔. 에이취. 비월드	유영산	강남구 삼성동 140-28 현죽빌딩 1층	538-1048	폐업
185호 98. 6. 16	아시아 퍼시픽 네트워크	제레이몬드멤에트	서초구 서초동 1321-1 강남빌딩 1002호	3486-2300	99.11.3 등록취소
186호 98. 7. 15	케이이엔	송기주	서초구 서초동 1623-3	585-2929	이나인에서 변경
187호 98. 7. 23	쎄임월드	안홍헌	강남구 역삼동 702-13	569-4251	
188호 98. 8. 13	바이오실크	임태옥	강남구 역삼동 825-30 태성빌딩 3층	564-0114	
189호 98. 8. 13	다이너스티인터내셔날	장대윤	서초구 서초동 1318-5 대준빌딩 10층	556-0011	부산에서 이관(98.8)
190호 98. 9. 7	에이취디엔	전신한	서초동 1319-13 서초 현대타워 ④ 2층	539-3559	
191호 98. 9. 10	유캔인터내셔널	유기임	종로구 청진동 276-1 개진빌딩 3층	3452-0500	보화무역에서 변경
192호 98. 10. 8	아이앤지넷	김현욱	송파구 석촌동 276-2 꽃미울빌딩 2층	419-7185	서진라이프에서 변경
193호 98. 11. 2	세인트 트레이닝	장욱진	강남구 청담동 53-4 남도빌딩 7층	518-0098	
194호 98. 11. 12	젭터코리아	김동영	강남구 삼성동 144-25 신스타워 7층	508-6996	
195호 98. 11. 16	한국 엑스트라 엑셀 인터내셔널	자우 페이 첸	강남구 역삼동 708-1 동우빌딩	556-8880	
196호 98. 12. 25	21세기 실크코리아	박성룡	서초구 반포4동 93-1	534-8484	폐업
197호 98. 12. 26	이십일세기 통신네트워크	김정무	강남구 역삼동 678-23 태동빌딩 5층	556-2194	
198호 99. 1. 14	이웹코리아	장동주	광진구 구의동 546-4 테크노마트 28층 11호	3424-3170	대표자 변경
199호 99. 1. 28	천사한국건강산업	리진완	은평구 녹번동 27-6	357-5701	부산시로 이관(부산 21호)
200호 99. 1. 30	EPNC	김익수	강남구 삼성동 141-26 은경빌딩 신관 3층	561-2345	
201호 99. 3. 3	제이드 월드	손태욱	서초구 서초동 1556-2	523-2365	폐업
202호 99. 3. 19	월드클릭	이충남	중구 명동 2가 51-6 대한빌딩 7층	773-6891~2	에이치엠시비에서 변경
203호 99. 3. 19	홈엠아이티	김정숙	성동구 마장동 791-6 삼경빌딩 301	2297-4114	
204호 99. 4. 27	보령매니아	정진국	강남구 대치동 956-5호 정화빌딩 4, 5층	553-1144	
205호 99. 5. 6	벤처드림	방태준	강남구 삼성동 157-36 혜강빌딩 8층	558-9030	퍼스널프렌차이즈에서 변경
206호 99. 5. 6	유티앤	장욱진	강남구 신사동 541-7	514-7333	
207호 99. 5. 11	뉴웨스 인터내셔널 코리아	토마스 앨윈 미월	강남구 역삼동 646-18 고운빌딩 7층	501-0051	
208호 99. 6. 2	유니온디피	손상영	강남구 역삼동 642-14	2185-5300	
209호 99. 6. 2	에이치에쓰 인터내셔날	이태영	강남구 도곡동 949-1	3461-8230	
210호 99. 7. 19	호야커뮤니케이션	임동호	고양시 일산구 사리현동 466-1	542-4696	폐업
211호 99. 7. 20	에쿠스인터내셔널	이선임	강남구 역삼동 702-13 성지하이츠1동 816호	568-2440	폐업
212호 99. 8. 24	유에이치에스코리아	김일중	강남구 삼성동 170-7 두양빌딩 3층	554-2777	미라보타코리아에서변경
213호 99. 9. 6	삼산메디칼코리아	이시이사다오	강남구 삼성동 144-23 연딩빌딩 11층	563-7333	
214호 99. 9. 10	미래에는	김삼열	영등포구 영등포동 3가 8번지 남서울빌딩 4층	675-1187	
215호 99. 9. 30	바이원텔레콤	임태화	서초구 잠원동 19-8 동궁빌딩	544-5019	전라남도 이관

3. 네트워크마케팅업체 주소록   341

등록번호/일자	상 호	대 표	주 소	전 화	비 고
216호 99. 11. 9	쎌컴인터넷	어복수	강동구 고덕동 559-101	501-2808	
217호 99. 11. 22	파워라이프	이보득	송파구 석촌동 2번지 6호	553-9601	폐업
218호 99. 12. 20	아쿠아플러스	이정남	송파구 방이동 66-2	416-9014	
219호 00. 1. 7	나라콤	김규호	강남구 역삼동 648-1 BYC빌딩 14층	565-6016	대표자 변경
220호 00. 1. 7	피온코리아	김종태	강남구 역삼동 738-18 중앙빌딩 1층	565-7424	
221호 00. 2. 16	인터넷텔레콤인터내셔날	권әl신	강남구 역삼동 820-8 신성빌딩 9층	555-6006	대표자 변경
222호 00. 2. 24	근화뉴인터내셔널	정용관	강남구 신사동 521-10 대성빌딩 204	3445-4990	
223호 00. 2. 24	엔피에이치인터내셔널	정건옥	강서구 화곡동 1032-17 화평빌딩 5층	2601-5686	
224호 00. 2. 24	파이랜드인터내셔널	서윤석	구로구 구로3동 1124-44 오성빌딩2층	838-6141	
225호 00. 4. 11	비바퀸	김영덕	강동구 성내3동 244번지	484-4500	
226호 00. 4. 11	코넷월드	최지웅	서초구 양재동 261번지 양재빌딩 5층	3461-0742	
227호 00. 4. 15	시너지코리아	이건범	송파구 방이동 66-5 대원빌딩 2층	413-5611	
228호 00. 4. 21	신우네트워크	최명건	서초3동 1543-9 태흥빌딩 6층	525-1633	
229호 00. 4. 25	비케이디	유재무	서초구 반포동 107-7	3476-3900	한국실크에서 변경
230호 00. 5. 6	다이나믹라이프코리아	유양훈	강남구 대치3동 997-11 동남빌딩1층	555-0406	대표자 변경
231호 00. 5. 19	바로굿	김규남	서초구 서초동 1342-3 항우빌딩 405	585-8589	대구로 이관
232호 00. 5. 19	조이프러스	이유재	서초구 서초동 1572-18 만송빌딩7층	522-4090	
233호 00. 6. 9	이십일세기포인트플러스	이준섭	송파구 방이동 66-2 세기빌딩1층	416-0400	코리넷에서 변경
234호 00. 6. 17	아이에스앤	유규형	광진구 군자동 473-23	464-8485	
235호 00. 7. 3	월드라이센스	박경현	송파구 가락동 98-3 소방공제회관 3층	3401-6030	
236호 00. 7. 10	글로컴	심영길	서초구 서초동 1581-11 남도빌딩	3472-8942	부산시로 이관
237호 00. 7. 10	펠리스그룹	이규문	성동구 성수2차 3동 273-15 우영테크노센터 406호	464-1553	부산시로 이관
238호 00. 7. 15	장수플러스	이용필	강남구 역삼동 708-23 정림빌딩 5층	563-8757	
239호 00. 8. 9	한국네트웍메가몰	이주형	송파구 방이동 51-11 대종빌딩 2층	3431-0100	대표자 변경
240호 00. 8. 9	플러스웰	김풀정	강남구 역삼동 736-35 지현빌딩 1층	557-7917	대표자 변경
241호 00. 8. 25	아메리칸롱제비티	조광수	강남구 대치동 891-6 태성빌딩 6층	556-0062	대표자 변경
242호 00. 9. 8	다모아엔터프라이즈	박 형	강남구 역삼동 740-5 동방빌딩 1층	561-2049	대표자 변경
243호 00. 9. 14	하늘높이	김영범	강남구 삼성동 142-27 세진빌딩 3층	552-4660	
244호 00. 9. 22	이노클릭	도무숙	은평구 녹번동 39-4	352-2689	
246호 00. 9. 22	노니코리아	강동완	서초구 방배동 912-2 범창빌딩 107호	597-7894	대표자 변경
247호 00. 10. 10	엠에스엠코리아	이찬호	강남구 대치동 944-20	562-5282	
248호 00. 10. 11	대박월드	정상곤	강남구 대치동 1024 나산빌딩 309호	562-9669	디비월드에서 변경
249호 00. 10. 11	에프앤디물산	이창희	중랑구 중화동 307-63	3445-9653	
250호 00. 10. 12	휴닉스	한재동	강남구 신사동 541-19	3486-3800	
251호 00. 10. 18	디씨아이네트	배창직	서초구 양재동 316-3 홍아빌딩 3층	574-6200	
252호 00. 10. 18	뉴밀레니엄이즈석쎄스	김영란	강남구 도곡동 902-2 언주상가 3층	3463-6460	
253호 00. 10. 28	퓨처메이트	소준호	강남구 청담동 57-2	3444-0297	
254호 00. 11. 1	유엔디프랜차이즈	임을택	영등포구 문래동3가 84-2 2층	2068-1612	
255호 00. 11. 1	이십일세기파워코리아	제만식	동대문구 신설동 92-25 광진빌딩	929-0702	
256호 00. 11. 1	에이엘케이	강영운	서초구 반포동 723-23	563-4477	
257호 00. 11. 8	드리컴코리아	김영서	서초구 서초동 1601-2 한라그린오피스텔	575-0943	
258호 00. 11. 7	게란티	정용기	강남구 역삼동 662-5 청구빌딩 4층	501-8771	대표이사 변경
259호 00. 12. 4	니켄코리아	김박신	송파구 방이동 45-2 금복빌딩 2층	415-7100	
260호 00. 12. 6	한미티테크	신광식	강남구 역삼동 642-6 성지하이츠3차 1층	562-0023	대표자 변경

등록번호/일자	상 호	대 표	주 소	전 화	비 고
261호 00. 12. 7	이앤에이치	이용화	강남구 역삼동 649-10 산내들빌딩4층	567-7558	
262호 00. 12. 9	드림앤비젼	진선혜	강남구 역삼동 824-21 상경빌딩 1302호	508-2078	
263호 00. 12. 11	피에스케이	박영숙	서초구 서초동 1337-14 서천빌딩504호	597-2273	대표자 변경
264호 00. 12. 16	이웹칼프	김택동	강남구 역삼동 770-7 홍성빌딩2층	501-5850	
265호 00. 12. 18	지엔누리	박용철	서초구 잠원동 28-1 푸른빌딩2층	541-5019	
266호 01. 1. 5	오라파워	진득순	강남구 역삼동 738-41 역삼빌딩2층	3453-5789	
267호 01. 1. 6	세유이벤트	이근복	종로구 청진동 136 삼공빌딩5층	734-3091	
268호 01. 1. 8	팬머니카드	김승환	강남구 역삼동 607-10 밀레빌딩5층	561-7142	
269호 01. 1. 10	비앤에이코리아	서중원	송파구 가락동 12-1 형제빌딩	448-9402	
270호 01. 1. 11	파이토에이치앤비	한정순	강남구 삼성동 157-8 트윈텔1차 1606호	2191-5834	
271호 01. 1. 15	유림메디칼	조금숙	광진구 구의동 221-36	2201-9116	
272호 01. 1. 15	씨엔엔인터내셔날	박용만	강남구 역삼동 769-7 옥천빌딩4층	3453-7999	
273호 01. 1. 16	리치앤노블	임동호	중구 신당동 821-1 카티빌딩1층	6363-3232	
274호 01. 1. 16	앤드리스서비스	장귀태	강동구 길동 459-2 중부빌딩3층	470-8420	
275호 01. 1. 17	한세계인터컴	이귀옥	관악구 봉천4동 869-12 대연빌딩 707호	875-0472	
276호 01. 1. 18	플록스	김한규	강남구 삼성동 158-20	564-8426	
277호 01. 1. 26	에이원월드	안구영	강남구 대치동 945-1 홍우빌딩9층	558-6001	
278호 01. 1. 26	한통엑티바	김용관	용산구 동자동 30-8	755-5057	
279호 01. 1. 30	트루웰네스코리아	앤쓰니웨인베런	강남구 역삼동 719-6 태왕빌딩4층	533-4343	
280호 01. 1. 31	임펠트닷컴	박광열	강남구 역삼동 649-10 산내들빌딩8층	557-5182	
281호 01. 1. 31	휴먼앤드노니	김정희	강남구 대치동 944-11 동원빌딩	553-4010	
282호 01. 1. 31	칸네코리아	이홍규	강서구 등촌동 700	659-1414	
283호 01. 2. 2	이에프통신	오용식	강서구 방화동 487-14	545-3011	
284호 01. 2. 3	탑로드	진영임	강남구 역삼동 827-3 장안빌딩4층	3452-7927	
285호 01. 2. 14	메리케이코리아	황 영	강남구 청담동 98-3 찬이빌딩	540-7770	
286호 01. 2. 20	골드라인코퍼레이션	이상현	송파구 신천동 7-1 항군회관별관 802	414-6181	
287호 01. 2. 20	해피웰컴	김종균	종로구 종로3가 160 동양빌딩2, 3층	2265-2022	
288호 01. 2. 20	퍼시픽코리아몰	장영우	동작구 신대방동 686-53 605호	847-0611	
289호 01. 2. 20	스페이스피아	전종기	서초구 서초동 1675-3 영일빌딩	3472-6091	
290호 01. 2. 23	한미쇼핑	김성도	강남구 역삼동 649-10 산내들빌딩 8층	568-9884	
291호 01. 2. 23	뉴트리니티인터내셔날	윤수일	서초구 반포4동 83-16 양지빌딩 5층	529-6500	
292호 01. 2. 26	퍼스넷	김송환	송파구 잠실동 175-14	420-4211	
293호 01. 3. 13	씨에이씨마스터	조경훈	강남구 역삼동 707-38	514-4691	
294호 01. 3. 17	붐인터내셔날	강은경	강남구 논현동 167-1	518-9673	
295호 01. 3. 17	바이오네츄어	박영순	종로구 종로5가 62-1 부광빌딩	745-7565	
296호 01. 3. 17	쇼핑코리아닷컴	송영석	강남구 역삼동 702-22 유성빌딩 502호	562-9007	
297호 01. 3. 20	기무라코리아	고상현	송파구 방이동 111번지 2층	517-2223	
298호 01. 3. 23	씨앤시프랜차이즈	정한교	서초구 방배동 761-6 내경빌딩 3층	532-6366	
299호 01. 3. 28	윈플러스닷컴	신경자	서초구 방배동 981-15 양지빌딩 302호	598-3911	
300호 01. 4. 2	워너스웨이아이엔씨	이재화	서초구 방배동 912-8 반도빌딩 303호	3471-0546	
301호 01. 4. 6	옥타피아	김창일	서초구 서초동 1670	597-3857	
302호 01. 4. 6	리치몰스	권정진	중구 수표동 47-6 찬수빌딩	2285-2332	
303호 01. 4. 13	홍전	임보영	서초구 서초동 1338-21 코리아비즈니스센터806호	3486-3796	
304호 01. 4. 17	한국바이오라이프	임석홍	서초구 반포동 51-7 해성빌딩 지하1층	3482-0888	

3. 네트워크마케팅업체 주소록   343

등록번호/일자	상 호	대 표	주 소	전 화	비 고
305호 01. 4. 1	엠바이오넷	신중순	중구 충무로4가 126-1 일흥빌딩 301호	2285-5123	
306호 01. 4. 19	엘엘아이케이오	구희준	서초구 반포동 736-8	3445-1156	
307호 01. 4. 19	키스월드	장용학	강남구 논현동 48-6 신신빌딩 1층	3446-5581	
308호 01. 4. 25	글로벌플러스	김수열	영등포구 영등포동 1가 111-2 서울빌딩4층	2068-1788	
309호 01. 5. 7	제이스텝	김영수	중구 오장동 148-16번지 삼중빌딩 205호	2265-3347	폐업
310호 01. 5. 14	내외테크라인	임상범	강남구 대치동 890번지 연봉빌딩 지하1층	529-0088	
311호 01. 5. 16	엠씨에이인터내셔날	박정훈	송파구 석촌동 294-6번지	421-2164	
312호 01. 5. 25	티엠케이네트	최장환	강남구 역삼동 647-5번지 대성빌딩 4층	557-4602	
313호 01. 5. 25	공팔공월드비즈	김광희	송파구 잠실동 176-7 5층	473-2181	
315호 01. 6. 2	하나비앤티	김원영	동대문구 장안동 107-2	2214-2270	
316호 01. 6. 8	성보차이나	서선자	동대문구 용두동 232-24	922-0790	
317호 01. 6. 8	시대앤글로벌	임채근	광진구 구의동 546-4 테크노마트사옥 28층 12호	3424-3210	
318호 01. 6. 8	썬바이오테크	김재관	동대문구 청량리동 739번지 현대교아동관4층	3295-4123	
319호 01. 6. 8	지앤오투	김온유	서초구 서초동 1305-3	3477-5777	
320호 01. 6. 19	조이누리	정건상	강남구 대치동 968-45 일동빌딩	501-3266	내추럴타이안노니에서 변경
321호 01. 6. 21	바보	최성국	송파구 방이동 62-1 진영빌딩 4층	414-2911	
322호 01. 6. 21	반도아이비	용장영	강남구 역삼동 642-1 역삼벤처텔 3층	557-3500	
323호 01. 6. 21	씨알에스닷컴	양학규	중구 남창동 1-1 그리쉽빌딩 507호	318-4700	
324호 01. 6. 29	에코존	김종구	강남구 역삼동 832-7 황화빌딩 401호	563-9106	
325호 01. 6. 29	한국신래복	송만기	강남구 역삼동 746-1 화원빌딩 501	501-8456	
326호 01. 7. 3	제이유네트워크	정생균	강남구 신사동 588-21 강남빌딩 11층	3442-4620	
327호 01. 7. 3	뉴라이프홀딩스	민만기	송파구 신천동 7-13 향군회관 별관 8층	420-7970	
328호 01. 7. 3	에스피엔	권영서	서초구 서초동 1550-1 인화빌딩 102호	3486-0213	
329호 01. 7. 3	숭민코리아유통	이호준	강남구 대치동 983-3번지	2188-8114	
330호 01. 7. 7	다맥코리아	이화순	마포구 마포동 34-1 신화빌딩 11층	3275-0110	
331호 01. 7. 7	바이타민파워코리아	서경숙	중구 쌍림동 146-7 한림빌딩 5층	2264-8700	
332호 01. 7. 7	에이원쇼핑	이훈주	중구 남대문로5가 120 국제화재빌딩 17층	774-1188	
333호 01. 7. 23	아드보케어코리아	정민주	강남구 포이동 221-5	3463-1562	
334호 01. 7. 23	희망을 만드는사람들	김부립	동대문구 청량리동 399	959-5837	
335호 01. 7. 23	위드몰	오규철	관악구 신림본동 1638-32 삼모스프렌스 1104호	877-8174~5	
336호 01. 7. 23	바이미	최정현	강남구 삼성동 169-1 대한기독교서회빌딩 4층	3452-4845	휴업
337호 01. 7. 23	에이에프비인터내셔날	허용강	강서구 등촌동 678-13 진성프라자 4층	668-2272	
338호 01. 7. 24	다즘엔터프라이즈	김광훈	강남구 역삼동 738-14	562-6668	
339호 01. 8. 6	사데리네	황수립	서초구 서초1동 1678-1	3472-8308	
340호 01. 8. 6	이피엔	조희필	강남구 논현동 206-17 진우빌딩 4층	514-0011	
341호 01. 8. 13	하나리빙월드넷	송은희	강남구 삼성동 141-4 임성빌딩 2층	558-1185	
342호 01. 8. 18	브레인그룹	김태환	동작구 신대방동 342-39 대도빌딩 4층	822-2168	
343호 01. 8. 23	주현씨오엠	강옥판	종로구 숭인동 1420 금학빌딩 4층	2234-0073	
344호 01. 8. 23	바이테크노스	강춘암	강남구 역삼동 837-26 삼일프라자 618호	561-8744	
345호 01. 8. 23	조이커뮤니케이션	전경노	강남구 역삼동 832-7 황화빌딩 401호	501-9884	
346호 01. 8. 23	트리플마켓월드	강명권	관악구 봉천동 1659-2 청동빌딩 601호	887-3713	
347호 01. 9. 3	씨엔넷네트워크	이성재	강서구 가양동 1453-2 이천프라자 4층	2063-1114	
348호 01. 9. 5	넷피아월드	김동실	성동구 성수동2가 301-28번지	499-3233	
349호 01. 9. 13	에이치에스씨피	윤석철	서초구 방배동 851-4 한세빌딩	596-0257	

등록번호/일자	상호	대표	주소	전화	비고
350호 01. 9. 18	유피피에스	장웅조	성동구 용답동 235-4 유성빌딩 3층	2217-4910	
351호 01. 9. 18	동방비엔엠	이승욱	서초구 서초동 1600-3 대림빌딩 3층	521-9595	
352호 01. 9. 21	청정나라	서정자	서초구 서초동 1464-10	511-3438	
353호 01. 9. 26	아이에스엔실크리아	이정일	광진구 군자동 473-25 정일빌딩 3층	464-2820	
354호 01. 10. 8	한아름산업	김상윤	중구 남창동 1-1 그리쉼빌딩 505호	318-4700	등록취소
355호 01. 10. 15	잼넷	배지헌	동작구 사당동 1007-42번지 남전빌딩 2층	(결번)	
356호 01. 10. 16	시그마쇼핑	김남호	성동구 성수2가 1동 572-8	462-1860	
357호 01. 10. 16	홍게월드	허윤회	서초구 방배동 981-17 정화빌딩	533-9717	
358호 01. 10. 16	실크원	이기숙	송파구 풍납2동 261 현대아파트 상가2층	489-5436	
359호 01. 10. 19	티엔스코리아	리진완	서초구 서초동 1554-9 알바트라스빌딩 5층	598-5124	휴업
360호 01. 10. 22	비존월드	김창용	강남구 삼성동 141-26 은경빌딩 303호	554-7390	
361호 01. 10. 22	퍼시픽플러스	박희문	강남구 역삼동 642-1 현대벤쳐텔 1001호	2192-3834	
362호 01. 10. 22	다이오링크코리아	권영재	강남구 역삼동 837-11 유니온빌딩 608호	501-7151	
363호 01. 10. 24	위더스코리아아앤씨	성석만	마포구 서교동 351-27 성일빌딩	(결번)	
364호 01. 10. 24	더블유비지코리아	김정구	용산구 이태원동 210-71	3785-2666	
365호 01. 10. 31	유아이텔	이원강	서대문구 충정로3가 368 종근당빌딩 4층	393-2334	
366호 01. 11. 2	프라임바이오텍	김향자	서초구 서초동 1574-2번지 우서빌딩 5층	581-5490	
367호 01. 11. 6	한국메디슨	권 묵	강남구 역삼동 648-18 5층	(결번)	
368호 01. 11. 15	장수메디칼	이용필	영등포구 양평동4가 156-1 동아빌딩별관1층	2634-4813	
369호 01. 11. 15	스닥벤처유통	조태진	강서구 등촌동 700번지 4층	659-0444	
370호 01. 11. 15	엠쓰리샵	윤종원	송파구 방이동 45-2 금북빌딩 805호	420-1259	
371호 01. 11. 15	썬오케이홈마트	오광섭	강남구 도곡동 543 동신빌딩 201호	578-5188	
372호 01. 11. 21	비고로스	옥석천	서초구 방배2동 442-3 대광빌딩 2층	582-6100	
373호 01. 11. 21	세종위너스	이덕용	중구 명동1가 38-1 백제빌딩 4층	774-5277	
374호 01. 11. 21	부국피엔아이	김기소	서초구 서초동 1319-11 두산베어스텔 1302호	584-2114	
375호 01. 12. 3	리치실버	김명희	강남구 삼성동 157-3 엘지트윈텔2차 1805호	(결번)	폐업
376호 01. 12. 3	와이텔코리아	김대현	강남구 역삼동 646-1 현대해상강남사옥 8층	3415-4980	
377호 01. 12. 5	라이프챤스원	이승미	광진구 능동 222-1 동우빌딩 301호	3437-4808	
378호 01. 12. 8	이이아이엔디	김영진	동대문구 장안동 465-8 일광빌딩	2245-9155	
379호 01. 12. 11	월드종합라이센스	이수영	송파구 방이동 108 웅산빌딩	3401-6030	
380호 01. 12. 17	유라월드웨이	박병로	강남구 도곡동 946-18 반도빌딩 201호	575-9930	
381호 01. 12. 22	굿모닝닷컴	김건오	영등포구 문래동1가 2-4 굿모닝빌딩	2637-8216	
382호 01. 12. 27	미래팜택	김현욱	강남구 역삼동 832-3 영신빌딩 405호	564-1411	
383호 01. 12. 28	뉴월드인피니티	정금옥	송파구 방이동 38-9 벤엘빌딩 4층	(결번)	
384호 01. 12. 28	저스트엔	김준형	서초구 서초동 1659-20 세영빌딩 1, 2층	523-4748	
385호 01. 12. 28	러브리라이프	김영애	강남구 역삼동 742-22	558-8706	
386호 02. 1. 4	엔디케이유나이티드	최지만	송파구 방이동 183-4 홍진빌딩 4층	417-4944	
387호 02. 1. 12	인피플코리아	노한철	강남구 삼성동 161-7 성익빌딩 5층	568-4718	
388호 02. 1. 17	리치코드	한정수	서초구 서초동 1451-38	587-2752	
389호 02. 1. 17	그린바이오토피아	박용남	마포구 합정동 372-22 무림빌딩	337-3062	
390호 02. 1. 17	드림웰	이시용	마포구 방배동 944-4 그룹한빌딩 1층	3471-7766	
391호 02. 1. 19	휴먼네트워크이십일세기	정진성	강서구 등촌동 673-5번지	658-2121	
392호 02. 1. 21	벨엘네트워크마케팅	형남희	강남구 논현동 203-1 거평빌딩A동 1222	540-1757	
393호 02. 1. 23	내추럴아이	김용전	강남구 삼성동 144-22 삼영빌딩 7층	3453-6982	

3. 네트워크마케팅업체 주소록   345

등록번호/일자	상 호	대 표	주 소	전 화	비 고
394호 02. 1. 23	뉴트리션프라이프인터내셔날	피제이로저스	강남구 삼성동 154-16 청림빌딩 1층	553-8007	
395호 02. 2. 2	한겨레쇼핑	심성룡	강남구 대치동 942-17 보성빌딩 5층	563-4541	
396호 02. 2. 2	거울	조용희	강남구 포이동 221-5 상가주택 지하	3461-6873	
397호 02. 2. 2	노아노아아이엔씨	최종원	강남구 삼성동 144-23	558-3393	
398호 02. 2. 7	빅스템코리아	오선직	관악구 봉천동 869-12 대연빌딩 7층	889-3839	
399호 02. 2. 18	신기예스	임동석	강남구 역삼동 642-16 성지하이츠 2차 507호	538-7345	
400호 02. 2. 20	바이오큐	조규대	서초구 서초동 1340-6 남강빌딩 3층	582-3853	
401호 02. 2. 22	신바이오인터내셔날	정태량	서대문구 연희동 121-14	3142-7338	
402호 02. 2. 22	다이아인터	장석원	강남구 역삼동 779-2 역선빌딩	555-2285	
403호 02. 2. 22	은하수케이아이디	이명숙	강동구 천호동 563 동아코아 411	484-4500	
404호 02. 2. 22	아이이윈코리아	임채규	송파구 방이동 39-2 신동아타워 804호	419-9733	
405호 02. 2. 23	셀웨이	김형호	서초구 서초동 1702-9 금호빌딩 1층	599-0111	
406호 02. 2. 23	이젠펨	백진현	서초구 서초동 1574-1, 2 우서빌딩 2층	581-7677	
407호 02. 2. 27	다이아유엔	손상연,도경희	강남구 역삼동 719-1,2,3,11,14 나래빌딩 8층	558-0980	
408호 02. 2. 27	에버그린라이프	이익수	강남구 역삼동 694-29 대원빌딩 2층	556-4455	
409호 02. 2. 27	씨엔에스라이프	손명준	강남구 논현동 237-6, 7 302호	3445-9402	
410호 02. 2. 27	오투플러스	임호근	강서구 등촌동 700 플러스존빌딩 902호	3661-1384	
411호 02. 2. 28	쇼핑월드이십일	임광훈	서초구 양재동 1-26	572-7557	
412호 02. 2. 28	포드림넷	리병재	강서구 등촌동 512-15, 16 경성한신빌딩 7층	821-8880	
413호 02. 2. 28	유알아이네트워크	이원석	강남구 논현동 122-2 남양빌딩 202호	521-5388	
414호 02. 2. 28	에듀월드	장이현	서초구 서초동 1316-5 성원빌딩 301호	3477-1974	
415호 02. 2. 28	한나닷컴	강치원	강남구 역삼동 642-8 성지중앙하이츠3차 1807호	585-7401	
416호 02. 2. 28	서광홈토피아	박진훈	중구 남창동 169-2 삼선빌딩 1113호	587-4597	
417호 02. 3. 2	아로마씨티	오진석	서초구 서초동 1667-6 2층	598-7381	
418호 02. 3. 12	엔피랜드	이광춘	관악구 봉천동 1596-7번지	872-8532	
419호 02. 3. 18	삼원교역	이상연	강남구 대치동 889-47 상제리제빌딩 B동 1층	551-5590	
420호 02. 3. 20	노니웨이	전용석	강남구 역삼동 668-16 유성빌딩 301호	538-5174	
421호 02. 3. 20	내추럴이십일	김의홍	영등포구 당산동6가 339-3 환희빌딩 302호	2068-4404	
422호 02. 3. 20	김영정네트웍	김영정	강남구 역삼동 662-13 율촌빌딩 3층	564-4754	
423호 02. 3. 20	굿라이프넷	차성현	동대문구 전농동 647-1	2245-7171	
424호 02. 3. 22	엔텀	최용재	강남구 삼성2동 721-3	562-0927	
425호 02. 3. 22	상수리	리홍찬	강남구 대치3동 942 해성빌딩 2층	557-2397	
426호 02. 3. 22	클럽조이라이프	서동태	강남구 역삼동 736-20	562-9362	
427호 02. 3. 28	뉴플러스라이프	유대호	동대문구 용두동 119-27	821-4949	
428호 02. 3. 28	파란들식품공업	이정오	송파구 방이동 44-3 현대토픽스 8층	2042-8388	
429호 02. 3. 28	썬바이오글로벌	김재명	강남구 역삼동 696-2 광일빌딩 2층	561-4125	
430호 02. 3. 28	뷰티라이프	나형용	서초구 서초동 1308-4 실버타운 10층	535-4474	
431호 02. 4. 1	티알에스이십일	김영진	송파구 문정동 57-4 덕영빌딩 4층	402-8782	
432호 02. 4. 1	헤르메스프라인	선산연	서초구 서초동 1502-12 대효빌딩 2층	581-3010	
433호 02. 4. 1	유니버스월드넷	김정식	강남구 역삼동 825-21 삼남빌딩 1층	538-9145	
434호 02. 4. 4	글로벌자이안트시스템	서민옥	강동구 성내동 448-8 성내빌딩	6411-3005	
435호 02. 4. 11	브레스앤피플	임낙진	종로구 창신동 328-18 삼우텍스프라자12층	3676-8121	
437호 02. 4. 15	비씨비엠	김혜경	서초구 방배동 908-14 서광빌딩 1층	3472-4100	
438호 02. 4. 17	이디엘라이프	공태석	송파구 삼전동 9-8 신영빌딩 2층 138-837	420-0545	

등록번호/일자	상 호	대 표	주 소	전 화	비 고
439호 02. 4. 17	지엔드종합유통	유한숙	강남구 논현동 203-1 거평타운B동8층	517-8668	
440호 02. 4. 17	에이치유비넷	최수형	강남구 삼성동 162-30 은혜빌딩 2층	562-6121	
441호 02. 4. 25	전통마당	손상윤	노원구 공릉동 617-18 천호빌딩5층	978-1114	
442호 02. 4. 29	페이포스매니아	박성진	강남구 논현동 122-2 남양빌딩 2층	3443-4956	
443호 02. 4. 29	클럽모바일인터내셔날	신광수	중구 장교동 1 장교빌딩	776-2019	
444호 02. 4. 29	텔앤텍코리아	박승표	동대문구 신설동 117-5 신삼승빌딩3층	2252-6730	
445호 02. 5. 9	미쓰미	유영철	강남구 역삼동 826-3	501-7556	
446호 02. 5. 8	우남교역	정문화	광진구 구의동 546-4 테크노마트 사무동 18-11	3424-4188	
447호 02. 5. 9	홈프렌차이즈	김준영	강남구 역삼동 659-5 동선빌딩1층	567-3336	
448호 02. 5. 10	브리엔페비앤피	전창환	송파구 신천동 7	417-2120	
449호 02. 5. 14	다정한친구들	서종호	강남구 역삼동 797-27	565-7933	
450호 02. 5. 16	코넥스유통	전용훈	강남구 논현동 66-9번지 6층	511-5454	
451호 02. 5. 16	지엔피네트피아	조수준	서초구 서초동 경흥빌딩 2층	3472-2566	
452호 02. 5. 17	조이아이비에스	박종대	서초구 반포동 52-1 쌍동빌딩 동관 5층	537-2082	
453호 02. 5. 22	굿모닝라이스코리아	김준현	강남구 대치동 947-2 신아빌딩 2층	556-1002	
454호 02. 5. 22	맥스피아	김종록	강남구 삼성동 157 엘지트윈텔 301호	558-4835	
455호 02. 5. 23	크리미스닷컴	구연성	강남구 역삼동 705-15 장원빌딩 3층	561-9560	
456호 02. 5. 24	엔에스케이나사생명	박후남	중구 신당동 112-7 국일빌딩 4층	2234-6426	
457호 02. 5. 24	에디스시스템	최규호	강남구 역삼동 736-58 문성빌딩 2층	508-1711	
458호 02. 5. 24	이에프인터내셔날	김진복	중구 필동1가 43-1 동화빌딩 208호	2269-8668	
459호 02. 5. 25	메가스피론	김의권	강남구 역삼동 746-1064	564-1064	
460호 02. 5. 25	엔닷인터내셔널	김미정	강남구 역삼동 683-26 선릉빌딩 203호	539-0536	
461호 02. 6. 3	동양필	권순선	서초구 양재동 2-37	2057-3902	
462호 02. 6. 5	월드콤인터내셔날	김영훈	강남구 삼성동 162025, 3층	564-4307	
463호 02. 6. 10	비디알	박준호	서초구 서초동 1543-9 태흥빌딩 3층	582-7356	
464호 02. 6. 11	에이취비엔	김준태	송파구 가락동 99-5 효원빌딩	443-6913	
465호 02. 6. 11	윈스넷인터내셔날	성재경	광진구 구의동 599 목림빌딩 7층	424-2998	
466호 02. 6. 12	윈윈네트코리아	김명숙	서초구 서초3동 1552-15 서광빌딩 3층	522-9092	
467호 02. 6. 14	엠아이텔레콤	심만섭	강남구 역삼동 689-3 성민빌딩 4층	5678-883	
468호 02. 6. 14	삼부텔레콤인터내셔날	곽형기	강남구 역삼동 669-4, 5 지하 1층	567-8912	
469호 02. 6. 17	멜루카인터내셔날	맥케리 코리샌슨	강남구 삼성동 170-9 덕명빌딩	561-5348	
470호 02. 6. 18	올투게더	김홍규	강남구 삼성동 158-3번지 건영빌딩 2층	508-3555	
471호 02. 6. 19	온리천	심상욱	동대문구 장안동 416-6	2248-0501	
472호 02. 6. 19	굿모닝라이프	황병태	강남구 역삼동 707-38 테헤란오피스빌딩 2층	501-0807	
473호 02. 6. 19	월드와이드피플스	엄인학	강남구 삼성동 165-11 상원빌딩 2층	3452-8788	
474호 02. 6. 21	라뚜뜨	설혜정	강남구 역삼동 642-16 성지2차 2009호	565-9270	
475호 02. 6. 22	드림인라이프	노춘근	서울시 강남구 역삼동 823-30 라인빌딩 8층	568-6621	
476호 02. 6. 27	에이치앤디비인터내셔널	서세원	관악구 봉천동 1674-20 태화빌딩 5층	877-1932	
477호 02. 6. 29	이엔아이홀딩	정재창	강남구 역삼동 832-7 황화오피스텔 7층	565-5979	
478호 02. 7. 3	제이디에스물산	오경진	성북구 보문동7가 105-3 정암빌딩 2층	926-1919	
479호 02. 7. 3	다우라이프	장호식	강남구 역삼동 638-1 바와씨빌딩 1304호	569-2402	
480호 02. 7. 8	인테크글로벌	박영진	동대문구 장안동 415-8 지산빌딩 3층	2215-5303	
481호 02. 7. 8	에즈네트코리아	김진우	강남구 역삼동 641-3 노비빌딩 3층	565-4169	
482호 02. 7. 9	헬시어	이용진	강남구 논현동 62 논현조일빌딩 7층	3443-7422	

3. 네트워크마케팅업체 주소록   347

등록번호/일자	상 호	대 표	주 소	전 화	비 고
483호 02. 7. 12	울트라아이	김경순	강남구 역삼동 668-16 유성빌딩	566-4696	
484호 02. 7. 13	파워플러스원	류지태	강남구 역삼도 772 동영빌딩 8층	552-4088	
485호 02. 7. 15	한국레져개발	김미자	종로구 명륜동2가 21-1 명륜프라자 3층	747-2800	
486호 02. 7. 18	액트코리아	지봉준	서초구 잠원동 45-13 코디스빌딩	511-4821	
487호 02. 7. 19	탑씨엠에스	이연희	강남구 논현동 213-10 중앙빌딩 3층	541-5930	
488호 02. 7. 19	지맘	김찬성	서초구 서초동 1617-34 유신빌딩	3473-1422	
489호 02. 7. 19	샤크리코리아	정규연	용산구 갈월동 69-75 유니온빌딩 4층	718-1686	
490호 02. 7. 25	골든프로슈머	이재순	강남구 대치동 889-5 상제리제센터 A동 1113호	569-0414	
491호 02. 7. 25	한국농중소	류청열, 김회수	서초구 반포1동 708 거림빌딩 4층	516-8939	

2 지 방

등록번호/일자	상 호	대 표	주 소	전 화	비 고
경기1호 96. 10. 29	영문 꼬레벨	김명수	경기도 용인시 수지읍 풍덕천리 707-4 용원빌딩	031)261-4741	서울(169호)로 이관, 폐업
경기2호 96. 12. 4	건창	윤재구	경기도 시흥시 정왕동 1237-8	031)497-6411	폐업
경기3호 97. 4. 8	광선글로벌	최유정	경기도 군포시 산본동 1142-7	031)98-4071	휴업
경기4호 97. 4. 18	한국 LIFE안전시스템	고남춘	경기도 수원시 권선구 권선동 1020-2 금강빌딩3층	031)356-911	폐업
경기5호 97. 5. 10	신승산업	박종원	경기도 분당구 야탑동 273-1	031)781-0211	폐업
경기6호 97. 11. 17	멤버스뷰티석세스코리아	한상준	경기도 과천시 별양동 1-14 과천오피스텔 3-B호	02)502-1443	폐업
경기7호 97. 11. 25	케이앤디	이재구	경기도 안양시 동안구 호계2동 940-42	031)451-3633	수호인터내셔널에서 변경
경기8호 97. 12. 23	한국롱제비티	김윤범	경기도 수원시 팔달구 팔달로3가 97-1 지민빌딩 4층	031)257-0061	
경기9호 97. 12. 23	유진프라자	서창국	경기도 안양시 동안구 관양1동 1388-18	031)388-2833	
경기10호	베스트타임	최윤희		031)418-9975	
경기11호 99.6.10	한우리	유한열	경기도 군포시 산본동 1137-1	031)399-0834	
경기12호 99.12.30	올리고포스	한상민	경기도 의왕시 내손 412-2	031)424-6247	
경기13호 00.5.17	다선인터내셔널	이명수	경기도 성남시 분당구 서현동 248-1	031)705-7871	
경기14호 00.7.25	코리아라이프	안희자	경기도 수원시 권선구 권선동 1020-13 2층	031)222-9756	
경기15호 00.11.19	세계로	이영재	경기도 안양시 만안구 석수2동 281-1	031)472-4211	
경기16 2001-2호 01. 4. 13	엠에스프리존	김서오	경기도 고양시 일산구 백석동 1141-2 유니테크벨 915호	031)909-7026	
경기17호 01. 5. 21	오앤오	박경호	경기도 수원시 팔달구 인계동 1031-2번지 성지빌딩 6층	031)237-9680	
경기18호 01. 12. 27	로뎀코리아	박상진	경기도 안산시 고잔동 539-6 유림빌딩 405	031)439-6910	
경기19호 02. 1. 9	맴비스원	심형섭	광명시 하안동 38 메르존쇼핑몰 5층	02)898-0600	
경기20호 02. 1. 29	사라나	박승원	부천 원미구 심곡동 355-17 성보빌딩 8층	032)668-9988	
경기21호 02. 2. 4	한일양행	황명오	안성 공도 승두리 730-10	031)654-1994	
경기22호 02. 3. 11	케이티피인터내셔널	박길규	수원시 팔달구 인계동 942-3	031)224-3609	
부산1호 95. 9. 30	드레봉	강진규	부산 동구 초량동 1147-13	051)466-4466	
부산2호 95. 10. 7	월드프리미어	김칠삼	부산 동구 초량동 1109-13		등록취소
부산3호 96. 4. 15	B.A.E 뉴코리멘	정 석	부산 동구 초량동 1211-11		폐업
부산4호 96. 7. 19	산이슬	반병태	부산 동구 초량동 1163-6 한서빌딩 6층	051)441-1183	폐업
부산5호 96. 10. 26	월드림	황종수	부산 진구 부전동 474-80 유원골든타워 6층	051)808-2391	폐업
부산6호 96. 11. 12	브나야	송종봉	부산 동구 초량동 1197-2 미사미빌딩 7층	051)462-0102	휴업
부산7호 96. 12. 19	그린코리아	이수복	부산 동래구 온천3동 1423-8	051)503-4980	폐업

348 부록 3

등록번호/일자	상 호	대 표	주 소	전 화	비 고
부산8호 97. 1. 10	한마음유통	김태식	부산 사상구 음궁동 25-63	051)337-2560	등록취소
부산9호 97. 3. 4	장터	전영철	부산 동구 초량1동 1205-1	051)462-3686	
부산10호 97. 6. 14	일을 사랑하는 사람들	최영상	부산 동구 초량3동 1168-11	051)462-2282	엠펠코리아에서 변경
부산11호 97. 9. 26	리치웨이코리아	김호숙	부산 동구 초량3동 1158-4 신도시빌딩 2층	051)464-3981	지원코리아에서 변경
부산12호 98. 3. 16	다이너스티 인타내셔날	심재성	부산 동구 초량3동 1147-14, 국제빌딩 11층	051)442-6014	폐업
부산13호 98. 3. 25	디에스엘 인타내셔날	이충열	부산 동구 초량3동 1211-7-4 전암빌딩 3층	051)469-2779	서울로 이관
부산14호 98. 3. 25	신광라이나	손송남	부산 초량3동 1151-6 동양빌딩 5층	051)442-6118	폐업
부산15호 99. 6. 8	헬스포글로벌	박태철	부산시 남구 대현3동 55-1	051)610-0580	세하코리아에서 변경
부산16호 99. 7. 12	한길코리아	손경환	부산시 연제구 연산4동 746-8		마이디스인타내셔널에서 변경
부산17호 00. 2	소망	최매원	부산 진구 가양동 588	051)897-4345	
부산18호 00. 3. 16	리코인타내셔널	주인석	부산 동구 초량3동 1163-10 성지빌딩 8층	051)465-1054	
부산20호 00. 5. 8	비엠지	장성종	부산 동구 초량3동 1146-7	051)464-9777	
부산21호 00. 8. 18	천사한국건강산업	리진완	부산 동구 초량3동 1197-5 성평빌딩 6층	051)441-9216	
부산22호 00. 9. 8	알앤에프코리아	김영숙	부산 연제 연산5동 709-9 뉴그랜드 7층	051)861-0003	
부산24호 00. 10. 17	그린위너	허 준	부산 동구 초량3동 1198-7 조선일보빌딩 5층	051)463-2158	
부산25호 00. 11. 01	상황	양진필	부산 동구 범일2동 830-216 호림빌딩 301호	051)636-6963	
부산26호 00. 11. 24	프리밸리	김희봉	부산 동구 초량3동 1151-1	051)469-0750	
부산27호 00. 12. 9	이십세기사람들	김인권	부산 진구 양정1동 369-19 한들빌딩 5층	051)853-8013	
부산28호 00. 12. 14	일등바이오네트워크	김윤순	부산 동구 초량3동 1211-1 대한통운빌딩 504호	051)462-6447	
부산29호 00. 12. 14	파라다이스인	배대호	부산 동구 초량3동 1196-8 우주빌딩 7층	051)465-1771	
부산30호	코리아닥터	이정우	부산 연제구 연산5동 1342-27 동림빌딩 5층	051)852-2376	
부산31호	삼원유통	오경희	부산 동구 초량3동 1209-16 선호빌딩	051)466-0975	
부산33호 01. 1. 2	네오피아인타내셔널	김세윤	부산 연제구 거제1동 223-6 함안쪽새부산지회빌딩 601호	051)504-5757	
부산34호 01. 1. 2	대한마이다스	김남길	부산 연제구 거제동 150-6 한양타워빌딩 4층	051)506-6582	
부산36호 01. 1. 4	몰리다	박형만	부산 동구 초량 1163-6	051)464-9090	
부산39호 01. 3. 19	글로벌자이언트시스템	서만옥	부산동구 초량3동 1160-1 한규유리빌딩2층	051)440-3005	
부산40호 01. 3. 23	디에이티	손영석	부산 동래구 명륜동 647-1 부민상호신용금고별도 3층	051)557-0212	
부산41호 01. 4. 10	삼라인타내셔널	김호찬	부산 연제구 연산동 1342-27번지 동림빌딩 2층	051)861-1520	
부산42호 01. 4. 12	건미원생기효소	한상길	부산 동래구 온천동208-2번지 온천파크오피스텔 505호	051)555-1840	
부산43호 01. 3. 23	아나벨리	서세원	부산 동구 범일동 937-3	051)636-5636	
부산44호 01. 4. 16	이지엘	이승주	부산 연제구 연산동 702-9번지 뉴그랜드오피스텔 701호	051)852-2552	
부산45호 01. 5. 7	천일오토	문욱길	부산 진구 전포동 874-1번지 천일빌딩 5층	051)805-0030	
부산46호 01. 5. 15	이엔코리아	정경화	부산 진구 부전2동 232-31 한성빌딩 9층	051)816-3917	
부산47호 01. 6. 7	화이트인타내셔널	김성호	부산 연제구 거제동 121-4 화신빌딩 별관 301호	051)506-0029	
부산48호 01. 6. 8	아이비에스코리아	황상문	부산 연제구 연산5동 702-10번지 진도빌딩 7층	051)862-0448	
부산49호 01. 6. 18	프리앤궁	김재규	부산 동구 초량3동 1197-5 성평빌딩 701호	051)465-8062	
부산50호 01. 7. 6	윌레트	염강호	부산 진구 부전1동 396-8 부경공인중개사 3층	051)817-5669	
부산51호 01. 7. 28	영롱	장재웅	부산 동구 초량3동 1211-12 대한통운빌딩 406	051)462-8013	
부산53호 01. 9. 21	아이.엔.코리아	국중이	부산 동구 초량3동 1154-6 명진빌딩 9층	051)468-0221	
부산54호 01. 10. 15	장쟁	홍용선	부산 동구 초량동 1200-1 동남빌딩 503호	051)465-9571	
부산55호 01. 10. 16	오.에이치.에스코리아	김영진	부산 동구 초량동 1194-50 대동빌딩 4층	051)464-2227	
부산56호 01. 10. 20	토네이도웨이	나은호	부산 동구 초량1동 1204-7 혁정빌딩 302호	051)463-6892	
부산57호 01. 11. 10	윌	이호석	부산 남구 대연동 1741-11 해암빌딩 11층	051)628-4793	
부산58호 01. 12. 4	씨씨엠	김용우	부산 동구 초량동 1154-7 명진빌딩 8층	051)996-8000	

3. 네트워크마케팅업체 주소록   349

등록번호/일자	상 호	대 표	주 소	전 화	비 고
부산59호 01.12.4	민석닷컴	최영훈	부산시 진구 부전동 474-80 유원오피스텔 10층 16호	051)463-0130~2	
부산60호 01.12.22	뉴아이랜드	김대운	부산 연제구 연산동 702-10 진도빌딩 15층	051)853-2788	
부산61호	케이앤피코리아	노세우	부산광역시 연제구 연산5동 1361-9	051)863-8088	
부산62호	바이오넷	김태한	부산광역시 진구 부전동 341-4 대림7층	051)811-1357	
부산63호	한진파라다이스	천성민	부산광역시 동구 초량동 1197-6 삼영빌딩 501	051)465-9939	
부산64호	한국생명과학	박무현	부산광역시 동구 초량동 1197-5 성평빌딩 4층	051)468-3789	
부산65호	에프엔지	윤재환	부산광역시 남구 대연동 55-1 세추리시티2025	051)610-1378	
부산66호	대광성물산	김재현	부산광역시 동구 초량동 1203-3 중후빌딩 401	051)466-1945	
부산67호	지이에프지이	김영택	부산광역시 연제구 연산동 1142-9	051)863-1607	
부산68호	윈스2002	고재필	부산광역시 동구 초량동 1204-12 한창빌딩 402	051)467-2802	
부산69호	이지월드	신학열	부산광역시 진구 부전동 535-1	051)808-1277	
부산70호 02.3.15	성운프라자	조휴따	남구 문현동 363-1 대림문현시티플라자 2층 201호	051)633-6511	
부산71호	티.엔.에프	임기영	부산 진구 부전동 341-5 대림빌딩 904호	051)802-3218	
부산72호	한인	이학림	부산 연제구 연산동 1342-27 동림빌딩 2층		
부산73호	케이오엠에스	심오수	부산 중구 남포동6가 65-1 청호빌딩 7층		
부산74호 02.5.9	비앤비	전경호	부산시 금정구 남산동 118-8 상화빌딩 5층	051)506-6000	
부산75호	나이스드림21	안정호	동구 초량동 1211-1 대한통운빌딩 406	051)462-5493	폐업
부산76호	위드아이엔티	이희순	동구 초량동 1198-1 신홍빌딩 3층	051)465-5301	폐업
부산77호	바이오플러스	박희복	부산진구 양정동 394-2 양정중앙새미을금고 5층	051)864-1593	휴업
대구1호 95.7.24	동양에이전트	김영환	대구 수성구 수성3가 328-1		휴업
대구2호 95.10.26	코리언인터내셔날	이태희	대구 남구 봉덕1동 606-8 동광빌딩 2층	053)476-4226	폐업
대구3호 96.11.5	아프로드	홍학현	대구 동구 신천동 335-6 소천빌딩 5층	053)957-7424	하이니스트에서 변경
대구4호 96.11.21	나이스필	박상점	대구 수성구 수성상가 328-1		
대구5호 97.2.14	세원유통	이재학	대구 남구 대명동 1637-25		폐업
대구6호 97.3.13	굿 패밀리 꼬레아	박준화	대구 서구 평리4동 1362-5 평리빌딩 3층	053)556-3963	
대구7호 97.12.20	새일 커뮤니케이션	구대훈	대구 남구 봉덕1동 606-8 동광빌딩 2층	053)476-0180	
대구8호 98.3.22	제이아이씨	조용호	대구 수성구 범어동 186-4번지	053)751-7435	내사랑에서 변경
대구9호 98.4.20	세비앙 몽드	장명래	대구 동구 신천 4동 335-6	053)752-1030	
대구10호	인간과 세상	김병열	대구 달서구 두류2동 148-11	053)625-1355	
대구12호 99.8.23	광정기전	강선대	대구 달서구 대천동 585-1	053)583-6161	
대구13호	신기예스	임용석	대구 서구 비산4동 333-2 농춘빌딩 5층	053)562-5042	
대구14호	계란티	이성훈	대구시 서구 평리4동 1413-8		
대구16호 00.7.18	아이머치	노선동	대구 동구 신천동 383-4 그룹원빌딩 7층	053)744-4300	
대구17호 00.8.3	투엔플러스	황자룡	대구 수성구 황금동 779-3	053)761-2109	
대구18호 00.8.10	클릭인타내셔널	지병록	대구 남구 대명 10동 1637-25	053)629-444	
대구19호 00.9.14	켄두	베이붕	대구 수성구 수성1가 96-150 대명빌딩4층	053)764-8450	
대구20호 00.11.8	지엔케이	김정대	대구 수성구 수성1가 96-150 대명빌딩 6층	053)762-6200	
대구21호 00.11.30	옥타코리아	최워호	대구 남구 대명7동 1896-13 쌈미빌딩 2층	053)652-3360	
대구22호 00.12.16	컴팩글로벌	안영대	대구 중구 남산동 653-1 대한빌딩 2층	053)256-0140	
대구23호 00.12.23	지엠코리아원	김창수	대구 수성구 수성3가 332 대송빌딩 2층	053)761-0040	
대구24호 00.12.30	케이투마트	이상훈	대구 달서구 송현2동 1931-15 보광빌딩	053)622-7421	
대구25호 01.2.3	팬코리아	최근효	대구 중구 동인동1가 359-1	053)257-6044	
대구26호 01.2.10	콜마트플러스	전분학	대구 남구 대명동 1790-3 한빛은행 2층	053)656-7191	
대구27호 01.3.15	리치웨이인터내셔날	캘빈김	대구 중구 삼덕 2가 210-1 진석타워 5층 7호	053)429-7744	

등록번호/일자	상 호	대 표	주 소	전 화	비 고
대구28호 01. 4. 11	아이쓰리샵	김성희	중구 봉산동 37-35 삼영빌딩 6층	053)420-1000	
대구29호 01. 4. 20	청화	김월선	북구 침산동 156-50	053)426-2482	
대구30호 01. 5. 10	다와	장동욱	대구 남구 대명9동 447번지	053)626-0102	
대구31호 01. 5. 29	시티에듀넷	최종문	중구 동인동2가 72 수평빌딩 6층	053)225-1017	
대구32호 01. 6. 12	게르마늄코리아	이형우	수성구 범어동 776-7 한국게르마늄빌딩	053)744-7779	
대구34호 01. 7. 16	골든 임페리얼	이명자	대구광역시 중구 남신동 375 계산티워 10층	053)600-3071	
대구35호 01. 7. 16	스네일바이오랜드	임채규	동구 신천동 81-2 서광빌딩 4층	053)742-0731	
대구36호 01. 8. 16	써니넷	김운숙	달서구 두류동 87-36 성안오피스텔 1803호	053)650-7722	
대구37호 01. 10. 16	알엔에프클럽	황진옥	중구 동인동 1가 13-1 2층	053)422-9040	
대구38호 2001. 11. 12	프리웨이	유경환	남구 대명동 1790-3 한빛은행 2층	053)656-2861	
대구39호 01. 11. 13	디디존	정표웅	동구 신천동 299-2번지 국제오피스텔 1호	053)247-5660	
대구40호 02. 12. 18	아로마램프버거	최재광	중구 동인동1가 72번지 수평빌딩 1층	053)423-7703	
대구41호 02. 1. 12	부강	정욱영	중구 삼덕2가 210-1번지 진석티워 803호	053)429-7220	
대구42호 02. 1. 16	건우인더스트리	김홍진	중구 동인동4가 16-1	053)428-5041	
대구43호 02. 1. 30	티알에스	장원석	동구 신천동 111번지 영남빌딩 19층	053)752-3733	
대구44호 02. 1. 30	동화인터내셔날	박달수	수성구 범어동 2071	053)742-3440	
대구45호 02. 1. 30	드림텔컴	최영표	동구 신천4동 300-1	053)744-3163	
대구46호 02. 2. 8	새생명	이영호	중구 삼덕2가 210-1 진석티워 1101호	053)429-6970	
대구47호 02. 2. 28	타비엘	강육철	서구 내당동 13-39번지 2층	053)558-6006	
대구48호 02. 3. 9	케이엔씨	이희웅	수성구 범어3동 1161 함동빌딩	053)755-3920	
대구49호 02. 3. 9	바로굿	김규남	서구 평리1동 665-15 4층	053)562-8598	
대구50호 02. 3. 14	알엠더블유	조현욱	서구 평리6동 620-24 3층	053)573-8003	
대구51호 02. 4. 4	월드코리아비즈	양승훈	동구 신천4동 388-4	053)247-1234	
대구52호 02. 4. 15	에스엔씨인터내셔날	제민성	동구 신천4동 326-8	053)792-3300	
대구53호 02. 4. 16	피플	김경수	중구 동인2가 275-1 무성빌딩 6층	053)256-9173	
대구54호 02. 4. 16	케이에이치지	김태용	중구 동인1가 77 양지빌딩 4층	053)254-1728	
광주1호 97.5.29	단비	백종임	광주 동구 금남로 5가 152 남선빌딩 609호	062)539-2031	
광주2호 00. 6. 27	코스콤닷컴	안성주	광주광역시 남구 월산동 10-9 남경빌딩 4층	062)366-8820	
광주2001-1호 01. 8. 2	아이탑	임종순	광주광역시 북구 임동 94-178번지	062)528-0286	테산월드에서 변경
광주2002-3호 02. 1. 24	셀렉트코리아	이한옥	광주광역시 동구 금남로47 9-1 대한빌딩 5층	062)233-0501	
전남2호 00. 10. 30	석화	강석원	전남 목포시 용해동 323-22	061)279-1433	
대전1호 96. 9. 3	한국에스이씨	이정갑	대전 동구 용전동 145-7	042)635-7476	
대전2호 98. 2. 12	네따아미	한일남	대전 중구 용두동 99-36	042)221-7662	
대전7호 00. 3. 15	신원라인	최두병	대전 중구 선화동 136-17	042)222-1680	
대전8호 00. 12. 17	다인샵	남궁결	대전 중구 대흥동 452-107	042)222-5770	
대전9호 00. 12. 20	코리아월드	김명철	대전 동구 용전동 145-7	042)635-7462	
대전10호	챔프클럽	김성철	대전 서구 갈마동 274-7	042)369-0011	
대전11호 01. 5. 2	왕성코세넷	김정혜	대전 중구 대흥동 497-1 서우빌딩 9층	042)221-3633	
대전12호	씨지비	김대환	대전 중구 대흥동 499-1	042)223-2473	서울로 이관
대전17호 01. 10. 10	워렌코리아	민병우	대전 유성구 봉명동 551-3 세진빌딩 4층	042)822-0380	
대전20호 02. 2. 27	지엠아이엔씨	최호숙	대전 서구 둔산동 1102-1 정원빌딩 4층	042)489-4501	폐업
경남1호 95. 7. 31	신세계마케팅	하기주	경남 창원시 명서동 209-2	0551)88-6322	폐업
경남배2001-3호 01. 1. 17	이글스코리아넷	박종주	경남 창원시 도계동 404-5 가야빌딩 2층	055)288-3046	
경북1호 96. 9. 11	어울림	권오필	경북 경산시 중방동 180-3	053)811-4511	

3. 네트워크마케팅업체 주소록

등록번호/일자	상 호	대 표	주 소	전 화	비 고
경북2호 96. 6. 30	아생	석상수	경북 경산시 옥산동 757-7번지	053)813-8686	
경북3호 00. 10. 11	랑프베르제	김기준	경산시 옥산동 879-7	053)746-5511	
울산1호 99. 4. 23	리치웨이 인터내셔널	조재만	울산 남구 신정동 176-13 대원빌딩1층	051)227-1138	
강원1호 99. 12. 8	옥산가제이엠	이태훈	강원 춘천시 동면 월곡리 235-2	033)242-6240	
강원2호 01. 10. 23	뉴데이	이태훈	강원도 춘천시 652-3번지 뉴데이빌딩 4층	033)252-7889	
인천1호 00. 6. 9	마하나임	황석연	인천광역시 계양구 효성동 191-10	032)213-5500	
인천4호 00. 10. 11	씨엔씨텔레콤	윤광순	인천 남구 구월동 201-32 아름빌딩 5층	032)439-9200	
인천6호 01. 5. 14	이글포지션	박상배	인천광역시 부평구 부평동 378-1 부흥빌딩 305호	032)527-2255	
인천7호 01. 5. 18	리치라이프	윤중식	인천광역시 남동구 구월1동 1126-7번지 기한빌딩 603호	032)439-8886	
인천8호 01. 6. 20	골드라인코퍼레이션	이상현	인천광역시 남구 주안동 170-8 소운빌딩 3층		
인천9호 01. 7. 13	라이프파트너스	임중석	인천광역시 남구 주안6동 953-2 2층	032)438-2830	
인천10호 01. 9. 4	코리아네트워크	송기희	인천광역시 서구 가정동 527번지	032)573-2986	
충북1호 00. 11. 9	동양메이트인터내셔널	신용헌	충북 청주시 흥덕구 송정동 75-4	043)263-5333	
충북2호 01. 6. 18	스카이	박승관	충북 청주시 서문동 123-1	043)225-0811	
충북3호 01. 9. 3	월드스타	김대홍	충북 청주시 상당구 북문로2가 116-93번지 제은빌딩 4층	043)221-1071	
충남제1호 01. 8. 16	우리넷	박천보	충남 금산군 군산읍 상리 32-1번지	041)751-4800	

대입지도책 펴냈다

별난인생 서웅찬씨

고교자퇴 → 검정고시 → 연세대 → 자퇴 → 군입대 → 3수끝 서울대법대 → 입산

자기 또래들보다 7년 늦게 대학에 입학한 서웅찬씨. 대입수험생을 위한 체험적 지침서를 낸 그는 "학문에 왕도는 없으나 지름길은 있다"고 주장한다.【이영목 기자】

고교 자퇴후 검정고시로 연세대 입학, 1학기만에 휴학·자퇴 후 군입대, 3수끝에 26살에 서울대법대 합격, 인생을 깨닫기 위해 입산···.

스스로의 표현대로 "인생의 황금기인 20대초반을 온통 잿빛으로 물들인" 사람이 대입수험생을 위한 색다른 입시지도책을 펴냈었다.

최근 〈하여야 하므로 할 수 있다〉란 제목의 수험생 시리즈 7권중 〈마음편〉 〈건강편〉 〈학습편〉을 완성한 서웅찬씨(35)가 그 주인공. 서울대 법대를 나왔으나 "법조인의 삶이 비생산적이라는 생각이 들어 자유롭게 생산적인 일을 하기 위해" 공부방학습률연구소와 도서출판 공부방을 차린 노총각 사장이다.

인천 제물포고에 다니던 서씨는 '진짜 공부를 하고 싶어' 주변의 만류를 뿌리친채 2학년때 자퇴했다. 다양한 독서로 역사, 철학, 종교를 공부하려 했지만 생각보다 만만치 않았다.

"학교를 구만두고 엄청난 변화를 겪었다. 학벌에 따라 사회에서의 유·불리가 정해지는 한 국에서는 뭔가 하려면 어차피 대학, 그것도 일류대를 나와야 한다는 생각이 들었다."

그래서 오직 국내 최고대라는 이유하나만으로 서울대 법대를 목표로 공부하기 시작했다. 대입학원에 다니며 재수끝에 78년 연세대에 입학한 것은 군입대를 피하기 위한 위장(?)이었다. 하지만 1학기마치고 휴학계를 냈더니 영장이. 날아와 입대 33개월 1주일만에 81년4월 제대했다.

다시 대입학원에 다니며 서울대 법대에 도전, '82~83년 연거푸 낙방한 후 84년 합격했다. 병으로 세번이나 피를 토하면서도 고삐를 놓지 않은 것은 '할 수 있다'는 신념과 오기 때문이었다고 한다.

서씨는 이런 우여곡절을 겪으며 공부는 신념과 노력, 그리고 좋은 의미에서의 '요령'이 있어야 한다는 결론을 얻었다.

"이런 식으로 진작 공부했더라면 일찍이 성공할 수 있었을 것"이란 뼈저린 체험이 책을 쓰게된 동기.

체험바탕 "하여야 하므로···" 3권 완성
공부는 '신념·노력·요령' 이색주장 담아

법대에 들어간 후 깨달음에 대한 미련을 못버려 휴학계를 내고 전국의 유명한 도사들을 만나는 방랑생활을 한 그는 속리산에 입산, 8개월동안 단전호흡·단식·다도와 인생을 공부했다.

그래서 그런지 그의 수험생 지침서는 '인생이란 무엇인가'란 물음부터 시작한다. 대학을 왜 가야 하는가, 내가 무엇을 하고 싶은가를 잘 생각하고 '대학에 반드시 가야겠다'는 생각이 드는 사람만이 자신의 책에서 도움을 얻을 것이라고 밝혔다.

서씨는 "일단 공부를 하려면 잘할 필요가 있고 이왕이면 일류대에 들어가야 한다"며 그런 수험생을 위한 '요령'을 열거한다.

그의 '요령'은 '건강한 생활'에서 출발한다. "학문에 왕도는 없지만 지름길은 있다"고 주장하는 그는 무작정 10시간 공부하기 보다는 현명하고 요령있게 1시간 공부하고 나머지 9시간은 인격수양·체력단련·취미생활을 하라고 조언한다.

제1권 〈마음편〉에는 왜 공부를 해야 하는가, 좋은 환경만들기, 슬럼프의 원인과 극복, 기억력 증진비결 등이 실려있고, 제2권 〈건강편〉에는 물 건강법, 차 건강법, 수면건강법, 호흡법, 시력회복법, 단식요법 등 건강에 매우 유익한 내용들이 수록되었으며, 제3권인 〈학습편〉은 구체적인 학습계획 작성법, 좋은 교재 선택법, 노트정리 비법, 시험 잘치는 요령 등으로 구성됐다.

89년 법대를 무사히 졸업한 서씨는 일본 교도통신서울지사 기자를 잠간 하다 때려치우고 천수자연건강연구소, 공부방학습률연구소등 1인연구소를 차렸다. 사법고시를 안친 것은 "법대를 나와도 다양한 삶이 가능함을 보여주기 위해서"라며 "그래서 자신은 반드시 성공해야 한다"고 힘주어 말한다.

【이남 기자】

【日刊스포츠 1993. 3. 29】